新学習指導要領対応

学校でも、家庭でも
教科書レベルの力がつく！

社会習熟プリント 小学5年生

馬場田 裕康 著

これなら
できた！

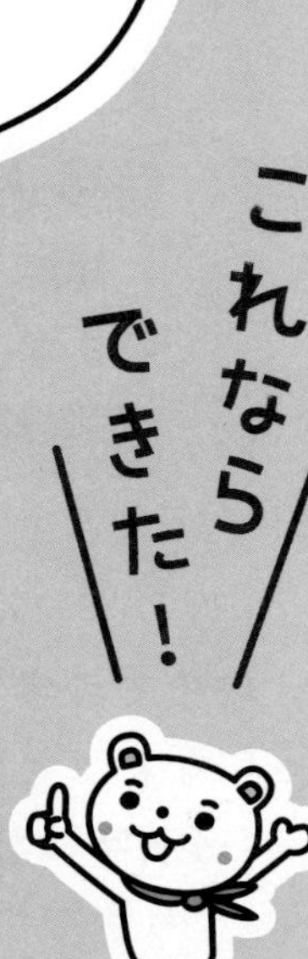

清風堂書店

はじめに

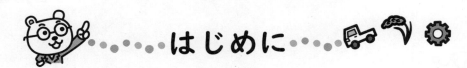

本書は、学習指導要領に基づいて作られている３社（東京書籍・教育出版・日本文教出版）の教科書を検討しながら作成しました。

５年生の社会科には、国土・農業・水産業・工業・情報・環境の６分野があります。それらに共通する基礎・基本は、「地図の読み方」「グラフなどの資料の読み方」「日本各地の地形や地名などの基礎知識」の習得です。それらが学べるようにこのプリントを作ってあります。

【プリントの構成】

① **イメージマップ**（各単元のとびら）

単元全体のイメージがつかめるように、内容が一目でわかるようになっています。アミ字をなぞったり、色をぬったりして楽しんで学習してください。

② **項目別プリント**

基礎・基本がしっかり定着することを大事しながら、思考力を高められるようなところもあります。

③ **単元まとめプリント**

基礎・基本がどれだけ定着しているかを確かめながら、キーワードなどを使って、総合的に思考力がつくようにしています。

④ **学年末まとめプリント**

知識・技能・思考の力がどれだけついているかが、確かめられるようにしています。

※ **社会ゲーム**

クイズ形式などで都道府県が楽しく覚えられるようにしています。

学校での学習内容と、このプリントをリンクさせて、さらに学力がアップできるようになればと願っています。

※漢字は教科書にあわせています。そのため、習っていない漢字は読むときはふりがなつきの漢字、答えを書くときはひらがなにしています。

使い方

イメージマップ

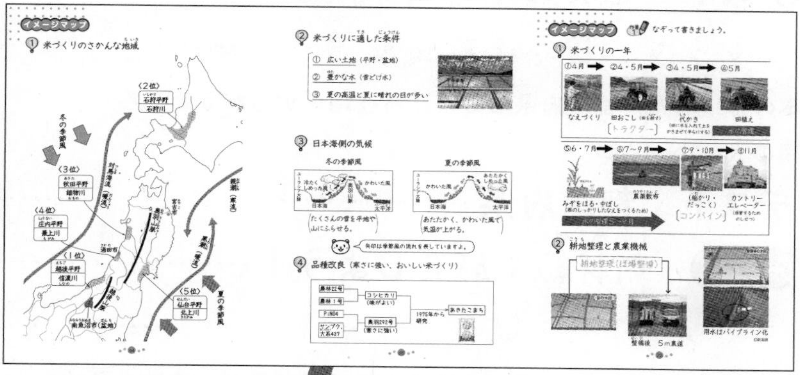

イメージマップ
① 米づくりのさかんな地域
② 米づくりに適した条件
③ 日本海側の気候
④ 品種改良（寒さに強い、おいしい米づくり）
① 米づくりの一年
② 耕地整理と農業機械

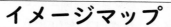

マップを使った問題

項目別プリント

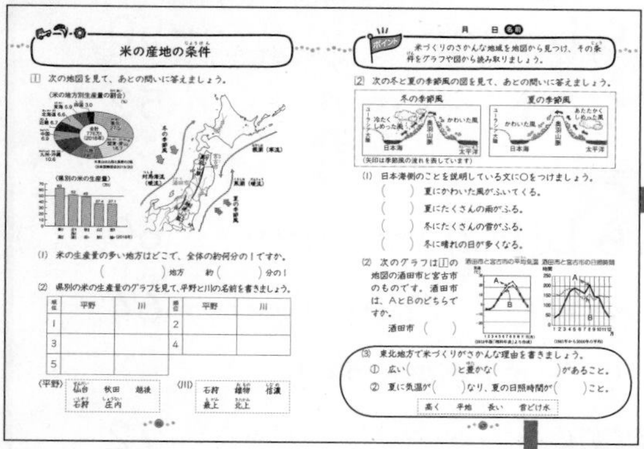

米の産地の条件

（基礎学力の定着・自己点検）

単元まとめプリント

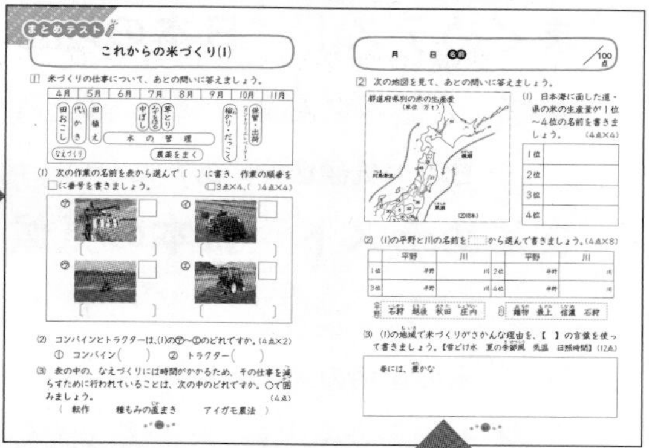

まとめテスト
これからの米づくり(1)

キーワードを使って、
書けるようにする

学年末まとめプリント

（知識・グラフの読み取り・思考の力がつくような問題）

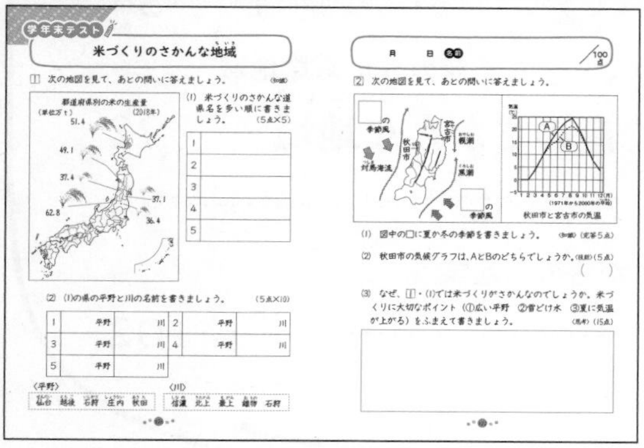

学年末テスト
米づくりのさかんな地域

社会ゲーム

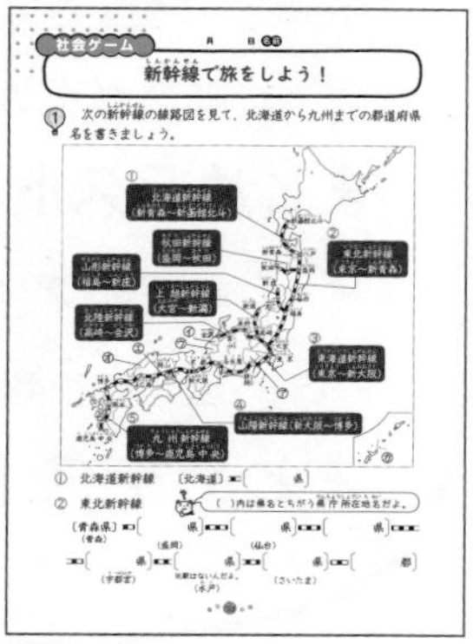

社会ゲーム
新幹線で旅をしよう！

社会習熟プリント５年生　もくじ

イメージマップ

1 六大陸と三海洋

作業1 六大陸の周りを好きな色でぬりましょう。

作業2 六大陸と三海洋の名前をなぞりましょう。

① ユーラシア 大陸
①
ア
イ
ウ
オホーツク海
日本海
東シナ海
北
西
東
南
日本
② アフリカ 大陸
②
Ⓐ インド洋(よう)
③ オーストラリア 大陸
③
④ 南極(なんきょく) 大陸
④

② 日本の周辺の国々

㋐	ロシア連邦(れんぽう)
㋑	朝鮮民主主義人民共和国(ちょうせんみんしゅしゅぎじんみんきょうわこく)
㋒	中華人民共和国(ちゅうかじんみんきょうわこく)
㋓	大韓民国(だいかんみんこく)

⑤ 北アメリカ 大陸
⑤
Ⓑ たいへいよう 太平洋
Ⓒ たいせいよう 大西洋
あ (赤道) 緯度0度
北半球
南半球
緯度や経度(けいど)を使って地球上の位置を表すのよ。
⑥
⑥ 南アメリカ 大陸

③ 日本のはしの島

東	南鳥(みなみとり) 島(しま)	西	与那国(よなぐに) 島(じま)	南	沖ノ鳥(おきのとり) 島(しま)	北	択捉(えとろふ) 島(とう)

イメージマップ

作業1 排他的経済水域を赤色でぬりましょう。
沖ノ鳥島の水域だけは黄色でぬりましょう。

作業2 **排他的経済水域**…領土の海岸線から<u>200海里（約370km）</u>までのはん囲

↓

天然資源開発や魚をとる権利が認められているんだよ。

領土と排他的経済水域の広さのちがい

国名	領土の面積	排他的経済水域の面積
日本	● 38万㎢	● 447万㎢

（海上保安庁調べ）

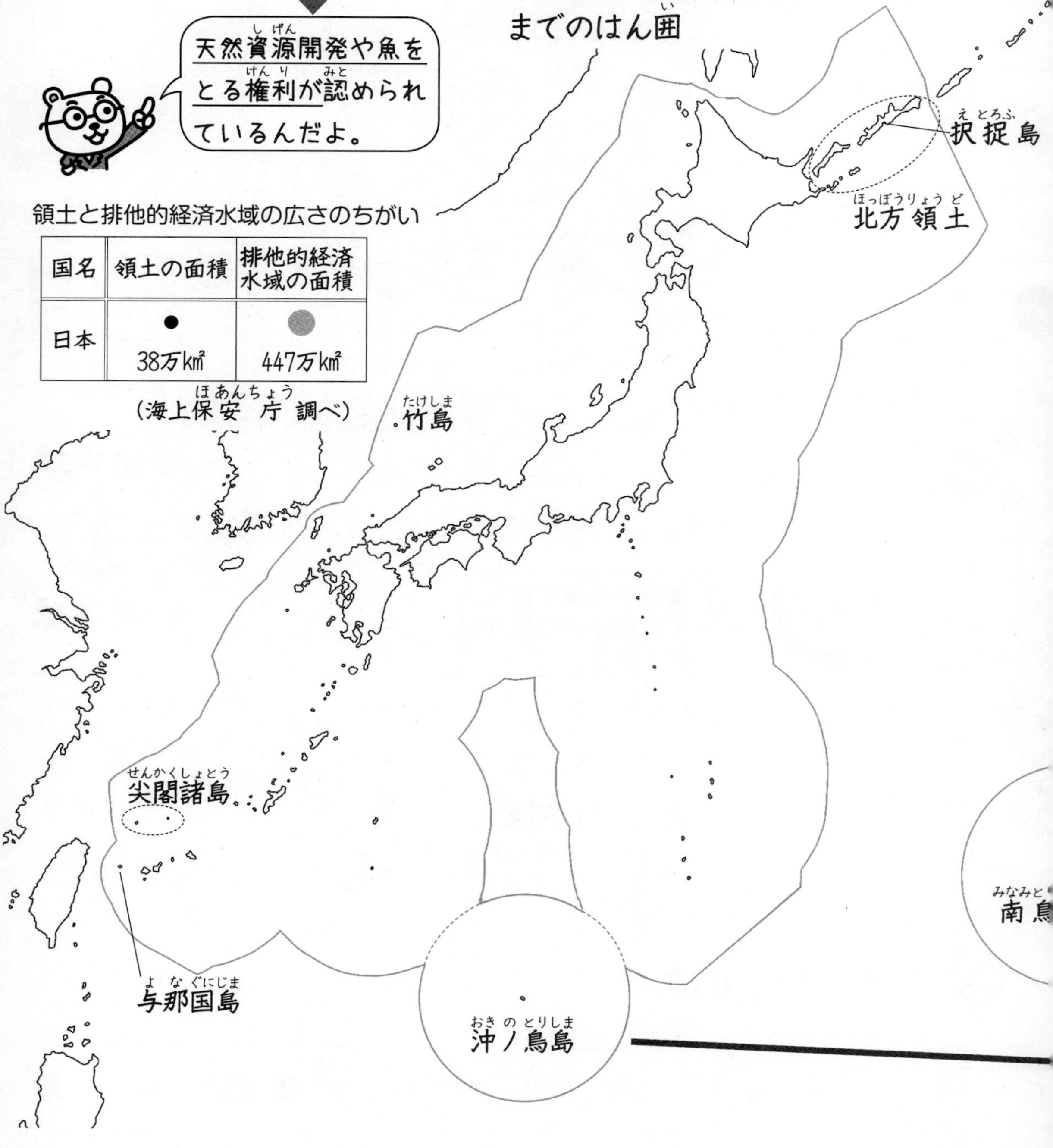

竹島
択捉島
北方領土
尖閣諸島
与那国島
沖ノ鳥島
南鳥

○北小島

○東小島

©国土交通省京浜河川事務所

沖ノ鳥島の全景

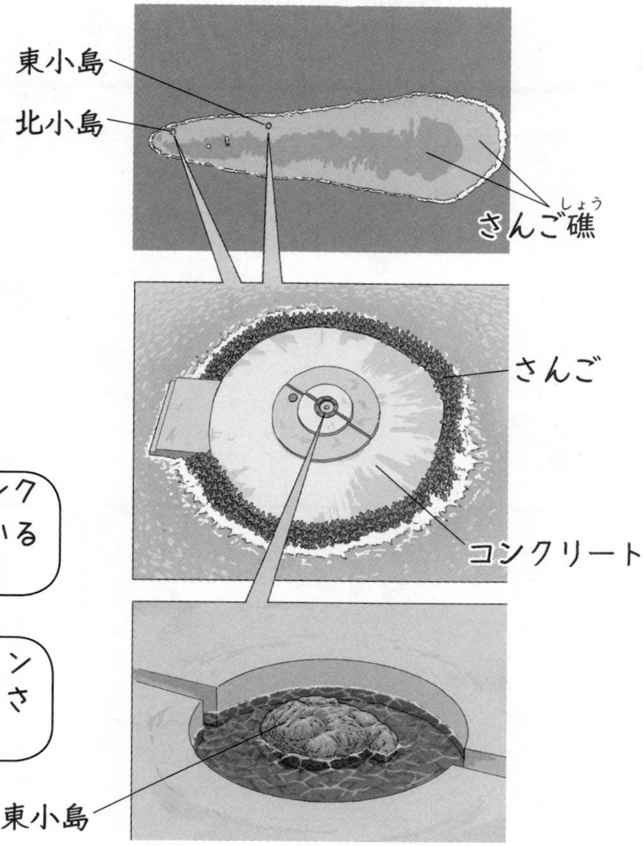

東小島
北小島
さんご礁
さんご
コンクリート
東小島

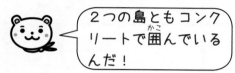

２つの島ともコンクリートで囲んでいるんだ！

２つの島は、チタンの金あみでフタをされています。

沖ノ鳥島がなくなったときの排他的経済水域です。

作業3 太わくの水域を青色でぬりましょう。

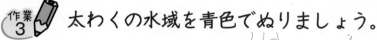

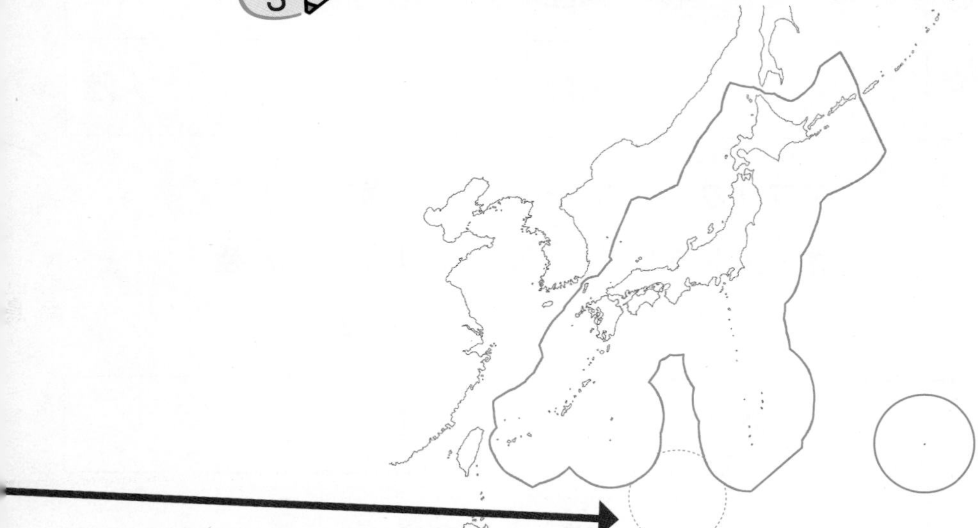

沖ノ鳥島がなくなると

世界の中の日本(1)（六大陸・三海洋）

1　次の地図を見て、大陸と海洋の名前を書きましょう。

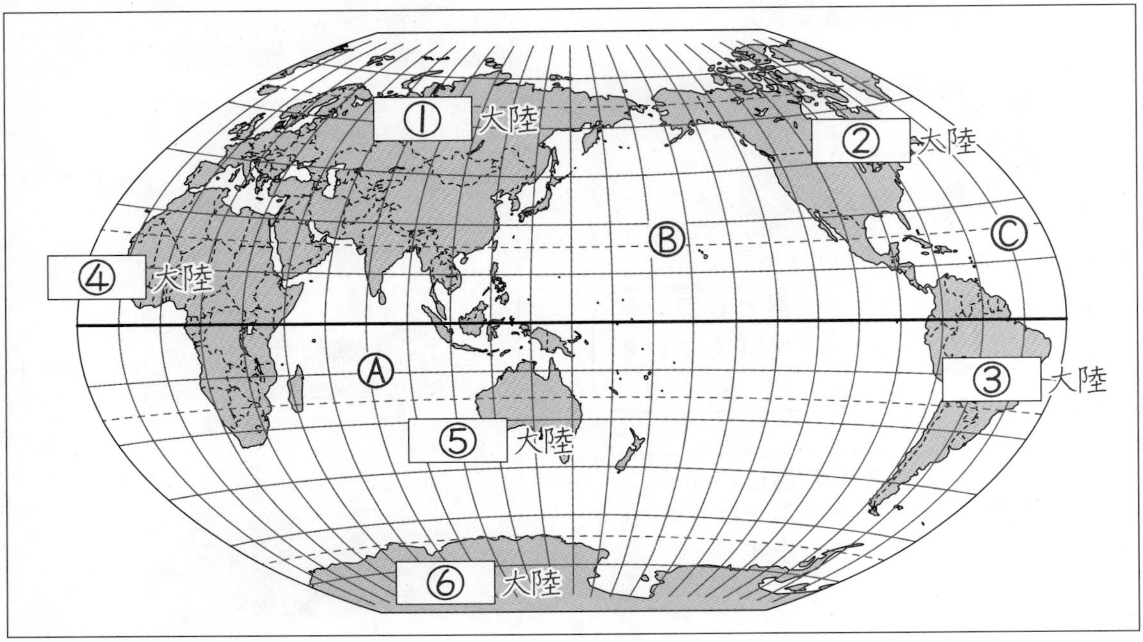

①大陸
②大陸
Ⓑ
Ⓒ
④大陸
Ⓐ
③大陸
⑤大陸
⑥大陸

〈大陸名〉

①	(　　　　) 大陸	②	(　　　　) 大陸
③	(　　　　) 大陸	④	(　　　　) 大陸
⑤	(　　　　) 大陸	⑥	(　　　　) 大陸

アフリカ　ユーラシア　南アメリカ
オーストラリア　北アメリカ　南極(なんきょく)

〈海洋名〉

Ⓐ		Ⓑ		Ⓒ	

太平洋(たいへいよう)　インド洋(よう)　大西洋(たいせいよう)

月　　日 名前

ポイント　世界の六大陸と三海洋の名前と位置を地図や地球儀(ちきゅうぎ)で確(たし)かめて、その名前も覚えましょう。

② 次の図を見て、あとの問いに答えましょう。

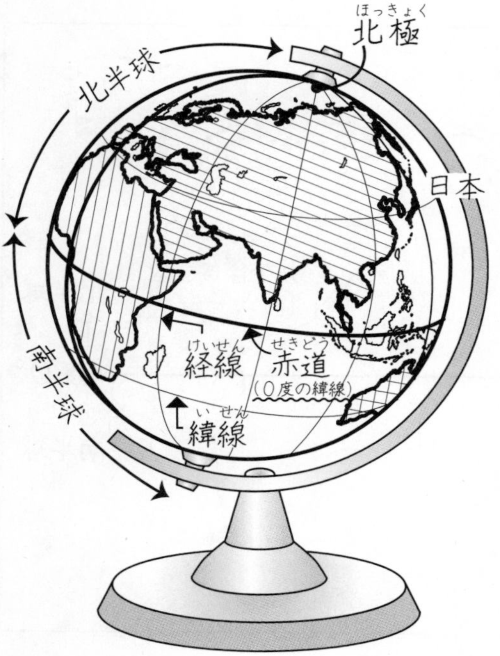

北極
北半球
日本
経線
赤道
(0度の緯線)
緯線
南半球

(1) 図を見て、(　)にあてはまる言葉を書きましょう。

図のたて線は、(①　　　)で、南極と(②　　　)を結ぶ線です。
図の横線は(③　　　)で、緯(い)度(ど)が0度の線は(④　　　)です。

(2) 日本は、どんな位置にありますか。(　)にあてはまる言葉を書きましょう。

(①　　　)半球にあって、(②　　　)大陸の(③　　　)側にあり、三海洋の中の(④　　　)にあります。

(3) 次の問いに対する、大陸名や海洋名を書きましょう。

① 日本の南にある最初の大陸　(　　　)大陸
② アフリカ大陸の西側にある海洋　(　　　)
③ 三大洋の中で一番小さい海洋　(　　　)
④ 南半球にあって、どの国のものでもない大陸
(　　　)大陸

世界の中の日本(2)（周辺の国々と日本の国土）

1　次の世界地図を見て、あとの問いに答えましょう。

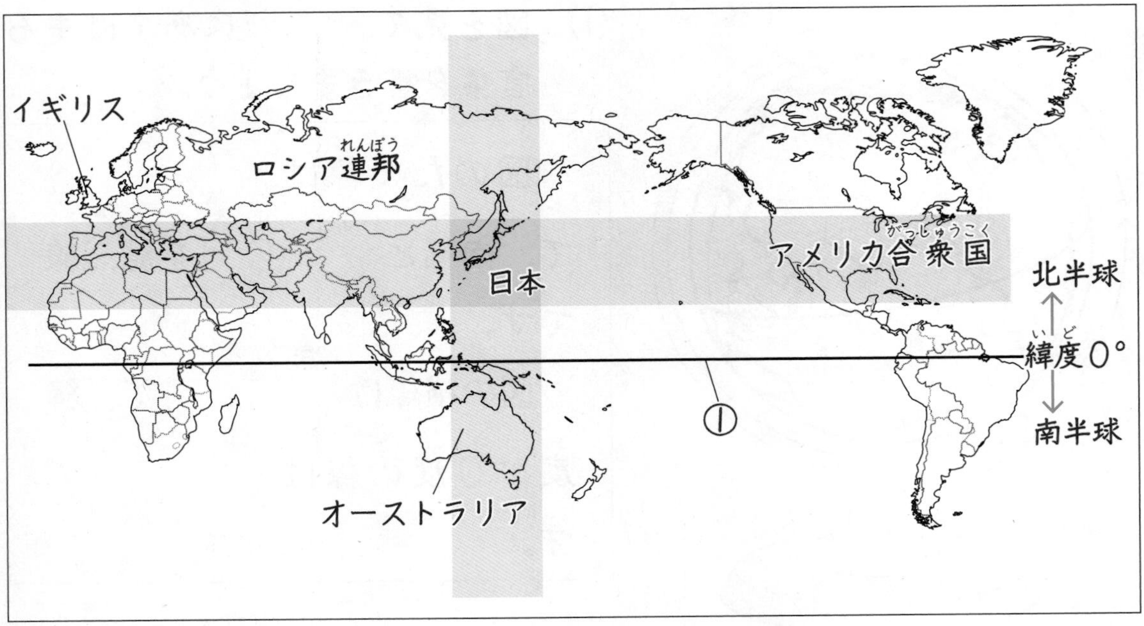

イギリス
ロシア連邦（れんぽう）
日本
アメリカ合衆国（がっしゅうこく）
北半球
緯度（いど）0°
南半球
①
オーストラリア

(1)　日本は、何大陸の東側にありますか。

（　　　　　　）大陸

(2)　日本の南にある大きな国は、どこですか。

（　　　　　　）

(3)　日本とほぼ同じ緯度にある国は、（ロシア連邦・イギリス・アメリカ合衆国）の中のどれですか。（　　　　　　）

(4)　日本は、北半球と南半球のどちらにありますか。

（　　　　）半球

(5)　地図中の①の線を何といいますか。（　　　　）

ポイント　世界の中の日本の位置を知る中で、周りの国々や4つの海に囲(かこ)まれていることを理解(りかい)し、領土(りょうど)についても意識(いしき)しましょう。

2　次の地図を見て、あとの問いに答えましょう。

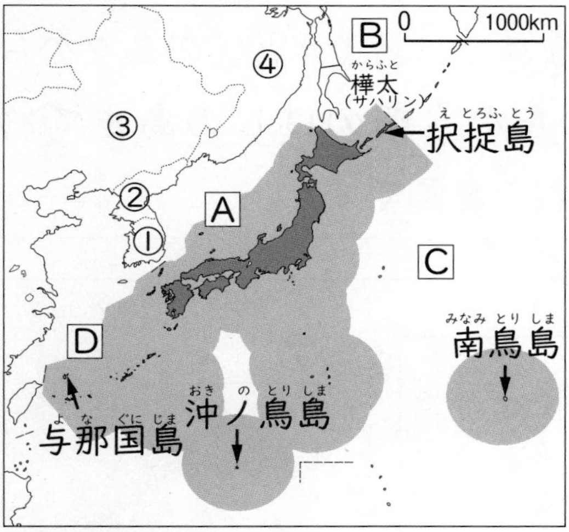

B
0
1000km
④
からふと
樺太
(サハリン)
えとろふとう
択捉島
③
②
A
①
C
みなみとりしま
南鳥島
D
おきのとりしま
沖ノ鳥島
よなぐにじま
与那国島

(1)　日本の東西南北のはしにある島の名前を書きましょう。

北	（　　　　　　）島
東	（　　　　　　）島
南	（　　　　　　）島
西	（　　　　　　）島

(2)　右の表は、日本とアメリカの領土と排他的経済水域(はいたてきけいざいすいいき)を表しています。日本は、㋐と㋑のどちらですか。

（　　　　）

国名	領土の面積	排他的経済水域
㋐	● 38万km²	● 447万km²
㋑	● 983万km²	● 762万km²

（海上保安庁HP資料より）

(3)　A〜Dの海の名前を書きましょう。

A		B	
C		D	

太平洋(たいへいよう)
オホーツク海
東シナ海
日本海

(4)　①〜④の国の名前を書きましょう。

①	
②	
③	
④	

中華人民共和国(ちゅうかじんみんきょうわこく)
朝鮮民主主義人民共和国(ちょうせんみんしゅしゅぎじんみんきょうわこく)
大韓民国(だいかんみんこく)
ロシア連邦

世界の中の日本(3)（日本の位置）

1 次の文章と地図から、あとの問いに答えましょう。

日本の領土は、4つの大きな島と、およそ7000の島々からなっています。北のはしの島から西のはしの島まで約3300kmあり、4つの海に囲まれた島国です。

115°
125°
135°
145°
155°
50°
40°
30°
20°
東京から2000km
東京から1500km
東京から1000km
東京から500km
ロシア連邦
オホーツク海
千島列島（クリル列島）
樺太（サハリン）
A
択捉島
中華人民共和国
D
朝鮮民主主義人民共和国
日本海
日本
ア
大韓民国
東京
太平洋
黒潮
東シナ海
イ
与那国島
沖ノ鳥島
南鳥島
0
500
1000km

ア

イ

(1) 4つの大きな島を大きい順に書きましょう。

1位（　　　　　　）　2位（　　　　　　）

3位（　　　　　　）　4位（　　　　　　）

月　　日　名前

ポイント　日本の領土や領土問題について、地図で確かめたり、どこの国と問題になっているのかを知っておきましょう。

⑵　北と西のはしの島の名前を書きましょう。

北（　　　　　　）島　　西（　　　　　　）島

⑶　北のはしの島をふくむAは、日本固有の領土です。何といわれていますか。また、今は、どの国に占領されていますか。

〔　　　　　　〕　国（　　　　　　）

⑷　領土問題になっているのは、他に竹島と尖閣諸島があります。それぞれどの海にあって、どの国と問題になっていますか。地図から選んで書きましょう。

㋐　竹島　〔　　　　　　〕海　（　　　　　　）

㋑　尖閣諸島〔　　　　　　〕海　（　　　　　　）

⑸　南のはしの島が、波でなくならないように工事をしました。島の名前を書きましょう。　（　　　　　　）島

⑹　日本の南から北に流れるあたたかい海流、黒潮はどの海洋を流れていますか。　（　　　　　　）

⑺　右の国旗は、今だに国交のない国です。どこですか。

（　　　　　　）

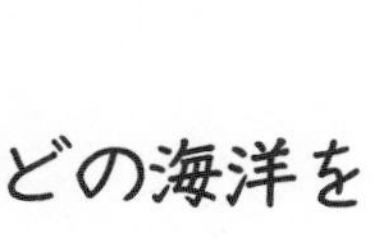

まとめテスト

世界の中の日本(1)

1　次の地図を見て、あとの問いに答えましょう。　（4点×10）

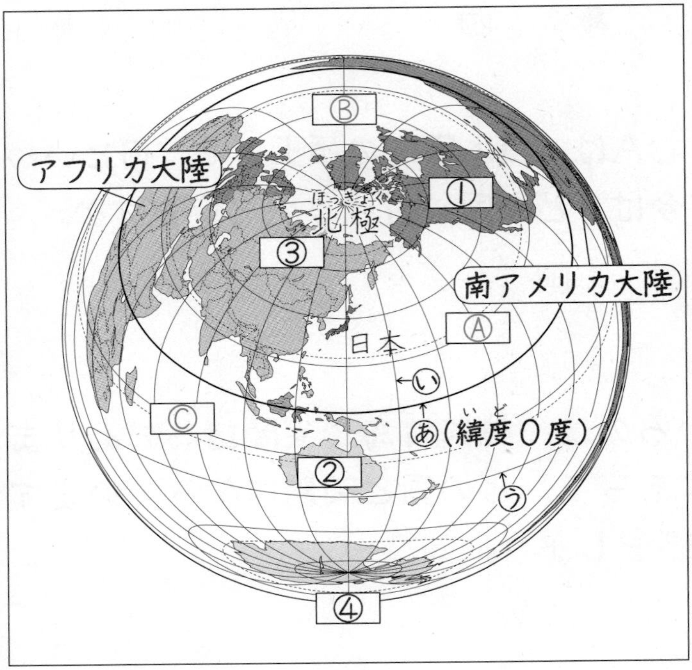
Ⓑ
アフリカ大陸
①
北極
③
南アメリカ大陸
Ⓐ
日本
い
Ⓒ
あ(緯度0度)
②
う
④

(1)　①～④の大陸名を書きましょう。

①	(　　　　　)	大陸
②	(　　　　　)	大陸
③	(　　　　　)	大陸
④	(　　　　　)	大陸

ユーラシア　北アメリカ
オーストラリア　南極

(2)　Ⓐ～Ⓒの海洋名を書きましょう。

Ⓐ		Ⓑ		Ⓒ	

太平洋　インド洋　大西洋

(3)　あ～うの地図上の名前を書きましょう。

あ		い		う	

経線　緯線　赤道

月　　日　名前　　／100点

2 次の地図を見て、あとの問いに答えましょう。（5点×12）

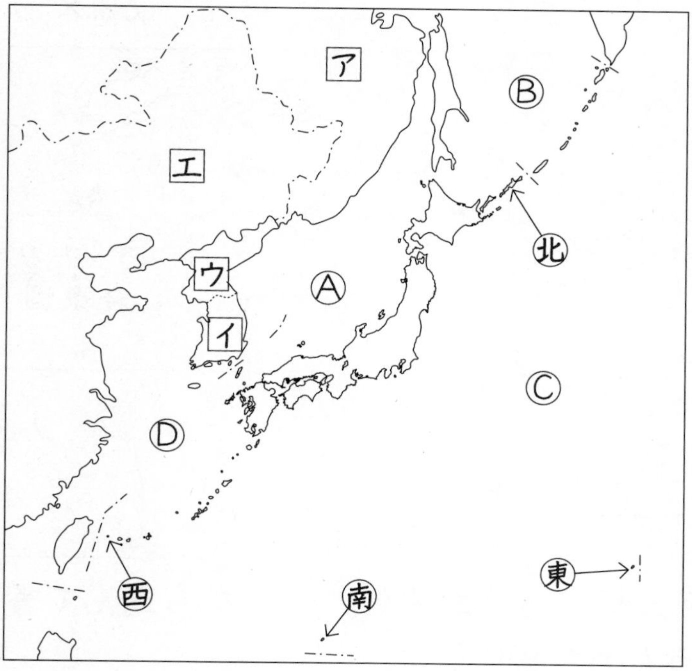
ア
Ⓑ
エ
北
ウ
Ⓐ
イ
Ⓒ
Ⓓ
東
西
南

(1) 日本を取り囲む4つの海の名前を書きましょう。

Ⓐ	
Ⓑ	
Ⓒ	
Ⓓ	

東シナ海　太平洋
日本海　オホーツク海

(2) 日本のはしの島の名前を書きましょう。

東	（　　　）島	北	（　　　）島
南	（　　　）島	西	（　　　）島

与那国（よなぐに）　沖ノ鳥（おきのとり）
南鳥（みなみとり）　択捉（えとろふ）

(3) 日本の近くの国の名前を書きましょう。

ア		イ	
ウ			
エ			

朝鮮民主主義人民共和国（ちょうせんみんしゅしゅぎじんみんきょうわこく）
大韓民国（だいかんみんこく）
中華人民共和国（ちゅうかじんみんきょうわこく）
ロシア連邦（れんぽう）

まとめテスト

世界の中の日本(2)

[1] 日本から世界一周の旅に出ます。あとの問いに答えましょう。

（6点×7）

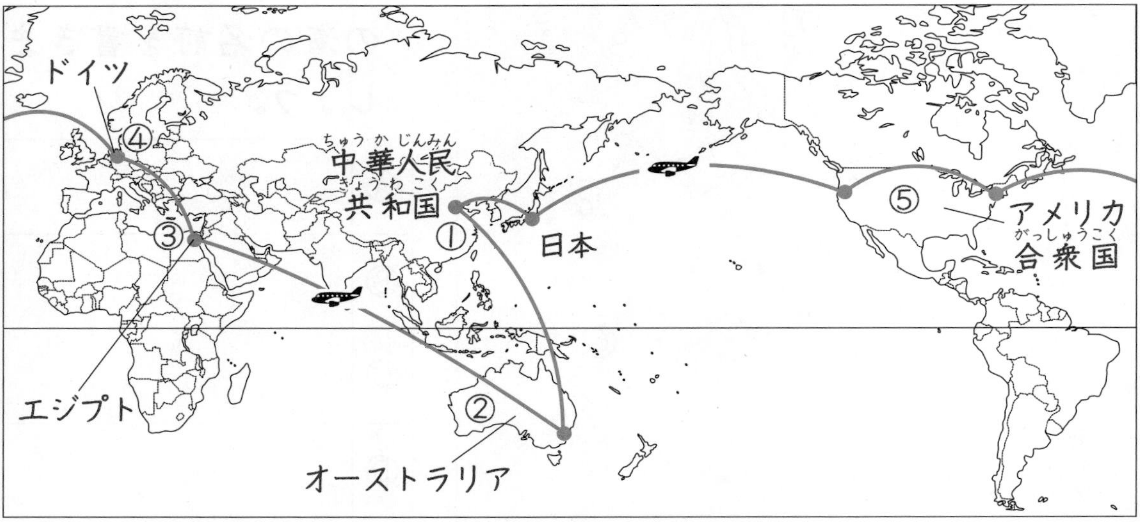

ドイツ
④
中華人民共和国
①
日本
③
エジプト
②
オーストラリア
⑤
アメリカ合衆国

(1) ①～⑤の国々は、何大陸にありますか。[　　]から選んで書きましょう。（2回使うものもあります）

①	（　　　　） 大陸	②	（　　　　） 大陸
③	（　　　　） 大陸	④	（　　　　） 大陸
⑤	（　　　　） 大陸		

アフリカ　南アメリカ　北アメリカ　ユーラシア　オーストラリア

(2) 今回の旅で寄（よ）れなかった大陸は南極大陸以外でどこですか。

（　　　　） 大陸

(3) ⑤と日本の間にある海洋は太平洋（たいへいよう）と大西洋（たいせいよう）のどちらですか。

（　　　　）

月　　日　名前　　　　／100点

2　次の地図を見て、あとの問いに答えましょう。

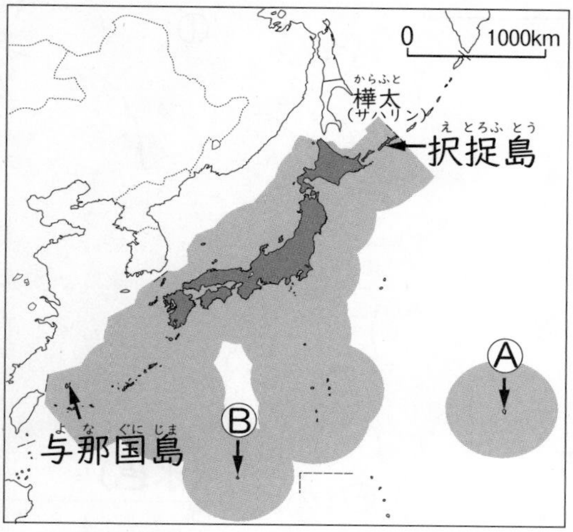
0　1000km
樺太(からふと)
(サハリン)
択捉島(えとろふとう)
Ⓐ
Ⓑ
与那国島(よなぐにじま)

(1)　日本の位置は、何大陸のどちら側にありますか。（6点×2）

（　　　　　　　）大陸の

（　　　　　）側

(2)　(1)の大陸と日本の間にある海洋の名前を書きましょう。（8点）

（　　　　　　　）

(3)　排他的経済水域(はいたてきけいざいすいいき)の円の中心にある沖ノ鳥島(おきのとりしま)と南鳥島(みなみとりしま)は、Ⓐ とⒷのどちらですか。（5点×2）

①　沖ノ鳥島（　　　　）　②　南鳥島（　　　　）

(4)　(3)の島がなくなると、排他的経済水域は、どうなりますか。（7点）

排他的経済水域の面積が（　　　　　　　）

(5)　次の島々の領土(りょうど)問題をめぐって、話し合いをしている国の国旗を線で結びましょう。（7点×3）

①　北方領土(ほっぽうりょうど)　●　　　　●　あ 

②　竹島(たけしま)　●　　　　●　い 

③　尖閣諸島(せんかくしょとう)　●　　　　●　う 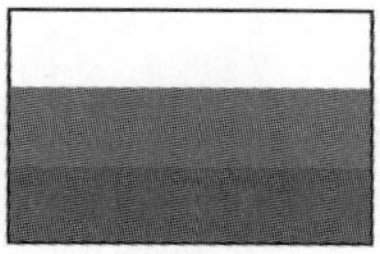

イメージマップ

① 地方別

作業1　A～Hのそれぞれの地方を決められた色でぬりましょう。

(青色)
A ほっかいどう 北海道 地方
(水色)
B とうほく 東北 地方
(緑色)
C かんとう 関東 地方
(黄色)
D ちゅうぶ 中部 地方
(ピンク色)
E きんき 近畿 地方
(茶色)
F ちゅうごく 中国 地方
(むらさき色)
G しこく 四国 地方
(赤色)
H きゅうしゅう 九州 地方
①
②
③
④
⑤
⑥
⑦
⑧
⑨
⑩
⑪
⑫
⑬
⑭
⑮
⑯
⑰
⑱
⑲
⑳
㉑
㉒
㉓
㉔
㉕
㉖
㉗
㉘
㉙
㉚
㉛
㉜
㉝
㉞
㉟
㊱
㊲
㊳
㊴
㊵
㊶
㊷
㊸
㊹
㊺
㊻
㊼

② 都道府県別

作業2 ①～㊼の都道府県名をなぞりましょう。

A

①	北海道（ほっかいどう）

B

②	青森（あおもり）県	③	岩手（いわて）県
④	宮城（みやぎ）県	⑤	秋田（あきた）県
⑥	山形（やまがた）県	⑦	福島（ふくしま）県

C

⑧	茨城（いばらき）県	⑨	栃木（とちぎ）県
⑩	群馬（ぐんま）県	⑪	埼玉（さいたま）県
⑫	千葉（ちば）県	⑬	東京都（とうきょうと）
⑭	神奈川（かながわ）県		

D

⑮	新潟（にいがた）県	⑯	富山（とやま）県
⑰	石川（いしかわ）県	⑱	福井（ふくい）県
⑲	山梨（やまなし）県	⑳	長野（ながの）県
㉑	岐阜（ぎふ）県	㉒	静岡（しずおか）県
㉓	愛知（あいち）県		

E

㉔	三重（みえ）県	㉕	滋賀（しが）県
㉖	京都府（きょうとふ）	㉗	大阪府（おおさかふ）
㉘	兵庫（ひょうご）県	㉙	奈良（なら）県
㉚	和歌山（わかやま）県		

F

㉛	鳥取（とっとり）県	㉜	島根（しまね）県
㉝	岡山（おかやま）県	㉞	広島（ひろしま）県
㉟	山口（やまぐち）県		

G

㊱	徳島（とくしま）県	㊲	香川（かがわ）県
㊳	愛媛（えひめ）県	㊴	高知（こうち）県

H

㊵	福岡（ふくおか）県	㊶	佐賀（さが）県
㊷	長崎（ながさき）県	㊸	熊本（くまもと）県
㊹	大分（おおいた）県	㊺	宮崎（みやざき）県
㊻	鹿児島（かごしま）県	㊼	沖縄（おきなわ）県

日本の都道府県

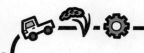

1　A～Hの地方名と、①～㊼の都道府県名を書きましょう。

A
地方
①
B
②
③
④
⑤
⑥
⑦
C
地方
⑧
⑨
⑩
⑪
⑫
⑬
⑭
⑮
⑯
⑰
⑱
⑲
⑳
㉑
㉒
㉓
D
地方
E
地方
㉔
㉕
㉖
㉗
㉘
㉙
㉚
F
地方
G
地方
H
地方
㉛
㉜
㉝
㉞
㉟
㊱
㊲
㊳
㊴
㊵
㊶
㊷
㊸
㊹
㊺
㊻
㊼

月　　日　名前

ポイント　日本の地方名と都道府県名を、自分の興味のあるところから覚えていきましょう。

A

①	

B

②	県	③	県
④	県	⑤	県
⑥	県	⑦	県

C

⑧	県	⑨	県
⑩	県	⑪	県
⑫	県	⑬	
⑭	県		

D

⑮	県	⑯	県
⑰	県	⑱	県
⑲	県	⑳	県
㉑	県	㉒	県
㉓	県		

E

㉔	県	㉕	県
㉖		㉗	
㉘	県	㉙	県
㉚	県		

F

㉛	県	㉜	県
㉝	県	㉞	県
㉟	県		

G

㊱	県	㊲	県
㊳	県	㊴	県

H

㊵	県	㊶	県
㊷	県	㊸	県
㊹	県	㊺	県
㊻	県	㊼	県

都道府県(都道府県名と県庁所在地名がちがうところ)

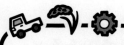

1 地図の中の①～⑱は、県名と県庁所在地名がちがうところです。好きな色をぬりましょう。

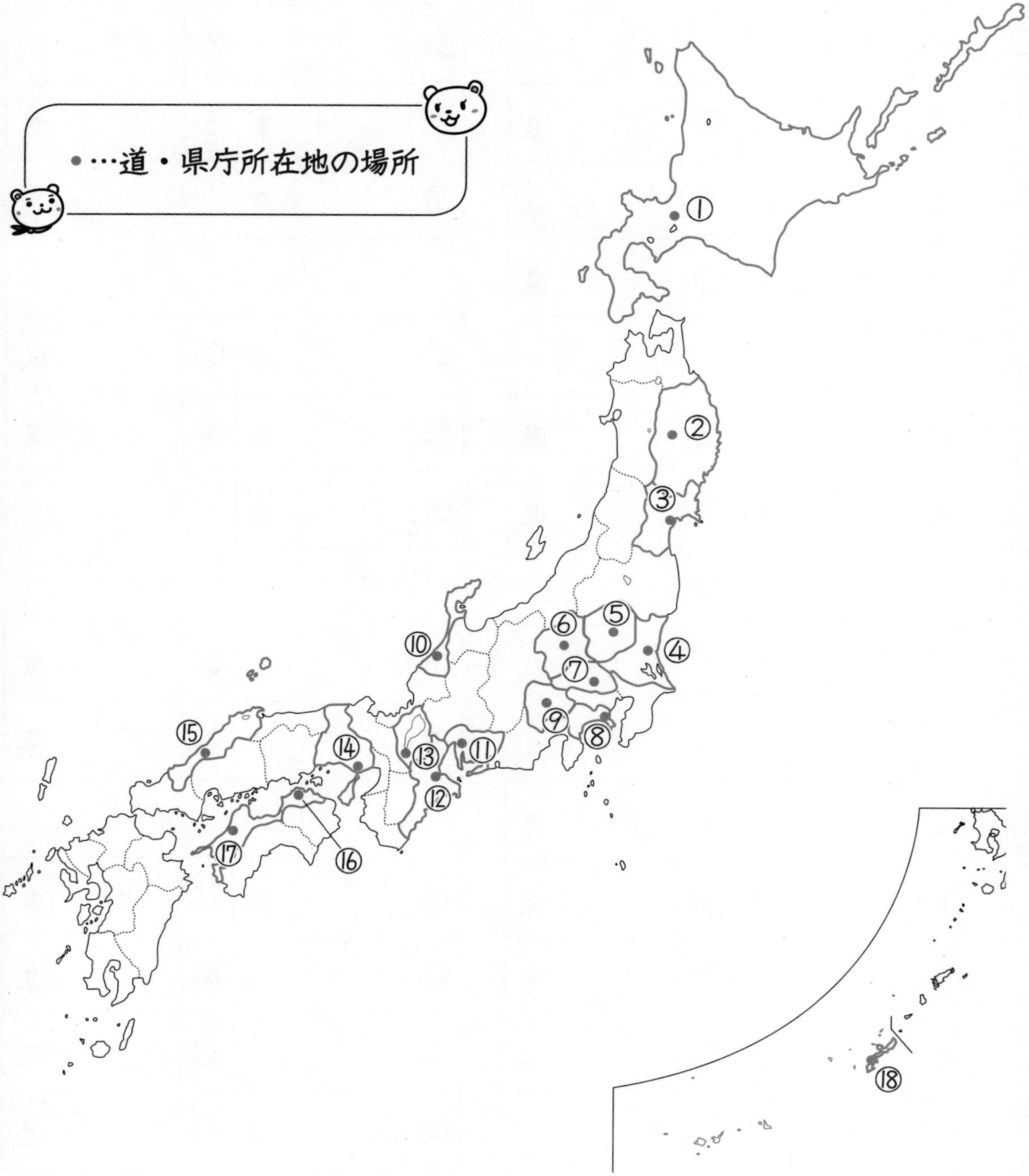
●…道・県庁所在地の場所
①
②
③
④
⑤
⑥
⑦
⑧
⑨
⑩
⑪
⑫
⑬
⑭
⑮
⑯
⑰
⑱

月　　日　名前

ポイント
県名と県庁所在地名がちがうところはどこか、地図で位置を確(たし)かめましょう。

2　次の都市は、どの都道府県庁所在地ですか。都道府県名と番号を書きましょう。

県庁所在地名	都道府県名	番号	県庁所在地名	都道府県名	番号
甲府(こうふ)市			那覇(なは)市		
仙台(せんだい)市			神戸(こうべ)市		
横浜(よこはま)市			金沢(かなざわ)市		
水戸(みと)市			大津(おおつ)市		
盛岡(もりおか)市			津(つ)市		
宇都宮(うつのみや)市			高松(たかまつ)市		
さいたま市			松山(まつやま)市		
札幌(さっぽろ)市			松江(まつえ)市		
前橋(まえばし)市			名古屋(なごや)市		

都道府県（面積の大・小、人口）

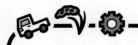

1　面積の小さいベスト５と、面積の大きいベスト10の都道府県名を書きましょう。また、面積の大きい都道府県を好きな色でぬりましょう。

《面積の小さい順の都道府県》

㋐		㋑	
㋒		㋓	
㋔			

①
②
③
④
⑤
⑥
⑦
⑧
⑨
⑩
㋐
㋑
㋒
㋓
㋔

《面積の大きい順の都道府県》

①		②		③		④	
⑤		⑥		⑦		⑧	
⑨		⑩					

月　　日　名前

ポイント　面積の大きい県、小さい県、人口の多い県の位置を地図で確(たし)かめましょう。

2　人口が多いベスト12の都道府県名を書き、好きな色でぬりましょう。

⑧
⑤
③
⑪
⑦
⑫
⑥
①
⑨
②
⑩
④

日本の人口は2008年をピークに減(へ)っているんだ。
人口を増(ふ)やすには子どもを産み育てやすいかんきょうをつくるのが大事なんだな。

※①～⑫は人口の多い順　　（2019年５月現在(げんざい)）

①		②		③	
④		⑤		⑥	
⑦		⑧		⑨	
⑩		⑪		⑫	

まとめテスト

都道府県

1　次の地図を見て、あとの問いに答えましょう。

中部（ちゅうぶ）　近畿（きんき）
北海道（ほっかいどう）　九州（きゅうしゅう）
四国（しこく）　東北（とうほく）
中国（ちゅうごく）　関東（かんとう）
地図の番号がヒントだよ。
㋐　地方
㋑　地方
㋒　地方
㋓　地方
㋔　地方
㋕　地方
㋖　地方
㋗　地方

(1)　㋐～㋗の8つの地方名を地図中の□に書きましょう。（3点×8）

(2)　県庁所在地名（けんちょうしょざいち）をひらがなで書く県を書きましょう。　（2点）

（①　　　　）県

(3)　県庁所在地名が一番短い県を書きましょう。　（2点）

（②　　　　）県

月　　日 名前　　　　/100点

⑷　県庁所在地名で、「松」がつく県を書きましょう。（３点×３）

③	松山市（まつやま）		④	松江市（まつえ）	
⑤	高松市（たかまつ）				

⑸　県名に動物の名前がつく県を４つ書きましょう。（３点×４）

⑥		⑦		⑧		⑨	

⑹　県名に福の字がつく県を３つ書きましょう。（３点×３）

⑩		⑪		⑫	

⑺　県名に山がつく県を６つ書きましょう。（３点×６）

⑬		⑭		⑮	
⑯		⑰		⑱	

⑻　海に面していない県を書きましょう。（３点×８）

①		⑥		⑮		⑲	
⑳		㉑		㉒		㉓	

社会ゲーム　　月　　日 名前

新幹線（しんかんせん）で旅をしよう！

1 次の新幹線（しんかんせん）の線路図を見て、北海道から九州までの都道府県名を書きましょう。

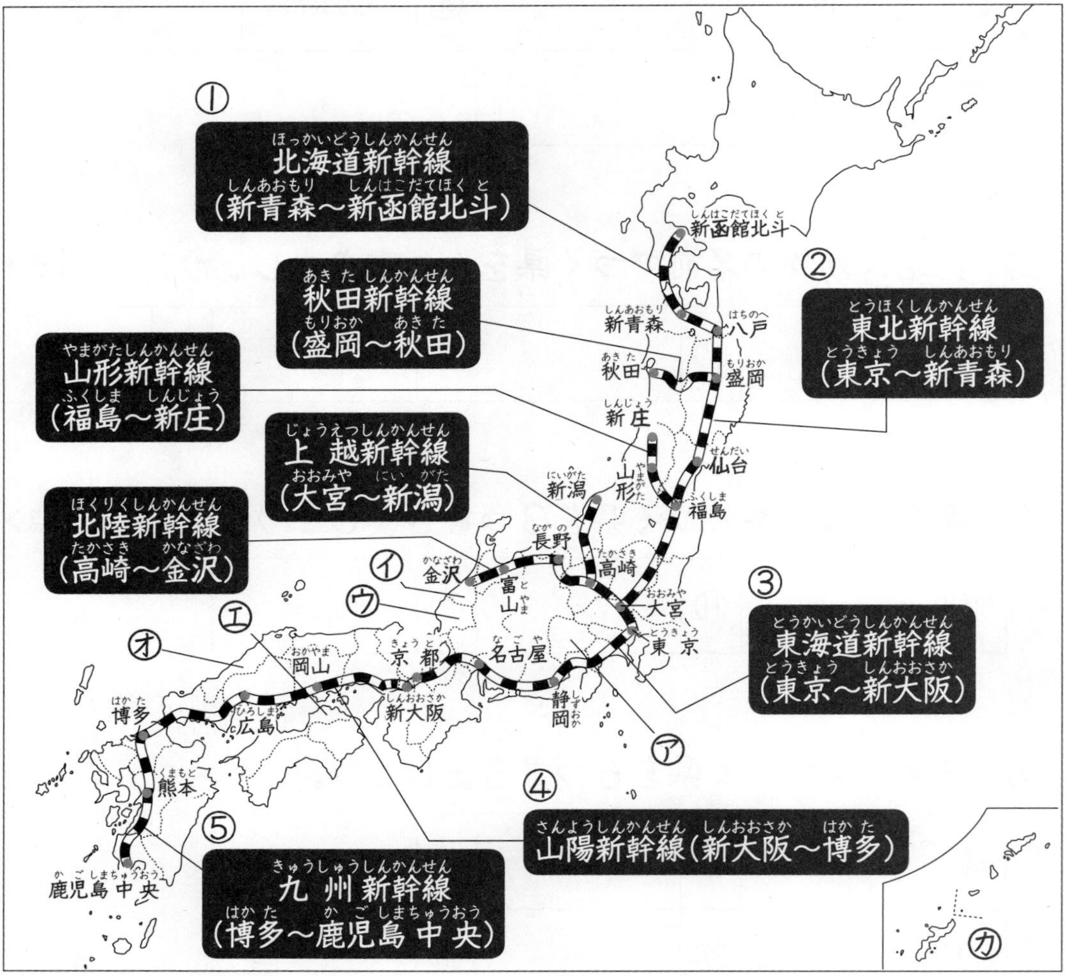

①
北海道新幹線
（新青森～新函館北斗）
秋田新幹線
（盛岡～秋田）
山形新幹線
（福島～新庄）
上越新幹線
（大宮～新潟）
北陸新幹線
（高崎～金沢）
②
東北新幹線
（東京～新青森）
③
東海道新幹線
（東京～新大阪）
④
山陽新幹線（新大阪～博多）
⑤
九州新幹線
（博多～鹿児島中央）
新函館北斗
新青森
八戸
秋田
盛岡
新庄
仙台
新潟
山形
福島
長野
高崎
金沢
富山
大宮
東京
京都
名古屋
岡山
新大阪
静岡
博多
広島
熊本
鹿児島中央
ア
イ
ウ
エ
オ
カ

① 北海道新幹線　〔北海道〕━〔　　　県〕

② 東北新幹線

（　）内は県名とちがう県庁（けんちょう）所在地（しょざいち）名（めい）だよ。

〔青森県〕━〔　　　県〕━〔　　　県〕━〔　　　県〕━
（青森）　（盛岡）　（仙台）

━〔　　　県〕━〔　　　県〕━〔　　　県〕━〔　　　都〕
（宇都宮（うつのみや））　※駅はないんだよ。（水戸（みと））　（さいたま）

月　　日 名前

③ 東海道新幹線

〔東京都〕■〔　　県〕■〔　　県〕■〔　　県〕■
（横浜）　　　　　（名古屋）
■〔　　県〕■〔　　県〕■〔　　府〕■〔　　府〕
（大津）

④ 山陽新幹線

〔大阪府〕■〔　　県〕■〔　　県〕■〔　　県〕■
（神戸）
■〔　　県〕■〔　　県〕

⑤ 九州新幹線

〔福岡県〕■〔　　県〕■〔福岡県〕■〔　　県〕■〔　　県〕

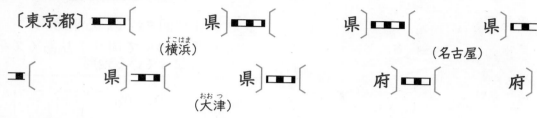

2 次の観光をするために乗る新幹線を、線路図から選んで書きましょう。

① 男鹿半島の「ナマハゲ」、東北三大祭りの「竿燈まつり」

〔　　　　〕新幹線

② 金沢城と日本三名園の兼六園　〔　　　　〕新幹線

③ 佐渡金山遺跡、天然記念物「トキの森公園」

〔　　　　〕新幹線

④ 日本三大急流の「最上川」下り、さくらんぼ狩り

〔　　　　〕新幹線

イメージマップ

作業1　なぞって書きましょう。

山脈
山地
盆地
高原
台地
平野

- 山脈（さんみゃく）…山地のうちで、険（けわ）しい山々が連なったところ
- 山地…山々が集まったところ
- 平野…海に面している平地
- 盆地（ぼんち）…山に囲（かこ）まれている平地
- 台地…平地の中で周りより高くて平らになっている地形

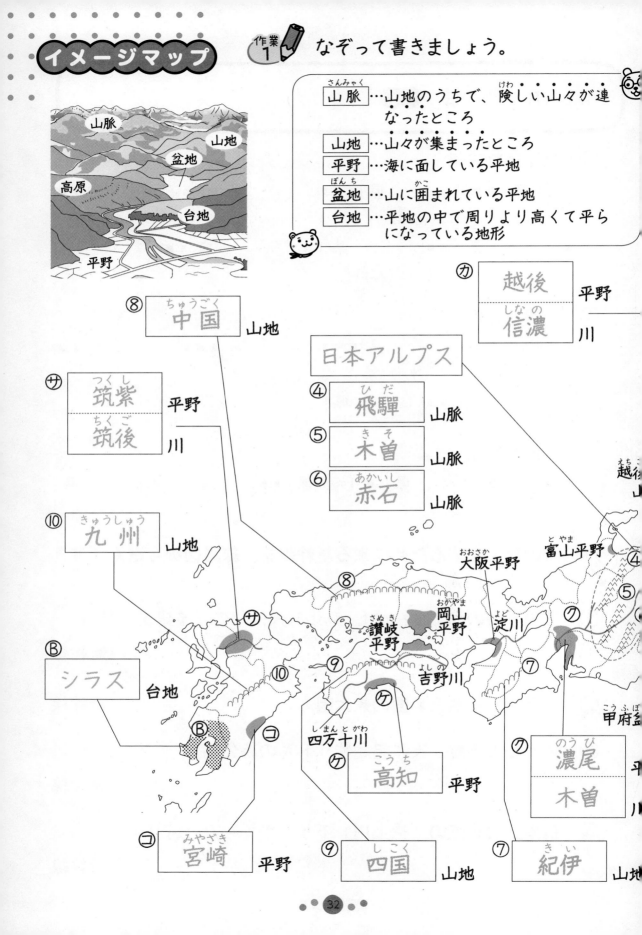

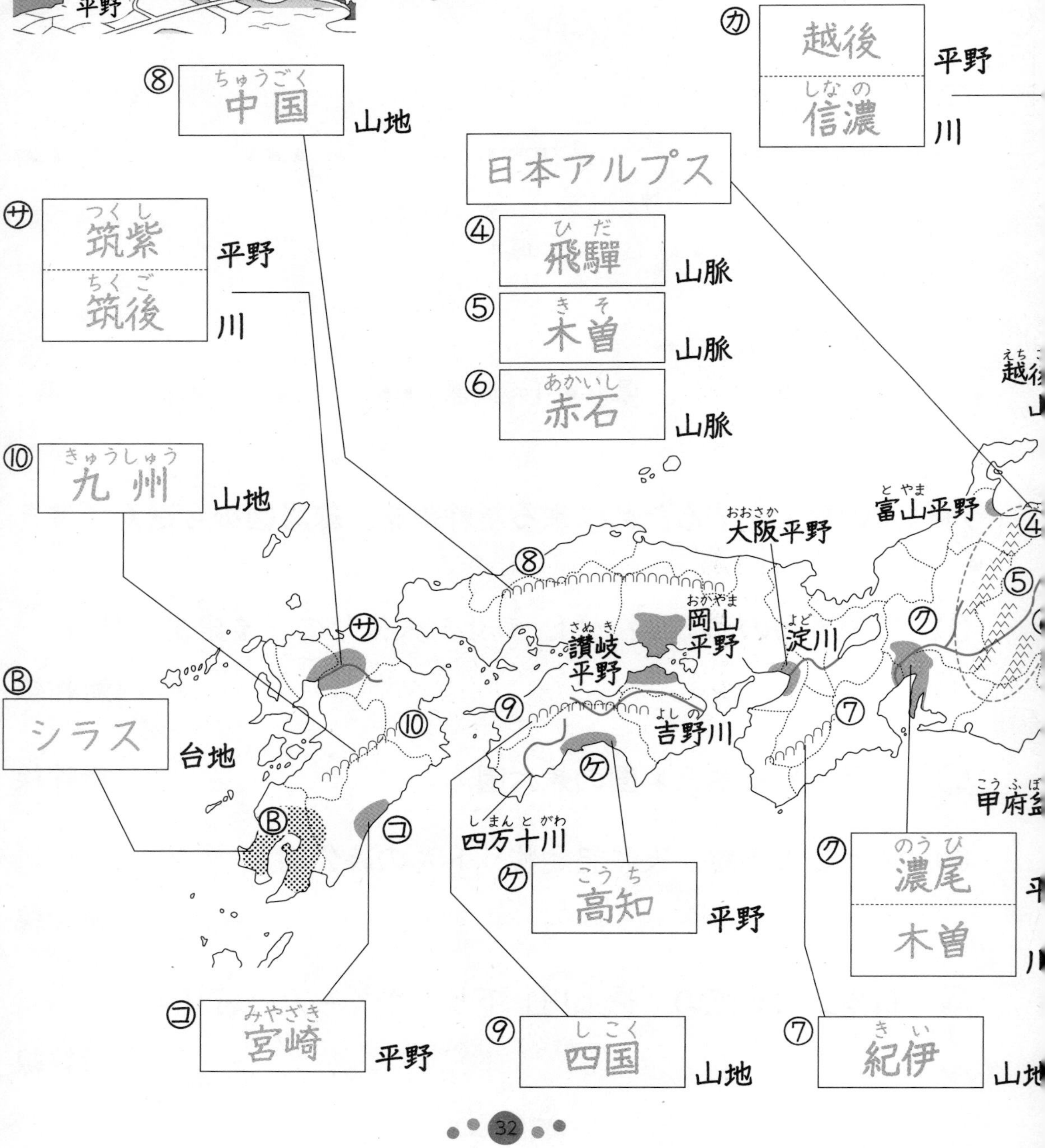

カ　越後 平野／信濃（しなの） 川
⑧　中国（ちゅうごく） 山地
日本アルプス
④　飛驒（ひだ） 山脈
⑤　木曽（きそ） 山脈
⑥　赤石（あかいし） 山脈
サ　筑紫（つくし） 平野／筑後（ちくご） 川
⑩　九州（きゅうしゅう） 山地
B　シラス 台地
越後（えちご）山
富山（とやま）平野
大阪（おおさか）平野
岡山（おかやま）平野
讃岐（さぬき）平野
淀（よど）川
吉野（よしの）川
四万十川（しまんとがわ）
甲府盆（こうふぼ）
ク　濃尾（のうび） 平／木曽 川
ケ　高知（こうち） 平野
コ　宮崎（みやざき） 平野
⑨　四国（しこく） 山地
⑦　紀伊（きい） 山地

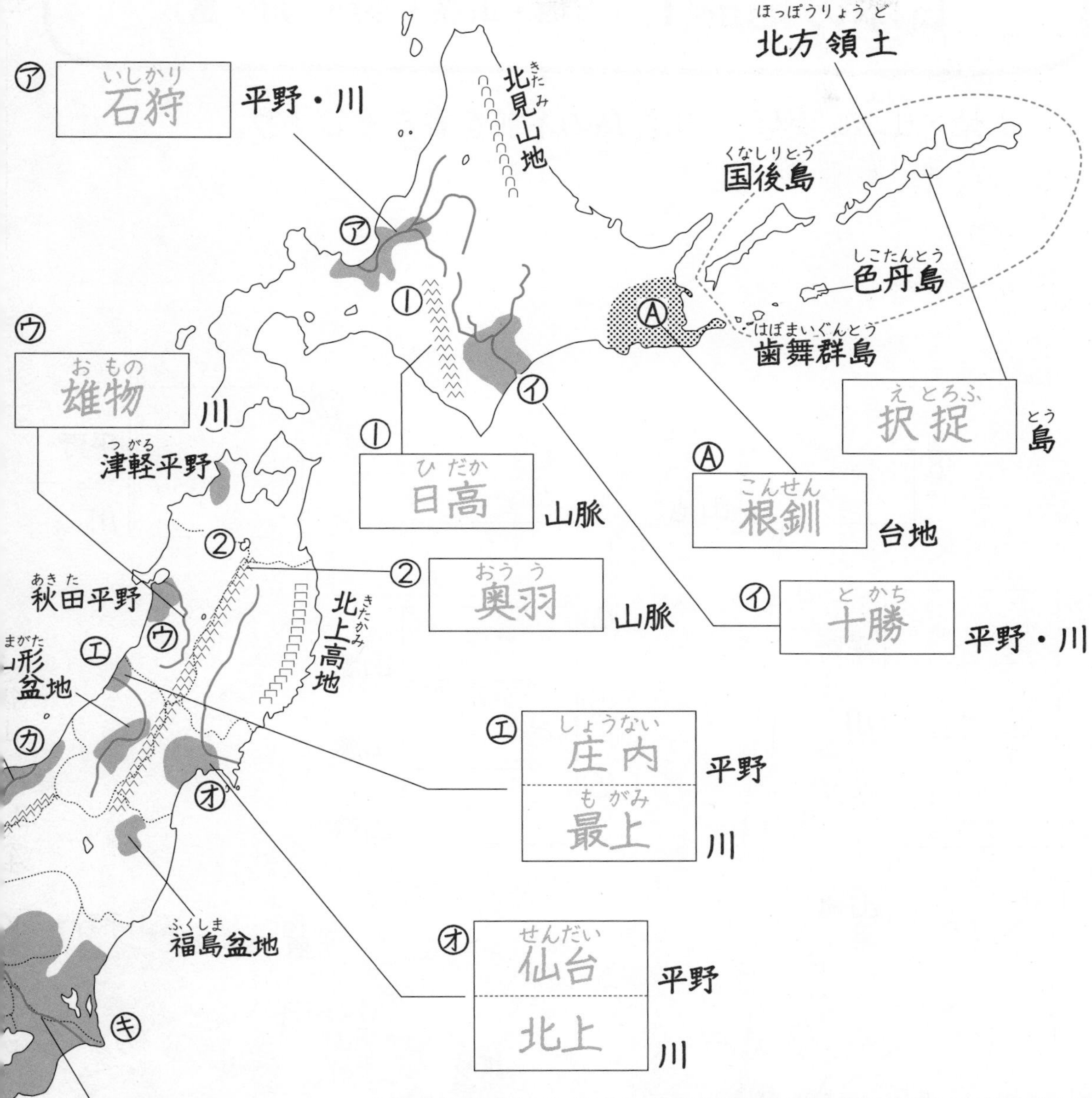
ほっぽうりょうど
北方領土
ア
いしかり
石狩
平野・川
北見山地
きたみ
くなしりとう
国後島
ア
イ
しこたんとう
色丹島
ウ
A
はぼまいぐんとう
歯舞群島
おもの
雄物
川
イ
えとろふ
択捉
とう
島
つがる
津軽平野
イ
ひだか
日高
山脈
A
こんせん
根釧
台地
②
②
おうう
奥羽
山脈
あきた
秋田平野
北上高地
きたかみ
イ
とかち
十勝
平野・川
ウ
まがた
山形
盆地
エ
エ
しょうない
庄内
平野
カ
もがみ
最上
川
オ
ふくしま
福島盆地
オ
せんだい
仙台
平野
北上
川
キ
キ
かんとう
関東
平野
とね
利根
川
③
関東
山地

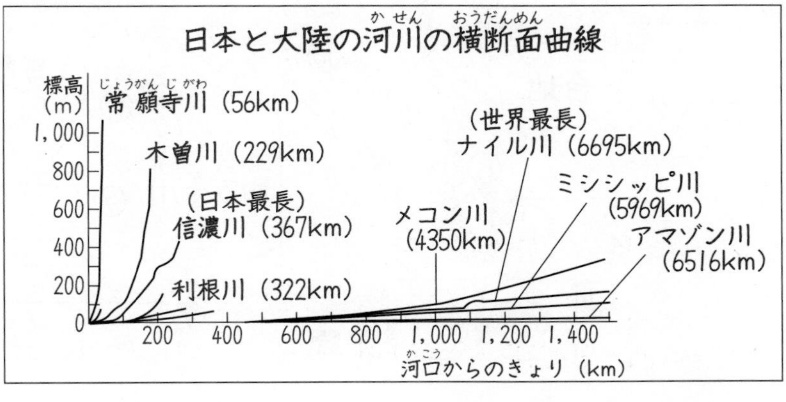
日本と大陸の河川の横断面曲線
かせん おうだんめん
標高
(m)
じょうがんじがわ
常願寺川 (56km)
木曽川 (229km)
(日本最長)
信濃川 (367km)
利根川 (322km)
(世界最長)
ナイル川 (6695km)
ミシシッピ川
(5969km)
メコン川
(4350km)
アマゾン川
(6516km)
1,000
800
600
400
200
0
200
400
600
800
1,000
1,200
1,400
かこう
河口からのきょり (km)

日本の地形(1)（山地・山脈・平野・川・島）

□1 山地・山脈、平野、川、島の名前を書きましょう。

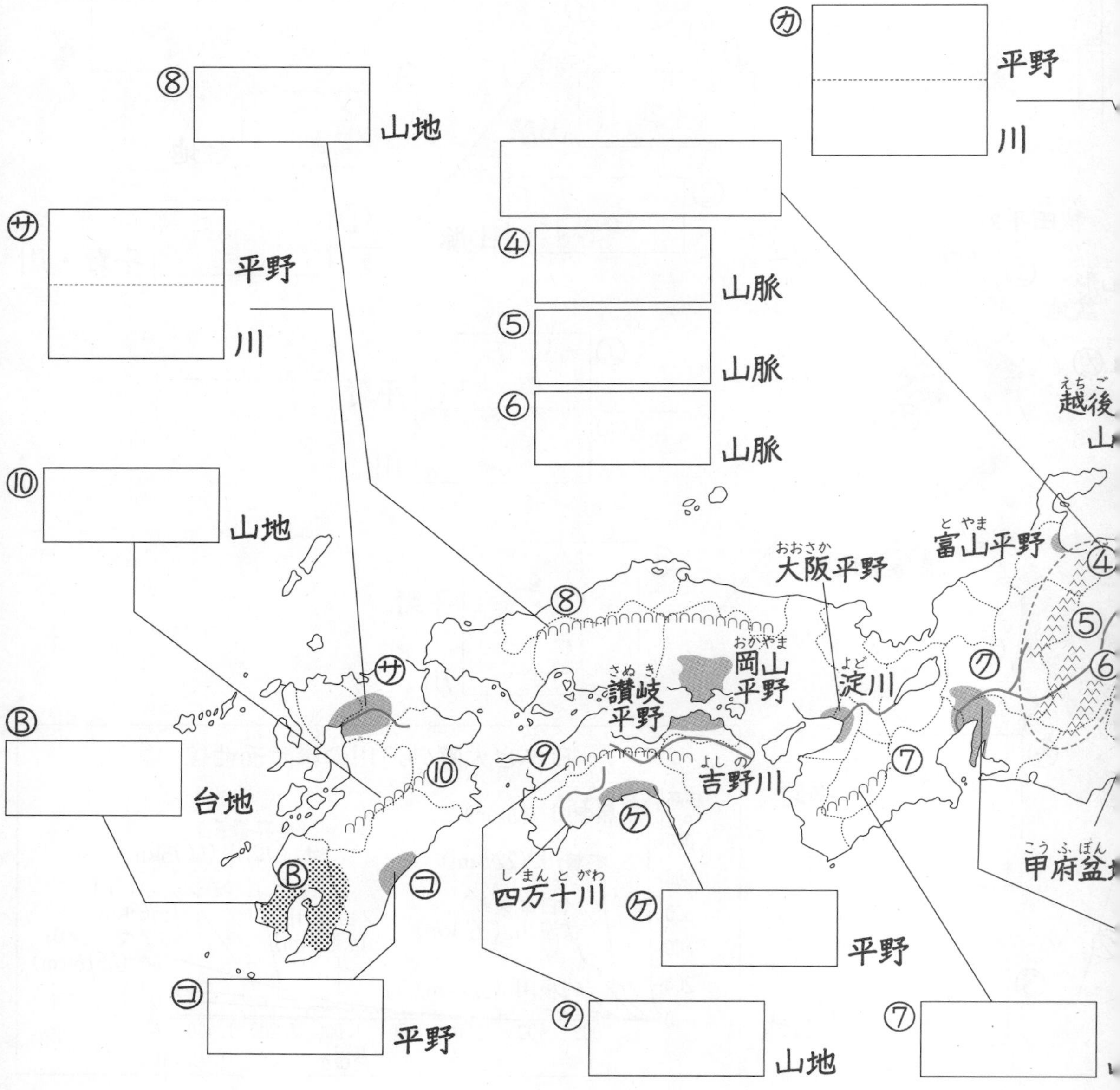

カ 平野 川
⑧ 山地
サ 平野 川
④ 山脈
⑤ 山脈
⑥ 山脈
越後 山
⑩ 山地
富山平野
大阪平野
岡山平野
讃岐平野
淀川
吉野川
B 台地
ク
⑦
甲府盆
四万十川
ケ 平野
コ 平野
⑨ 山地
⑦

月　　日 名前

ポイント 山脈がどんなところに多いか注目しましょう。川と平野が同じ名前のところもあれば、ちがうところもあるので気をつけましょう。

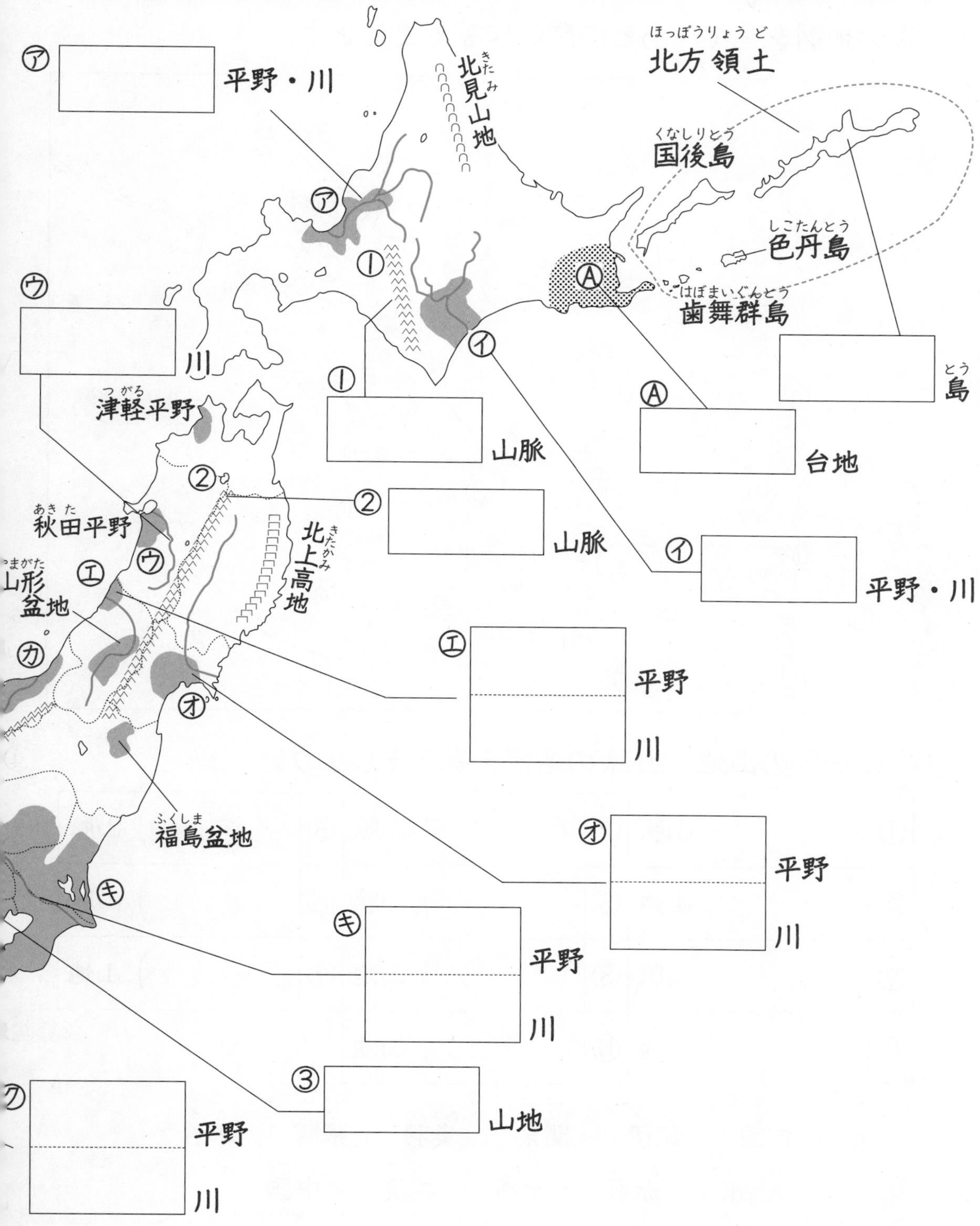

ア 平野・川
北見山地
北方領土
国後島
色丹島
歯舞群島
Ａ 台地
① 山脈
イ 平野・川
島
ウ 川
津軽平野
② 山脈
秋田平野
北上高地
山形盆地
エ 平野 川
オ 平野 川
福島盆地
キ 平野 川
③ 山地
ク 平野 川
カ

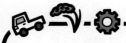

日本の地形(2)（山地・山脈・川）

|1| 次の地図を見て、あとの問いに答えましょう。

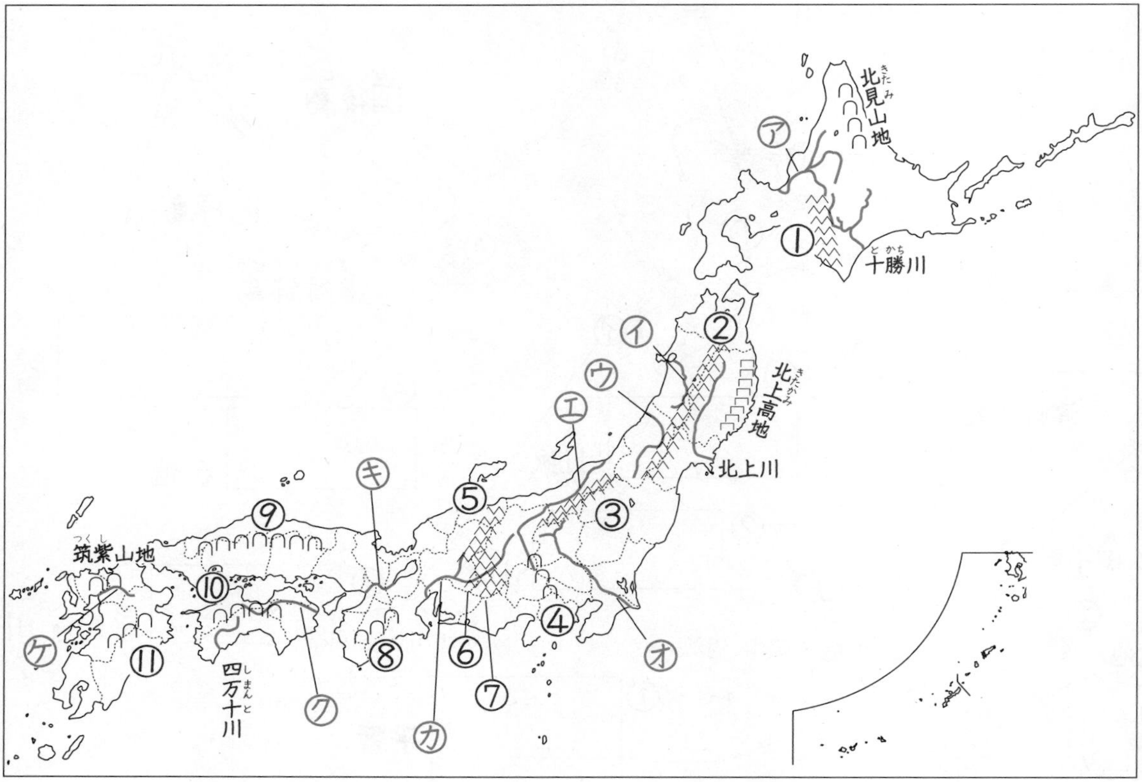
北見山地
十勝川
北上高地
北上川
筑紫山地
四万十川
ア
イ
ウ
エ
オ
カ
キ
ク
ケ
①
②
③
④
⑤
⑥
⑦
⑧
⑨
⑩
⑪

(1) ①～⑪の山地・山脈の名前を書きましょう。

①	(　　　　) 山脈	②	(　　　　) 山脈	③	(　　　　) 山脈
④	(　　　　) 山地	⑤	(　　　　) 山脈	⑥	(　　　　) 山脈
⑦	(　　　　) 山脈	⑧	(　　　　) 山地	⑨	(　　　　) 山地
⑩	(　　　　) 山地	⑪	(　　　　) 山地		

四国　紀伊　関東　奥羽　飛驒　木曽
九州　赤石　日高　越後　中国

月　日　名前

ポイント　日本(にほん)列島を背骨(せぼね)のように走っている山地・山脈です。山脈がどんなところに多いか注目しましょう。

(2) 地図中の㋐～㋘の川の名前を書きましょう。

㋐	(　　　)川	㋑	(　　　)川	㋒	(　　　)川
㋓	(　　　)川	㋔	(　　　)川	㋕	(　　　)川
㋖	(　　　)川	㋗	(　　　)川	㋘	(　　　)川

最上(もがみ)　木曽(きそ)　雄物(おもの)　利根(とね)　筑後(ちくご)
石狩(いしかり)　信濃(しなの)　淀(よど)　吉野(よしの)

2 次のグラフを見て、日本と世界の川を比(くら)べましょう。

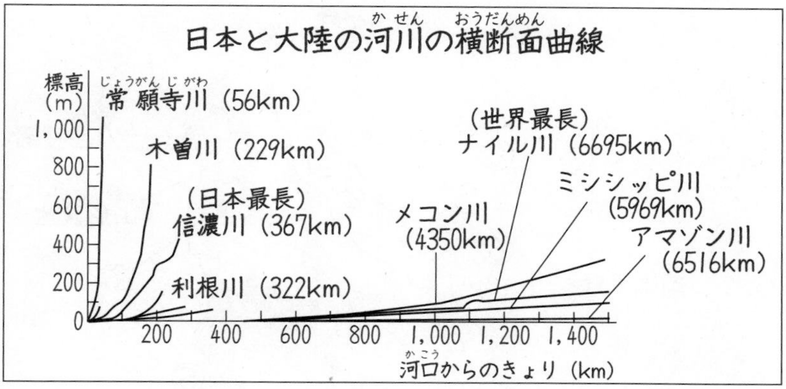
日本と大陸の河川(かせん)の横断面(おうだんめん)曲線
標高(m)
常願寺川(じょうがんじがわ) (56km)
木曽川 (229km)
(日本最長)
信濃川 (367km)
利根川 (322km)
メコン川 (4350km)
(世界最長)
ナイル川 (6695km)
ミシシッピ川 (5969km)
アマゾン川 (6516km)
1,000
800
600
400
200
0
200
400
600
800
1,000
1,200
1,400
河口(かこう)からのきょり (km)

(1) 世界で一番長い川　(　　　　　)川

(2) 日本で一番長い川　(　　　　　)川

(3) 次の(　)にあてはまる言葉を書きましょう。

世界の川は、海までのきょりが(①　　　　)のですが、日本の川は、(②　　　　)ので、かたむきや流れが(③　　　　)です。

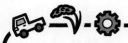

日本の地形(3)（平野・盆地・台地）

1　次の地図を見て、あとの問いに答えましょう。

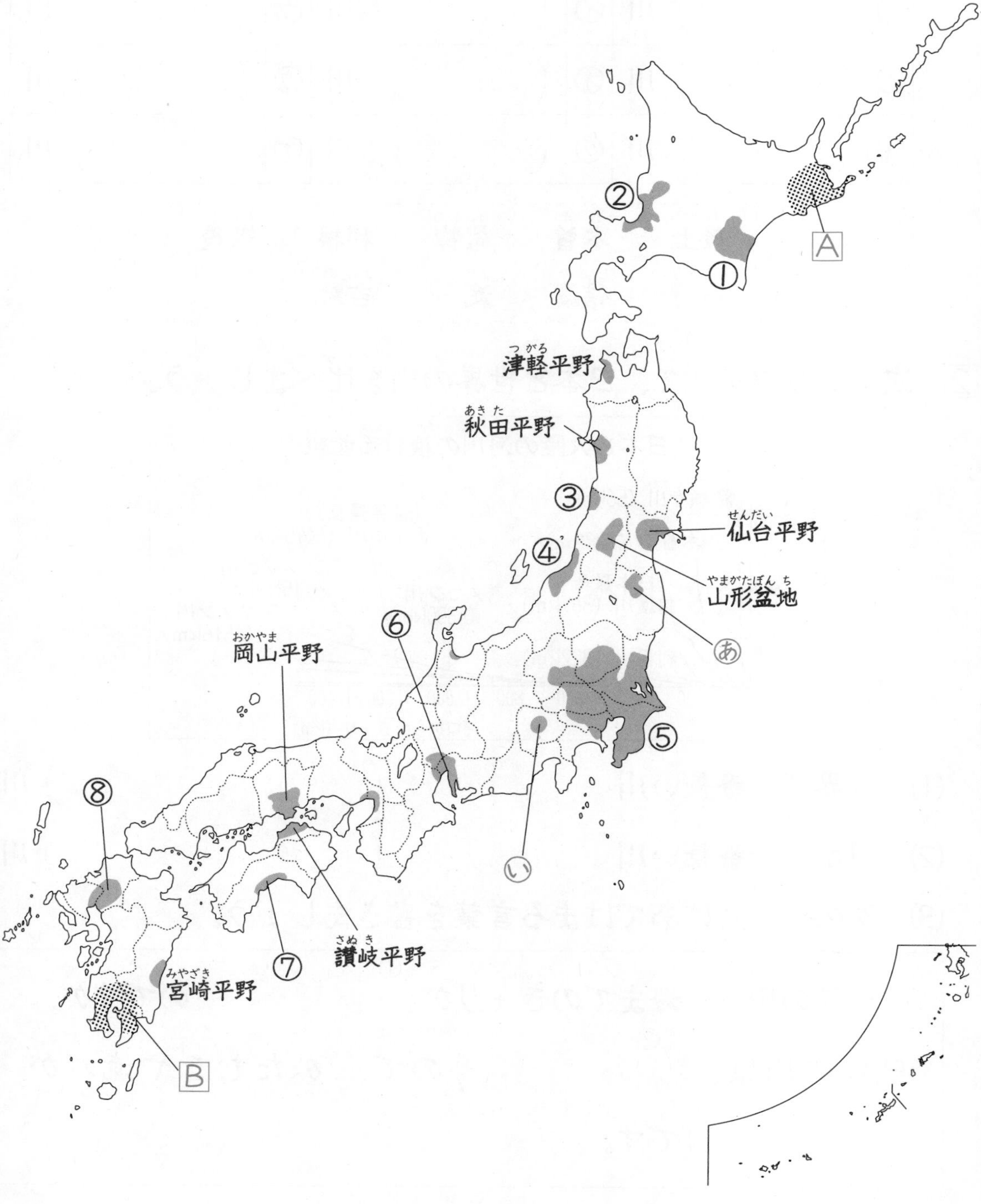

①
②
A
津軽平野
秋田平野
③
④
仙台平野
山形盆地
あ
⑤
⑥
岡山平野
い
⑧
⑦
讃岐平野
宮崎平野
B

月　日　名前

ポイント　平野は海ぞいに、盆地は山あいに分布(ぶんぷ)していることを確(たし)かめましょう。

(1) 地図中の地形の名前を［　］から選んで書きましょう。

①	(　　　)	平野	②	(　　　)	平野	③	(　　　)	平野
④	(　　　)	平野	⑤	(　　　)	平野	⑥	(　　　)	平野
⑦	(　　　)	平野	⑧	(　　　)	平野			

庄内(しょうない)　十勝(とかち)　濃尾(のうび)　石狩(いしかり)　筑紫(つくし)　関東(かんとう)　越後(えちご)　高知(こうち)

あ	(　　　)	盆地	い	(　　　)	盆地

甲府(こうふ)　福島(ふくしま)

A	(　　　)	台地	B	(　　　)	台地

シラス　根釧(こんせん)

(2) 図の㋐～㋒は、平野・盆地・台地のどれですか。

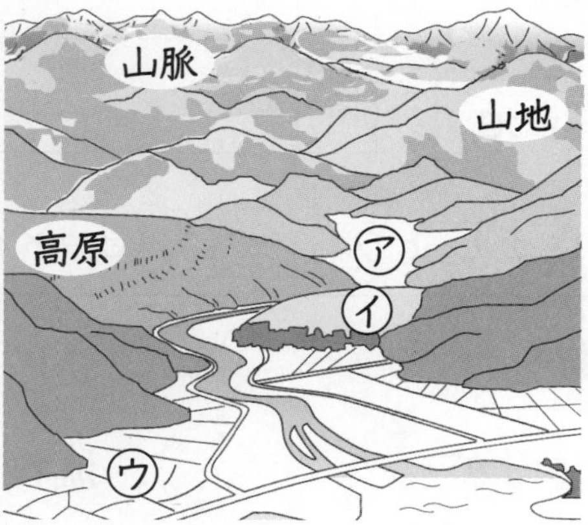
山脈
山地
高原
ア
イ
ウ

㋐ 周りを山に囲(かこ)まれて、お盆のような地形になっているところ。
(　　　　　)

㋑ 火山灰(ばい)が積もったりしてできた台のように高くなっているところ。
(　　　　　)

㋒ 川が運んできた土砂(どしゃ)が積もってできた、海に面した平らなところ。
(　　　　　)

まとめテスト

日本の地形

1 次のグラフの（　）にあてはまる言葉を書きましょう。（3点×3）

《国土の地形のわりあい》

ア 73%
イ 25%
ウ※ 2%

※北方領土もふくみます。　（国内国勢図会 2019/20）

平地　　川・湖　　山地

ア（　　　　）
イ（　　　　）
ウ（　　　　）

2 次の地形を表した図で、それぞれのよび方を［　］から選んで書きましょう。（3点×5）

① （険（けわ）しい山々が連なる）
② （いくつかの山が集まる）
③ （周りを山に囲（かこ）まれている）
④ （周りより高くて平ら）
⑤ （海に面する平地）

山地　山脈（さんみゃく）　平野　盆地（ぼんち）　台地

	よび方
①	
②	
③	
④	
⑤	

3 次の（　）にあてはまる言葉を書きましょう。（3点×4）

日本の山地や山脈は、日本列島を（①　　　）のように走っています。川は、海までのきょりが（②　　　）、流れが（③　　　）で、まるで（④　　　）のようです。

短く　　たき　　急　　せ骨（ぼね）

月　　日 名前　　　　/100点

4 次の①～⑫の地形名を[　　]から選んで書きましょう。（4点×16）

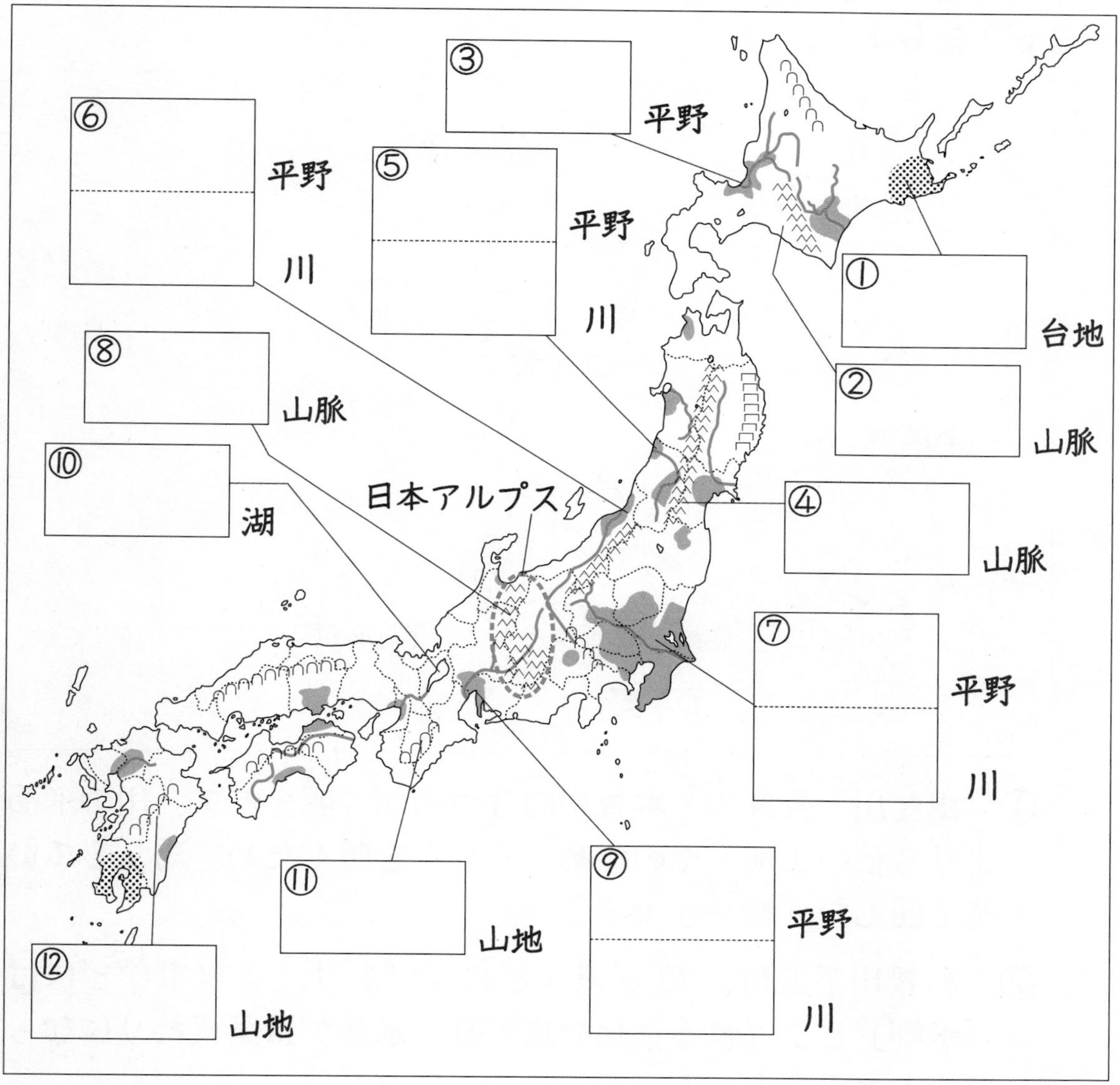

③ 平野
⑥ 平野 川
⑤ 平野 川
① 台地
② 山脈
⑧ 山脈
⑩ 湖
日本アルプス
④ 山脈
⑦ 平野 川
⑪ 山地
⑨ 平野 川
⑫ 山地

山地・山脈	奥羽（おうう）　九州（きゅうしゅう）　日高（ひだか）　飛騨（ひだ）　紀伊（きい）
平野・台地	越後（えちご）　関東（かんとう）　石狩（いしかり）　庄内（しょうない）　根釧（こんせん）　濃尾（のうび）
川・湖	琵琶（びわ）　利根（とね）　信濃（しなの）　最上（もがみ）　木曽（きそ）

低い土地の人々のくらし(1)

1　大きな川の下流では、低地が多くあります。①と②の文は地図中の低地について㋐〜㋔のどの平野のものか選んで、記号と名前を書きましょう。

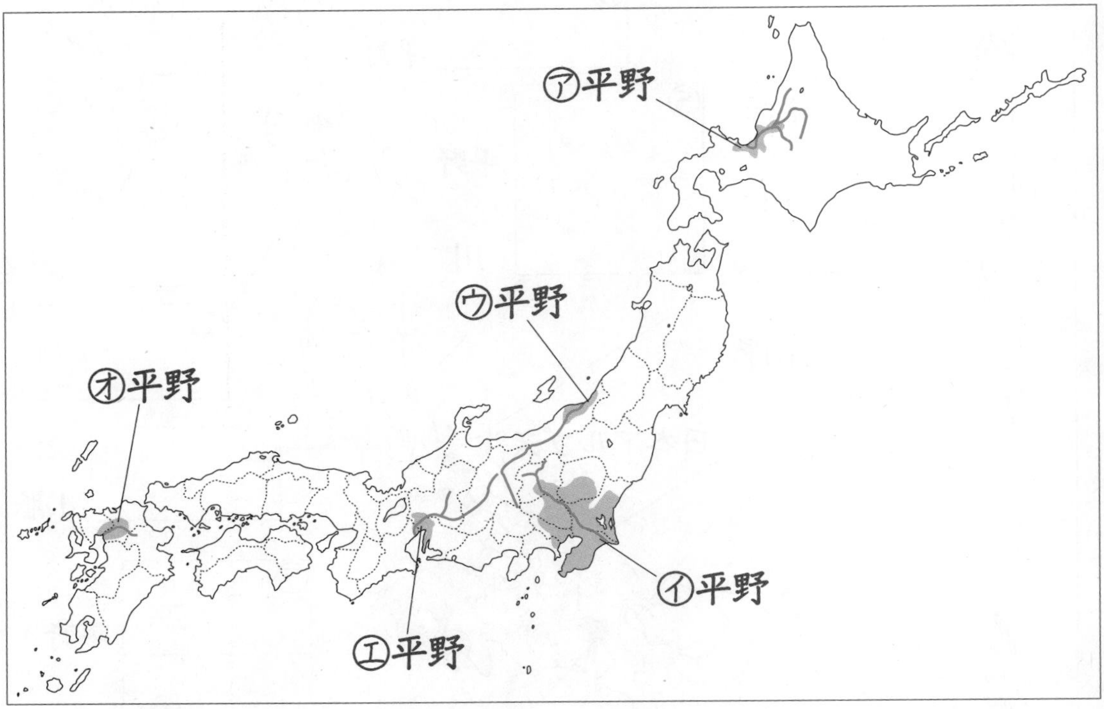

㋐平野
㋒平野
㋔平野
㋑平野
㋓平野

① 揖斐川(いびかわ)・長良川(ながらがわ)・木曽川(きそがわ)の3つの川に囲(かこ)まれて、川の水面よりも低い土地。そのため、こう水を防(ふせ)ぐため、周りをてい防(ぼう)で囲んだ「輪中(わじゅう)」地帯。

② 利根川(とねがわ)下流は、霞ヶ浦(かすみがうら)などの湖があり、香取(かとり)市などには「水郷(すいごう)」とよばれる低地が広がり、水路が道路代わりになっているところもある。

	記号	平野
①		(　　　　) 平野
②		(　　　　) 平野

関東(かんとう)
濃尾(のうび)
越後(えちご)

月　　日　名前

ポイント　治水によって水害を防ぎ、農業などで水を利用しやすくすることを理解しましょう。

2　次の(　)にあてはまる言葉を、[　]から選んで書きましょう。

霞ヶ浦
横利根川
潮来市
香取市
利根川
常陸利根川

Ⓐ　左の地図は、千葉県香取市佐原北部を表しています。佐原北部は、日本で最大の流域面積をほこる(①　　　)と横利根川、(②　　　)から流れる常陸利根川に囲まれた(③　　　)となっています。

[霞ヶ浦　　水郷　　利根川]

Ⓑ　昔の佐原北部では、人々が川の水面よりも(①　　　)土地に住んでいたため、雨がふったりすると、家や田が水びたしになる(②　　　)という災害が起こっていました。

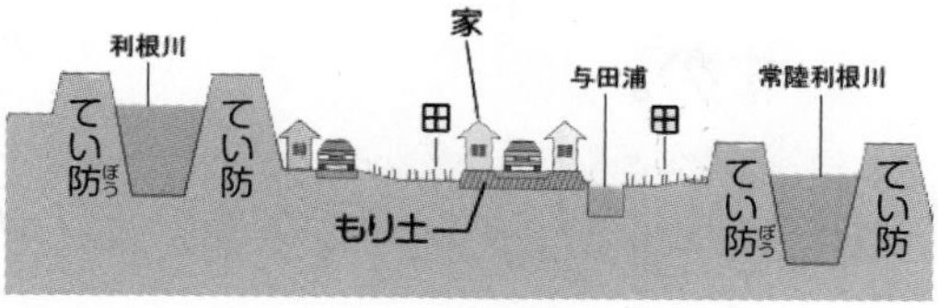

利根川
家
与田浦
常陸利根川
田
田
てい防
てい防
もり土
てい防
てい防

Ⓒ　周りを(①　　　)で囲み、(②　　　)をうめ立てました。(③　　　)の形を整え、水がたまらないようにする(④　　　)をつくり、水はけのよい農地をつくりました。また、③の整理により(⑤　　　)が使いやすくなり、農作業がしやすくなりました。

Ⓓ　現在では、栄養分の豊かな土と、豊富な水を生かし、他の地域よりも田植えや収穫の時期を早めた(①　　　)の生産がさかんです。

[水害　田　てい防　水路　早場米　はい水機場　農業機械　低い]

低い土地の人々のくらし(2)

1 次の図は、岐阜(ぎふ)県の海津(かいづ)市のようすを表しています。あとの問いに答えましょう。

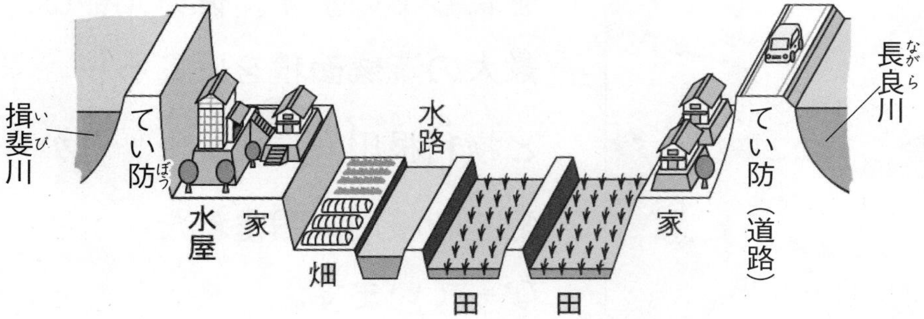
揖斐(いび)川
てい防(ぼう)
水屋
家
畑
水路
田
田
家
てい防
(道路)
長良(ながら)川

(1) 図を見て、この地域(ちいき)を囲(かこ)んでいる川は、揖斐川と何川ですか。

（　　　　　　　　）川

(2) この地域は、川よりも低い土地です。何という災害(さいがい)が多いですか。

（　　　　　　　　）

(3) (2)のため、この地域の人たちは、どのような取り組みをしたでしょうか。

① （　　　　　　）で集落(町)を囲む。
② （　　　　　　）を建てる。
・衣類・〔　　　　　〕などを入れておく。

©海津市歴史民俗資料館

(4) この地域を何といいますか。 [　　　　　　]

輪中(わじゅう)　水害　水屋(みずや)　てい防　米

月　日 名前

ポイント　水害を防ぐために治水の工事をくりかえしてきたことを理解しましょう。

2　次の地域は、昔どんな農業を行っていたのでしょうか。次の写真を見て、（　）にあてはまる言葉を書きましょう。

（ほり田）

（農業のようす）

（田舟）

©海津市歴史民俗資料館

周りが川に囲まれているので、米づくりに必要な水は、豊富にありました。しかし、（①　　　　）ができなかったので、大雨がふると田の水が深くなり、稲が（②　　　　）しまいました。そこで、人々は、土地を高くする（③　　　　）をして米づくりをしました。また、そのときにほったところを（④　　　　）として利用し、田舟でかりとった稲などを運んでいました。

くさって　ほり田　水路　はい水

3　次の写真を見て、（　）にあてはまる言葉を書きましょう。

①

©国土交通省木曽川河川事務所

（　　　　）ができた。
【大雨がふっても、水がたまらない】

②

©海津市

市と市民が協力して、（　　　　）が行われている。【水害の防止】

防火訓練　水防演習　はい水機場

高い土地の人々のくらし(1)

1 次の資料を見て、あとの問いに答えましょう。

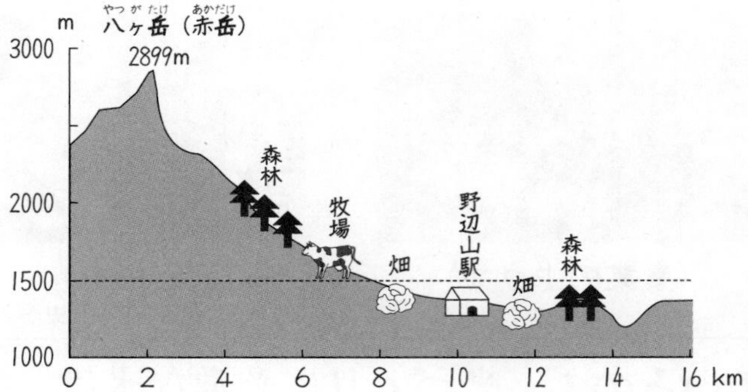
m
八ヶ岳（赤岳）
2899m
3000
2000
1500
1000
森林
牧場
畑
野辺山駅
畑
森林
0 2 4 6 8 10 12 14 16 km

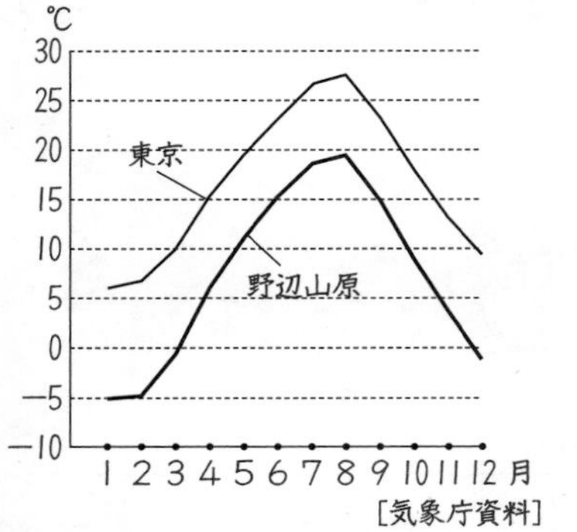
℃
30
25
20
15
10
5
0
−5
−10
東京
野辺山原
1 2 3 4 5 6 7 8 9 10 11 12 月
[気象庁資料]

野辺山原（長野県）と東京の月別平均気温

(1) 野辺山駅は、標高どれくらいの高さですか。

約（　　　　　）m

(2) 東京と野辺山の８月の平均気温は、約何度ですか。

① 東京（　　　　）度　② 野辺山原（　　　　）度

(3) 次の（　）にあてはまる言葉を、［　　］から選んで書きましょう。

長野県野辺山原は、（①　　　　）が積もってできた、（②　　　　）土地でした。夏の気温も低いため（③　　　　）には適していませんでした。そこで牧場からの（④　　　　）を土にまぜて栄養豊かな土地にかえていきました。そして、レタスなどの（⑤　　　　）がさかんにつくられるようになったのです。

［ 高原野菜　火山ばい　牛のフン　米づくり　やせた ］

ポイント　長野県では、夏でもすずしい気候を生かして高原野菜やらく農がさかんに行われていることを理解しましょう。

(4) 牧場では夏のすずしい気候を生かして乳牛を育てています。それから牛乳やチーズをつくる産業を何といいますか。

（　　　　　）

2 次のグラフを見て、あてはまる野菜を書きましょう。

野辺山原（南牧村）の主な野菜の作付面積の変化

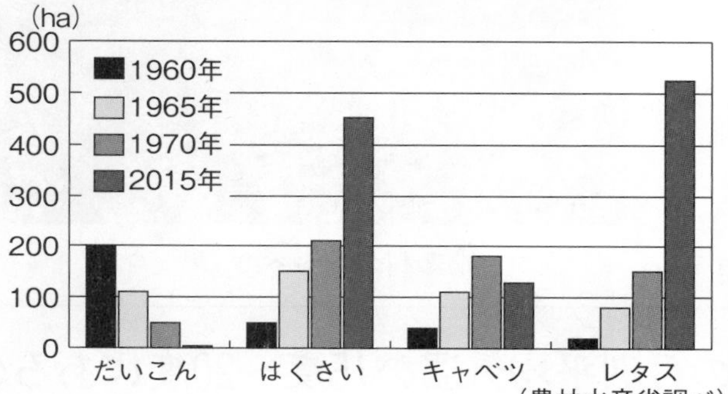
(ha)
600
500
400
300
200
100
0
1960年
1965年
1970年
2015年
だいこん
はくさい
キャベツ
レタス

（農林水産省調べ）

① 2015年に作付面積が急に増えた野菜。

（　　　　　）

（　　　　　）

② 2015年になって減った野菜。（　　　　　）

③ 作付面積が年々減ってきている野菜。（　　　　　）

3 次のグラフを見て、（　）にあてはまる言葉を書きましょう。

東京都中央卸売市場のはくさいの月別入荷量と価格

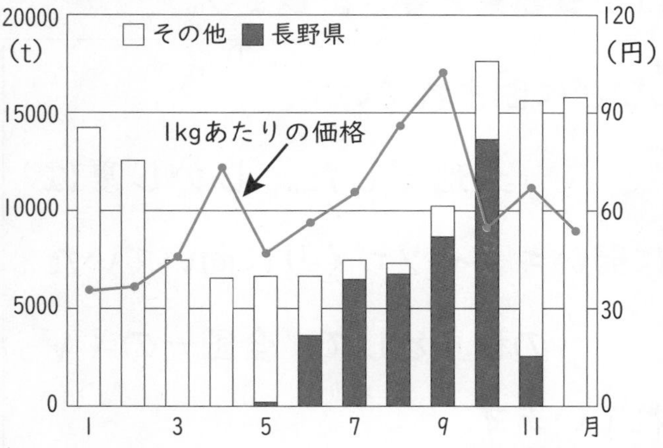
20000
(t)
15000
10000
5000
0
120
(円)
90
60
30
0
その他
長野県
1kgあたりの価格
1
3
5
7
9
11
月

（2018年　東京都中央卸売市場資料）

はくさいは、暑さに（①　　　）野菜です。だから、他の地域では生産が少なくなる（②　　）月～（③　　）月に出荷すると、（④　　　）売ることができるのです。

高い土地の人々のくらし(2)

□1 群馬県嬬恋村は、標高が1000～1300mの高原にあります。あとの問いに答えましょう。

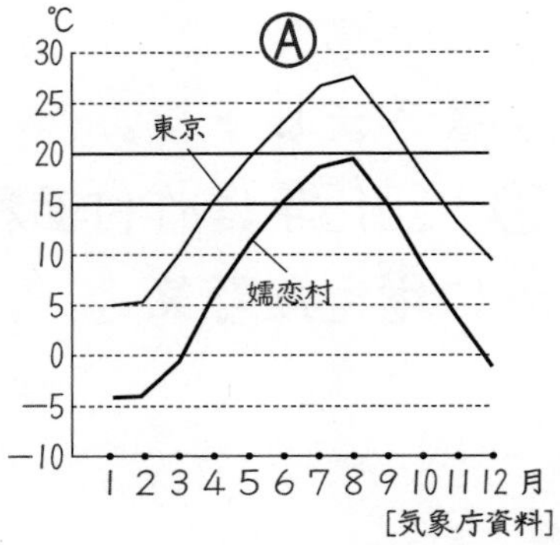
Ⓐ
℃
30
25
20
15
10
5
0
−5
−10
東京
嬬恋村
1 2 3 4 5 6 7 8 9 10 11 12 月
[気象庁資料]
嬬恋村(群馬県)と東京の月別平均気温

Ⓑ
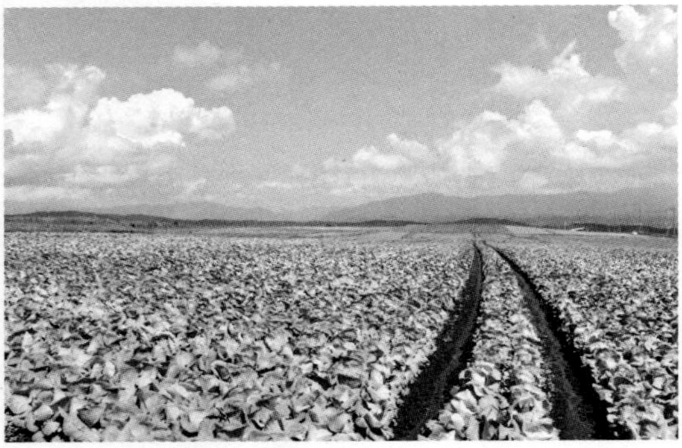
嬉恋村のキャベツ畑

(1) グラフⒶから、嬬恋村の月別平均気温が15度～20度にあるのは、何月～何月ですか。　（　　　）月～（　　　）月

(2) 東京の8月の平均気温は、何度ですか。　約（　　　）度

(3) 嬬恋村で、どうしてキャベツをつくるようになったのでしょうか。次の（　）にあてはまる言葉を書きましょう。

> 嬬恋村の周りは、浅間山などに囲まれていて、（①　　　）が積もってできた（②　　　）土地でした。しかし夏は（③　　　）ので、暑さに弱いキャベツづくりに向いていたのです。今では「（④　　　）の村」として、全国一のキャベツの生産地として知られています。

やせた　　高原野菜　　すずしい　　火山ばい

月　　日 名前

ポイント 群馬県では、夏でもすずしい気候を生かして高原野菜づくりがさかんに行われていることを理解しましょう。

2 次の図やグラフを見て、あとの問いに答えましょう。

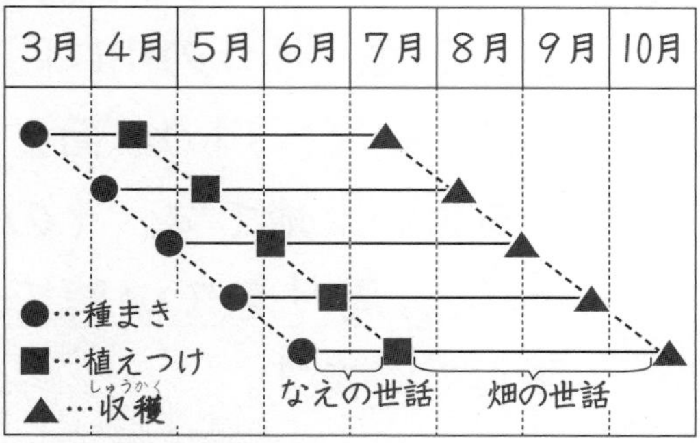

3月 4月 5月 6月 7月 8月 9月 10月
●…種まき
■…植えつけ
▲…収穫
なえの世話
畑の世話

嬬恋村のキャベツごよみ

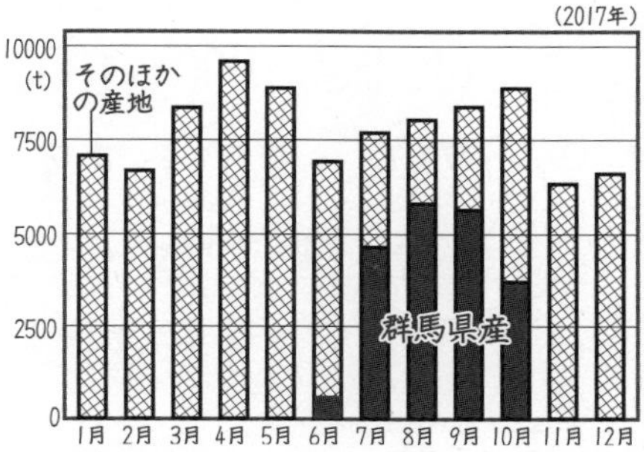

(2017年)
10000
(t)
7500
5000
2500
0
そのほかの産地
群馬県産
1月 2月 3月 4月 5月 6月 7月 8月 9月 10月 11月 12月

東京都の市場でのキャベツの月別取りあつかい量
(2018年　東京都中央卸売市場資料)

(1) キャベツの種まきは、何月から何月ですか。

(　　　　)月～(　　　　)月

(2) どうして、(1)のように種まきをするのですか。

何回かに分けて種まきをすると、収穫時期を(　　　　　)ことができるからです。

(3) 収穫の時期は、何月から何月ですか。(　　　)月～(　　　)月

(4) (3)の時期に出荷しているおもな県は、どこですか。

(　　　　　)県

(5) なぜ、(4)の県はこの時期にキャベツを出荷しているのですか。【　】の言葉を使って書きましょう。【暑さ　夏　気候】

まとめテスト

日本の地形とくらし

1 次の文を読んで、あとの問いに答えましょう。

①ここは、標高1000～1300mにあるので、夏でもすずしく、㋐暑さに弱いキャベツを、夏につくっています。	②ここは、３つの川に囲(かこ)まれていて、川の水面よりも低い土地です。そのため、㋑周りをてい防(ぼう)で囲(かこ)んでいます。

(1) 下線の①と②は、嬬恋村(つまごいむら)と海津市(かいづし)のどちらですか。（6点×2）

①（　　　　　　）②（　　　　　　）

(2) ①と②に関係する場所と写真を選んで記号を書きましょう。（6点×4）

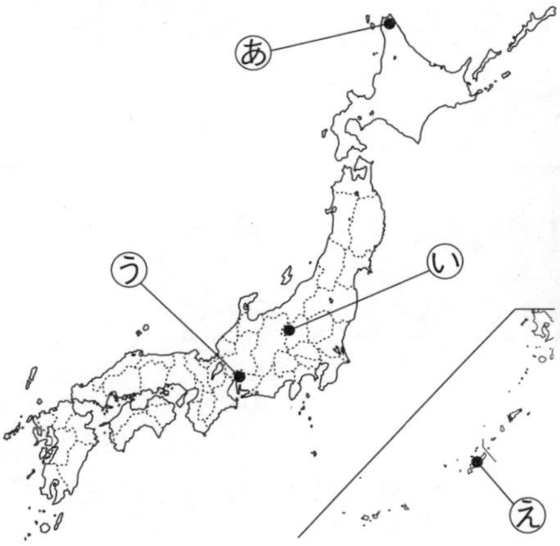

あ
い
う
え

Ⓐ

Ⓑ

	地図	写真		地図	写真
①			②		

(3) 下線の㋐と㋑に、関係する言葉を［　　］から選びましょう。（6点×4）

㋐（　　　　）（　　　　）　㋑（　　　　）（　　　　）

［ 輪中(わじゅう)　火山(かざん)ばい　高原野菜　水屋(みずや) ］

月　　日 名前　　　　／100点

⑷ 次のグラフを見て、なぜ①では、夏にキャベツなどの野菜をつくることができるのかを書きましょう。（15点）

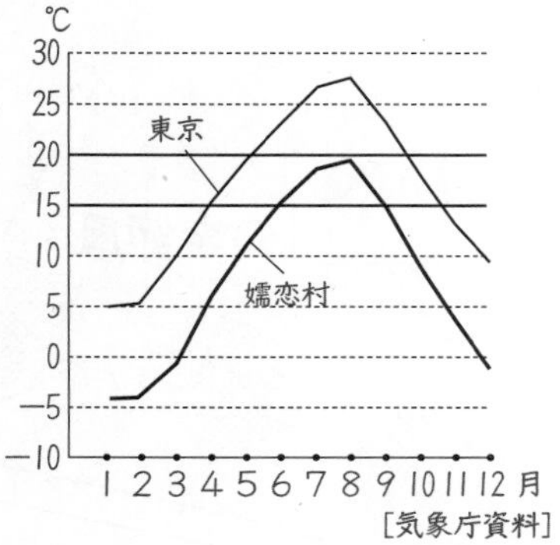

℃
30
25
20
15
10
5
0
−5
−10
東京
嬬恋村
1 2 3 4 5 6 7 8 9 10 11 12 月
[気象庁資料]

嬬恋村（群馬県）と東京の月別平均気温

⑸ 次の図を見て、この地域の人々の取り組みを書きましょう。（5点×5）

Ⓐ

Ⓑ

©木曽三川公園管理センター

Ⓐ…標高が（　　　　）ので、夏は（　　　　）冬は（　　　　）。

Ⓑ…周りが（　　　　）なので、（　　　　）教室。

川	高い	カヌー	スキー	ハイキング

イメージマップ

作業1 なぞって書きましょう。

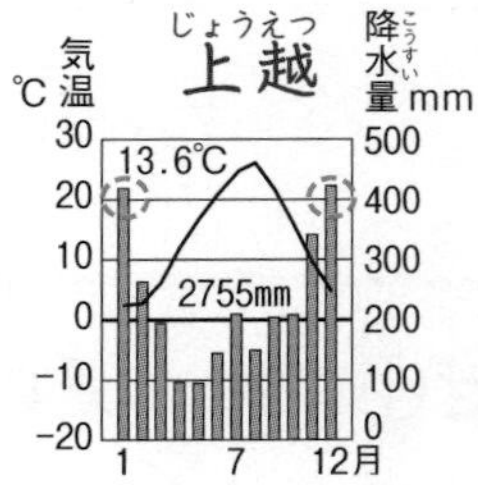

上越
℃ 気温
降水量 mm
30
20
10
0
-10
-20
500
400
300
200
100
0
13.6℃
2755mm
1
7
12月

日本海側の気候

冬の季節風で、冬に雪や雨が多い。

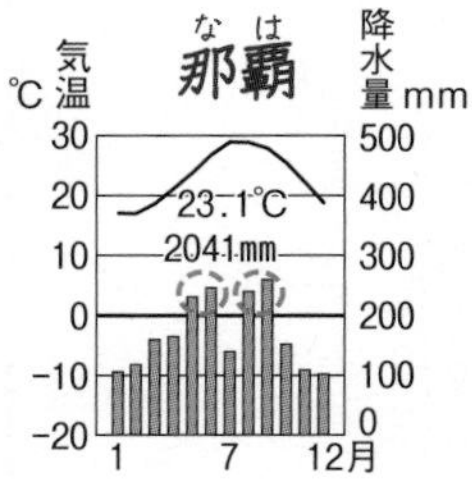

那覇
℃ 気温
降水量 mm
30
20
10
0
-10
-20
500
400
300
200
100
0
23.1℃
2041mm
1
7
12月

南西諸島の気候

一年中気温が高い。雨も多い。

冬の季節風

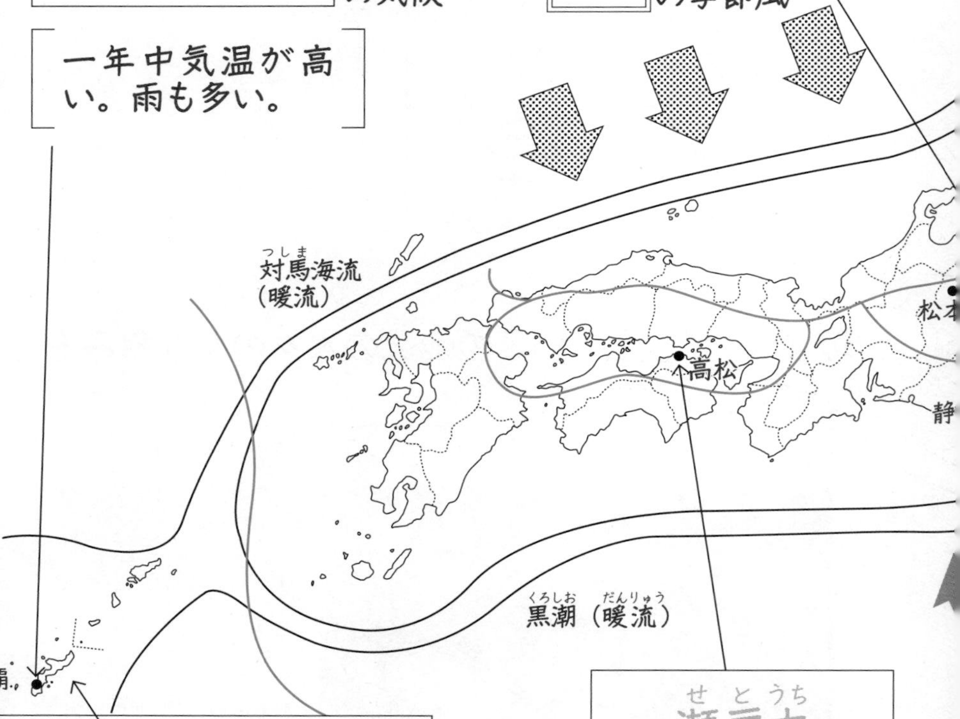

対馬海流
（暖流）
高松
黒潮（暖流）
那覇

下の絵は沖縄の伝統的な家よ。

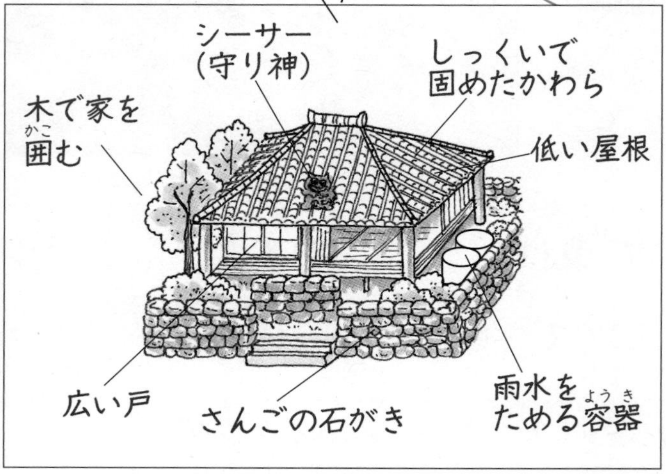

シーサー
（守り神）
しっくいで
固めたかわら
木で家を
囲む
低い屋根
広い戸
さんごの石がき
雨水を
ためる容器

瀬戸内の気

2つの山地にはさまれているので、年間を通して雨が少ない。冬もおだやかな天気。

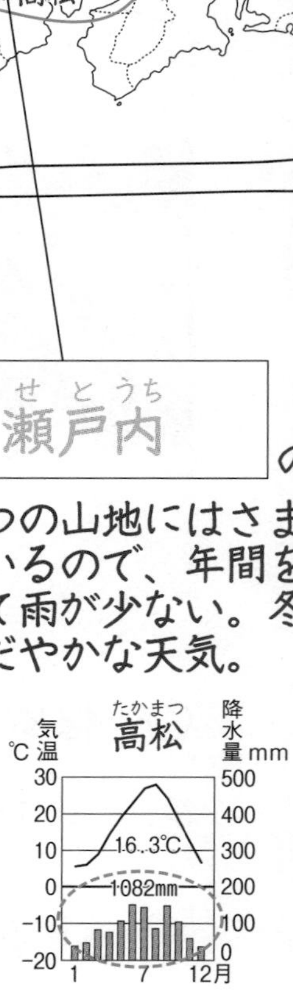

高松
℃ 気温
降水量 mm
30
20
10
0
-10
-20
500
400
300
200
100
0
16.3℃
1082mm
1
7
12月

マン海流
帯広
親潮(おやしお)
(寒流)

北海道(ほっかいどう)の気候

冬が長く寒さがきびしい。降水量は少ない。

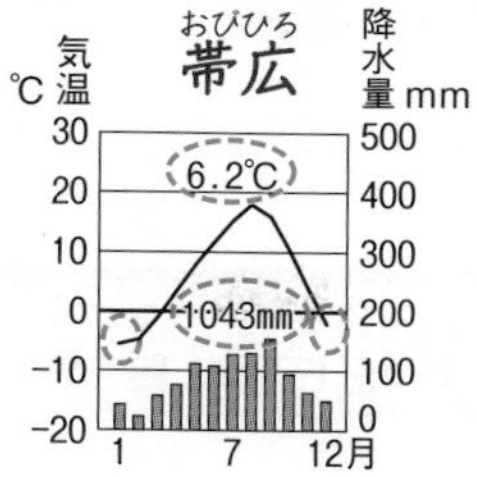

帯広(おびひろ)
気温 ℃
降水量 mm
30
20
10
0
−10
−20
500
400
300
200
100
0
6.2℃
1043mm
1
7
12月

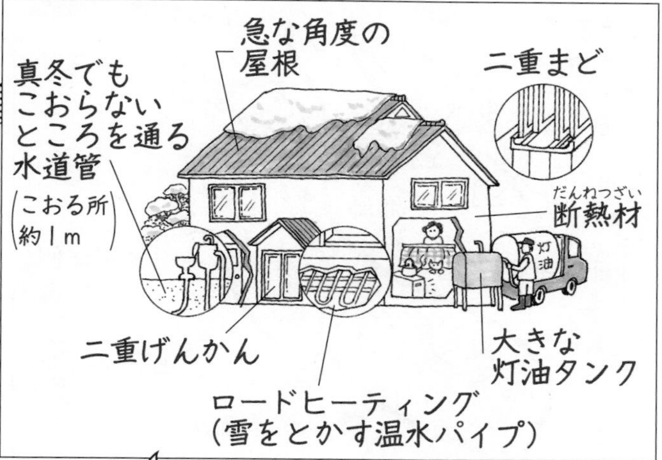

急な角度の屋根
二重まど
真冬でもこおらないところを通る水道管
(こおる所約1m)
断熱材(だんねつざい)
二重げんかん
大きな灯油タンク
ロードヒーティング
(雪をとかす温水パイプ)
灯油

北海道で多く見られる家です。

中央高地(ちゅうおうこうち)の気候

山に囲まれているので、年間を通して雨が少ない。
夏と冬の気温差が大きい。

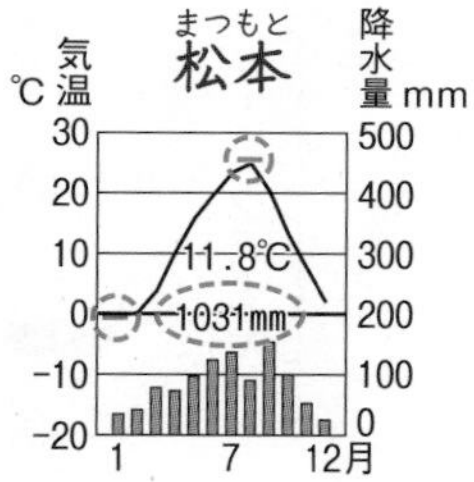

松本(まつもと)
気温 ℃
降水量 mm
30
20
10
0
−10
−20
500
400
300
200
100
0
11.8℃
1031mm
1
7
12月

夏の季節風

太平洋側(たいへいよう)の気候

夏の季節風で夏に雨が多い。

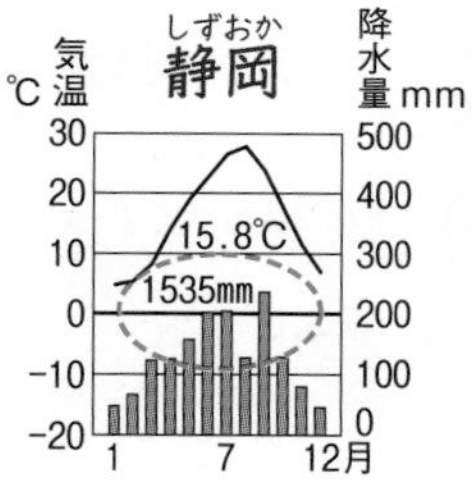

静岡(しずおか)
気温 ℃
降水量 mm
30
20
10
0
−10
−20
500
400
300
200
100
0
15.8℃
1535mm
1
7
12月

帯広という名前は、「オペレペレケプ」というアイヌ語がもとになっているんだよ。

日本の気候区分

|　次の地図を見て、あとの問いに答えましょう。

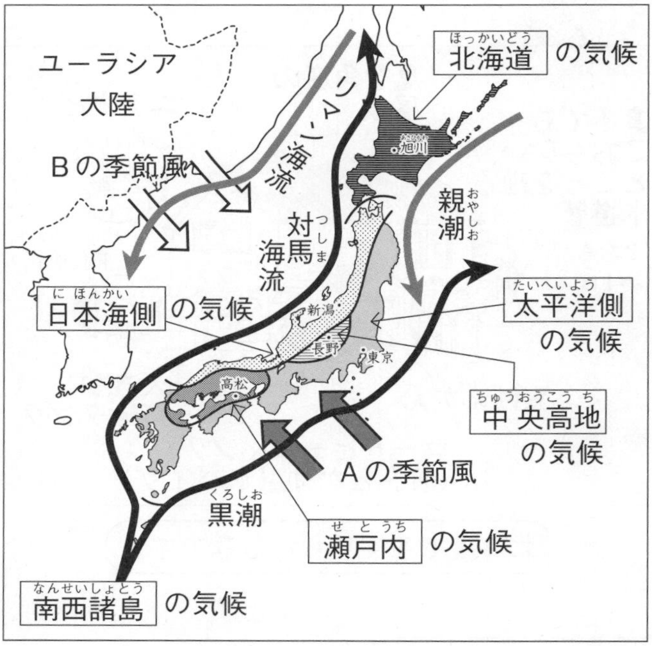
ユーラシア大陸
Bの季節風
リマン海流
北海道 の気候
旭川
親潮
対馬海流
日本海側 の気候
新潟
長野
東京
太平洋側 の気候
高松
中央高地 の気候
Aの季節風
黒潮
瀬戸内 の気候
南西諸島 の気候

(1)　図中の海流を暖流と寒流に分けましょう。

暖流	
寒流	

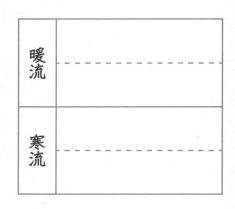

(2)　図中のAとBの季節風は、次のようになります。

A

ユーラシア大陸
かわいた風
あたたかくしめった風
イ
ロ

B

ユーラシア大陸
冷たくしめった風
かわいた風
イ
ロ

(矢印は季節風の流れを表しています)

①　AとBの季節風は、夏と冬のどちらですか。

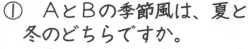

A〔　　　　〕B〔　　　　〕

②　イとロは、日本海と太平洋のどちらですか。

イ〔　　　　　　　〕

ロ〔　　　　　　　〕

③　右の雨温図は、太平洋側と日本海側のどちらを表していますか。

〔　　　　　　　　〕側

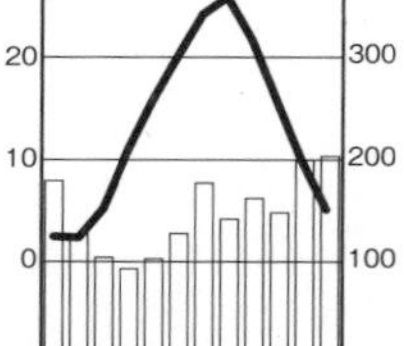
気温℃
降水量mm
30
20
10
0
-10
400
300
200
100
0
1月
6
12

月　　日 名前

ポイント　気候は、地形・海流と深い関係にあります。この2つの関係を見て、6つの気候区のちがいに気づきましょう。

(3) 次の雨温図を比(くら)べて、どの気候区にあたるかを書きましょう。

① 季節風のえいきょう

㋐

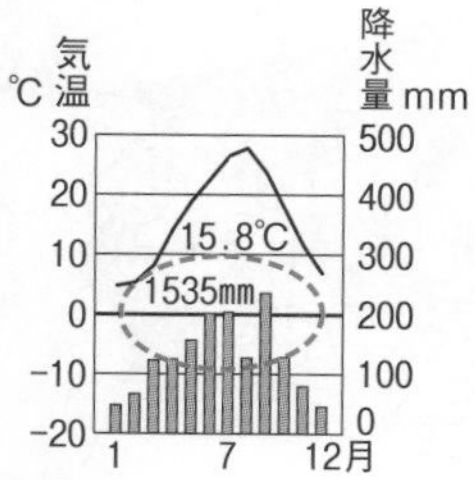

気温 ℃
降水量 mm
15.8℃
1535mm
1　7　12月

夏の季節風で、夏に雨が多い。

□の気候

㋑

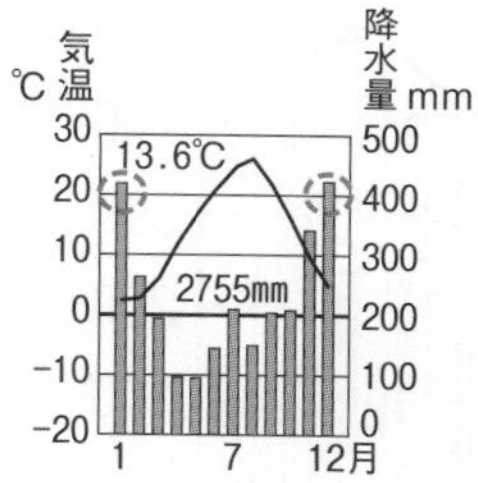

気温 ℃
降水量 mm
13.6℃
2755mm
1　7　12月

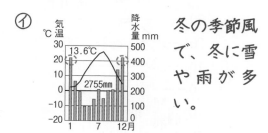

冬の季節風で、冬に雪や雨が多い。

□の気候

② 緯度(いど)のえいきょう

㋐

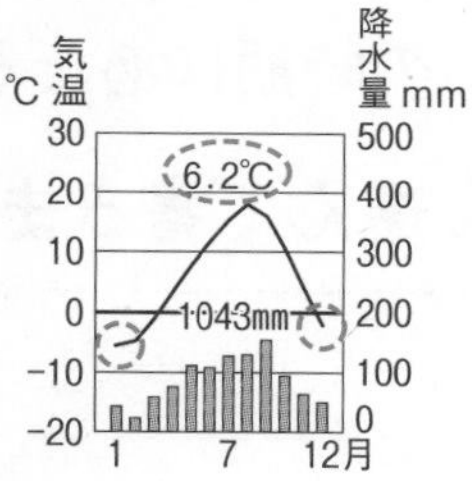

気温 ℃
降水量 mm
6.2℃
1043mm
1　7　12月

冬の寒さが、きびしい。

□の気候

㋑

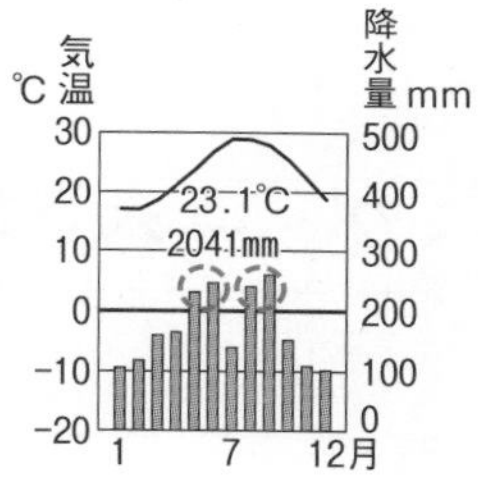

気温 ℃
降水量 mm
23.1℃
2041mm
1　7　12月

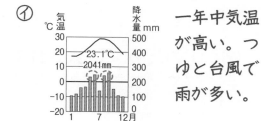

一年中気温が高い。つゆと台風で雨が多い。

□の気候

③ 地形のえいきょう

㋐

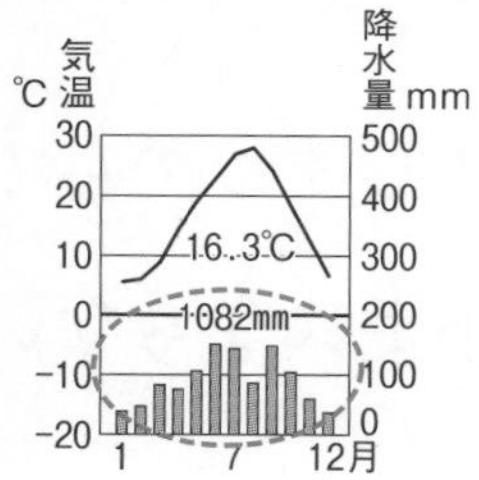

気温 ℃
降水量 mm
16.3℃
1082mm
1　7　12月

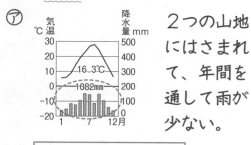

2つの山地にはさまれて、年間を通して雨が少ない。

□の気候

㋑

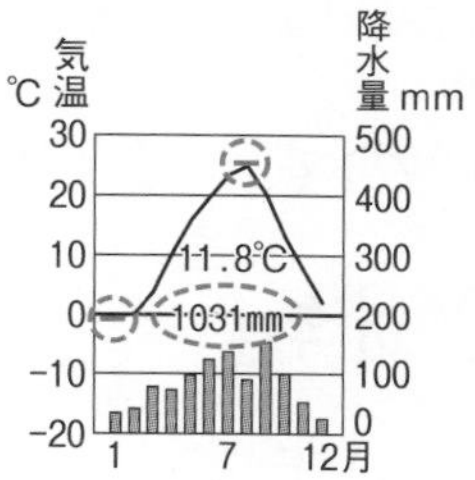

気温 ℃
降水量 mm
11.8℃
1031mm
1　7　12月

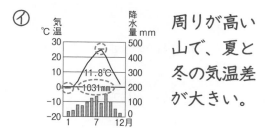

周りが高い山で、夏と冬の気温差が大きい。

□の気候

日本の気候とくらし(1)（あたたかい土地）

1　次のグラフと絵を見て、あとの問いに答えましょう。

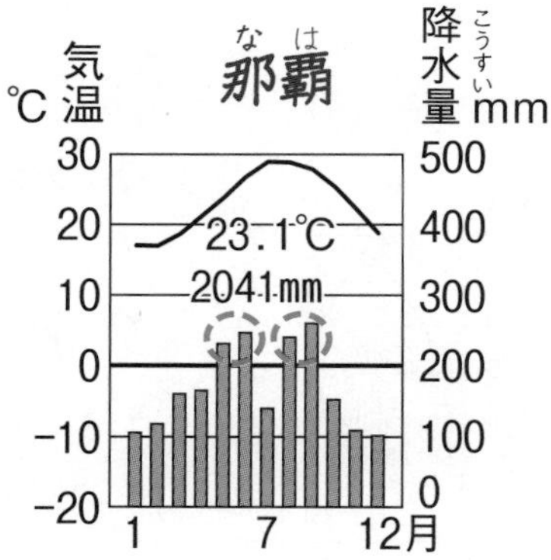

気温 ℃
那覇
降水量 mm
23.1℃
2041mm
1
7
12月

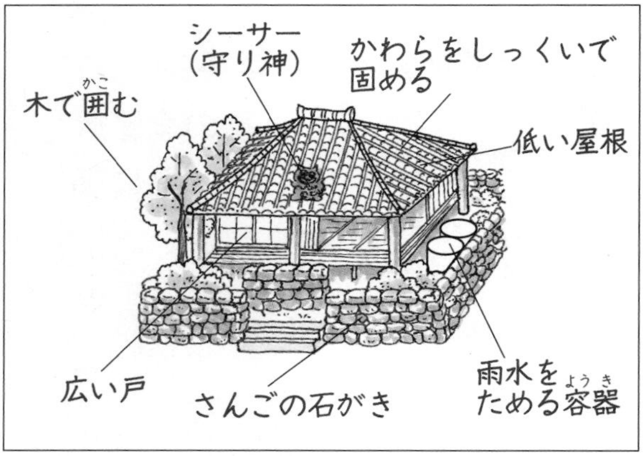

シーサー（守り神）
かわらをしっくいで固める
木で囲む
低い屋根
広い戸
さんごの石がき
雨水をためる容器

（昔からの家）

(1)　雨が多いのはつゆに入った５・６月ですが、８・９月は、どうして多いのでしょうか。

（　　　　　　）の時期にあたるから。

(2)　(1)のために、工夫されていることを絵から選んで書きましょう。

(3)　沖縄県は雨が多いのに、どうして水不足になるのでしょうか。（　）にあてはまる言葉を書きましょう。

沖縄県は、森林が（①　　　　）、大きな長い（②　　　　）もないので、すぐに（③　　　　）に流れてしまうからです。でも、近年（④　　　　）をつくって、水不足にならないようにしています。

ダム　　少なく　　川　　海

月　日　名前

ポイント　沖縄県の気候は、住まいや農業にどのように関係しているか確かめましょう。

⑷　沖縄県の気候を生かした農業について答えましょう。

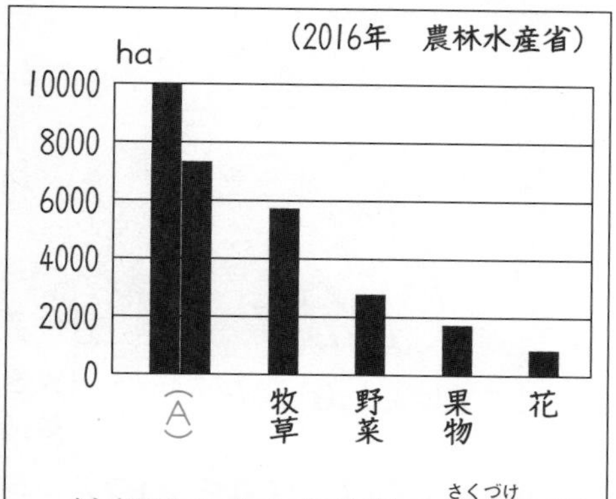

(2016年　農林水産省)
ha
10000
8000
6000
4000
2000
0
Ⓐ
牧草
野菜
果物
花

沖縄県の主な農産物の作付面積

軍用地
住宅地
さとうきび畑
パイナップル畑
森林その他

▲沖縄県の土地利用

①　上の図を見て、グラフの（A）にあてはまる農産物を書きましょう。
（　　　　　　　　）

②　次のグラフは、東京都の市場に出荷された小ぎくの数です。

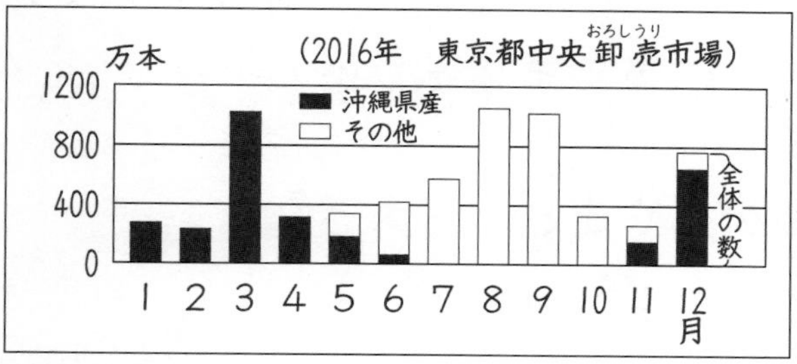

万本
(2016年　東京都中央卸売市場)
1200
800
400
0
沖縄県産
その他
全体の数
1 2 3 4 5 6 7 8 9 10 11 12
月

㋐　小ぎくがすべて沖縄県産なのは、何月から何月ですか。
（　　　）月～（　　　）月

㋑　なぜ、この時期は、沖縄県産だけなのですか。

あたたかい
気温
少ない

この時期、日本の他の地域では、（①　　　　）が下がって出荷数が（②　　　　）ので、冬でも（③　　　　）沖縄の気候を生かしているため。

③　沖縄県の土地利用で、そう音やつい落事故などで大きな問題になっているのは何ですか。上の土地利用から選びましょう。
（　　　　　　　　）

日本の気候とくらし(2)（寒い土地）

1 次のグラフと図を見てあとの問いに答えましょう。

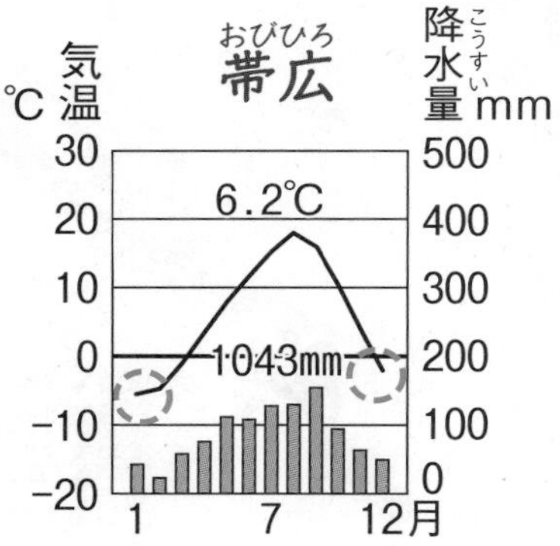

帯広
℃ 気温
降水量 mm
30
20
10
0
−10
−20
500
400
300
200
100
0
6.2℃
1043mm
1
7
12月

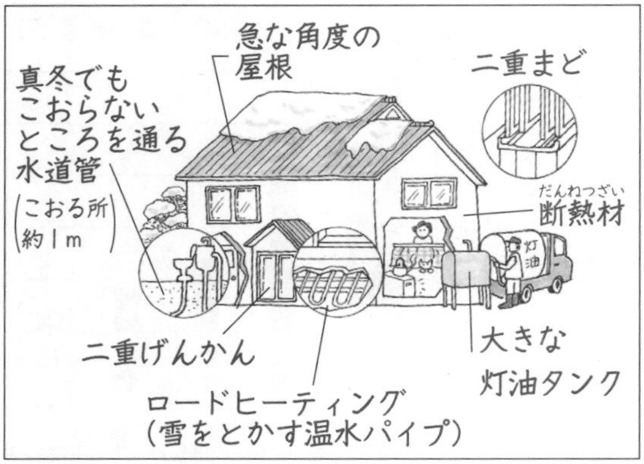

急な角度の屋根
二重まど
真冬でもこおらないところを通る水道管
(こおる所約1m)
断熱材
灯油
二重げんかん
大きな灯油タンク
ロードヒーティング
(雪をとかす温水パイプ)

(1) 北海道の冬は、雪が多く寒さがきびしいです。
平均気温が0度以下になるのは何月から何月ですか。

（　　　）月～（　　　）月

(2) (1)のための工夫を（　）に書きましょう。

① 家をあたためるため

・（　　　　）のげんかんやまど　・大きな（　　　　）

・かべに（　　　　　）を入れる。

② 水道がこおらないため

・水道管を地下（　　　）より深いところにつくる。

③ 道路の雪をとかすため

・道路に（　　　　　）を設置する。

④ 雪を落ちやすくするため

・屋根の角度を（　　　）にする。

・最近では右の図のような家も多く見られる。

（屋根が内側にかたむいた無落雪の家）

©地方独立行政法人
北海道立総合研究機構
建設研究本部

月　　日　名前

ポイント　冬の寒さに対する工夫(くふう)や、広い土地を生かした農業について確(たし)かめましょう。

(3)　次の写真は、雪に関係するできごとを表しています。関係する言葉を書きましょう。

①

〔　　　　　〕

②

〔　　　　　〕

③

〔　　　　　〕

雪おろし　　流雪(りゅうせつ)こう　　除雪車(じょせつしゃ)

2　次のことがらに関係する地域(ちいき)を左の地図から選んで書き、その地域でさかんな農業や農作物を下から選んで記号を書きましょう。

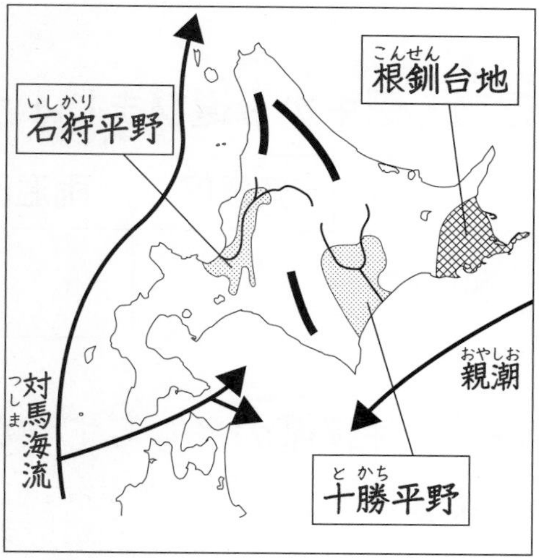

石狩(いしかり)平野
根釧(こんせん)台地
親潮(おやしお)
対馬(つしま)海流
十勝(とかち)平野

①　沿岸(えんがん)を暖流(だんりゅう)が流れ、夏はあたたかく雪どけ水が豊富(ほうふ)
（　　　　　）（　　）

②　すずしい気候を生かしたらく農
（　　　　　）（　　）

③　寒さに強い野菜づくり
（　　　　　）（　　）

※さとうの原料になる野菜

ア　牛乳(ぎゅうにゅう)・バター　　イ　じゃがいも・てんさい※　　ウ　米づくり

3　北海道で昔から生活し、豊かな自然の中で独自(どくじ)の文化を育ててきた先住民族を何といいますか。　（　　　　　）民族

まとめテスト

日本の気候とくらし(1)

1　日本は南北に細長くのびているので、北海道（ほっかいどう）と沖縄県（おきなわ）では、大きく気候がちがいます。あとの問いに答えましょう。　（5点×10）

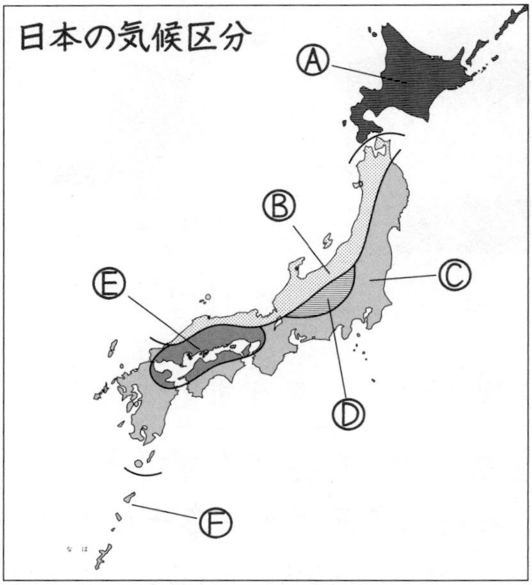

日本の気候区分
Ⓐ
Ⓑ
Ⓒ
Ⓓ
Ⓔ
Ⓕ

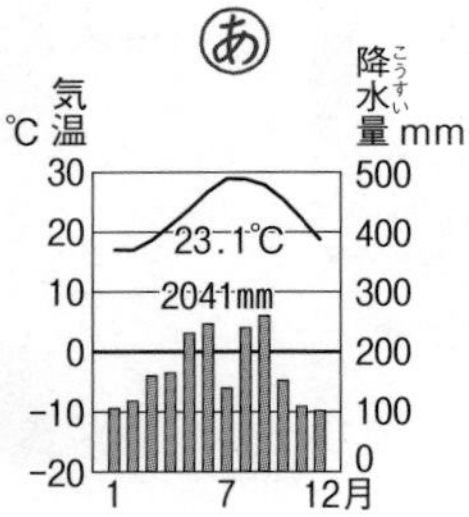

あ
℃ 気温
降水（こうすい）量 mm
23.1℃
2041mm
12月

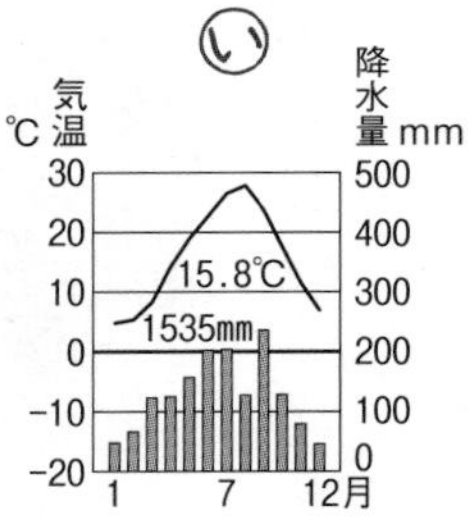

い
℃ 気温
降水量 mm
15.8℃
1535mm
12月

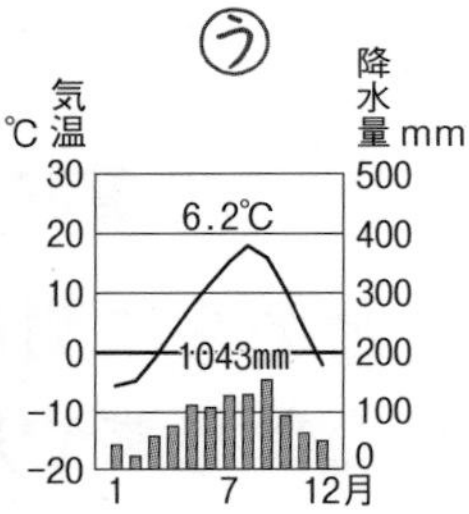

う
℃ 気温
降水量 mm
6.2℃
1043mm
12月

(1)　北海道と沖縄県の気候区と雨温図（うおんず）を図中から選びましょう。

	気候区	雨温図		気候区	雨温図
北海道			沖縄県		

(2)　次の言葉とつながるのは、北海道と沖縄県のどちらですか。

①　台風（　　　　）　②　大雪（　　　　）

(3)　北海道と沖縄県でつくられている作物を書きましょう。

①　北海道（　　　　）（　　　　）

②　沖縄県（　　　　）（　　　　）

じゃがいも　パイナップル　さとうきび　バター

月　　日　名前　　　　／100点

② 次の「くらしごよみ」を見て、あとの問いに答えましょう。

（5点×10）

1月 2月 3月 4月 5月 6月 7月 8月 9月 10月 11月 12月
沖縄県
だんぼう（特に寒い日）
冷ぼう
だんぼう
つゆ
台風
ヒカンザクラがさく
サトウキビのかり取り
海開き
田植え（1回目）
ころもがえ
いれいの日
エイサー
いねかり（1回目）
田植え（2回目）
サトウキビの植えつけ
運動会
いねかり（2回目）
ころもがえ
きくの出荷がはじまる
北海道
だんぼう
冷ぼう（特に暑い日）
だんぼう
スキー学習
旭川冬まつり
野菜の収穫（4～10月）
サクラがさく
ころもがえ
田植え
運動会
ころもがえ
いねかり
冬の準備

⑴　沖縄県でヒカンザクラがさくころ、北海道では何が行われていますか。　（　　　　　　）

⑵　北海道では、何月にサクラがさきますか。　（　　）月

⑶　田植えは、沖縄県と北海道では何月に行われますか。

①　沖縄県　　1回目（　　）月　　2回目（　　）月

②　北海道　（　　）月

⑷　冷ぼうは、沖縄県と北海道では、それぞれ何月から何月ごろまで使われていますか。

①　沖縄県　（　　）月～（　　）月

②　北海道　（　　）月～（　　）月

⑸　沖縄県にあって、北海道では見られない5月～6月にかけての長雨を何といいますか。　（　　　　）

日本の気候とくらし(2)

1 次の図を見て、あとの問いに答えましょう。 (5点×9)

Ⓐ
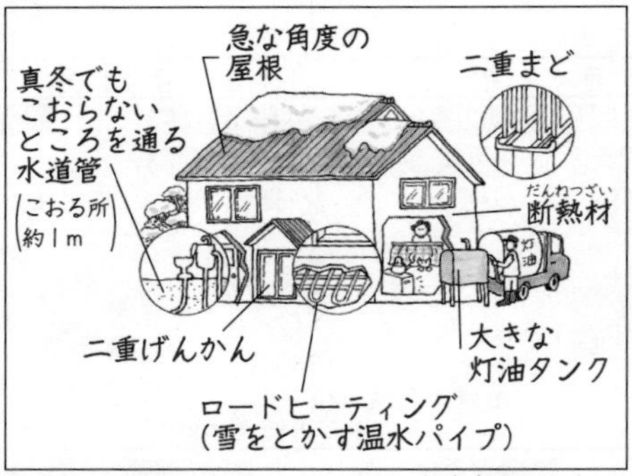
急な角度の屋根
二重まど
真冬でもこおらないところを通る水道管
(こおる所約1m)
断熱材
二重げんかん
大きな灯油タンク
ロードヒーティング(雪をとかす温水パイプ)

Ⓑ
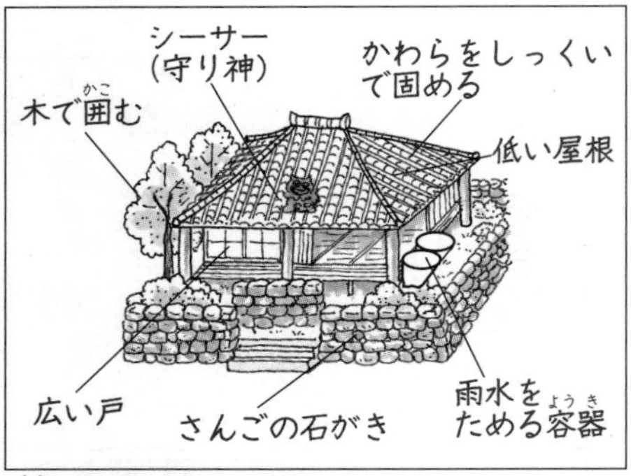
シーサー(守り神)
かわらをしっくいで固める
木で囲む
低い屋根
広い戸
さんごの石がき
雨水をためる容器

(1) ⒶとⒷ、どちらが沖縄県と北海道ですか。

Ⓐ(　　　　　) Ⓑ(　　　　　)

(2) 図を見て、沖縄県の台風と、北海道の寒さに対する家の工夫を書きましょう。

① 沖縄県の台風

㋐ 家の周り
(　　　　　　　　)や(　　　　)で囲む。

㋑ 屋根
(　　　　)をしっくいで固め、屋根を(　　　　　)する。

② 北海道の寒さ

㋐ げんかんやまどを(　　　　)にする。

㋑ かべなどに(　　　　)を入れる。

㋒ 大きな(　　　　　)を設置する。

月　　　日　名前

/100点

2　次の図は、現在（げんざい）の沖縄の家を表しています。

A

(1)　屋上にあるAは、何ですか。　（6点）

（　　　　　　　　）

(2)　なぜ(1)が、屋根の上にあるのでしょうか。
【　】の言葉を使って書きましょう。
【森林　川　海】　（11点）

(3)　現在沖縄県北部の山中に、水不足に備（そな）えてつくられているものは何ですか。　（6点）

（　　　　　　　　）

©内閣府沖縄県総合事務局

3　気候を生かした農業について答えましょう。　（4点×3）

①　北海道　夏のすずしさ…（　　　　）

②　沖縄県　1年中あたたかい…パイナップル・（　　　　）

冬のあたたかさ…（　　　　）

©糸満市

電灯で開花の時期を調節して出荷される

小ぎく　らく農　さとうきび

4　沖縄県と北海道について関係するものを、□から選んで記号を書きましょう。　（4点×5）

①沖縄県〔　　〕〔　　〕〔　　〕　②北海道〔　　〕〔　　〕

㋐　琉球（りゅうきゅう）王国　㋑　アイヌ民族　㋒　雪まつり
㋓　アメリカ軍基地（きち）　㋔　さんごしょう

イメージマップ

1 米づくりのさかんな地域

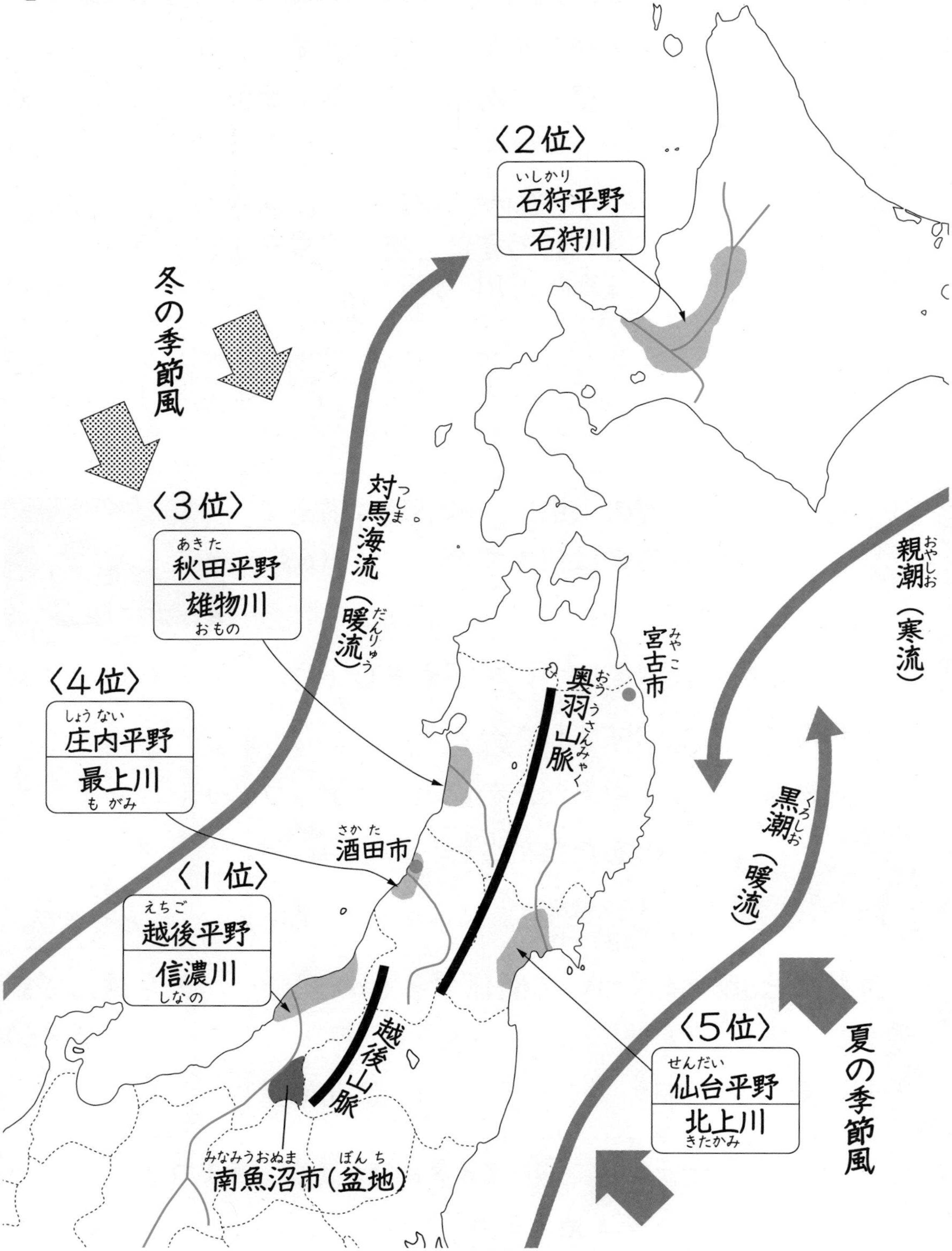
〈2位〉
石狩平野
石狩川
冬の季節風
〈3位〉
秋田平野
雄物川
対馬海流（暖流）
〈4位〉
庄内平野
最上川
酒田市
〈1位〉
越後平野
信濃川
奥羽山脈
宮古市
親潮（寒流）
黒潮（暖流）
越後山脈
南魚沼市（盆地）
〈5位〉
仙台平野
北上川
夏の季節風

② 米づくりに適した条件

① 広い土地（平野・盆地）

② 豊かな水（雪どけ水）

③ 夏の高温と夏に晴れの日が多い

③ 日本海側の気候

冬の季節風

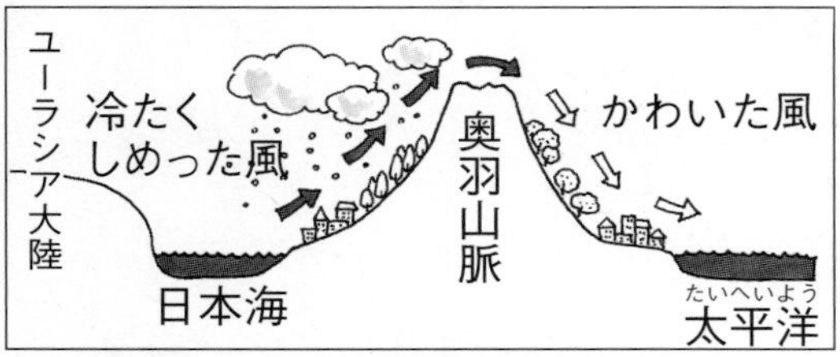
ユーラシア大陸
冷たくしめった風
奥羽山脈
かわいた風
日本海
太平洋

（たくさんの雪を平地や山にふらせる。）

夏の季節風

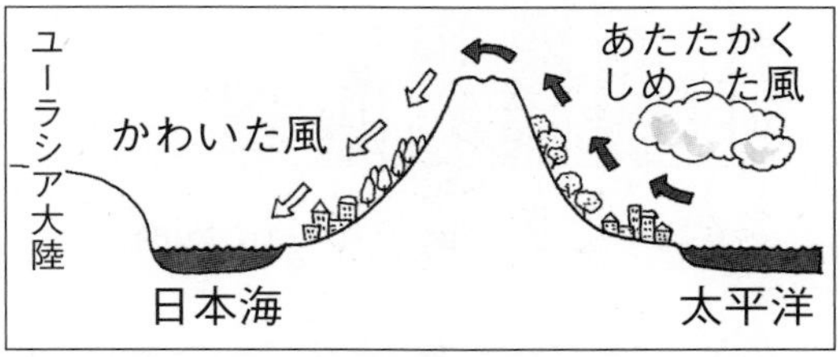
ユーラシア大陸
かわいた風
あたたかくしめった風
日本海
太平洋

（あたたかく、かわいた風で気温が上がる。）

矢印は季節風の流れを表していますよ。

④ 品種改良（寒さに強い、おいしい米づくり）

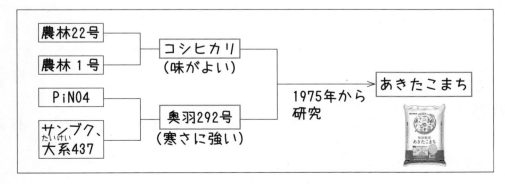

- 農林22号 ＋ 農林１号 → コシヒカリ（味がよい）
- PiNO4 ＋ サンブク、大系437 → 奥羽292号（寒さに強い）
- コシヒカリ ＋ 奥羽292号 → 1975年から研究 → あきたこまち

米の産地の条件

□1 次の地図を見て、あとの問いに答えましょう。

〈米の地方別生産量の割合〉

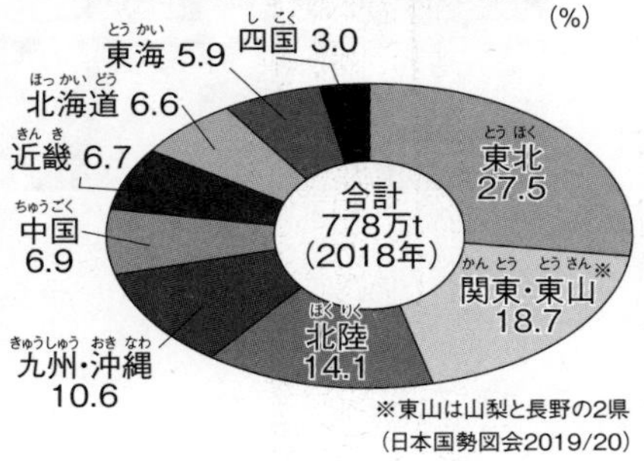
(%)
四国 3.0
東海 5.9
北海道 6.6
近畿 6.7
中国 6.9
東北 27.5
合計 778万t (2018年)
関東・東山※ 18.7
北陸 14.1
九州・沖縄 10.6

※東山は山梨と長野の2県
(日本国勢図会2019/20)

〈県別の米の生産量〉

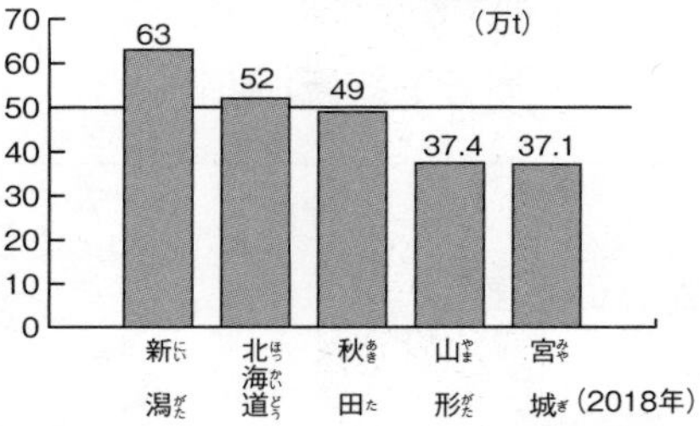
(万t)
70
60
50
40
30
20
10
0
63
52
49
37.4
37.1
新潟
北海道
秋田
山形
宮城
(2018年)

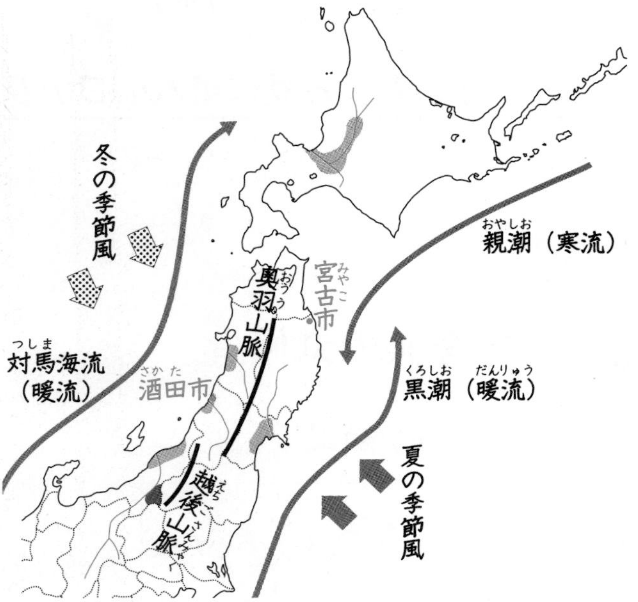
冬の季節風
対馬海流 (暖流)
奥羽山脈
宮古市
酒田市
越後山脈
親潮 (寒流)
黒潮 (暖流)
夏の季節風

(1) 米の生産量の多い地方はどこで、全体の約何分の1ですか。

(　　　　　　)地方　　約(　　　　)分の1

(2) 県別の米の生産量のグラフを見て、平野と川の名前を書きましょう。

順位	平野	川	順位	平野	川
1			2		
3			4		
5					

〈平野〉 仙台　秋田　越後　石狩　庄内

〈川〉 石狩　雄物　信濃　最上　北上

月　　日　名前

ポイント　米づくりのさかんな地域を地図から見つけ、その条件をグラフや図から読み取りましょう。

2　次の冬と夏の季節風の図を見て、あとの問いに答えましょう。

冬の季節風

ユーラシア大陸
冷たくしめった風
奥羽山脈
かわいた風
日本海
太平洋

夏の季節風

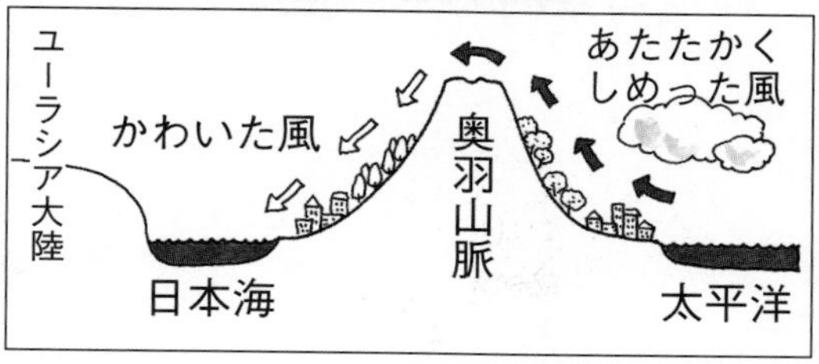

ユーラシア大陸
かわいた風
奥羽山脈
あたたかくしめった風
日本海
太平洋

（矢印は季節風の流れを表しています）

(1)　日本海側のことを説明している文に○をつけましょう。

（　　　）　夏にかわいた風がふいてくる。

（　　　）　夏にたくさんの雨がふる。

（　　　）　冬にたくさんの雪がふる。

（　　　）　冬に晴れの日が多くなる。

(2)　次のグラフは1の地図の酒田市と宮古市のものです。酒田市は、AとBのどちらですか。

酒田市（　　　）

酒田市と宮古市の平均気温

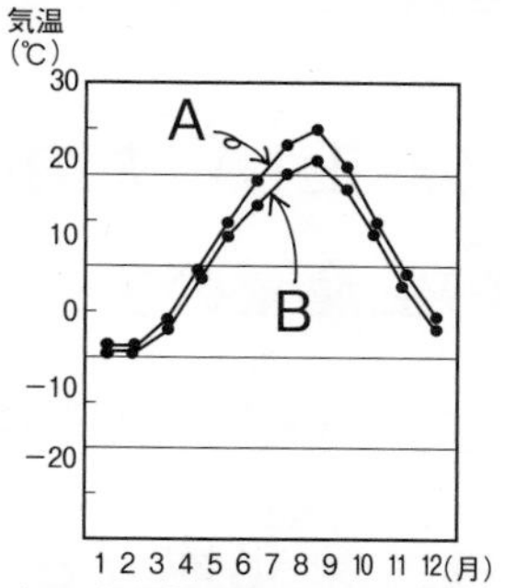

気温（℃）
30
20
10
0
−10
−20
A
B
1 2 3 4 5 6 7 8 9 10 11 12（月）

（2018年版「理科年表」より作成）

酒田市と宮古市の日照時間

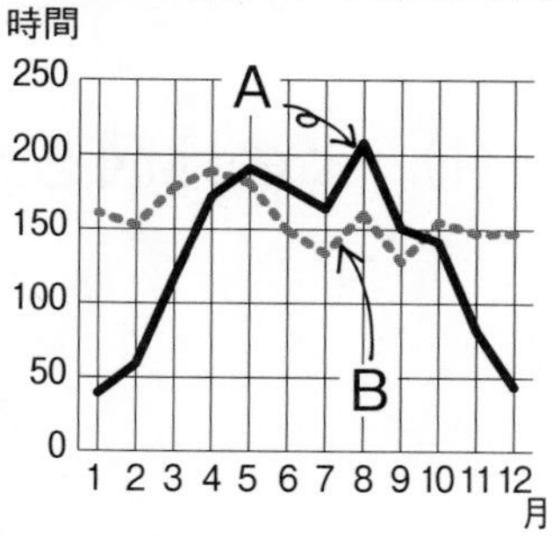

時間
250
200
150
100
50
0
A
B
1 2 3 4 5 6 7 8 9 10 11 12
月

（1981年から2000年の平均）

(3)　東北地方で米づくりがさかんな理由を書きましょう。

①　広い（　　　　　）と豊かな（　　　　　　　）があること。

②　夏に気温が（　　　　）なり、夏の日照時間が（　　　　）こと。

高く	平地	長い	雪どけ水

地域にあわせた米づくり

1　次の都道府県別の米の生産量を見て、あとの問いに答えましょう。

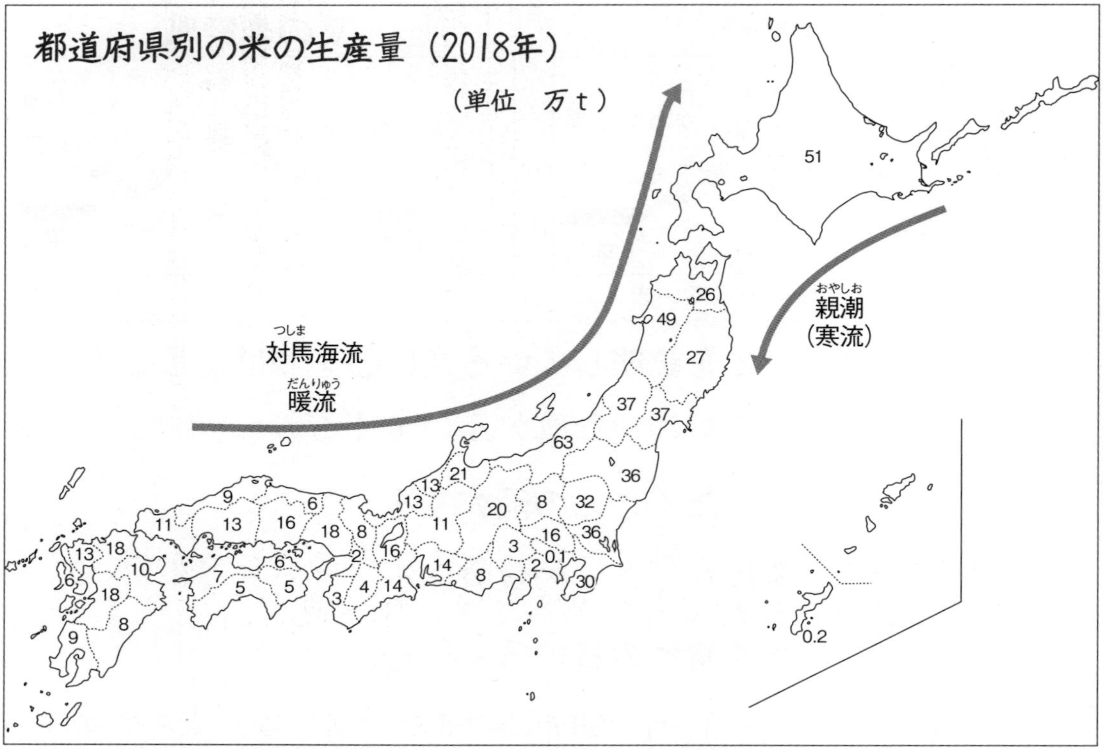

都道府県別の米の生産量（2018年）
（単位　万t）
対馬海流
暖流
親潮
（寒流）
51
26
49
27
37
37
63
36
32
8
20
21
13
13
11
16
36
3
0.1
2
30
8
14
14
4
3
16
2
8
18
16
6
9
13
11
6
5
5
7
10
13
18
6
18
8
9
0.2

(1)　上の地図を見て、正しいものに○をつけましょう。

（　　）米の生産量が多いのは、あたたかい地方である。

（　　）米は、すべての都道府県でつくられている。

（　　）米は、東北地方と北海道で多くつくられている。

（　　）関東地方は、大都市が近いので米の生産量が多い県がある。

(2)　米の生産量が40万ｔ以上の都道府県を書きましょう。

（　　　　）（　　　　）（　　　　）

ポイント　米づくりは、全ての都道府県で行われていて、それぞれの地域に合わせた品種改良が進んでいることを知りましょう。

⑶　東京都以外で米の生産量が１万ｔ未満の都道府県は、どこですか。（　　　　）

⑷　稲は、もともとあたたかい地方の植物です。では、どうして⑶の県では、少ないのでしょうか。次の（　）にあてはまる言葉を、［　］から選んで書きましょう。

あたたかい気候ですが、広い（①　　　）がありません。また、水をためる森や（②　　　）が少ないので、大量の（③　　　）を必要とする稲の栽培にはむきません。

［川　平地　水］

⑸　寒い地方でも米がたくさんとれるようになったのは、次のようなことが行われてきたからです。図を見て、（　）にあてはまる言葉を書きましょう。

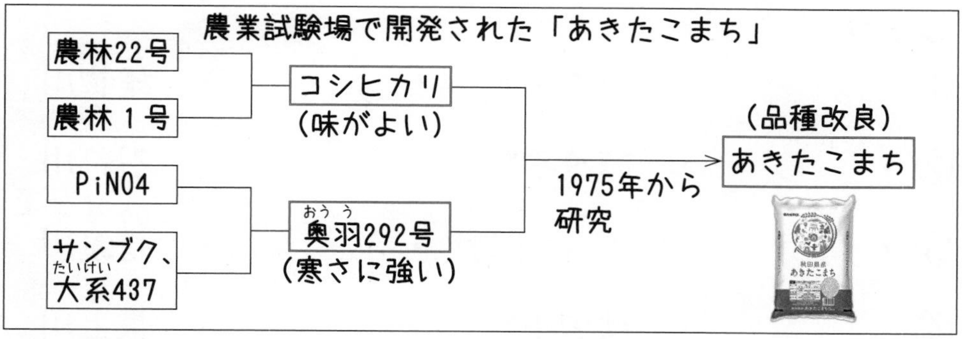
農業試験場で開発された「あきたこまち」
農林22号
農林１号
コシヒカリ
（味がよい）
PiNO4
サンブク、大系437
奥羽292号
（寒さに強い）
1975年から研究
（品種改良）
あきたこまち

農業試験場では味が良い（①　　　）と寒さに（②　　　）奥羽292号とをかけ合せて、さらにすぐれた性質をもつ品種をつくりだす（③　　　）を進めました。こうして生まれたのが（④　　　）です。

日本海側の米づくり

□1 次の地図を見て、あとの問いに答えましょう。

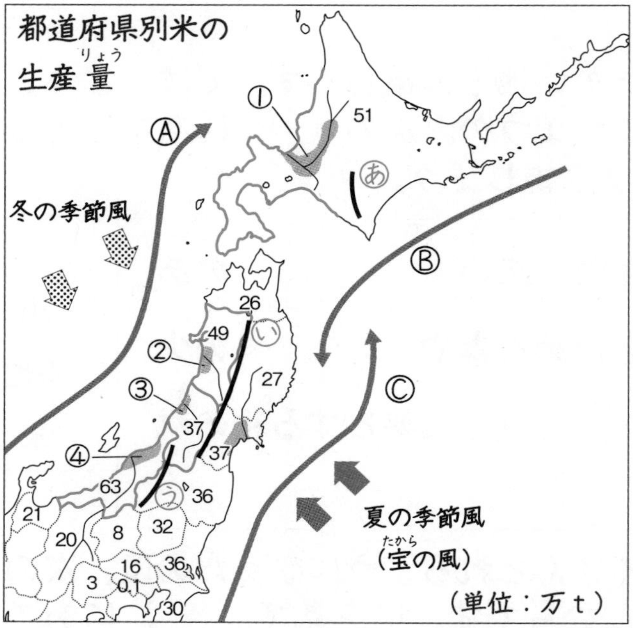

都道府県別米の生産量（りょう）
Ⓐ
冬の季節風
①
51
あ
Ⓑ
26
い
49
②
27
③
Ⓒ
37
④
37
63
う
36
21
20
8
32
16
36
3
0.1
30
夏の季節風
（宝（たから）の風）
（単位：万ｔ）

(1) 日本海に面した道・県で、米の生産量が37万ｔ以上の都道府県を４つ書きましょう。

（　　　　）
（　　　　）
（　　　　）
（　　　　）

(2) 地図中の①～④の平野とその平野を流れる川を線で結びましょう。

①・	・石狩（いしかり）平野・	・雄物（おもの）川
②・	・越後（えちご）平野・	・石狩川
③・	・庄内（しょうない）平野・	・信濃（しなの）川
④・	・秋田（あきた）平野・	・最上（もがみ）川

(3) 日本海側と太平洋（たいへいよう）側を分ける奥羽山脈（おううさんみゃく）は、あ～うのどれですか。

（　　　　）

(4) 暖流（だんりゅう）の対馬（つしま）海流と黒潮（くろしお）はⒶ～Ⓒのどれですか。

対馬海流（　　　　）　黒潮（　　　　）

月　日　名前

ポイント　日本海側の寒い地域で米づくりがさかんなわけを、季節風との関係で理解（りかい）しましょう。

2　日本海側の寒い地域でなぜ米づくりがさかんなのでしょうか。Ⓐと Ⓑの□に夏か冬の季節を書いて、（　）にあてはまる言葉を［　］から選んで書きましょう。

Ⓐ □ の季節風

ユーラシア大陸
かわいた風
あたたかくしめった風
日本海
太平洋

Ⓑ □ の季節風

ユーラシア大陸
冷たくしめった風
かわいた風
日本海
太平洋

日本海側の山々には、冬に（①　　）大陸からふく（②　　）風でたくさんの雪が積もります。それが、春になると（③　　）になって、広い平野の中を流れていきます。

夏になると、（④　　）からふく季節風が、山をこえて日本海側にふいてきます。この風は、ぬれた稲（いね）をかわかして、じょうぶな稲に育てます。だから、この風は、（⑤「　　」）といわれています。

また、晴れた日も多いので、気温が高く、日照時間も（⑥　　）なります。

だから、日本海側では米づくりがさかんなのです。

宝の風　長く　雪どけ水　ユーラシア　太平洋　しめった

イメージマップ

作業1 なぞって書きましょう。

1 米づくりの一年

①4月 → ②4・5月 → ③4・5月 → ④5月

なえづくり

田おこし（田を耕（たがや）す）

〔トラクター〕

代（しろ）かき

（田に水を入れて土をかきまぜて平らにする）

田植え

水の管理

⑤6・7月 → ⑥7～9月 → ⑦9・10月 → ⑧11月

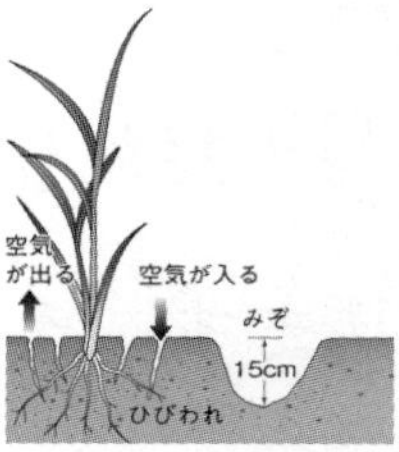
空気が出る
空気が入る
みぞ
15cm
ひびわれ

みぞをほる・中ぼし

（根のしっかりしたなえをつくるため）

水の管理5～9月

農薬散布（のうやくさんぷ）

（稲（いね）かり・だっこく）

〔コンバイン〕

カントリーエレベーター

（保管するためのしせつ）

2 耕地（こうち）整理と農業機械

耕地整理（ほ場整備）

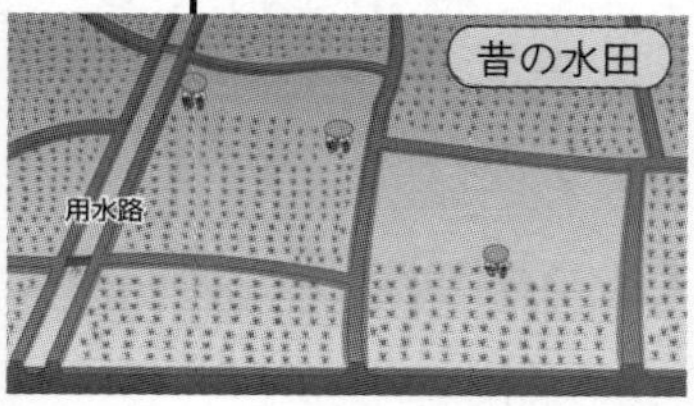
昔の水田
用水路

B=5.0m

整備（せいび）後　5m農道

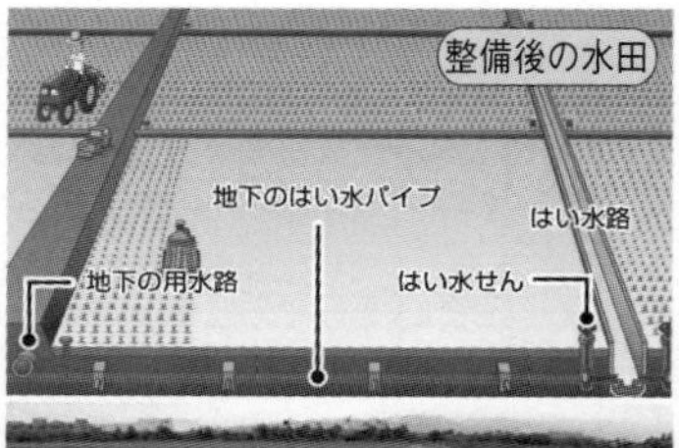
整備後の水田
地下のはい水パイプ
はい水路
地下の用水路
はい水せん

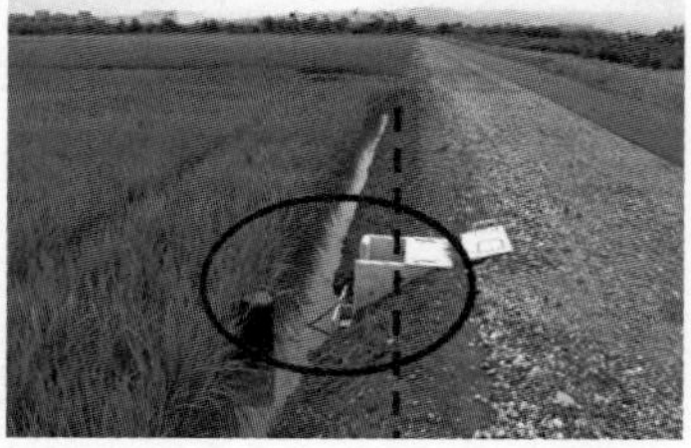

用水はパイプライン化

©新潟県

③ これからの米づくり

① おいしい米（ブランド米）→ 品種改良

秋田県産
あきたこまち
©全農パールライス株式会社

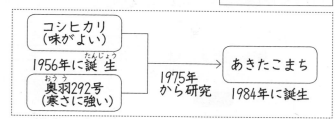

コシヒカリ（味がよい）
1956年に誕生（たんじょう）

奥羽（おうう）292号（寒さに強い）

1975年から研究 → あきたこまち
1984年に誕生

② 安心・安全な米づくり（農薬・化学肥料（ひりょう）の減少（げんしょう））

・雑草（ざっそう）や害虫を食べる
・フンが肥料

〔 アイガモ 〕農法

牛のフンやにょう　もみがら　わら

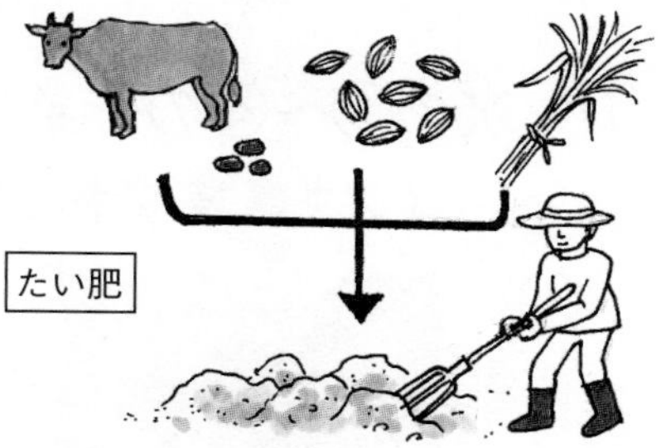
たい肥

〔 たい肥 〕づくり

③ 手軽にはば広く使える米

無洗米
こしひかり
〈無洗米（むせんまい）〉
©全農パールライス株式会社

ふっくら
お米で作った
まあるいパン
〈米粉（こめこ）パン〉
©東北日本ハム株式会社

④ 効率的（こうりつてき）な農業

直（じか）まき ＜ 水田に直接（ちょくせつ）種もみをまく方法

⑤ 共同作業による米づくり
（若（わか）い農家を助け、安い外国米に負けないように）

〈大きぼ農業〉

〈農業機械を共同で買って、使用する〉

米づくりの１年と工夫

|1| 次の米づくりの表を見て、あとの問いに答えましょう。

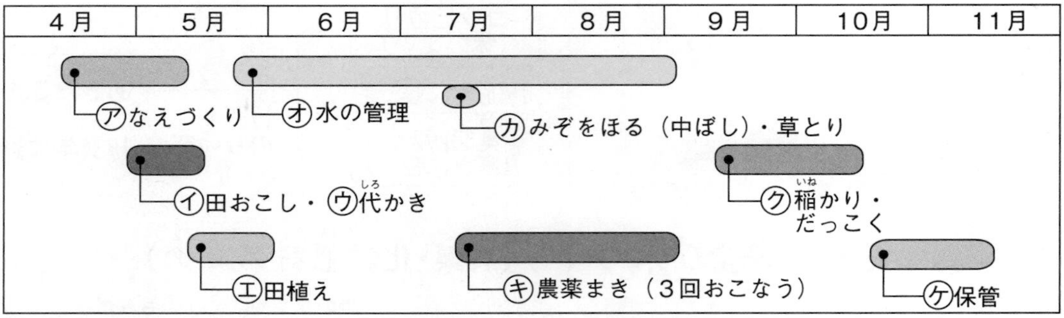
4月
5月
6月
7月
8月
9月
10月
11月
㋐なえづくり
㋔水の管理
㋕みぞをほる（中ぼし）・草とり
㋑田おこし・㋒代かき
㋗稲かり・だっこく
㋓田植え
㋖農薬まき（３回おこなう）
㋘保管

(1) 次の①～④の作業は表の中のどれですか。（　）に記号を書き、〔　〕には農業機械の名前を、［　］から選んで書きましょう。

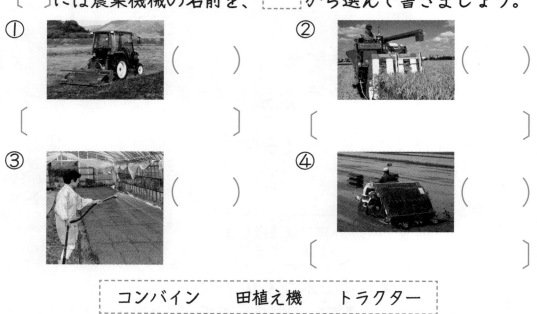

①  （　　） 〔　　　　〕

②  （　　） 〔　　　　〕

③  （　　）

④  （　　） 〔　　　　〕

コンバイン　　田植え機　　トラクター

(2) 次の①～③の作業は表の中のどれですか。記号で書きましょう。

① （　　） 根をじょうぶにするために、田の水をぬく。

② （　　） カントリーエレベーターに入れておく。

③ （　　） 水を入れた田の土をかきまぜて、平らにする。

ポイント　米づくりのカレンダーから、多くの手間をかけて米がつくられていることを理解しましょう。

2　米づくりの工夫として、次のようなことが行われています。図を見て、あとの問いに答えましょう。

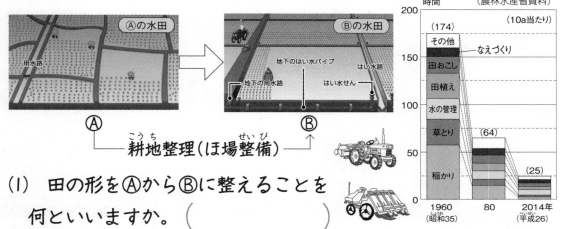

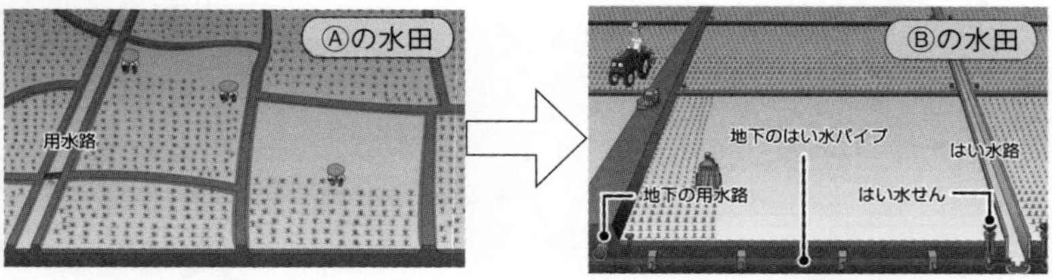
Ⓐの水田
用水路
Ⓑの水田
地下のはい水パイプ
はい水路
地下の用水路
はい水せん

Ⓐ ――耕地整理（ほ場整備）――→ Ⓑ

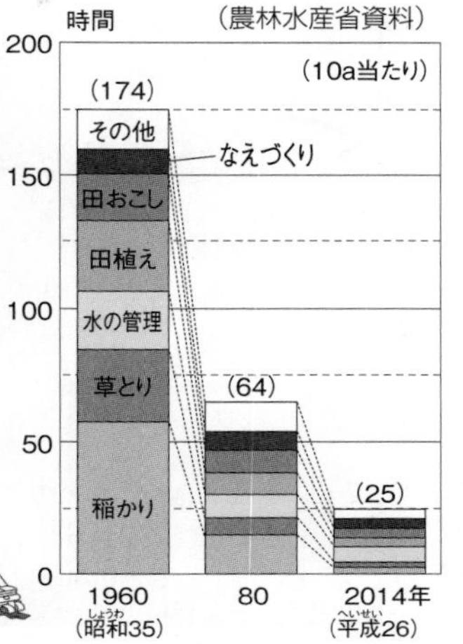
時間
（農林水産省資料）
（10a当たり）
200
150
100
50
0
(174)
その他
なえづくり
田おこし
田植え
水の管理
草とり
稲かり
(64)
(25)
1960
（昭和35）
80
2014年
（平成26）

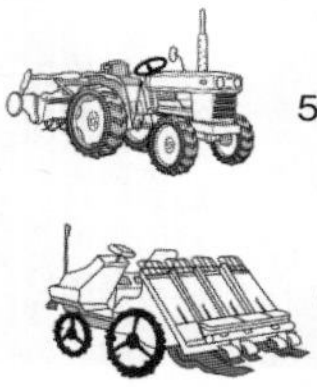

（米づくりの作業時間）

(1)　田の形をⒶからⒷに整えることを何といいますか。（　　　　　　）

(2)　(1)のよいことはどんなことですか。次の（　）にあてはまる言葉を図やグラフを参考にして書きましょう。

水田の形をⒶ→Ⓑに整えると、大型の（①　　　　）が使えるので、作業時間が（②　　　　）や（③　　　　）、田植えなどで大きく減りました。

3　稲の生長を助けるための工夫を、［　　］から選んで書きましょう。

①　雑草が生えないように（　　　　）をまく。

②　稲の生長をよくするために（　　　　）を使う。

③　①・②をできるだけ少なくするために（　　　　）などを使う。

④　気温に合わせて、水の量を調節する（　　　　）を行う。

［化学肥料　　たい肥　　水の管理　　農薬］

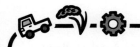

これからの米づくり(1)

1　次のグラフを見て、あとの問いに答えましょう。

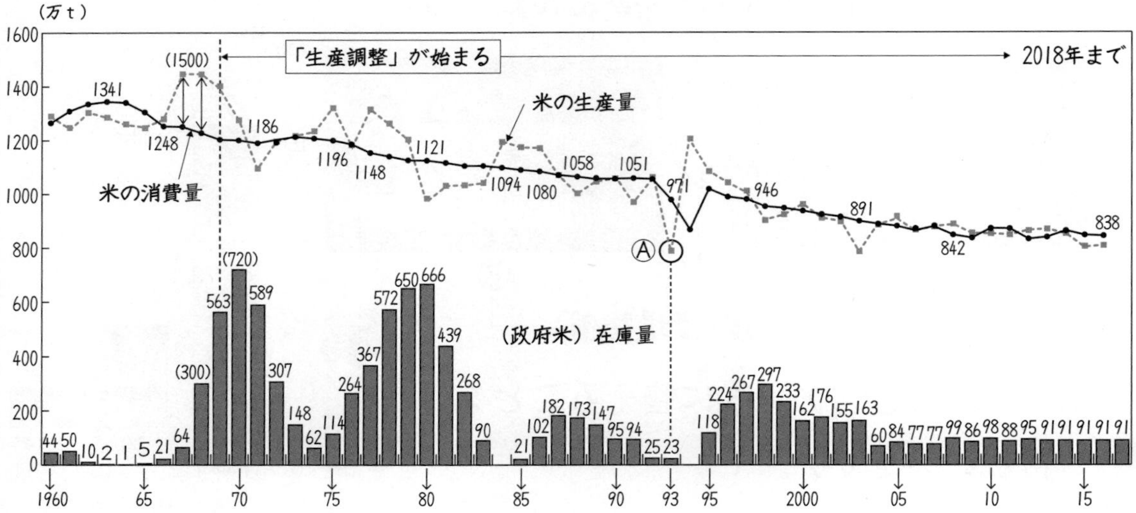
(万 t)
1600
1400
1200
1000
800
600
400
200
0
「生産調整」が始まる
2018年まで
(1500)
1341
1248
1186
1196
1148
1121
1094
1080
1058
1051
971
946
891
842
838
米の生産量
米の消費量
Ⓐ
(政府米) 在庫量
44 50 10 2 1 5 21 64 (300) 563 (720) 589 307 148 62 114 264 367 572 650 666 439 268 90
21 102 182 173 147 95 94 25 23
118 224 267 297 233 162 176 155 163 60 84 77 77 99 86 98 88 95 91 91 91 91 91
1960
65
70
75
80
85
90
93
95
2000
05
10
15

(1)　米の生産量が一番多い年は、何年と何年で、約何万 t ですか。

(　　　　　)年・(　　　　　)年　　約(　　　　　)万 t

(2)　(1)の年の米の生産量と消費量の差は、約何万 t ですか。

約(　　　　　)万 t

(3)　米の在庫量が一番多い年は、何年で何万 t ですか。

(　　　　　)年　(　　　　　)万 t

(4)　(3)の前年に在庫量を減らすために国が始めた政策は、何ですか。

(　　　　　　　　)

(5)　(4)の政策で正しい文に○をつけましょう。

(　　　)　米以外の作物をつくること（転作）をすすめた。

(　　　)　余った米を海外で売るようにした。

(　　　)　田んぼを減らして、家を作ることをすすめた。

ポイント　米の生産量が減ってきている理由をグラフから考え、消費量を増(ふ)やす方法を学びましょう。

⑹　⑴から米の消費量はどうなっていますか。

年々（　　　　　　　）

⑺　米の消費量を上げるために、どのような取り組みをしていますか。（　）にあてはまる言葉を、［　　］から選んで書きましょう。

A　おいしくて、手軽な米づくり

①

秋田県産
あきたこまち
©全農パールライス株式会社

（　　　　　　）

《品種改良》

②

無洗米
新潟県産こしひかり
©全農パールライス株式会社

（　　　　　　）

《洗(あら)わないでたける》

③

まあるいパン
©東北日本ハム株式会社

（　　　　　　）

《小麦粉(こむぎこ)の代わり》

B　安全な米づくり

①

（　　　　　　）農法

②
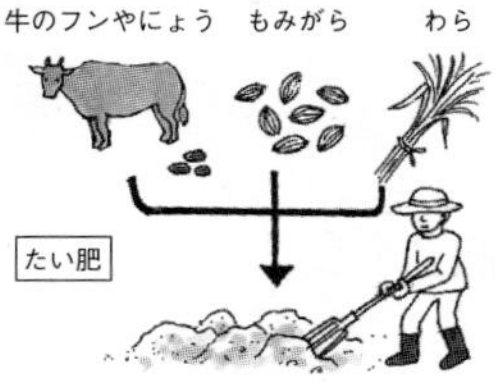
牛のフンやにょう
もみがら
わら
たい肥

（　　　　　　）づくり

C　集落営農(えいのう)　（農家で働く若(わか)い人を増やす）

①

（　　　　　　）作業

《農業機械をみんなで買って、使う》

②

（　　　　　　）農業

《土地を一つに集約》

アイガモ
ブランド米
共同
米粉(こ)パン
大きぼ
たい肥(ひ)
無洗米(むせんまい)

これからの米づくり(2)

1 次のグラフを見て、あとの問いに答えましょう。

Ⓐ 農業で働く人数の変化

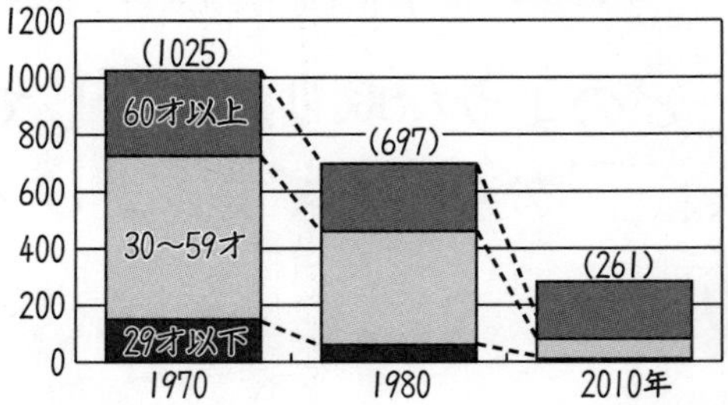
万人
1200
1000
800
600
400
200
0
(1025)
60才以上
30〜59才
29才以下
(697)
(261)
1970
1980
2010年

Ⓑ 米の生産量
(新潟(にいがた)での、10aあたり) 農林水産省

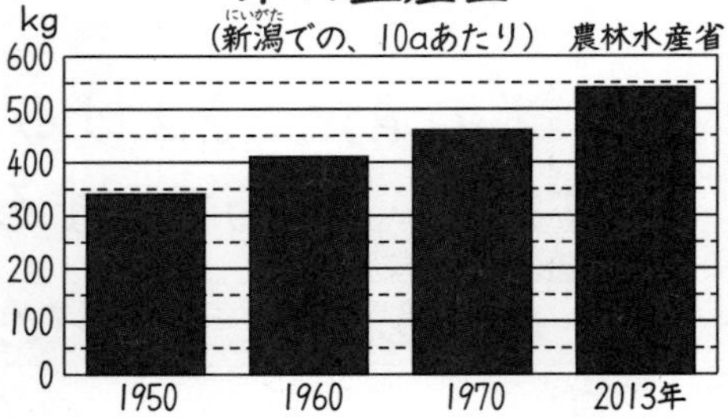
kg
600
500
400
300
200
100
0
1950
1960
1970
2013年

(1) Ⓐを見て、次の問いに答えましょう。

① 1970年　働く人の数　(　　　　)万人

　一番多い年代　(　　　　)

② 2010年　働く人の数　(　　　　)万人

　一番多い年代　(　　　　)

③ 働く人の数は、2010年は、1970年のどれだけになりましたか。

約(　　　　)分の1

(2) Ⓑを見て、1950年から10aあたりの米の生産量はどうなっていますか。　(　　　　)

(3) (2)の理由として考えられることを、［　　］から選んで書きましょう。

① 田の(　　　　)をして、(　　　　)を使えるようにした。

② 米の(　　　　)をして、その土地に合った米がたくさんとれるようにした。

品種改良	農業機械	耕地(こうち)整理

月　日　名前

ポイント　農業をしている人たちの高れい化と、その中でJAを中心に米の消費量を増やす工夫を理解しましょう。

② 次の図を見て、あとの問いに答えましょう。

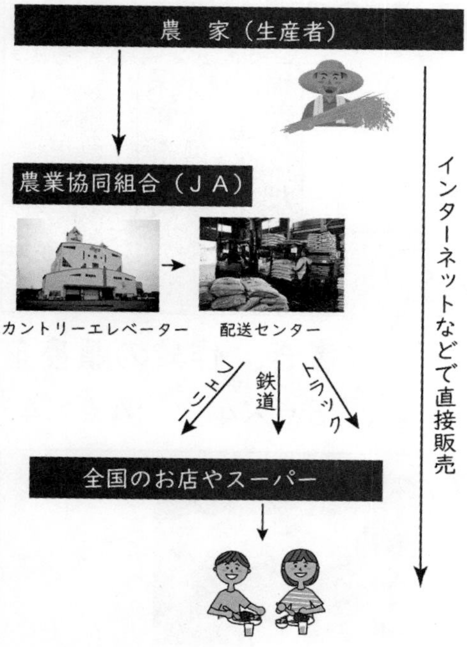

農　家（生産者）
農業協同組合（ＪＡ）
カントリーエレベーター
配送センター
フェリー
鉄道
トラック
全国のお店やスーパー
インターネットなどで直接販売

(1) 次の(　)にあてはまる言葉を、左の図を見て書きましょう。

生産されたお米のほとんどはJAが(①　　　　　　)で保管して注文に応じてフェリー、鉄道、(②　　　　)輸送で出荷されます。なかには(③　　　　　　)を使って直接消費者に販売している農家もあります。

(2) 次の文と関係していることを、線で結びましょう。

① 農業で働く若い人を増やしたい。 •　　　　• 直接水田に、種もみをまく直まきを行っている。

② なえづくりの時間を減らしたい。 •　　　　• 農業試験場で、寒さに強い稲を作るために品種改良を行っている。

③ 夏の気温が上がらず、お米が十分に実らなかった。 •　　　　• 農業に興味を持ってもらうために、農業体験を行っている。

まとめテスト

これからの米づくり(1)

1 米づくりの仕事について、あとの問いに答えましょう。

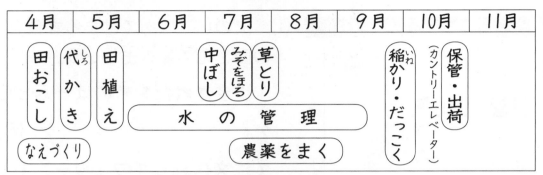

4月	5月	6月	7月	8月	9月	10月	11月
田おこし 代(しろ)かき なえづくり	田植え 水の管理	水の管理	中ぼし みぞをほる 草とり 水の管理 農薬をまく	水の管理 農薬をまく	稲(いね)かり・だっこく	保管・出荷 （カントリーエレベーター）	

(1) 次の作業の名前を表から選んで〔　〕に書き、作業の順番を□に番号を書きましょう。（□3点×4、〔　〕4点×4）

㋐  □ 〔　　　　〕

㋑  □ 〔　　　　〕

㋒  □ 〔　　　　〕

㋓  □ 〔　　　　〕

(2) コンバインとトラクターは、(1)の㋐～㋓のどれですか。（4点×2）

① コンバイン（　　　）　② トラクター（　　　）

(3) 表の中の、なえづくりには時間がかかるため、その仕事を減(へ)らすために行われていることは、次の中のどれですか。○で囲(かこ)みましょう。（4点）

（ 転作　　種もみの直(じか)まき　　アイガモ農法 ）

月　　日　名前　　　　/100点

2 次の地図を見て、あとの問いに答えましょう。

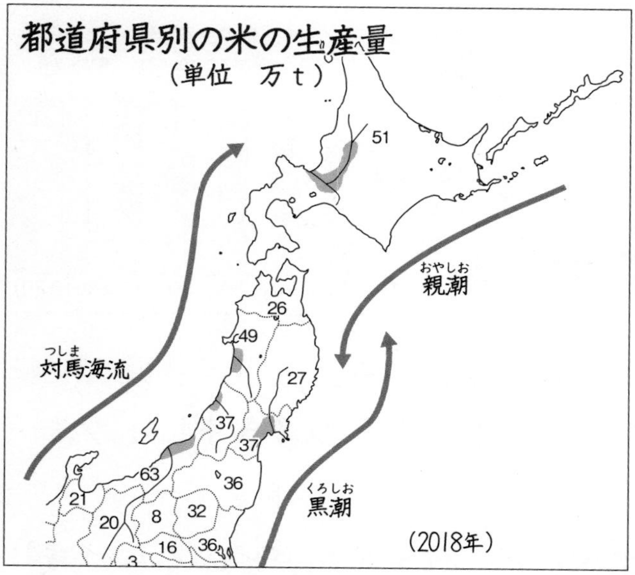
都道府県別の米の生産量
（単位　万t）
51
26
49
27
37
37
63
36
21
20
8
32
16
36
3
対馬(つしま)海流
親潮(おやしお)
黒潮(くろしお)
（2018年）

(1) 日本海に面した道・県の米の生産量が1位～4位の名前を書きましょう。（4点×4）

1位	
2位	
3位	
4位	

(2) (1)の平野と川の名前を［　　］から選んで書きましょう。（4点×8）

	平野	川		平野	川
1位	平野	川	2位	平野	川
3位	平野	川	4位	平野	川

〈平野〉 石狩(いしかり)　越後(えちご)　秋田(あきた)　庄内(しょうない)

〈川〉 雄物(おもの)　最上(もがみ)　信濃(しなの)　石狩

(3) (1)の地域(ちいき)で米づくりがさかんな理由を、【　】の言葉を使って書きましょう。【雪どけ水　夏の季節風(きせつふう)　気温　日照時間】（12点）

春には、豊(ゆた)かな

まとめテスト

これからの米づくり(2)

1 次のグラフを見て、あとの問いに答えましょう。　(6点×10)

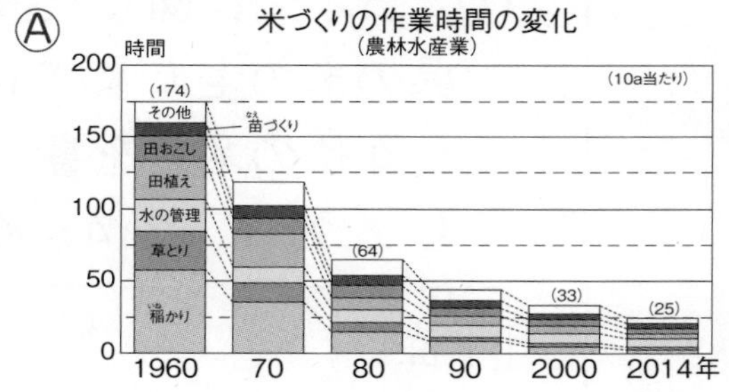
Ⓐ
米づくりの作業時間の変化
（農林水産業）
時間
(10a当たり)
(174)
その他
苗づくり
田おこし
田植え
水の管理
草とり
稲かり
(64)
(33)
(25)
200
150
100
50
0
1960
70
80
90
2000
2014年

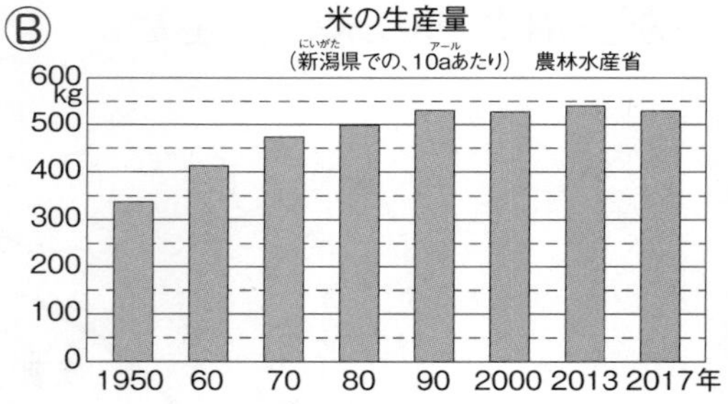
Ⓑ
米の生産量
（新潟県での、10aあたり）　農林水産省
600
kg
500
400
300
200
100
0
1950
60
70
80
90
2000
2013
2017年

(1) Ⓐについて、次の問いに答えましょう。

① 1960年で、作業時間が長いものを3つ書きましょう。

(　　　　　)(　　　　　)(　　　　　)

② 1960年と2014年を比べると、作業時間がどのくらい減りましたか。　約(　　　)分の1

(2) Ⓑのグラフから2013年の10aあたりの米の生産量は、1950年よりどれくらい増えましたか。　約(　　　)倍

(3) (1)・(2)について、なぜそうなったのか、次の(　)にあてはまる言葉を[　　]から選んで書きましょう。

水田の①(　　　　　)と、大型の②(　　　　　)を使い、また、その土地に合った稲をつくり出す③(　　　　　)により、農作業が④(　　　　　)で行うことができ、米の生産量も⑤(　　　　　)ことができるようになったから。

短時間　品種改良　農業機械　上げる　耕地整理

月　日 名前　　／100点

2 次のグラフを見て、あとの問いに答えましょう。

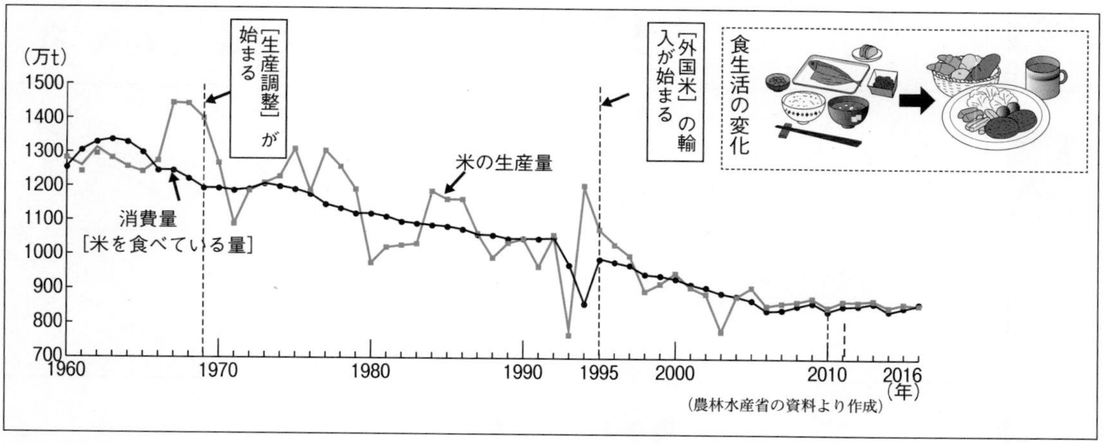

(万t)
1500
1400
1300
1200
1100
1000
900
800
700
1960
1970
1980
1990
1995
2000
2010
2016
(年)
[生産調整]が始まる
[外国米]の輸入が始まる
食生活の変化
米の生産量
消費量
[米を食べている量]
(農林水産省の資料より作成)

(1) 次の(　)にあてはまる言葉を書きましょう。　(6点×5)

① 米の消費量は、パンなどを食べるようになった(ア　　　)の変化で、だんだん(イ　　　)きています。

② (ア　　　)年に、米の生産量が急激に(イ　　　)ので、1995年に初めて(ウ　　　)を輸入しました。

(2) 農家の人たちは、どのような取り組みをしていますか。【　】の言葉を使って書きましょう。　(10点)

【アイガモ農法　ブランド米　無洗米　共同】

農家の人たちは、安い外国米に負けないように、

また、農業機械を

イメージマップ

作業1 なぞって書きましょう。

〈気候〉

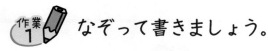

図	気候	野菜	くだもの	ちく産
(点の模様)	すずしい	高原野菜 (おそづくり) レタス・キャベツ	りんご	乳牛 (らく農)
(こい)	あたたかい	早づくり (ビニールハウス) きゅうり・ピーマン	みかん	
(あみ目の模様)	昼夜の温度差が大きい		ぶどう もも	

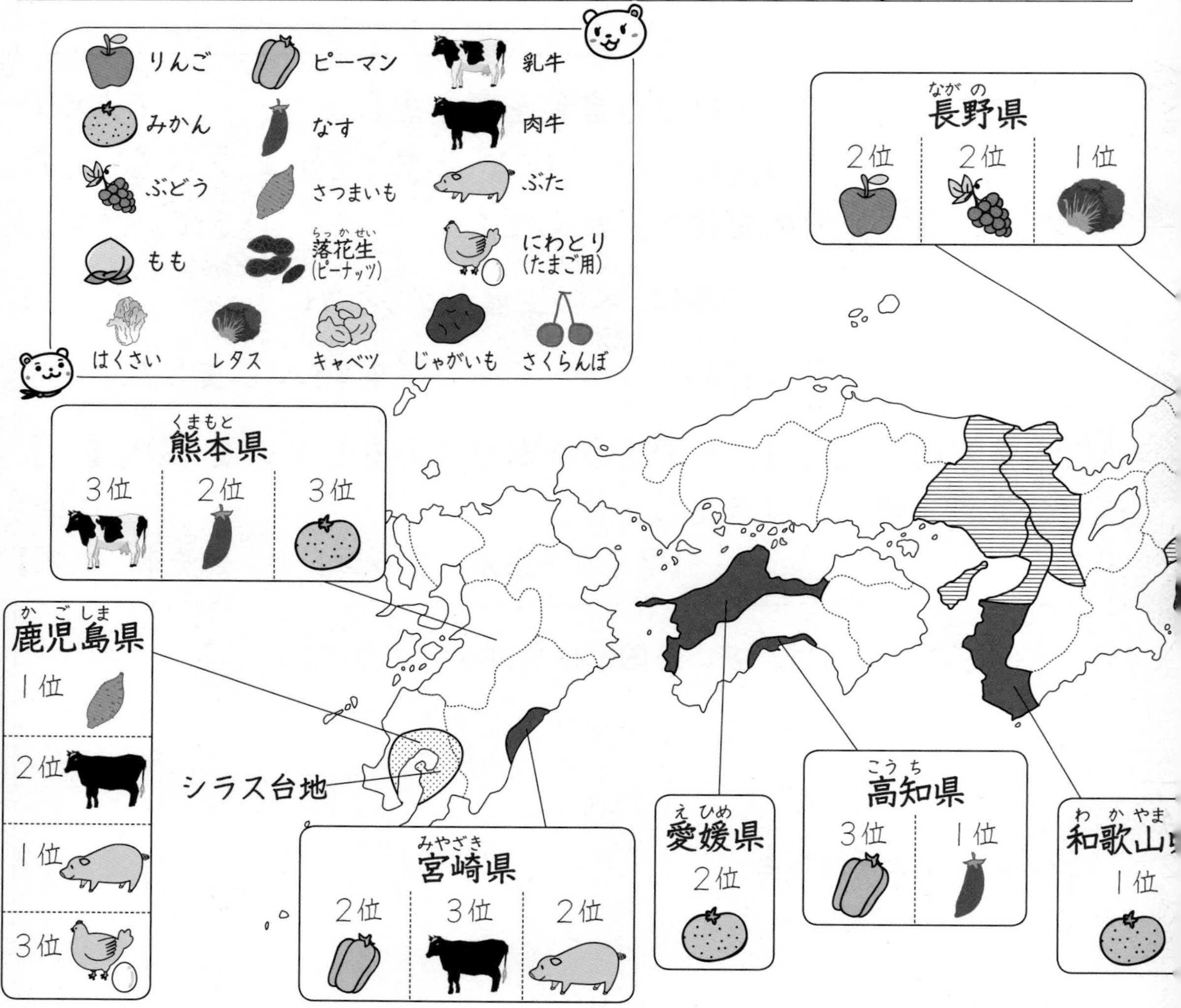

りんご
ピーマン
乳牛
みかん
なす
肉牛
ぶどう
さつまいも
ぶた
もも
落花生(ピーナッツ)
にわとり(たまご用)
はくさい
レタス
キャベツ
じゃがいも
さくらんぼ
長野県
2位 2位 1位
熊本県
3位 2位 3位
鹿児島県
1位
2位
1位
3位
シラス台地
宮崎県
2位 3位 2位
愛媛県
2位
高知県
3位 1位
和歌山県
1位

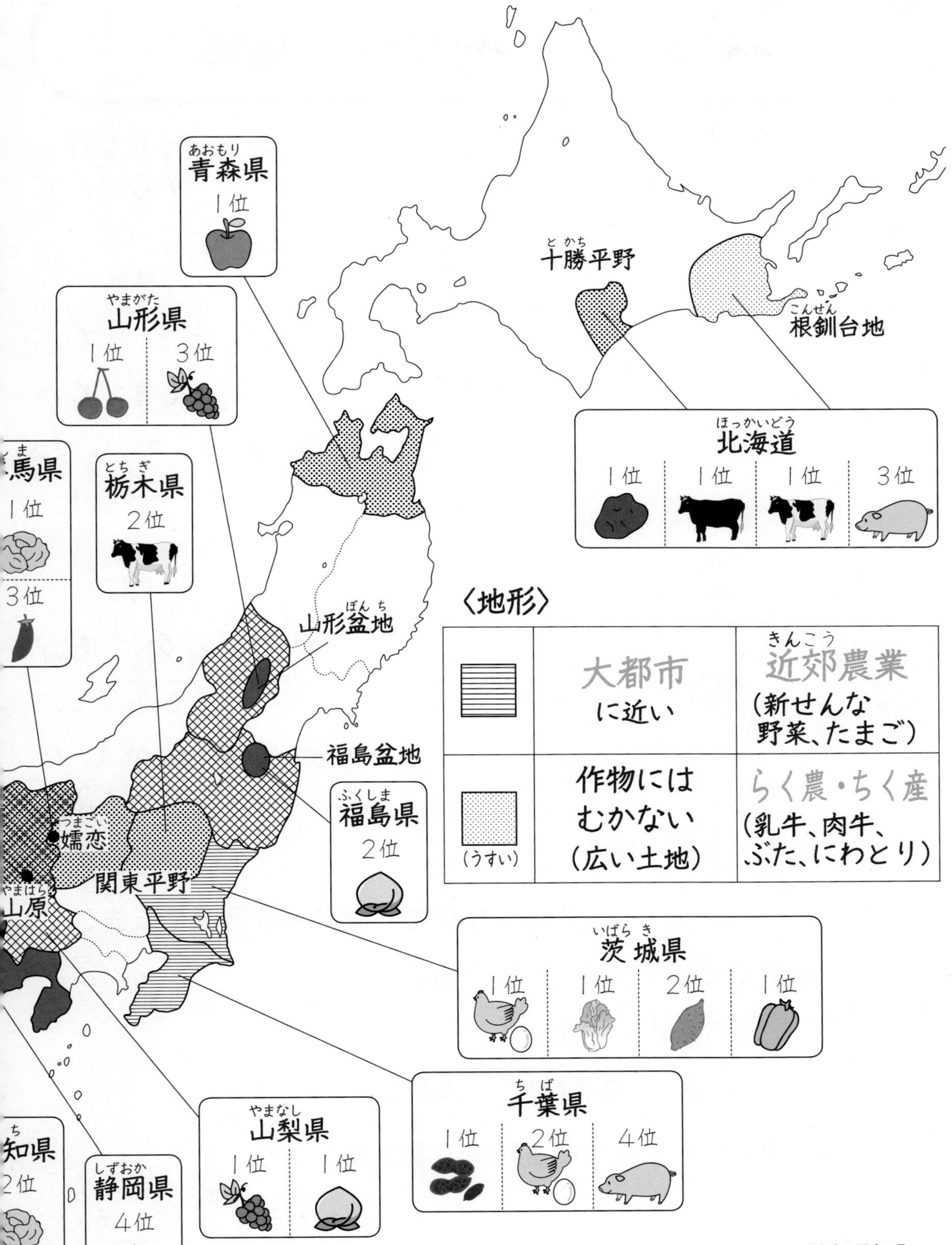

青森県
1位
山形県
1位
3位
馬県
1位
3位
栃木県
2位
十勝平野
根釧台地
北海道
1位
1位
1位
3位
山形盆地
福島盆地
福島県
2位
嬬恋
関東平野
山原
茨城県
1位
1位
2位
1位
千葉県
1位
2位
4位
山梨県
1位
1位
静岡県
4位
知県
2位

〈地形〉

（横線）	大都市に近い	近郊農業（新せんな野菜、たまご）
（うすい）	作物にはむかない（広い土地）	らく農・ちく産（乳牛、肉牛、ぶた、にわとり）

[2017年]

（日本国勢図会　2019/20）ほか

野菜づくりのさかんな地域

1　図中のⒶ・Ⓑ・Ⓒは、気候や地形を生かした野菜づくりを行っています。〔　〕や（　）にあてはまる言葉を、［　］から選んで書きましょう。

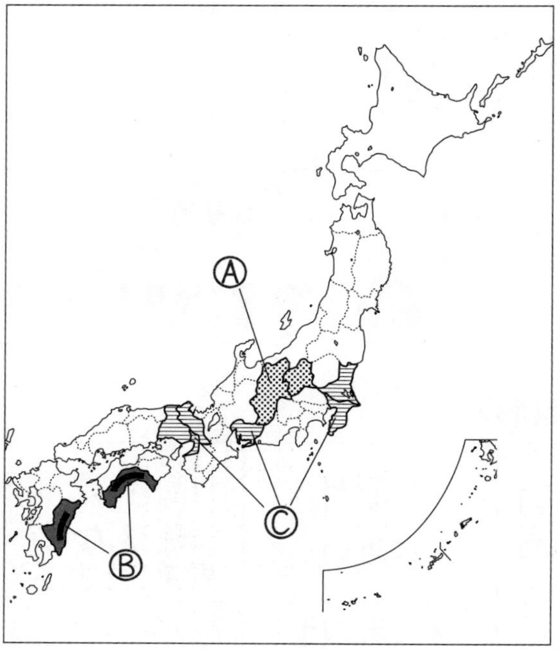
Ⓐ
Ⓑ
Ⓒ

(1)　Ⓐ〔　　　　　〕気候

高地にあるので、①（　　　　）でもすずしい気候を生かした②（　　　　）づくり。

Ⓑ〔　　　　　〕気候

暖流（だんりゅう）のおかげで、①（　　　　）でもあたたかい気候を生かした②（　　　　）栽培（さいばい）。

Ⓒ〔　　　　　〕農業

①（　　　　）の近くなので、新せんな野菜やたまごなどを早くとどけることができる。

近郊（きんこう）	あたたかい	すずしい	冬
夏	高原野菜	大都市	早づくり

(2)　ⒶとⒷでつくられている野菜を書きましょう。

Ⓐ（　　　　）（　　　　）

Ⓑ（　　　　）（　　　　）

ピーマン	レタス
キャベツ	なす

月　日　名前

ポイント　野菜づくりのさかんな地域(ちいき)を地図から読み取り、気候や地形を生かしていることを理解(りかい)しましょう。

2 次のグラフを見て、あとの問いに答えましょう。

なすの月別入荷量と平均価格(へいきんかかく)の変化

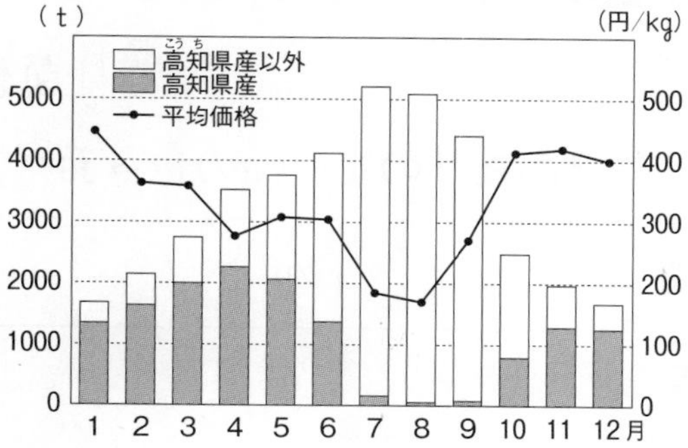

（t）
（円/kg）
高知(こうち)県産以外
高知県産
平均価格
5000
4000
3000
2000
1000
0
500
400
300
200
100
0
1 2 3 4 5 6 7 8 9 10 11 12月

（「東京都中央卸売市場統計情報」より作成）

(1)　なすの入荷量が2000 t 以下なのは、何月から何月ですか。

（　　　）月～（　　　）月

(2)　(1)のときの１kgあたりのねだんは、７月・８月と比(くら)べて、およそ何倍ですか。

約（　　　）倍

3 右のグラフは、キャベツの月別入荷量を表しています。群馬県産が入荷量の半分以上をしめる月を書きましょう。

（　　　）月～（　　　）月

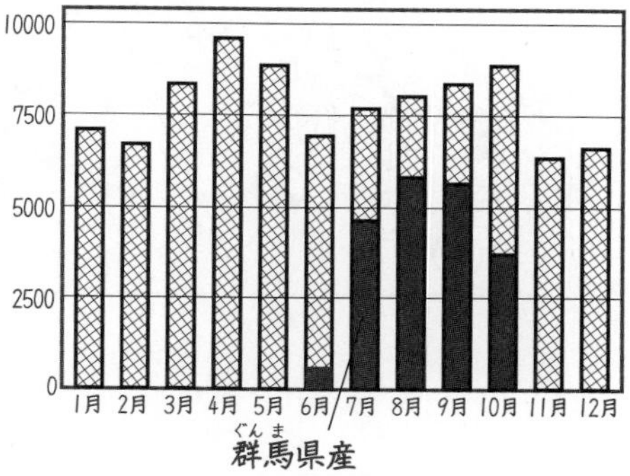

10000
7500
5000
2500
0
1月 2月 3月 4月 5月 6月 7月 8月 9月 10月 11月 12月
群馬(ぐんま)県産

4 次のグラフは、茨城(いばらき)県でどのようなものがつくられているかを表しています。１位から５位までの農ちく産物を書きましょう。

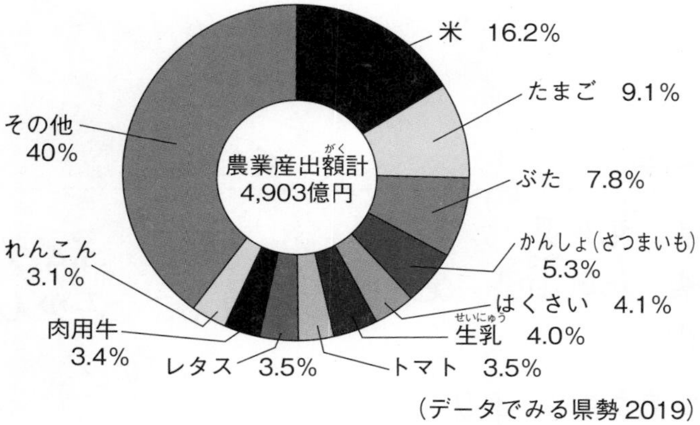

米　16.2%
たまご　9.1%
ぶた　7.8%
かんしょ（さつまいも）5.3%
はくさい　4.1%
生乳(せいにゅう)　4.0%
トマト　3.5%
レタス　3.5%
肉用牛 3.4%
れんこん 3.1%
その他 40%
農業産出額(がく)計 4,903億円

（データでみる県勢2019）

１位（　　　　）

２位（　　　　）

３位（　　　　）

４位（　　　　）

５位（　　　　）

くだものづくり・ちく産のさかんな地域（ちいき）(1)

1　地図中のA・B・Cは、気候や地形を生かしたくだものづくりを行っています。〔　〕に気候、□に県名、（　）にくだものの名前を┆┆から選んで書きましょう。

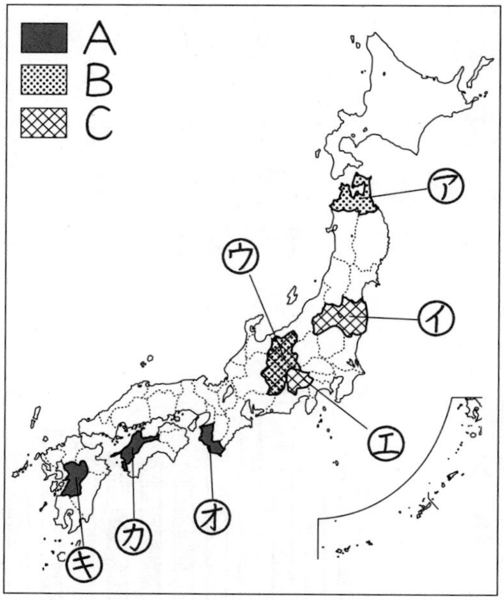
A
B
C
ア
イ
ウ
エ
オ
カ
キ

A〔　　　　〕気候

（日あたりのよい山のしゃ面）

オ	カ
キ	

（　　　）

B〔　　　　〕気候

ア	ウ

（　　　）

C〔　　　　〕が大きい気候　（水はけがよい）

①	エ	イ	（　　　）
②	エ	ウ	（　　　）

気候（A～C）

昼夜の温度差
あたたかい
すずしい

県（ア～キ）

青森県（あおもり）　福島県（ふくしま）　熊本県（くまもと）
山梨県（やまなし）　和歌山県（わかやま）　愛媛県（えひめ）
長野県（ながの）

（2度使う県名もあります）

くだもの

もも　ぶどう
りんご　みかん

月　　日 名前

ポイント
くだものの生産やちく産がさかんな地域を地図から読み取り、気候の特徴(とくちょう)に合わせて行われているということを理解(りかい)しましょう。

2 次の地図を見て、それぞれの家ちくを育てているベスト３の都道府県名を、□から選んで書きましょう。(何回も使う道府県名があります)

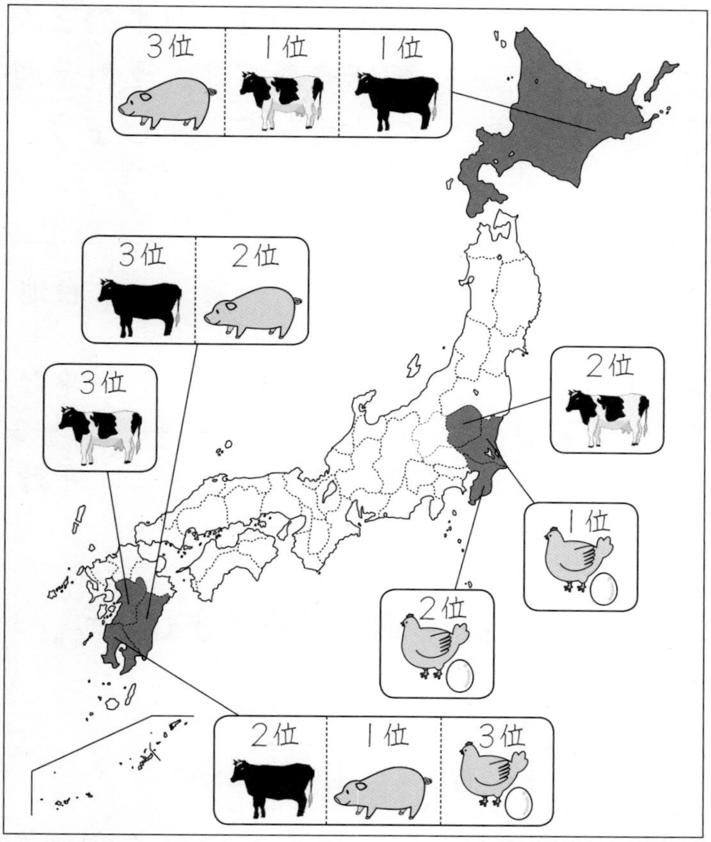

3位
1位
1位
3位
2位
3位
2位
1位
2位
2位
1位
3位

(日本国勢図会　2019/20)

① 乳牛(にゅうぎゅう)

	都道府県名
1位	
2位	
3位	

② 肉牛

	都道府県名
1位	
2位	
3位	

③ ぶた

	都道府県名
1位	
2位	
3位	

④ にわとり(たまご)

	都道府県名
1位	
2位	
3位	

北海道(ほっかいどう)　鹿児島県(かごしま)　茨城県(いばらき)　熊本県(くまもと)　宮崎県(みやざき)　千葉県(ちば)　栃木県(とちぎ)

くだものづくり・ちく産のさかんな地域(2)

1　次の地図は、火山灰土で、できた平野と台地を表しています。あとの問いに答えましょう。

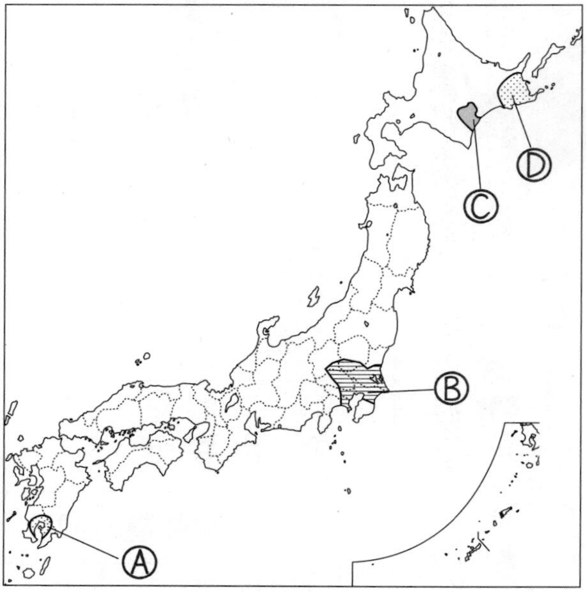

Ⓐ
Ⓑ
Ⓒ
Ⓓ

(1)　Ⓐ～Ⓒは、日本の三大畑作地帯です。それぞれの名前を書きましょう。

	名前
Ⓐ	(　　　　　　) 台地
Ⓑ	(　　　　　　) 平野
Ⓒ	(　　　　　　) 平野

(2)　Ⓐ～Ⓒでつくられる作物を□から選んで書きましょう。

Ⓐ (　　　　　　)　Ⓑ (　　　　　　)　Ⓒ (　　　　　　)

じゃがいも　　さつまいも　　はくさい

(3)　Ⓐで行われている農業について、(　)にあてはまる言葉を□から選んで書きましょう。

Ⓐは火山灰土でできているので、(①　　　　)には適していません。そこで、(②　　　　)土地を生かして、ここでつくられる作物をえさにする、肉用牛や(③　　　　)などの(④　　　　)がさかんです。

ちく産　　広い　　ぶた　　米づくり

ポイント　くだものの生産やちく産がさかんな地域を地図から読み取り、気候の特徴（とくちょう）に合わせて行われているということを理解（りかい）しましょう。

⑷　Ⓓの地形名を〔　〕に書き、そこで行われていることについて（　）にあてはまる言葉を、［　］から選んで書きましょう。

Ⓓの〔　　　　　〕台地は、（①　　　）すぎて畑作もできません。広々としたⓓは、一面（②　　　）になっていて、夏でもすずしい気候を生かした（③　　　）がさかんです。

［らく農　　草地　　低温］

2　次の地図中のあといについて、あとの問いに答えましょう。

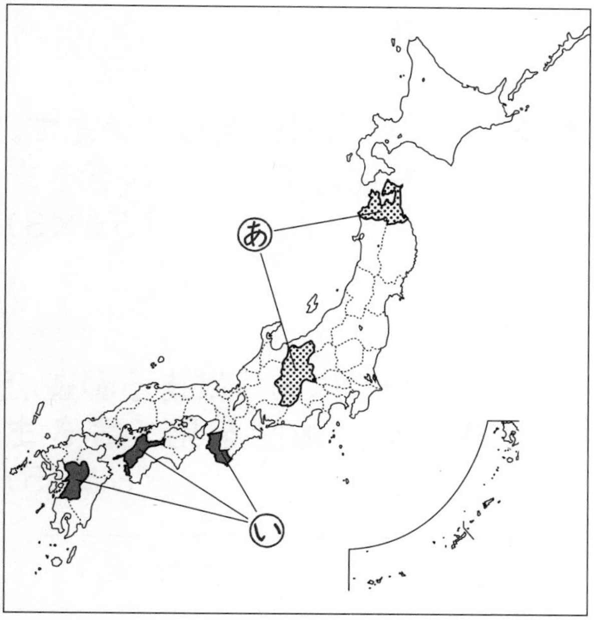

あ
い

⑴　あといでつくられているくだものを［　］から選んで書きましょう。

あ（　　　　　）

い（　　　　　）

［ぶどう　　みかん　　りんご］

⑵　あといは、どんな地域ですか。［　］から選んで記号で書きましょう。

あ〔　　　〕　い〔　　　〕

ア　水はけが良くて、昼夜の寒暖（かんだん）差が大きい地域。
イ　あたたかくて、日あたりのよい地域。
ウ　広い平野が多く、水が豊富（ほうふ）な地域。
エ　夏でもすずしい地域。

まとめテスト

野菜・くだもの・ちく産のさかんな地域

1 次のグラフを見て、あとの問いに答えましょう。

〈グラフ1〉農ちく産物の生産額

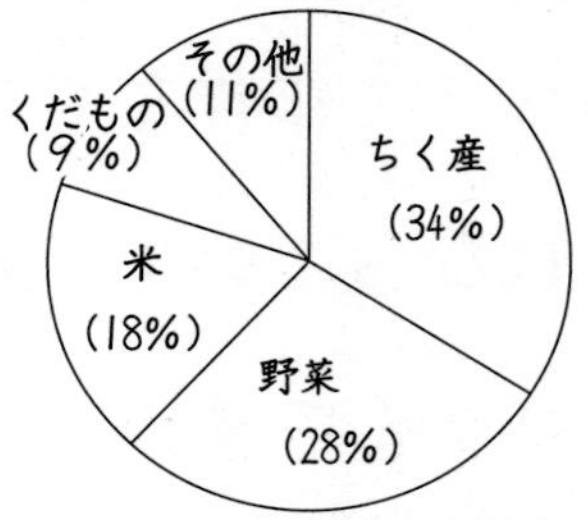

ちく産
(34%)
野菜
(28%)
米
(18%)
くだもの
(9%)
その他
(11%)

(2016年)

〈グラフ2〉農ちく産物の都道府県別農業生産額

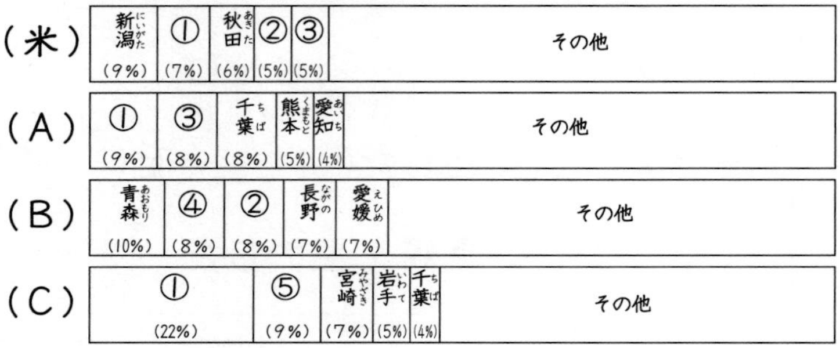

(米)
新潟 (9%)
① (7%)
秋田 (6%)
② (5%)
③ (5%)
その他
(A)
① (9%)
③ (8%)
千葉 (8%)
熊本 (5%)
愛知 (4%)
その他
(B)
青森 (10%)
④ (8%)
② (8%)
長野 (7%)
愛媛 (7%)
その他
(C)
① (22%)
⑤ (9%)
宮崎 (7%)
岩手 (5%)
千葉 (4%)
その他

(1) グラフ1より、農ちく産物の生産額が多い順に書きましょう。 (5点×2)

1位( ) 2位( )

(2) グラフ2は、農ちく産物の生産を都道府県別に表しています。

㋐ A～Cの農ちく産物をグラフ1から選んで( )に書きましょう。 (6点×3)

A( ) B( ) C( )

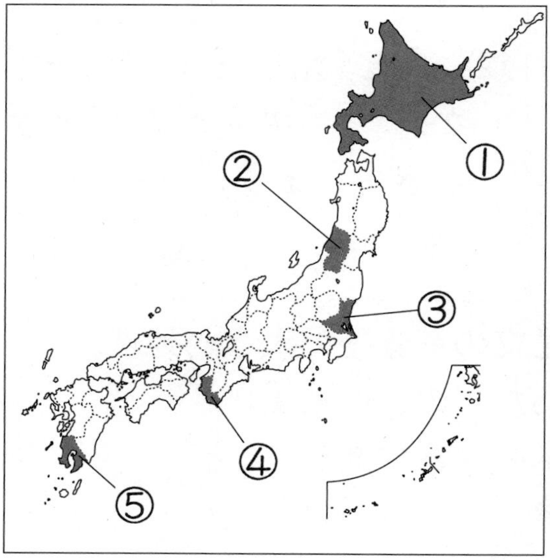

①
②
③
④
⑤

㋑ ①～⑤にあてはまる都道府県名を、地図を見て書きましょう。 (6点×5)

①	
②	
③	
④	
⑤	

月　　日　名前　　／100点

2　次の①〜③を生かしている地域(ちいき)を、地図中の㋐〜㋒から選んで（　）に、そこでつくられている野菜を□から選んで〔　〕に書きましょう。（3点×6）

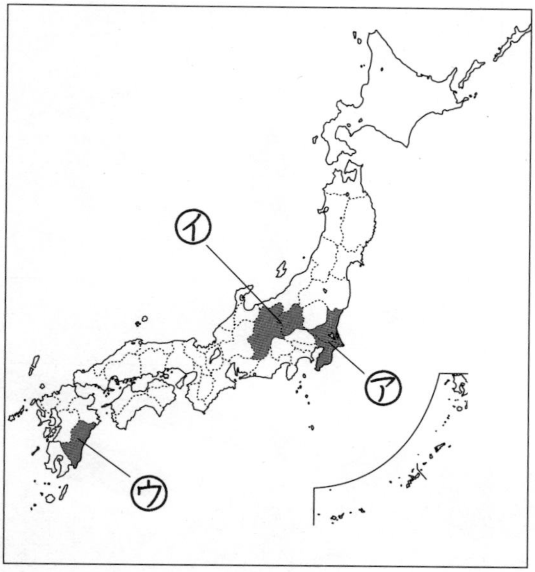

㋐
㋑
㋒

① 冬でもあたたかい気候
（　）〔　〕

② 夏でもすずしい気候
（　）〔　〕

③ 大都市の近く
（　）〔　〕

たまご　レタス　ピーマン

3　次の表は、くだものの生産量が多い県を表しています。地図中の①〜④の県名を書きましょう。（6点×4）

	りんご	みかん	ぶどう
1	青森県	和歌山(わかやま)県	④
2	①	③	①
3	山形(やまがた)県	熊本(くまもと)県	山形県
4	②	静岡(しずおか)県	岡山(おかやま)県

（日本国勢図会　2019/20）

①		②	
③		④	

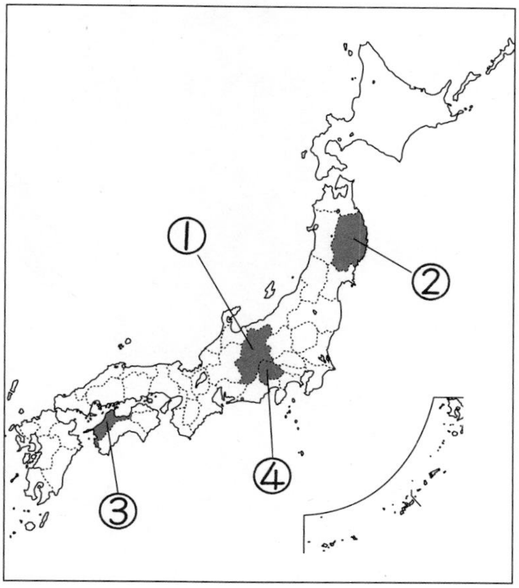

①
②
③
④

イメージマップ

作業1 なぞって書きましょう。

漁業別の漁かく量

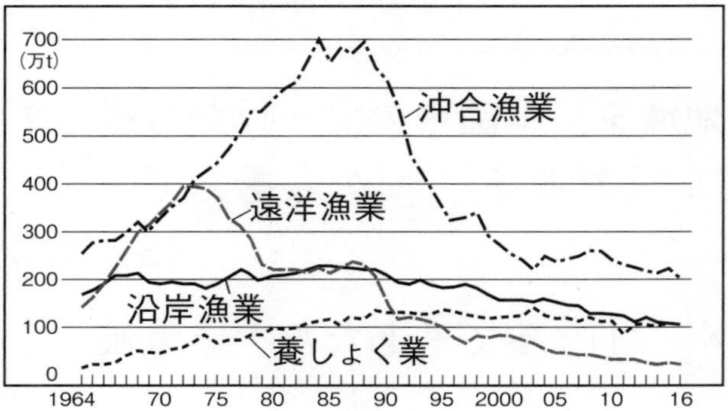

700
（万t）
600
500
400
300
200
100
0
1964
70
75
80
85
90
95
2000
05
10
16
沖合漁業
遠洋漁業
沿岸漁業
養しょく業

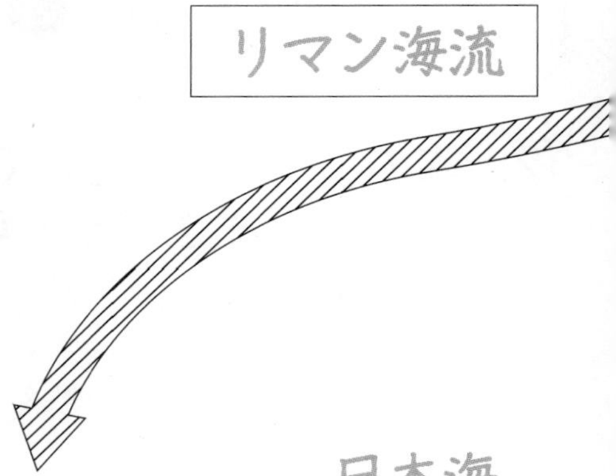

リマン海流

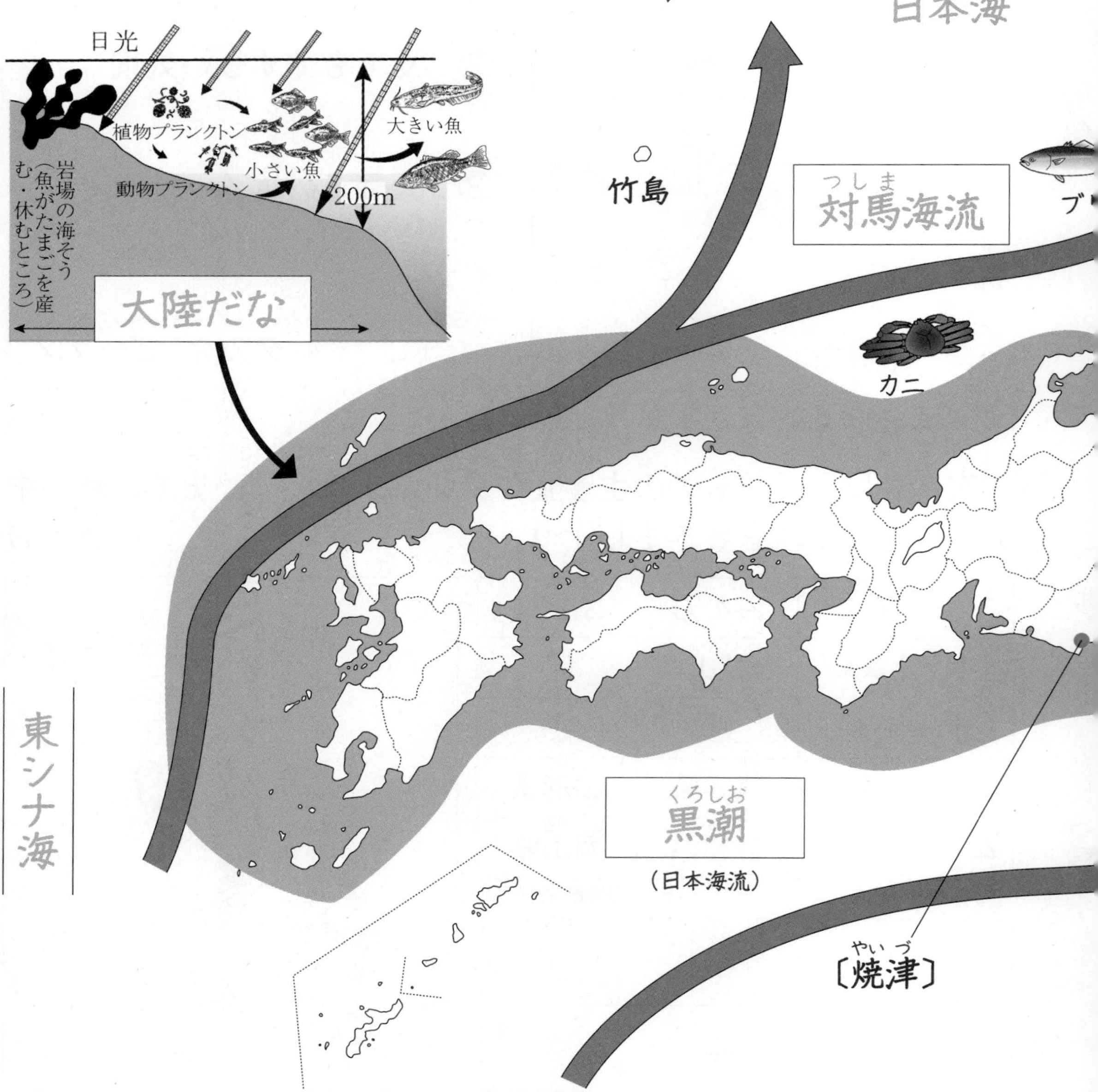

日光
植物プランクトン
動物プランクトン
小さい魚
大きい魚
200m
岩場の海そう（魚がたまごを産む・休むところ）
大陸だな
日本海
竹島
対馬海流
ブ
カニ
東シナ海
黒潮
（日本海流）
〔焼津〕

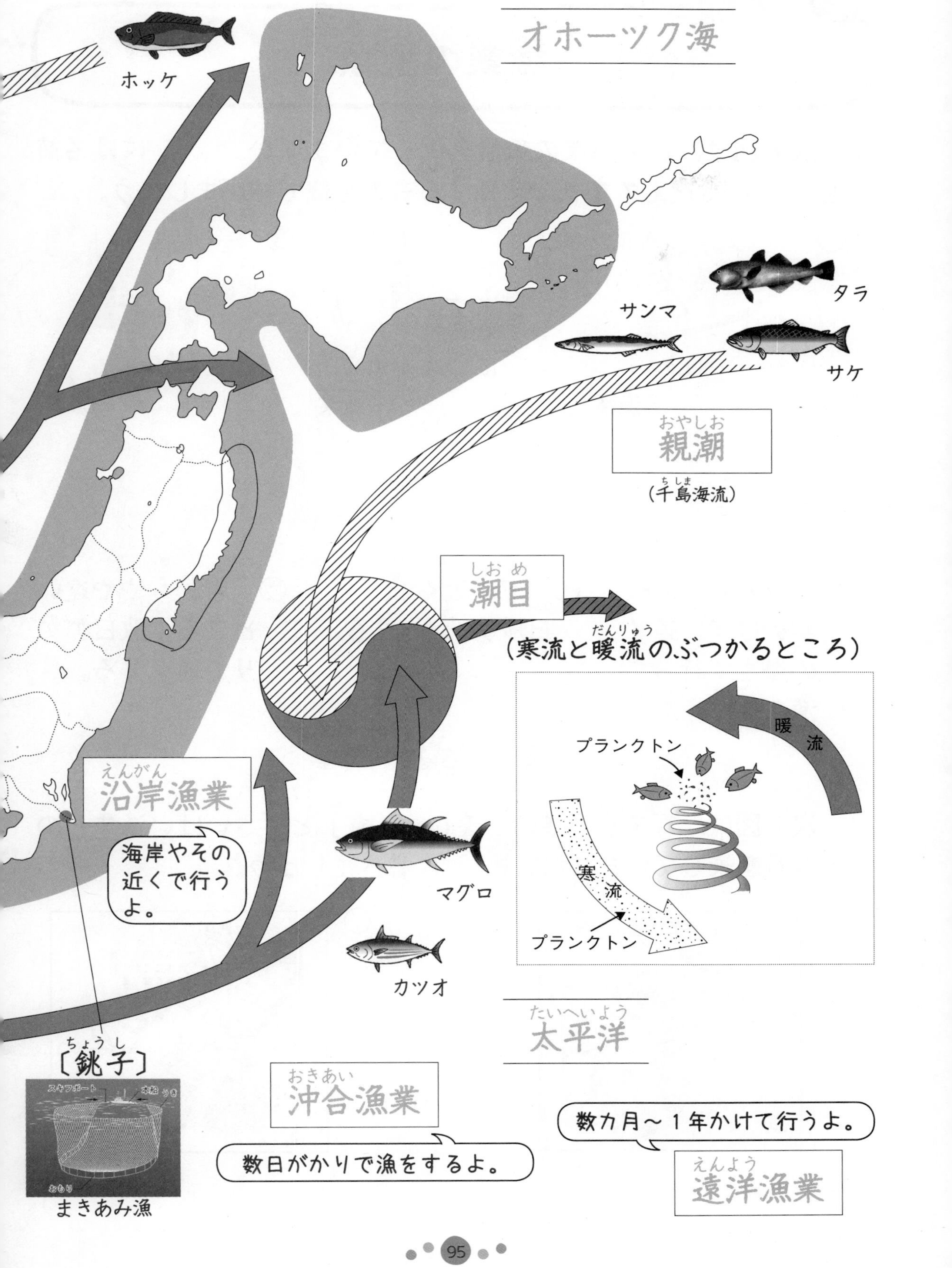
オホーツク海
ホッケ
タラ
サンマ
サケ
おやしお
親潮
ちしま
（千島海流）
しおめ
潮目
だんりゅう
（寒流と暖流のぶつかるところ）
暖流
プランクトン
寒流
プランクトン
えんがん
沿岸漁業
海岸やその近くで行うよ。
マグロ
カツオ
たいへいよう
太平洋
ちょうし
〔銚子〕
スキフボート
本船
うき
おもり
まきあみ漁
おきあい
沖合漁業
数日がかりで漁をするよ。
数カ月～１年かけて行うよ。
えんよう
遠洋漁業

漁業の種類

1 次の図は、どの漁業の種類を表していますか。〔　〕には名前を[　　]から選んで書き、関係するものを線で結びましょう。

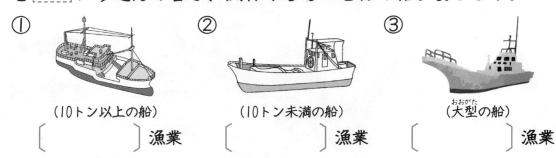

① 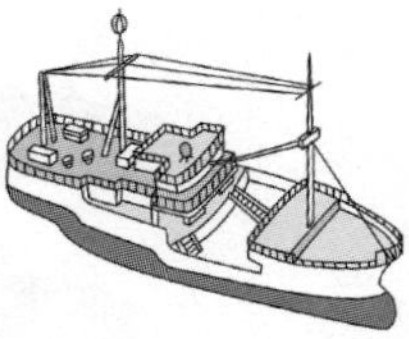

（10トン以上の船）

〔　　　　〕漁業

② 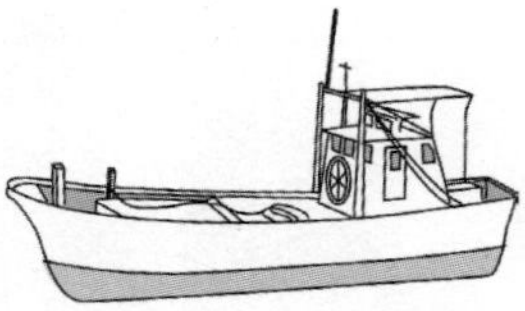

（10トン未満の船）

〔　　　　〕漁業

③ 

（大型(おおがた)の船）

〔　　　　〕漁業

㋐ 数ヶ月から一年かけて、遠くの海まで行って漁をする。

㋑ 海岸近くで、日帰りで漁をする。

㋒ 岸からやや遠いところで数日がかりで漁をする。

沖合(おきあい)　沿岸(えんがん)　遠洋(えんよう)

2 次の図は、育てる漁業の「養しょく業」と「さいばい漁業」のどちらを表していますか。〔　〕に書きましょう。

㋐ 

〔　　　　〕

㋑ 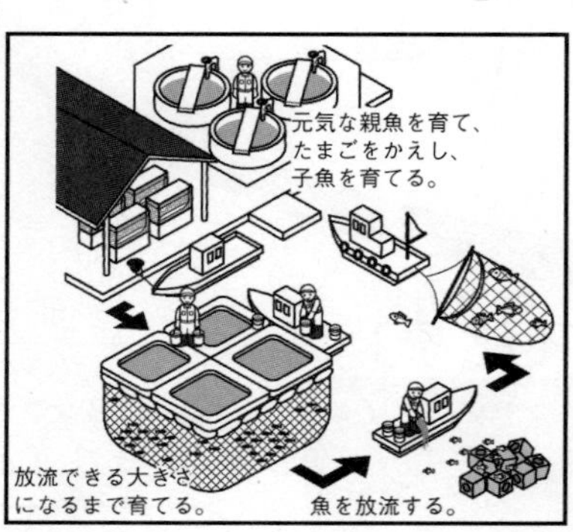
元気な親魚を育て、
たまごをかえし、
子魚を育てる。
放流できる大きさ
になるまで育てる。
魚を放流する。

〔　　　　〕

月　　日　名前

ポイント　各漁業の漁かく量の変化をグラフから読み取り、養しょく業とさいばい漁業のちがいを図から理解(りかい)しましょう。

③　次のグラフを見て、あとの問いに答えましょう。

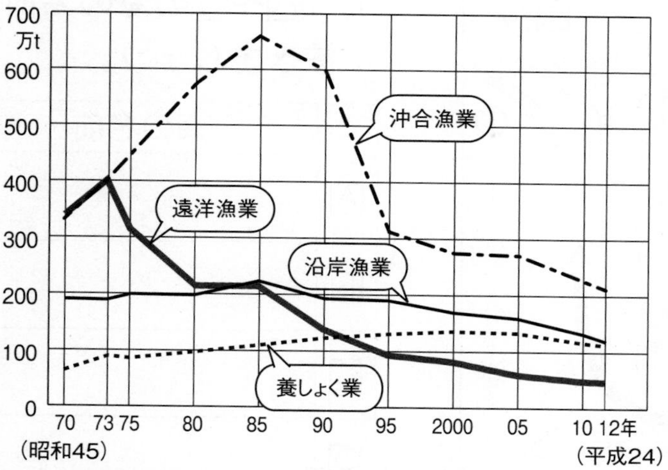

700
万t
600
500
400
300
200
100
0
沖合漁業
遠洋漁業
沿岸漁業
養しょく業
70
73
75
80
85
90
95
2000
05
10
12年
(昭和45)
(平成24)

漁業別の漁かく量の変化（農林水産省）

(1)　1973年に漁かく量が多いのは、何漁業ですか。

（　　　　）漁業

（　　　　）漁業

(2)　(1)のあと、漁かく量が急激(きゅうげき)に減(へ)ったのは何漁業ですか。

（　　　　）漁業

(3)　なぜ(2)のようになったのですか。（　）にあてはまる言葉を［　］から選んで書きましょう。

各国は、自国の（①　　　　）資源(しげん)を守るために、海岸から（②　　　　）以内の海で外国の漁船がとる魚の種類や量を（③　　　　）したからです。

［ 200海里　　制限(せいげん)　　水産 ］

(4)　(1)の後、漁かく量が急に増(ふ)えたのは、何漁業ですか。

（　　　　）漁業

(5)　漁かく量の変化があまりないのは、何漁業ですか。

（　　　　）漁業　（　　　　）(漁)業

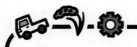

漁業のさかんな地域

1 次の地図を見て、あとの問いに答えましょう。

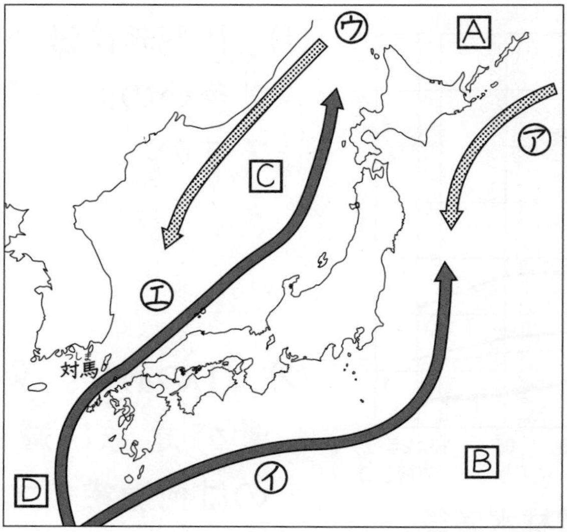

A
B
C
D
ア
イ
ウ
エ
対馬

(1) A～Dの海の名前を書きましょう。

	海の名前
A	
B	
C	
D	

太平洋　東シナ海　日本海　オホーツク海

(2) ア～エの海流を暖流と寒流に分けて、名前を書きましょう。

	記号	海流名	記号	海流名
暖流				
寒流				

黒潮　親潮　リマン海流　対馬海流

(3) 水あげされた魚は、漁港で売り手と買い手によってねだんが決まります。右の写真のような仕組みを何といいますか。正しいものに○をつけましょう。

(　　)かい　(　　)うり　(　　)せり

月　日　名前

ポイント　日本の周りを流れる寒流と暖流の名前と位置を覚え、潮目や大陸だなの意味を地図や図で理解しましょう。

2　次の地図を見て、あとの問いに答えましょう。

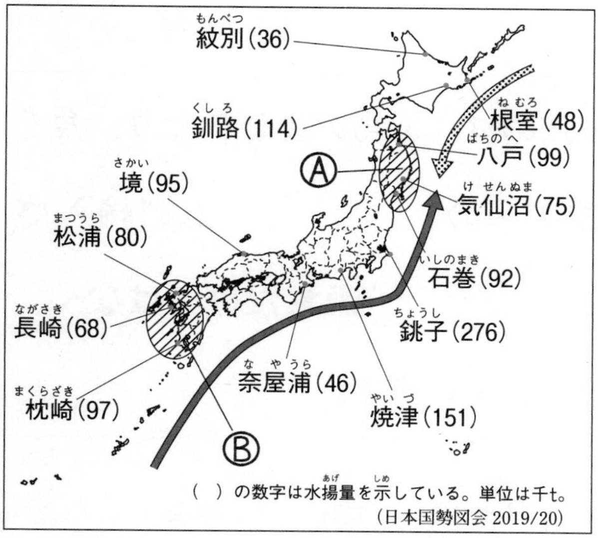

紋別(36)
釧路(114)
根室(48)
八戸(99)
境(95)
Ⓐ
気仙沼(75)
松浦(80)
石巻(92)
長崎(68)
銚子(276)
奈屋浦(46)
枕崎(97)
焼津(151)
Ⓑ

（　）の数字は水揚量を示している。単位は千t。
（日本国勢図会 2019/20）

(1)　水あげ量が多い漁港を5つ書きましょう。

1位（　　　　　）
2位（　　　　　）
3位（　　　　　）
4位（　　　　　）
5位（　　　　　）

(2)　次の①と②は、漁港が集まっているⒶとⒷのどちらと関係していますか。□にはⒶかⒷを、〔　〕には大陸だなか潮目を書きましょう。また、図を見て（　）にあてはまる言葉を書きましょう。

①□〔　　　　　〕　　②□〔　　　　　〕

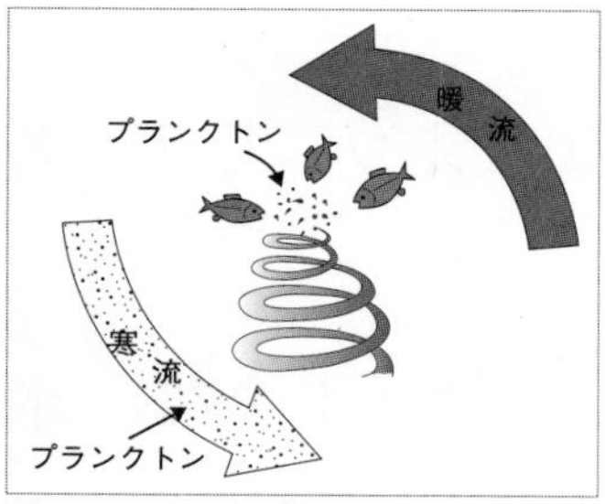

暖流
プランクトン
寒流
プランクトン

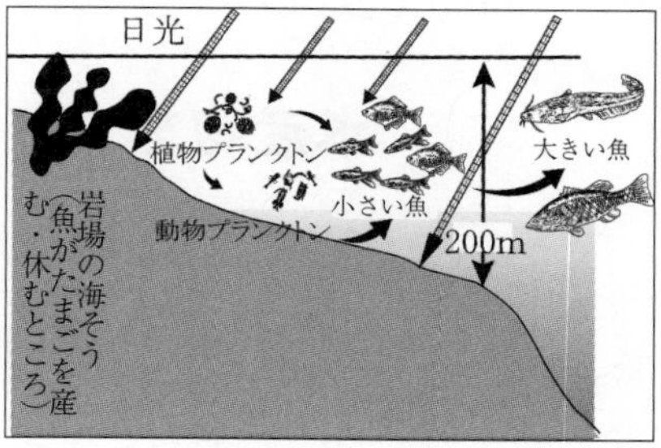

日光
植物プランクトン
大きい魚
小さい魚
動物プランクトン
200m
岩場の海そう（魚がたまごを産む・休むところ）

豊富な（㋐　　　　　）を求めて、暖流と寒流の魚が集まる。

水深（㋑　　　　　）mくらいまでの浅い海底では、㋐や（㋒　　　　　）がよく育つので、魚に良い場所になっている。

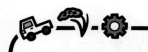

これからの水産業

1　これからの漁業について、（　）にあてはまる言葉を［　　］から選んで書きましょう。

> （①　　　　）漁業が減ったのは、漁場がよごれたり、魚を（②　　　　）たり、外国からの（③　　　　）魚が輸入（ゆにゅう）されたからです。そのため、（④　　　　）漁業だけではなく、（⑤　　　　）漁業にも力を入れています。

とる　　育てる　　とりすぎ　　安い　　沖合（おきあい）

2　次の問いに答えましょう。

(1)　水産業に関わる人々が取り組んでいる、水産資源（しげん）の管理の説明について正しいものに○をつけましょう。

（　　）水産物をできるだけとらないようにして、外国からたくさん輸入すること。

（　　）水産物をとりすぎて減らさないように、水産物のとり方やとる量などを考えて、漁業を行うこと。

（　　）魚をたくさんとって、かんづめにして保管（ほかん）しておくこと。

（　　）森や山の環境（かんきょう）を大切にすることが、海を豊（ゆた）かにすることにつながると、植林活動をしている。

月　日　名前

ポイント　育てる漁業をさかんにする取り組みについて理解しましょう。

(2) 次の(　)にあてはまる言葉を[　　]から選んで書きましょう。

養しょく業は、①(　　　　)的に魚を育てることができるので、②(　　　　)したしゅう入を得ることができます。
しかし、「養しょく業」は、いけすの中で育てるので、残ったえさで起こる③(　　　　)によるひ害があります。

赤潮（あかしお）　計画　放流　安定

3 次の地図やグラフを見て、あとの問いに答えましょう。

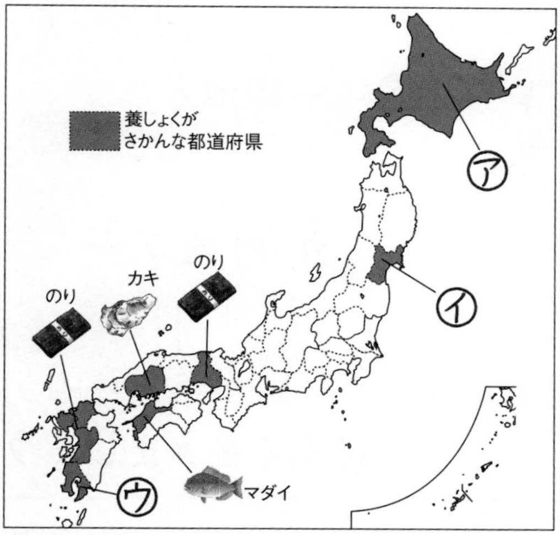
養しょくがさかんな都道府県
ア
イ
ウ
のり
カキ
のり
マダイ

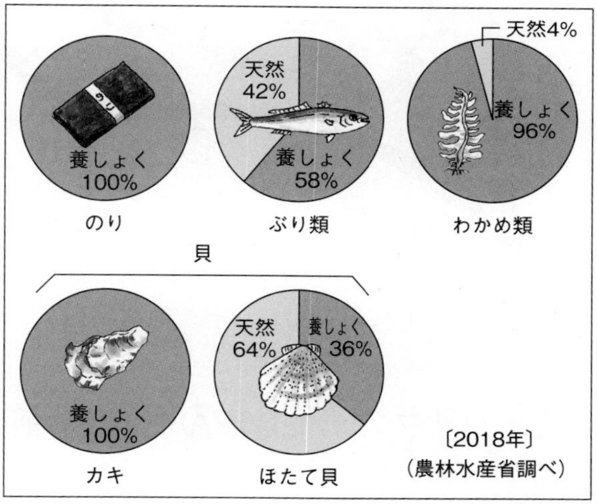
のり
養しょく 100%
ぶり類
天然 42%
養しょく 58%
わかめ類
天然4%
養しょく 96%
貝
カキ
養しょく 100%
ほたて貝
天然 64%
養しょく 36%
〔2018年〕
(農林水産省調べ)

(1) オホーツク海では、生まれて一年育てた貝を海にはなし、成長してからとる漁業が行われています。場所を地図の㋐～㋒から選び、グラフからその名前を書きましょう。

場所〔　　　〕　名前(　　　　　)

(2) 養しょくが100%のものは、何ですか。

(　　　　　)(　　　　　)

まとめテスト

水産業(1)

1 次の地図を見て、あとの問いに答えましょう。 （4点×14）

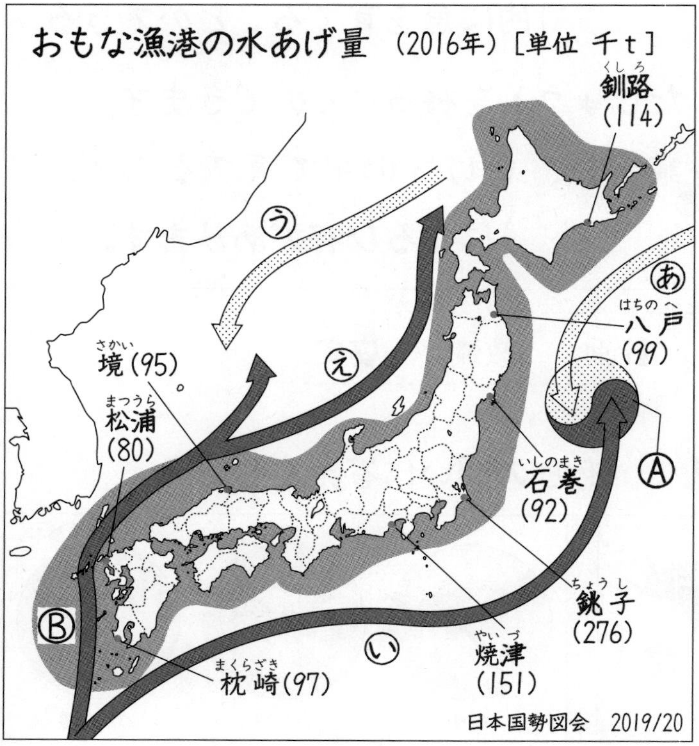
おもな漁港の水あげ量 (2016年) [単位 千t]
釧路 (114)
八戸 (99)
境 (95)
松浦 (80)
石巻 (92)
銚子 (276)
焼津 (151)
枕崎 (97)
あ
い
う
え
Ⓐ
Ⓑ
日本国勢図会 2019/20

(1) 水あげ量の多い漁港を地方ごとに書きましょう。

① 北海道地方 〔　　　〕

② 東北地方 〔　　　〕〔　　　〕

③ 関東・中部地方 〔　　　〕〔　　　〕

④ 中国地方 〔　　　〕

⑤ 九州地方 〔　　　〕〔　　　〕

(2) 図中のあ～え、Ⓐ・Ⓑの名前を［　　］から選んで書きましょう。

海流	あ	い
	う	え
言葉	Ⓐ	Ⓑ

対馬海流　リマン海流　潮目　大陸だな
黒潮　親潮

月　　日　名前　　　　／100点

[2] 潮目と大陸だなのあるところが、なぜ豊(ゆた)かな漁場になるのか、〔　〕にはⒶとⒷのどちらかを、（　）にあてはまる言葉を書きましょう。

（4点×11）

Ⓐ
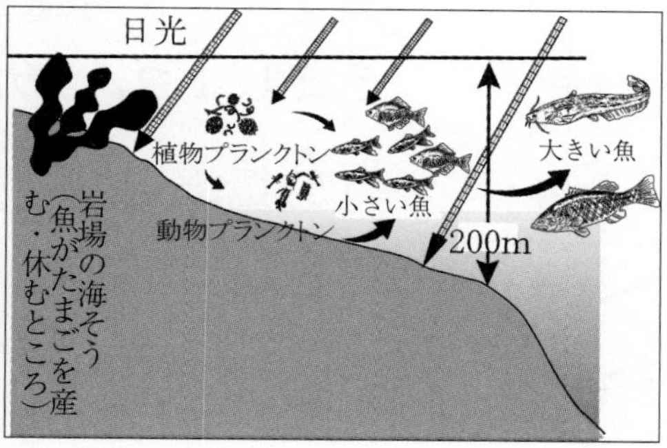

日光
植物プランクトン
大きい魚
小さい魚
動物プランクトン
200m
岩場の海そう（魚がたまごを産む・休むところ）

Ⓑ
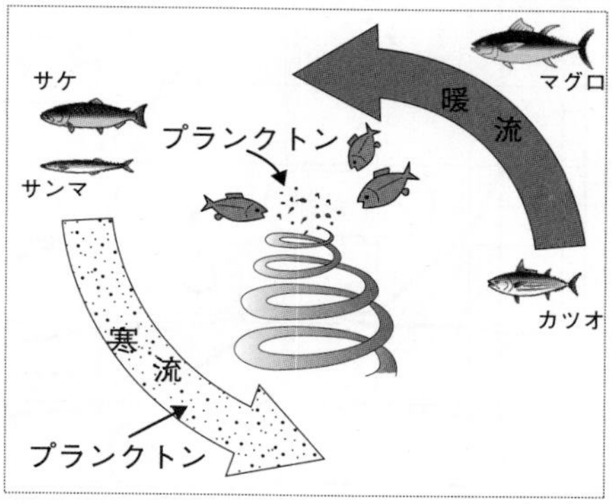

サケ
サンマ
プランクトン
暖流
マグロ
カツオ
寒流
プランクトン

① 潮目の図は、〔　　　　〕です。

（①　　　　）の親潮が（②　　　　）の黒潮の下にもぐりこんでうずがおこり、（③　　　　）がたくさん発生します。すると、寒流魚の（④　　　・　　　）などと、暖(だん)流(りゅう)魚の（⑤　　　・　　　）などがそれを目当てにたくさん集まってくるからです。

② 大陸だなの図は、〔　　　　〕です。

ここは、水の深さが（①　　　　）mまでの浅い海なので、太陽の光がよくとどきます。だから、小魚のえさとなる（②　　　　）がたくさんいて、かくれがになる（③　　　　）もよく育ちます。すると、その小魚を食べる（④　　　　）がやってくるからです。

まとめテスト

水産業(2)

1 次のグラフを見て、あとの問いに答えましょう。

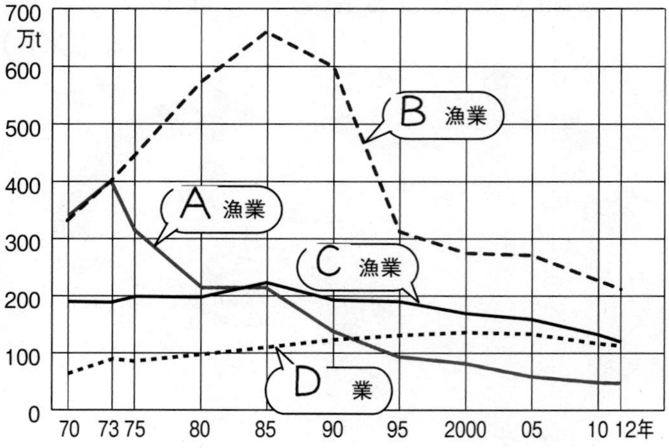
700
万t
600
500
400
300
200
100
0
70 73 75 80 85 90 95 2000 05 10 12年
B 漁業
A 漁業
C 漁業
D 業

漁業別の生産量の変化（農林水産省）

(1) グラフのA～Dの漁業を▭から選んで書きましょう。（6点×4）

A〔　　　　〕漁業

B〔　　　　〕漁業

C〔　　　　〕漁業

D〔　　　　〕業

養しょく	沖合（おきあい）
遠洋（えんよう）	沿岸（えんがん）

(2) A漁業はなぜ、1973年から水あげ量が減ってきたのですか。【 】の言葉を使って書きましょう。（14点）

【水産資（し）げん　200海里　制限（せいげん）】

世界の国々は、自国の

したからです。

(3) A～Dの漁業の中で、「育てる漁業」はどれですか。（6点）

（　　　　）

月　　日　名前　　　　／100点

2　「養しょく業」の利点と問題点は何ですか。（　）にあてはまる言葉を［　］から選んで書きましょう。（6点×4）

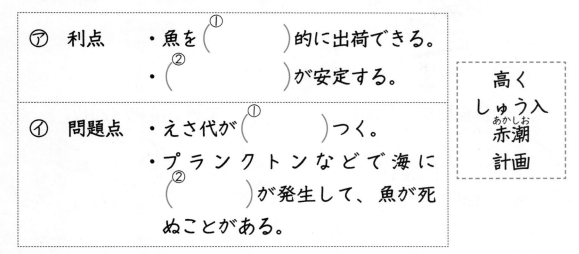

㋐ 利点
・魚を（①　　　）的に出荷できる。
・（②　　　）が安定する。

㋑ 問題点
・えさ代が（①　　　）つく。
・プランクトンなどで海に（②　　　）が発生して、魚が死ぬことがある。

［高く　しゅう入　赤潮(あかしお)　計画］

3　次のグラフは何の養しょくですか。［　］から選んで書きましょう。（6点×3）

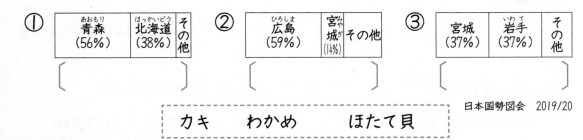

①

青森(あおもり)（56%）	北海道(ほっかいどう)（38%）	その他

〔　　　〕

②

広島(ひろしま)（59%）	宮城(みやぎ)（14%）	その他

〔　　　〕

③

宮城（37%）	岩手(いわて)（37%）	その他

〔　　　〕

日本国勢図会　2019/20

［カキ　わかめ　ほたて貝］

4　漁師(りょうし)さんが山に木を植えることをしています。その理由を【　】の言葉を使って書きましょう。（14点）

【プランクトン　栄養分　森林　落ち葉】

イメージマップ

作業1 なぞって書きましょう。

① 食生活の変化と食料自給率（りつ）

（例）1960年ごろの朝ご飯

（例）現代（げんだい）の朝ご飯

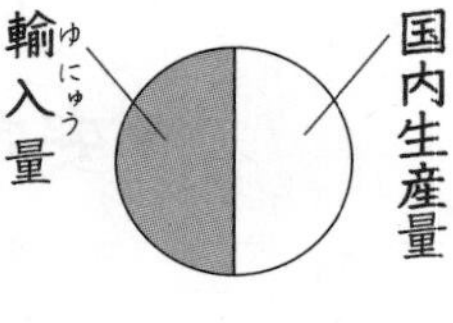

輸入（ゆにゅう）量
国内生産量

食料自給率（1960）

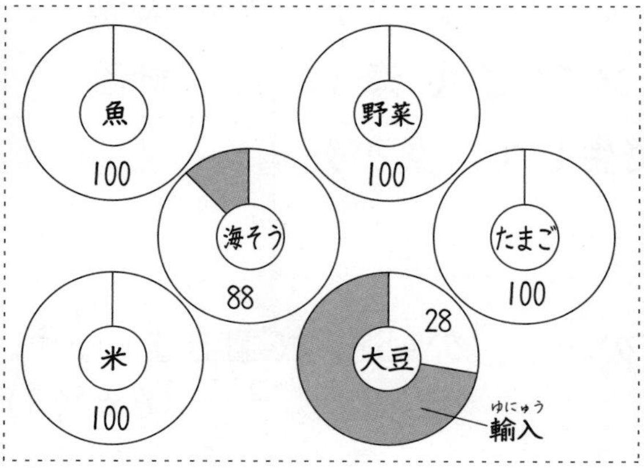

魚
100
野菜
100
海そう
88
たまご
100
米
100
大豆
28
輸入（ゆにゅう）

食料自給率（2017）

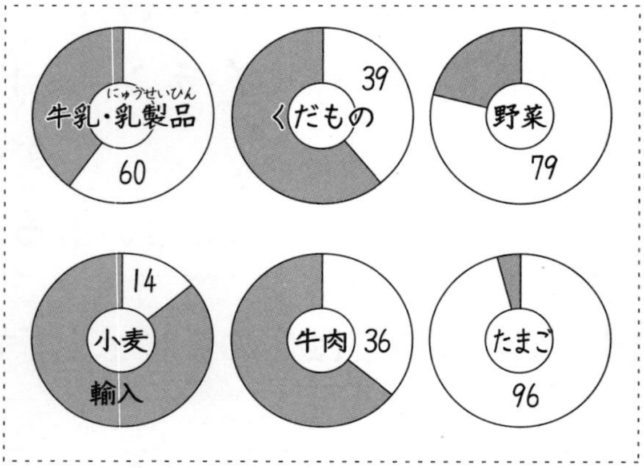

牛乳・乳製品（にゅうせいひん）
60
くだもの
39
野菜
79
小麦
14
輸入
牛肉
36
たまご
96

［食料需給表　平成29年版］

② 食料自給率の変化と食料品別の輸入の変化

日本の食料自給率の移（うつ）り変わり

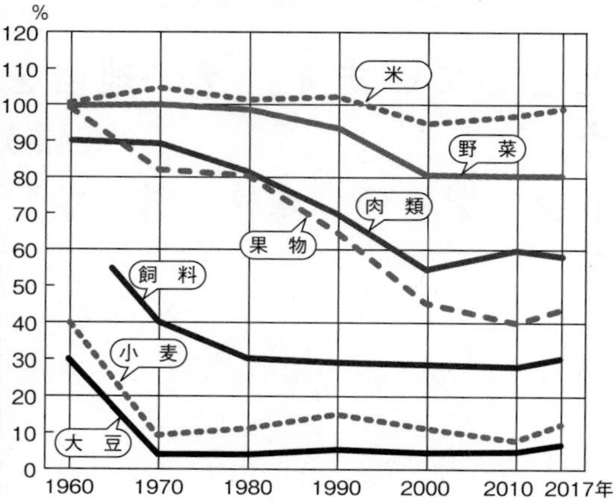

%
120
110
100
90
80
70
60
50
40
30
20
10
0
1960
1970
1980
1990
2000
2010
2017年
米
野　菜
肉　類
果　物
飼　料
小　麦
大　豆

（『日本国勢図会』2019/20年版）

食料品別の輸入量の変化

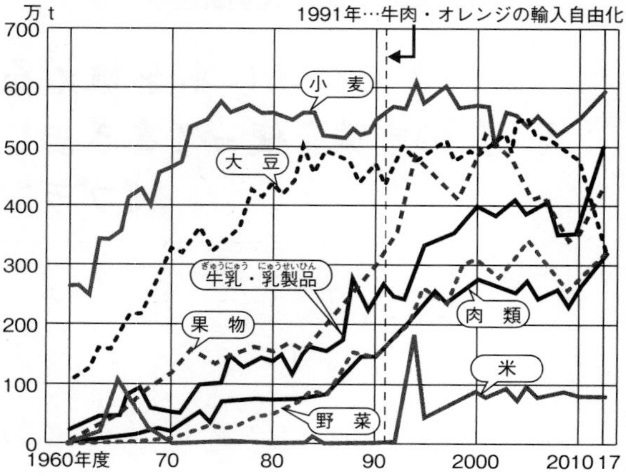

万t
700
600
500
400
300
200
100
0
1991年…牛肉・オレンジの輸入自由化
小　麦
大　豆
牛乳・乳製品
果　物
肉　類
米
野　菜
1960年度
70
80
90
2000
2010
17

［食料需給表　平成29年版］

③ 日本の農業と外国の農業のちがい

① 日本の農業

㋐ 農業で働く人数
（耕地100haあたり）

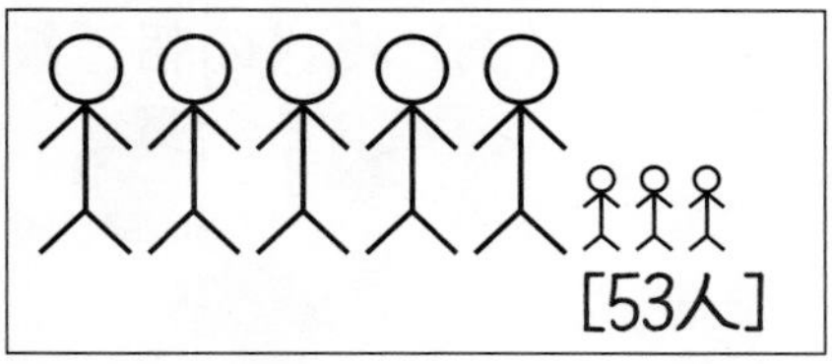
[53人]

㋑ 肥料を使う量
（耕地１haあたり）

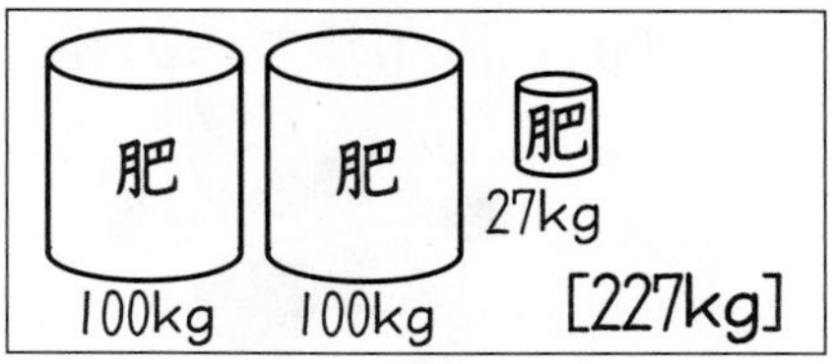
肥
肥
肥
27kg
100kg
100kg
[227kg]

② 外国の農業 （アメリカ合衆国）

㋐ 農業で働く人数
（耕地100haあたり）

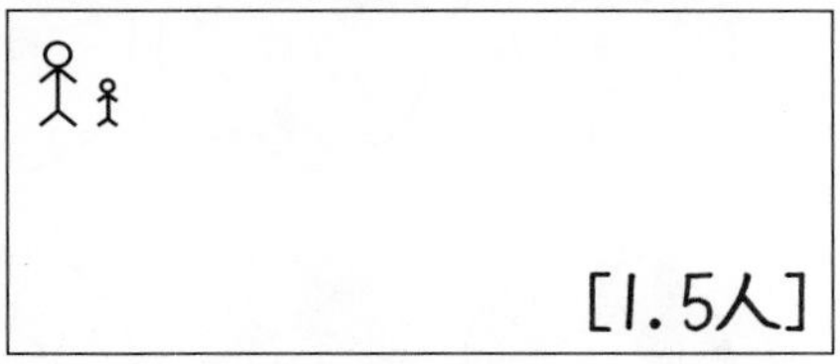
[1.5人]

㋑ 肥料を使う量
（耕地１haあたり）

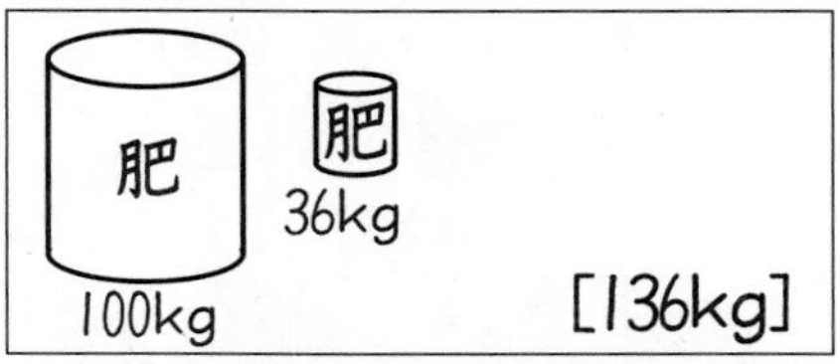
肥
肥
36kg
100kg
[136kg]

（日本国勢図会　2019/20）

〈まとめ〉 日本は、同じ面積にたくさんの人手と肥料を使っている。

④ 各国の食料自給率と、日本の食料自給率を高める手だて

自給率の移り変わり

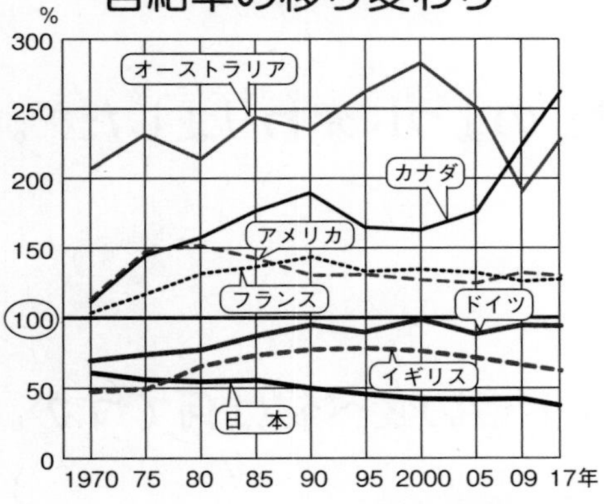
%
300
250
200
150
100
50
0
オーストラリア
カナダ
アメリカ
フランス
ドイツ
イギリス
日 本
1970 75 80 85 90 95 2000 05 09 17年

（食料需給表）

手だて

①「地産地消」
地域で生産したものを
地域で消費すること

②「安心・安全」
生産者の名前を示す表示、
有機減農薬農法、トレーサビリティのしくみを整える

農薬の使用回数や農産物の成長の様子などの情報を記録し、いつでも確認できるようになっているよ。

食生活の変化と食料生産

1　次の図は、1960年ごろと現代の朝ご飯を表しています。図を見て、あとの問いに答えましょう。

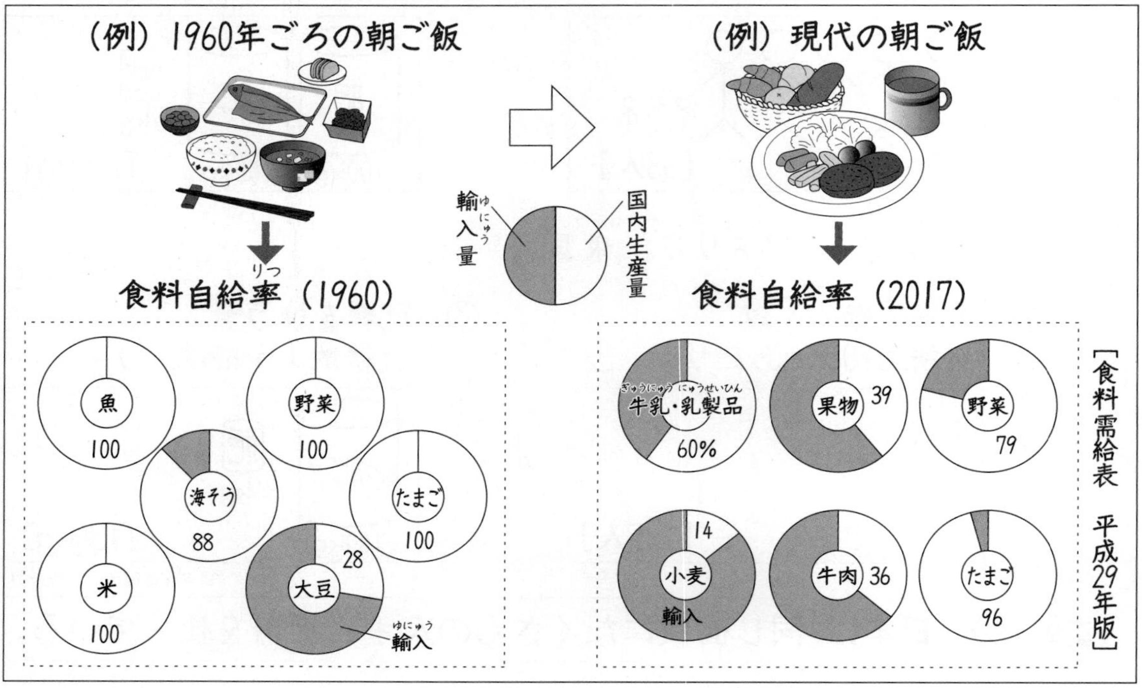
(例) 1960年ごろの朝ご飯
(例) 現代の朝ご飯
輸入量
国内生産量
食料自給率 (1960)
食料自給率 (2017)
魚 100
野菜 100
海そう 88
たまご 100
米 100
大豆 28
輸入
牛乳・乳製品 60%
果物 39
野菜 79
小麦 14
輸入
牛肉 36
たまご 96
[食料需給表　平成29年版]

(1)　1960年ごろの食事で、国内産100%の食べ物は何ですか。

(　　　　　)(　　　　　)(　　　　　)(　　　　　)

(2)　上の図の昔と今を比べて、食生活はどのように変わりましたか。

①　(主　食) ご飯　→　(　　　　　)

②　(おかず)　魚　→　(　　　　　)

(3)　現代の食事で、自給率が10パーセント台の食べ物は何ですか。

(　　　　　)

(4)　現代の朝ご飯の中で、自給率が一番高いものは何ですか。

(　　　　　)

ポイント　日本の食料自給率が示す問題点を図やグラフから読み取り、その原因を理解しましょう。

[2]　次のグラフを見て、あとの問いに答えましょう。

日本の食料自給率の移り変わり

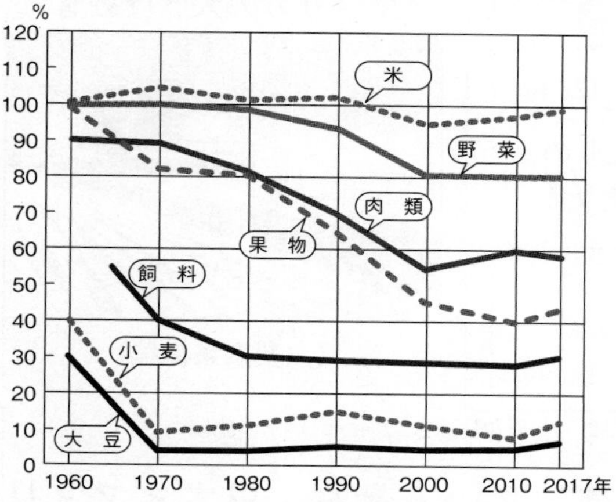
%
米
野菜
肉類
果物
飼料
小麦
大豆
1960
1970
1980
1990
2000
2010
2017年

（『日本国勢図会』2019/20年版）

食料品別の輸入量の変化

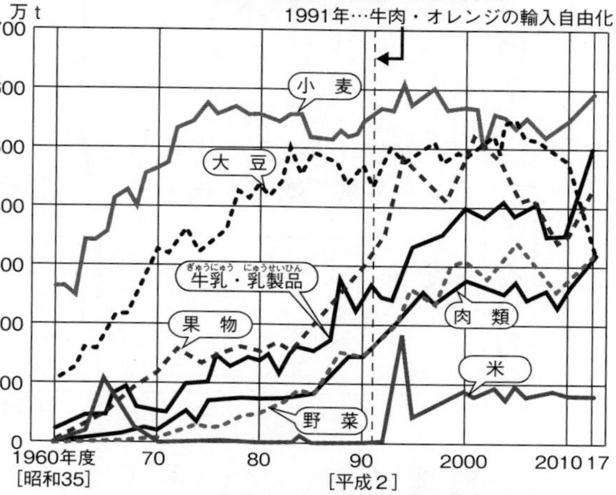
万t
1991年…牛肉・オレンジの輸入自由化
小麦
大豆
牛乳・乳製品
果物
肉類
米
野菜
1960年度
[昭和35]
70
80
90
[平成2]
2000
2010
17

［食料需給表　平成29年版］

(1)　1980年ごろから、食料自給率が急激に下がっているものは何ですか。（　　　　）（　　　　）

(2)　(1)のころから輸入量が特に増えているのは、何ですか。
（　　　　）（　　　　）（　　　　）（　　　　）

(3)　(1)・(2)からわかることと、問題点を書きましょう。

①　自給率が（　　　　）ものは、輸入が（　　　　）。

②　外国からの値段の（　　　　）食料が増えると、国内産のものが（　　　　）なる。

③　輸入相手国が（　　　　）などになると、食料が（　　　　）できなくなる。

売れなく	低い	安い	多い	不作	輸入

これからの食料生産

1 日本とアメリカの農業のちがいを、次の図を見て考えましょう。

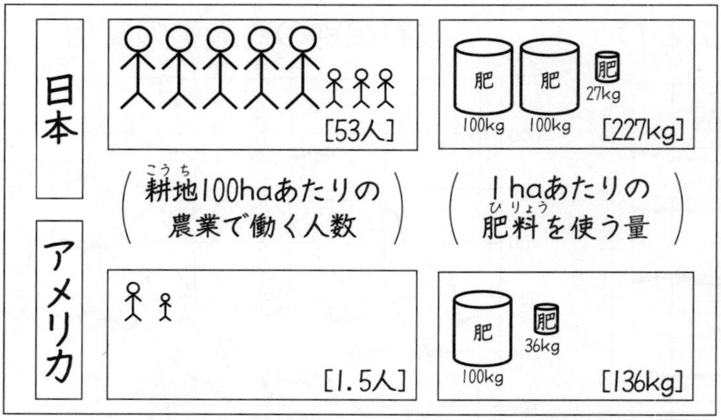
日本
アメリカ
[53人]
肥
100kg
100kg
27kg
[227kg]
（耕地100haあたりの農業で働く人数）
（1haあたりの肥料を使う量）
[1.5人]
100kg
36kg
[136kg]

（日本国勢図会　2019/20）

アメリカの大きぼ経営

（大型農業機械）

(1) 農業で働いている人と肥料を使っている量を、日本とアメリカで比べましょう。

	働いている人数（100haあたり）	肥料の量（1haあたり）
日本	（　　　　）人	（　　　　）kg
アメリカ	（　　　　）人	（　　　　）kg

(2) 次の（　）にあてはまる言葉を［　］から選んで書きましょう。

アメリカなど耕地の（①　　　　）国は、（②　　　　）の農業機械を使うので、人手が（③　　　　）ても、たくさんの農作物をつくれます。だから、農作物の値段が（④　　　　）、食料自給率も（⑤　　　　）なります。

安く　　少なく　　高く　　大型　　広い

月　　日 名前

ポイント
日本と外国の農業のちがいや、自給率を高める工夫(くふう)を理解(りかい)しましょう。

2 次のグラフを見て、国産と外国産の食料を比べましょう。

国産と外国産の食料の値段(ねだん)

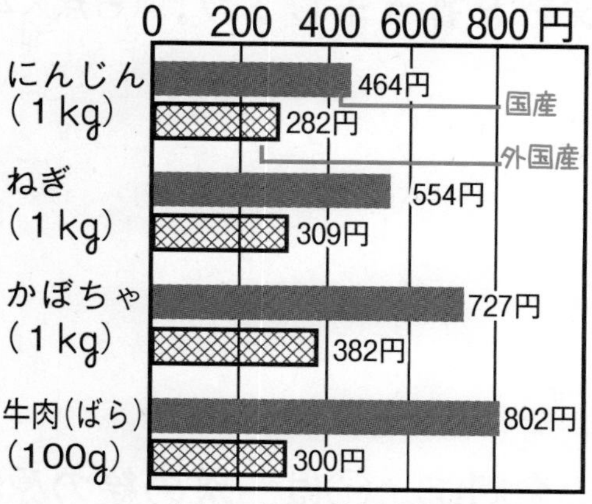

0 200 400 600 800円
にんじん（1kg）
464円
282円
国産
外国産
ねぎ（1kg）
554円
309円
かぼちゃ（1kg）
727円
382円
牛肉（ばら）（100g）
802円
300円

（2016年　農林水産省ほか）

(1) 国産と外国産で値段が一番ちがう食料は、何ですか。

（　　　　）

(2) (1)の食料は、どれくらいちがいますか。

国産は、外国産の

約（　　　）倍

(3) 外国産の野菜の値段は、国産のどれくらいですか。

約（　　　）ほど

3 食料自給率を高めるために、どのような取り組みをしたらいいでしょうか。（　）にあてはまる言葉を、□から選んで書きましょう。

① （　　　　）地元でとれた食料を地元で食べる。

② 食の（　　　　）農薬や化学肥料の使用量を減らして、たい肥などを使う有機農業など。

③ （　　　　）消費者(しょうひ)の好みに合うおいしい米づくり。

④ （　　　　）広い土地で大型の農業機械を使って、作物の値段を下げる。

大(だい)きぼな経営(けいえい)	地産地消	安心・安全	ブランド米

これからの食料事情(じじょう)(1)

[1] 次のグラフを見て、あとの問いに答えましょう。

日本の食料自給率の移り変わり

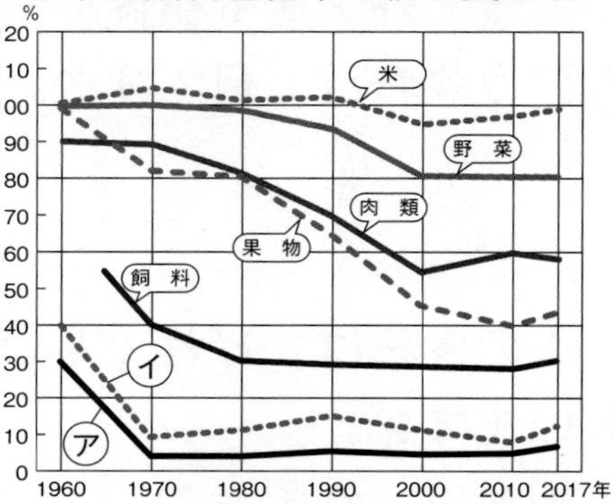
%
120
110
100
90
80
70
60
50
40
30
20
10
0
米
野菜
肉類
果物
飼料
イ
ア
1960
1970
1980
1990
2000
2010
2017年

(『日本国勢図会』2019/20年版)

(1) 1960年度で、自給率(りつ)が90%以上の食料を書きましょう。(6点×4)

(　　　　　　)
(　　　　　　)
(　　　　　　)
(　　　　　　)

(2) 2017年度で、特に自給率が低い食料㋐・㋑は、次の絵の原料です。それぞれの原料の名前を書きましょう。(8点×2)

㋐

とうふ

(とうふ)

(みそ)

(　　　　　　)

㋑

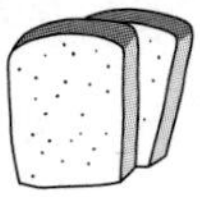

(　　　　　　)

(3) 牛肉や豚(ぶた)肉などを生産するためには、えさ(飼料(しりょう))をあたえなくてはなりません。それぞれ1kg生産するために何kgのえさが必要ですか。(6点×3)

① 牛肉〔　　　〕kg

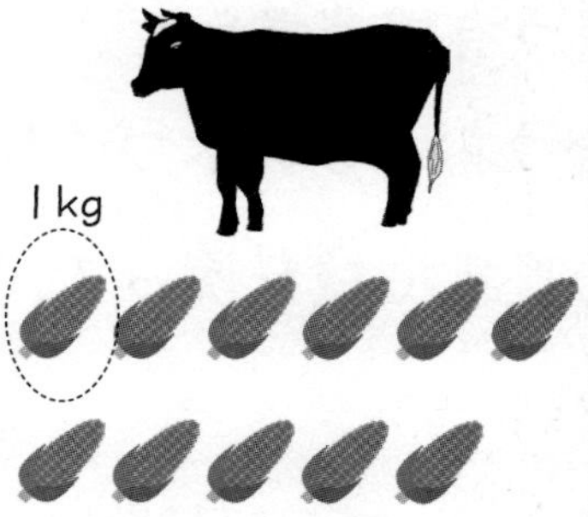
1kg

② ぶた肉〔　　　〕kg

③ 鶏(とり)肉〔　　　〕kg

［農林水産省調べ］

月　　日　名前　　　　　　　　　　　　／100点

[2] 食料自給率が低いことの問題点を、次のグラフを見て考えましょう。

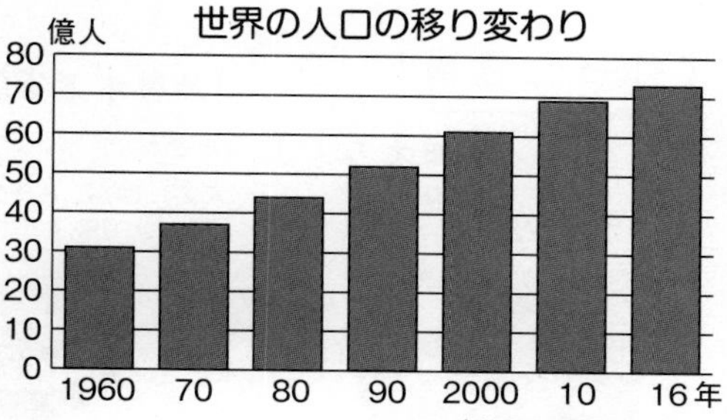

世界の人口の移り変わり
億人
80
70
60
50
40
30
20
10
0
1960
70
80
90
2000
10
16年

（世界の統計 2017）

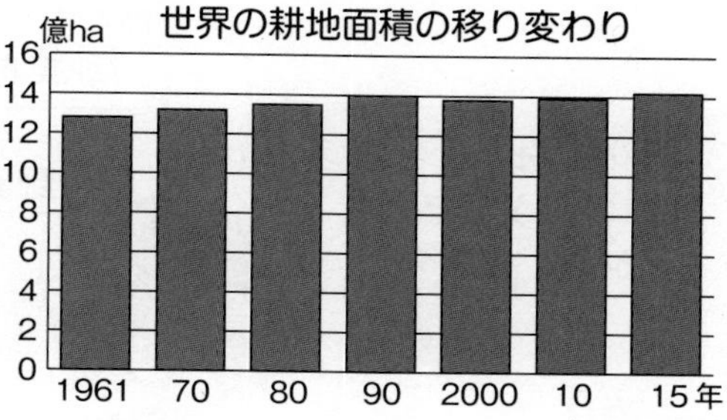

世界の耕地面積の移り変わり
億ha
16
14
12
10
8
6
4
2
0
1961
70
80
90
2000
10
15年

（FAO 資料）

(1) 次の（　）にあてはまる言葉を書きましょう。　（8点×3）

世界の人口は、（①　　　　　）のに、耕地面積はあまり（②　　　　　）。そのため農作物の（③　　　　　）が考えられます。

(2) (1)から、これからの食料生産をどう考えたらいいでしょうか。正しいものに○をつけましょう。　（6点×3）

（　　）自給率の高い国から、これからも多く輸入したらいい。

（　　）安い外国産にいつまでもたよる。

（　　）国内の生産量を増やせるように、地元で生産されたものを食べるようにする。

（　　）食べられる食料が、期限切れなどで捨てられないようにする。

（　　）どこで、どんなえさが食べられているかなどを記録して、消費者が安心して買うことができるようにする。

まとめテスト

これからの食料事情(2)

□1 次の図は日本の食料自給率を表しています。あとの問いに答えましょう。 (7点×9)

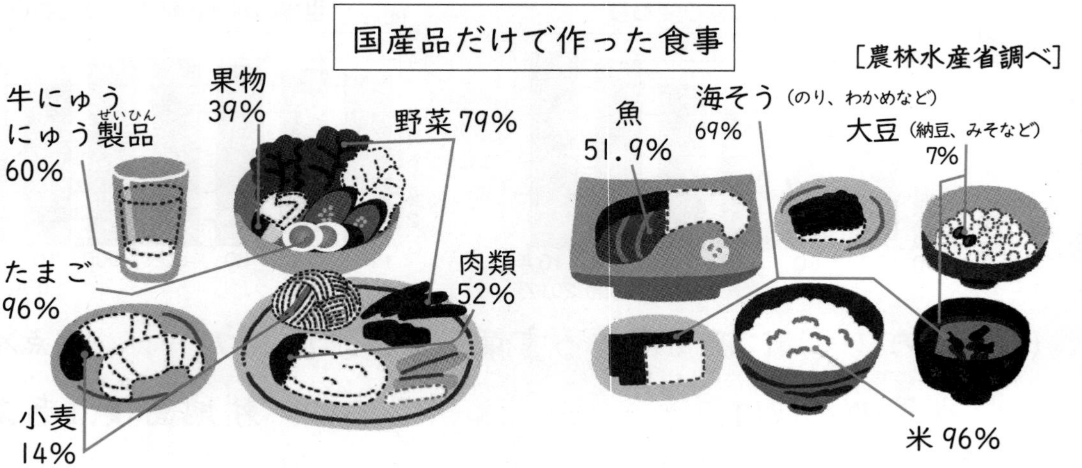
国産品だけで作った食事
[農林水産省調べ]
牛にゅう にゅう製品 60%
果物 39%
野菜 79%
たまご 96%
肉類 52%
小麦 14%
魚 51.9%
海そう (のり、わかめなど) 69%
大豆 (納豆、みそなど) 7%
米 96%

(1) 食料自給率が高い(80%以上)食料は何ですか。

( )( )

(2) 食料自給率が低い(50%以下)食料を3つ書きましょう。

( )( )( )

(3) 食料自給率が低くなっている理由として、( )にあてはまる言葉を[ ]から選んで書きましょう。

① 食事が、和食から( )になってきたから。

② ( )外国産が多く( )されるから。

③ 冷とうなど食料を( )技術が発達し、かんたんに輸入できるようになったから。

運ぶ	輸入	洋食	安い

月　　　日　名前　　　　　　　　　　　　　　　／100点

2　次の図は、国内産だけで食べようとしたときの食事を表しています。あとの問いに答えましょう。

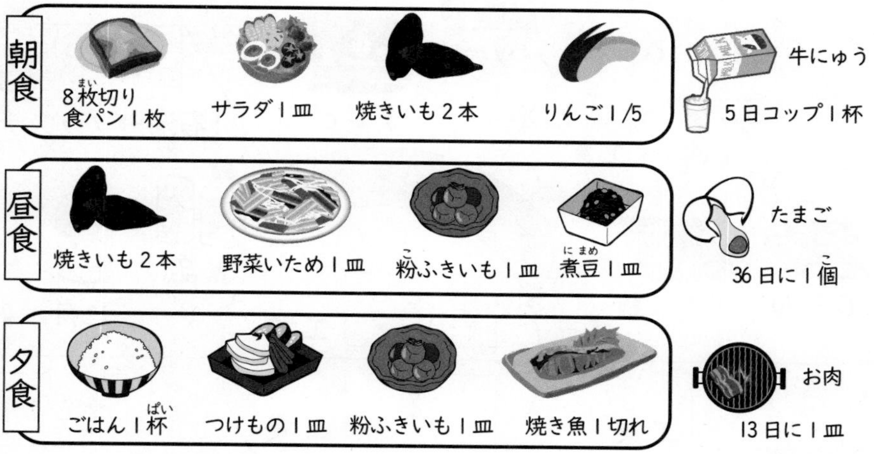

朝食
8枚切り食パン1枚
サラダ1皿
焼きいも2本
りんご1/5
牛にゅう
5日コップ1杯
昼食
焼きいも2本
野菜いため1皿
粉ふきいも1皿
煮豆1皿
たまご
36日に1個
夕食
ごはん1杯
つけもの1皿
粉ふきいも1皿
焼き魚1切れ
お肉
13日に1皿

［農林水産省調べ］

(1)　1日に2回も食べないといけない食べ物は、何ですか。

（　　　　　）（　　　　　）　（7点×2）

(2)　お肉は、何日に1回食べられますか。（7点）（　　　　）日

(3)　これからの日本の食料生産で大切なことは何ですか。【　】の言葉を使って書きましょう。（16点）

【食料自給率、安心・安全、地産地消】

イメージマップ

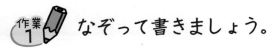

作業1 なぞって書きましょう。

① 工業の分類

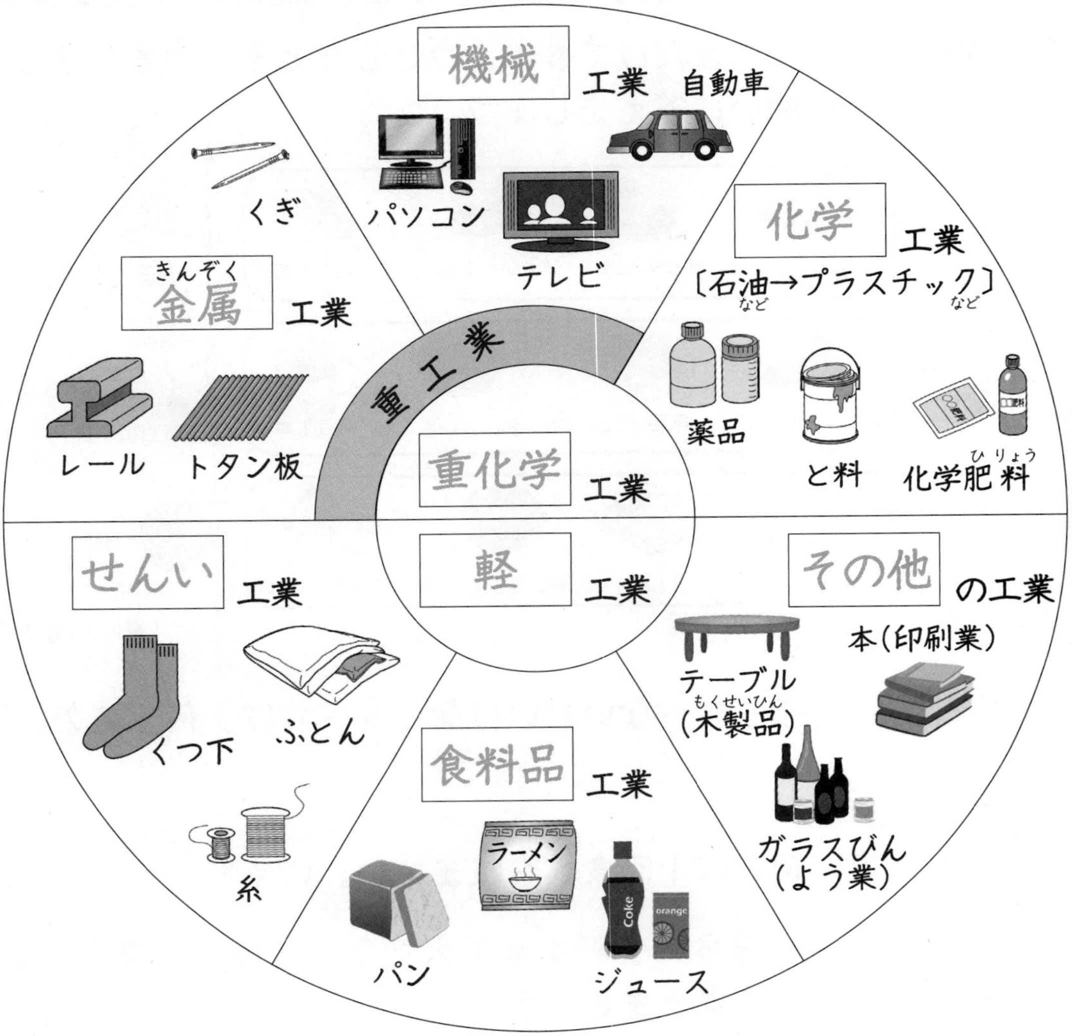

機械
工業
自動車
パソコン
テレビ
くぎ
きんぞく
金属
工業
レール
トタン板
重工業
重化学
工業
化学
工業
〔石油→プラスチック〕
など
など
薬品
と料
化学肥料
ひりょう
軽
工業
せんい
工業
くつ下
ふとん
糸
食料品
工業
ラーメン
パン
ジュース
Coke
orange
その他
の工業
テーブル
もくせいひん
(木製品)
本(印刷業)
ガラスびん
(よう業)

② 工業の生産額の割合の移り変わり

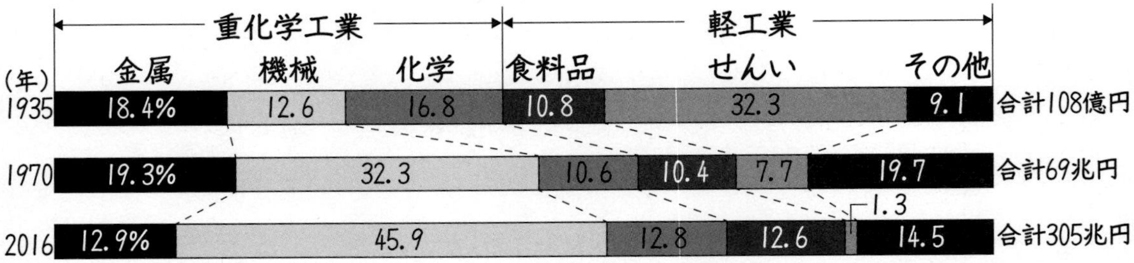

重化学工業
軽工業
金属
機械
化学
食料品
せんい
その他
(年)
1935
18.4%
12.6
16.8
10.8
32.3
9.1
合計108億円
1970
19.3%
32.3
10.6
10.4
7.7
19.7
合計69兆円
1.3
2016
12.9%
45.9
12.8
12.6
14.5
合計305兆円

(日本国勢図会　2019/20　ほか)

③ 工業のさかんな地域(ちいき)

《三大工業地帯（四大）》

Ⓐ 京浜(けいひん) 工業地帯

Ⓑ 中京(ちゅうきょう) 工業地帯

Ⓒ 阪神(はんしん) 工業地帯

Ⓓ 北九州(きたきゅうしゅう) 工業地帯〔地域〕

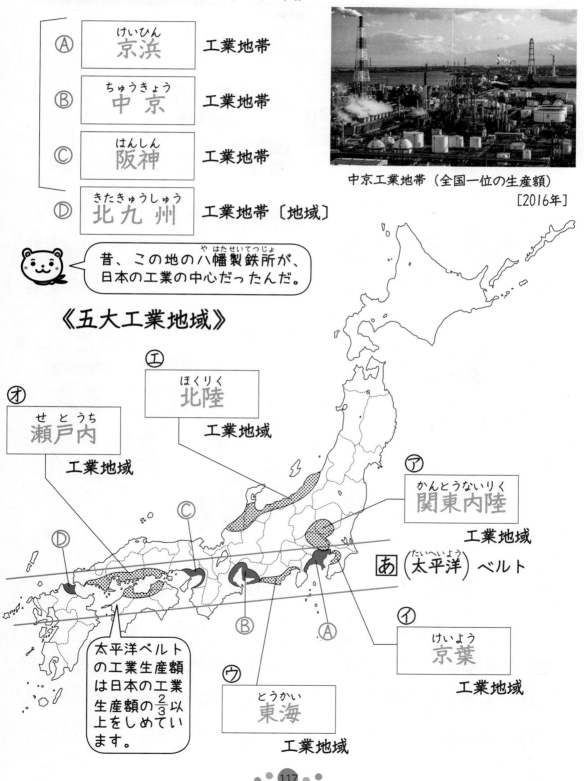

中京工業地帯（全国一位の生産額）
［2016年］

昔、この地の八幡製鉄所(やはたせいてつじょ)が、
日本の工業の中心だったんだ。

《五大工業地域》

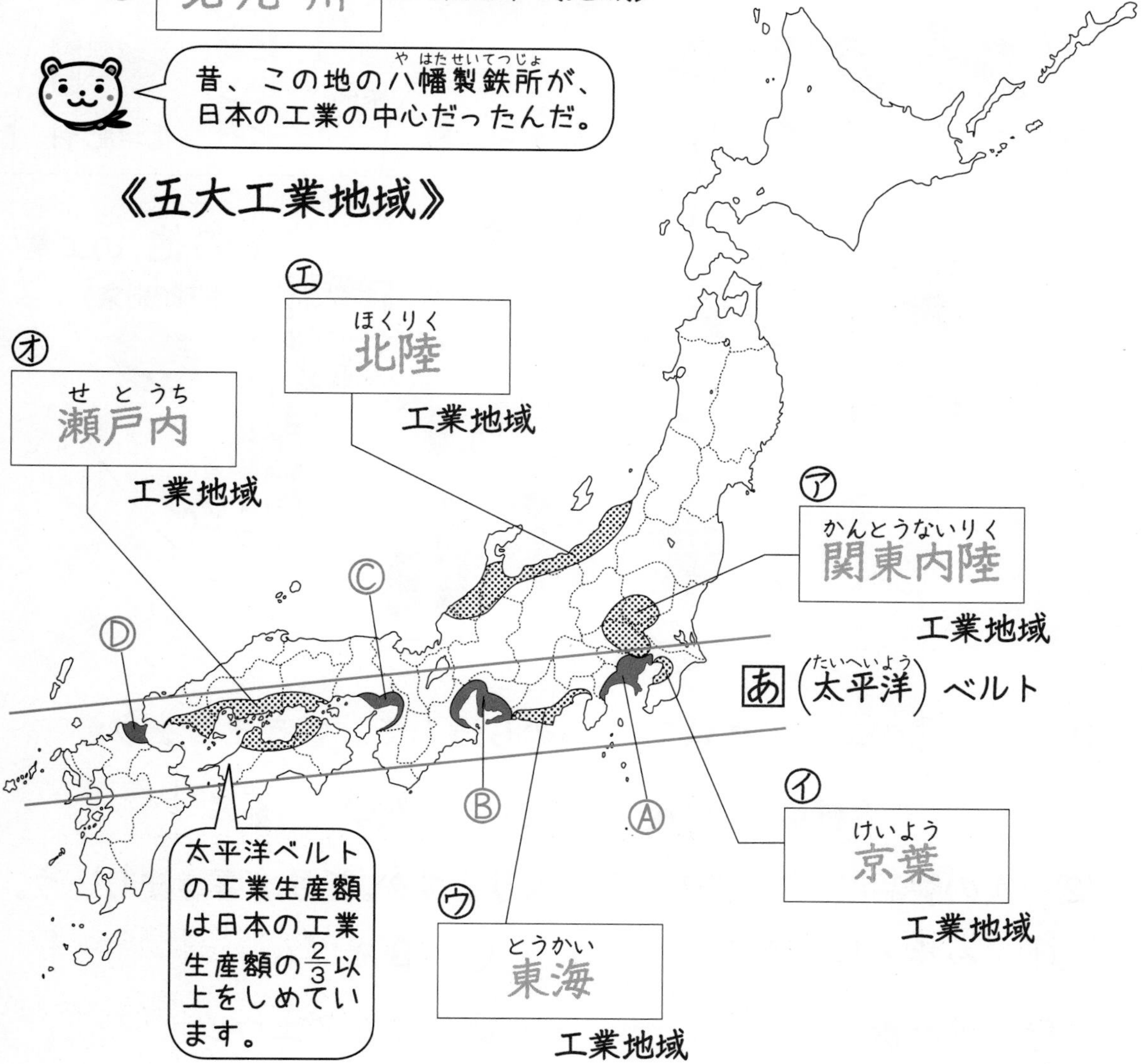

㋐ 関東内陸(かんとうないりく) 工業地域
㋑ 京葉(けいよう) 工業地域
㋒ 東海(とうかい) 工業地域
㋓ 北陸(ほくりく) 工業地域
㋔ 瀬戸内(せとうち) 工業地域
Ⓐ
Ⓑ
Ⓒ
Ⓓ
あ （太平洋(たいへいよう)）ベルト
太平洋ベルトの工業生産額は日本の工業生産額の2/3以上をしめています。

工業の種類

1 次の図を見て、あとの問いに答えましょう。

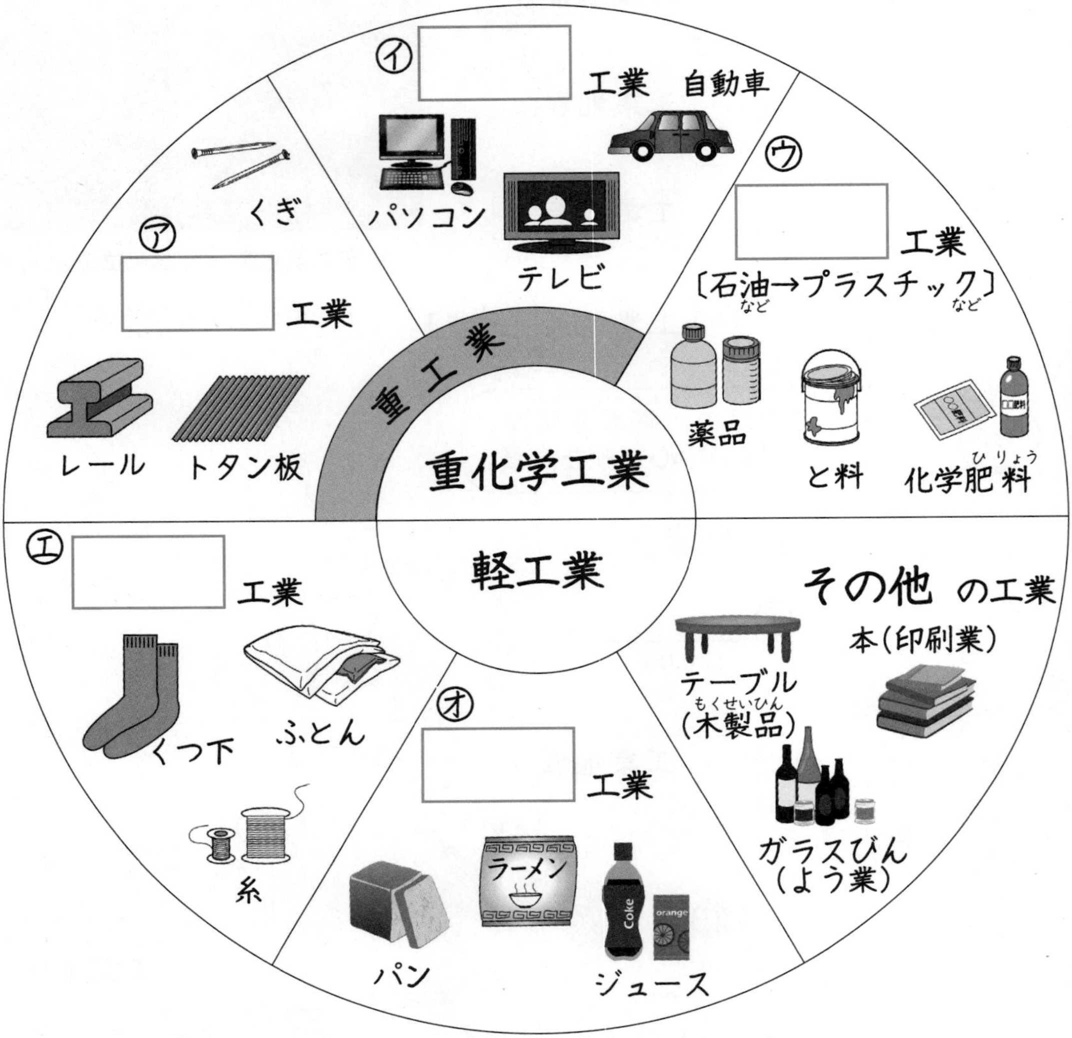

㋑ 工業 自動車
パソコン
テレビ
くぎ
㋐ 工業
レール
トタン板
重工業
重化学工業
㋒ 工業
〔石油など→プラスチックなど〕
薬品
と料
化学肥料
軽工業
㋓ 工業
くつ下
ふとん
糸
㋔ 工業
パン
ラーメン
ジュース
その他の工業
テーブル（木製品）
本（印刷業）
ガラスびん（よう業）

(1) ㋐〜㋔の工業の種類を［　］から選んで、書きましょう。

食料品　機械　せんい　化学　金属（きんぞく）

(2) 次の製品は、㋐〜㋔のどこに入りますか。記号で書きましょう。

① みそ・しょうゆ〔　　〕　② 合成ゴム〔　　〕

③ 飛行機〔　　〕　④ アルミニウム〔　　〕

ポイント 工業の種類と製品を表に整理し、工業の中心が軽工業から重化学工業に変化したことをグラフから読み取りましょう。

[2] 次のグラフを見て、あとの問いに答えましょう。

〔工業の種類別　生産額の割合〕

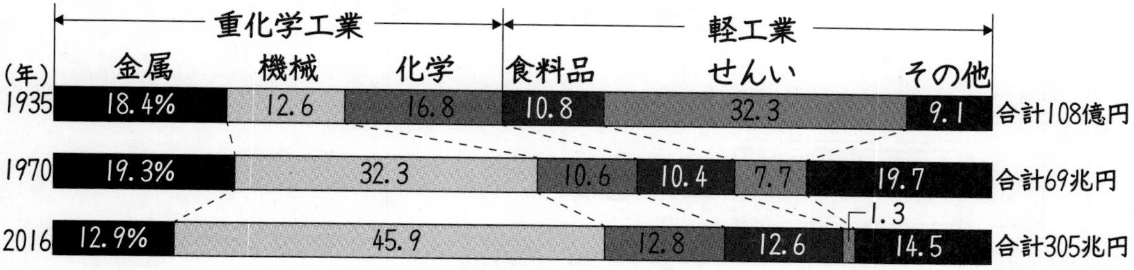
重化学工業
軽工業
(年)
金属
機械
化学
食料品
せんい
その他
1935
18.4%
12.6
16.8
10.8
32.3
9.1
合計108億円
1970
19.3%
32.3
10.6
10.4
7.7
19.7
合計69兆円
2016
12.9%
45.9
12.8
12.6
1.3
14.5
合計305兆円

(1) 1935年に、一番生産額が多いのは何工業ですか。

（　　　　　　）工業

(2) (1)のとき、軽工業は全体の約何%をしめていましたか。

約〔　　　　　〕%

(3) 2016年に、一番生産額が多いのは何工業ですか。

（　　　　　　）工業

(4) (3)のとき、一番生産額が少ないのは何工業で全体の何%ですか。

（　　　　　　）工業〔　　　　　〕%

(5) グラフからわかったことをまとめましょう。

日本の工業は、昔は（①　　　　　）工業が中心の軽工業だったが、近年は（②　　　　　）工業中心の重化学工業に変わった。

工業のさかんな地域と特ちょう(1)

1　次の地図を見て、Ⓐ～Ⓓと㋐～㋔とあの名前を書きましょう。

Ⓐ［　　　］工業地帯
Ⓑ［　　　］工業地帯
Ⓒ［　　　］工業地帯
Ⓓ［　　　］工業地帯〔地域〕

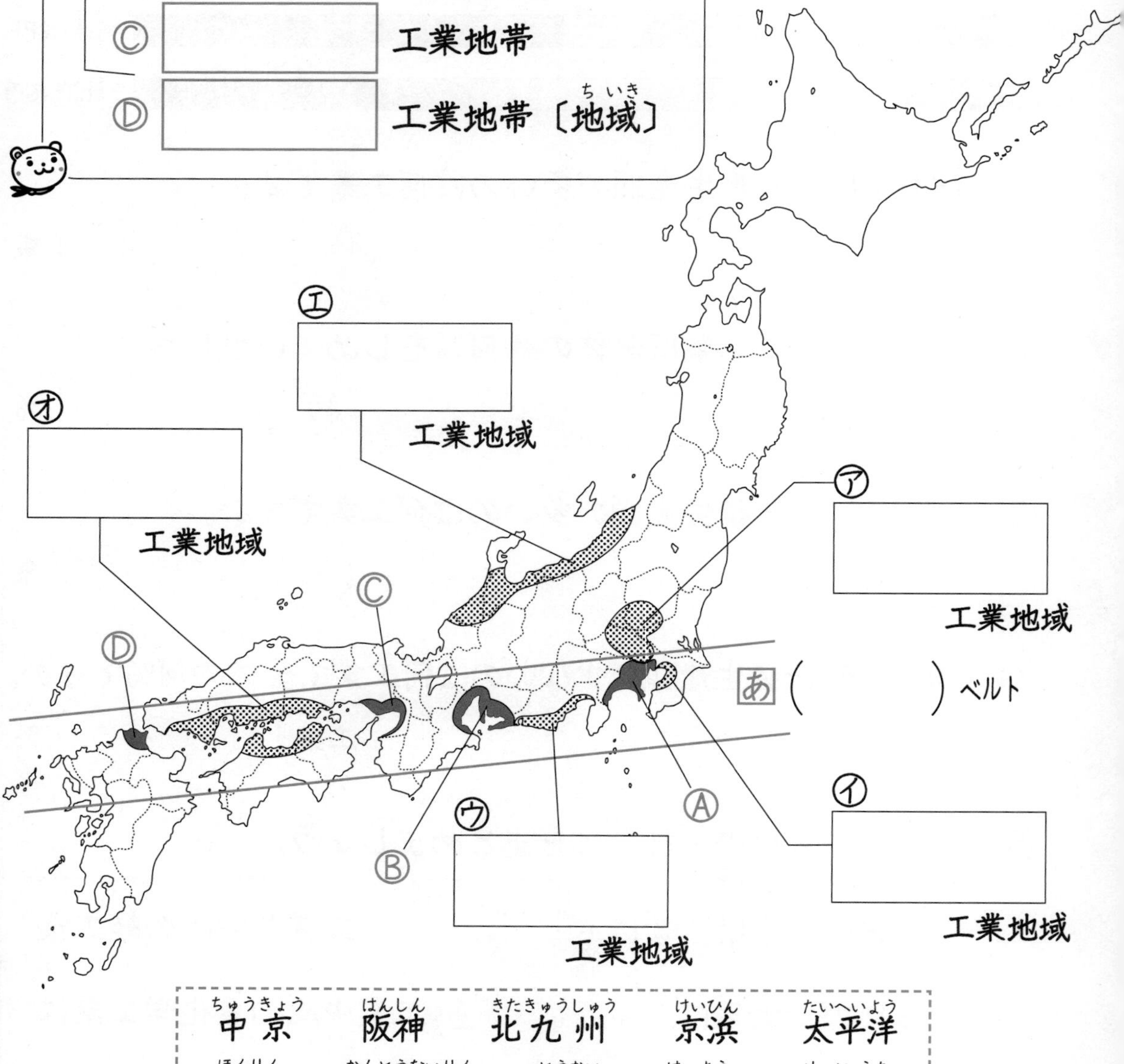

㋓
工業地域
㋔
工業地域
㋐
工業地域
Ⓒ
Ⓓ
あ
ベルト
Ⓐ
㋑
工業地域
㋒
Ⓑ
工業地域

中京　阪神　北九州　京浜　太平洋
北陸　関東内陸　東海　京葉　瀬戸内

月　日 名前

ポイント　三大工業地帯や工業地域を地図で確認し、それぞれの特ちょうをグラフから読み取りましょう。

2　次のグラフなどから、それぞれの特ちょうを書きましょう。

中京工業地帯

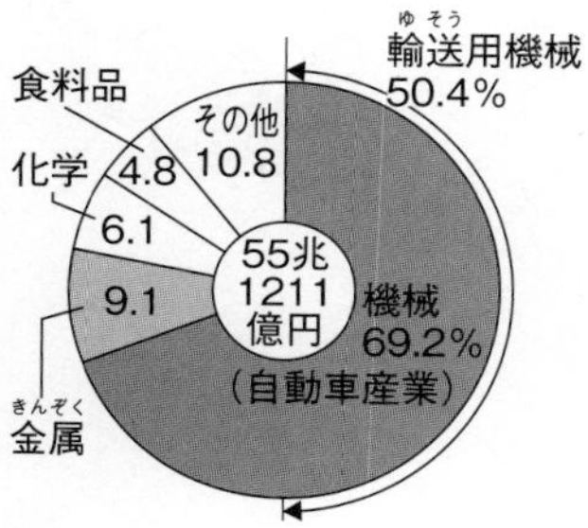

輸送用機械
50.4%
食料品
その他
10.8
化学
4.8
6.1
9.1
55兆
1211
億円
機械
69.2%
（自動車産業）
金属

自動車産業がさかんなため、（　　　　）工業の割合が、約３分の２。

京浜工業地帯

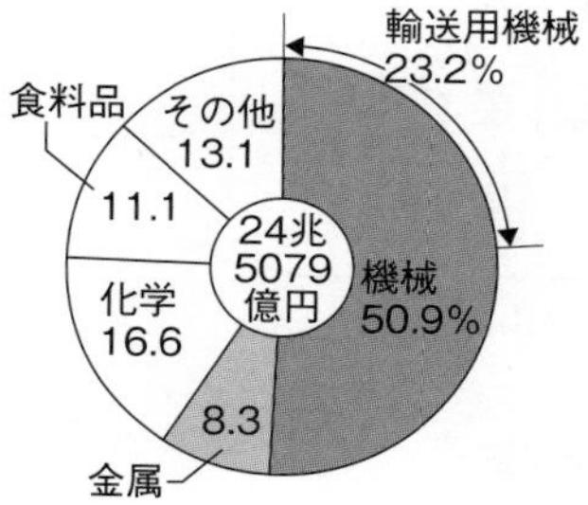

輸送用機械
23.2%
食料品
その他
13.1
11.1
24兆
5079
億円
化学
16.6
機械
50.9%
8.3
金属

工場が（　　　　）内陸に移ったため、出荷額が低くなった。

阪神工業地帯

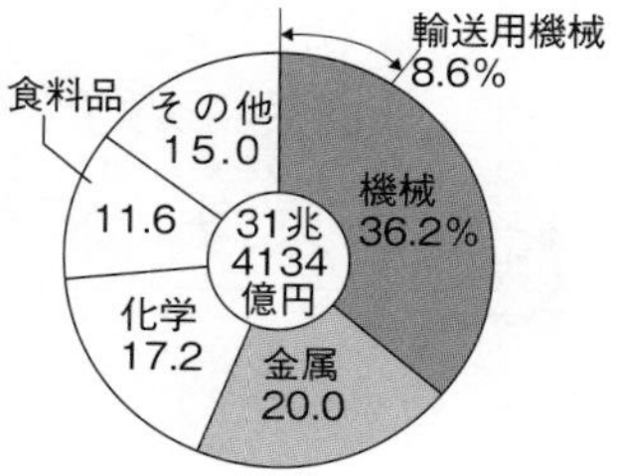

輸送用機械
8.6%
食料品
その他
15.0
11.6
31兆
4134
億円
機械
36.2%
化学
17.2
金属
20.0

海岸ぞいに鉄鋼工場が多いため、他よりも（　　　　）工業の割合が高い。

瀬戸内工業地域

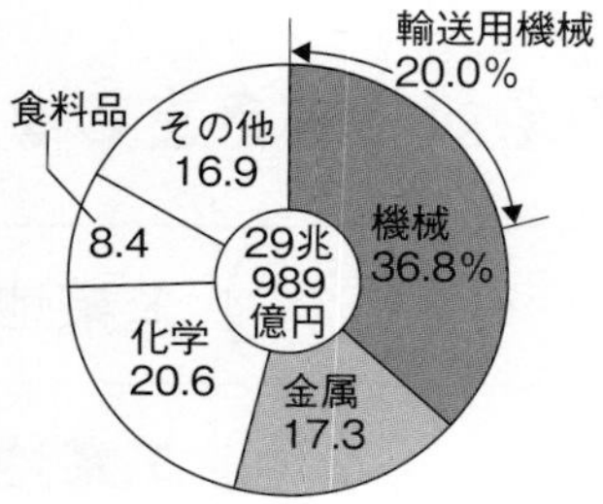

輸送用機械
20.0%
食料品
その他
16.9
8.4
29兆
989
億円
機械
36.8%
化学
20.6
金属
17.3

大きぼな石油化学コンビナートがあり、（　　　　）工業の割合が高い。

関東内陸工業地域

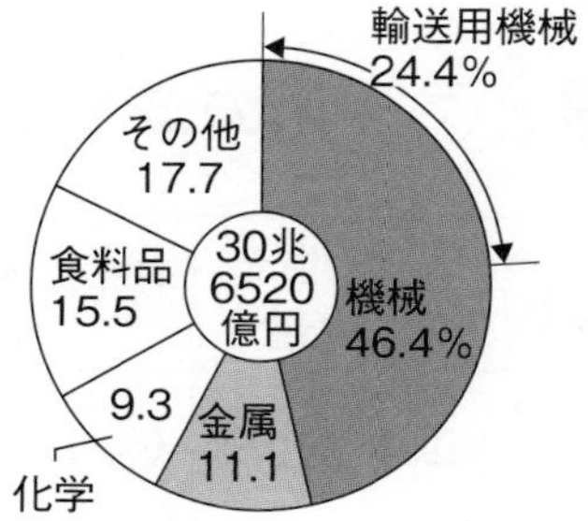

輸送用機械
24.4%
その他
17.7
食料品
15.5
30兆
6520
億円
機械
46.4%
9.3
金属
11.1
化学

（　　　　）道路が発達して、内陸部に工場が集まってできた。

東海工業地域

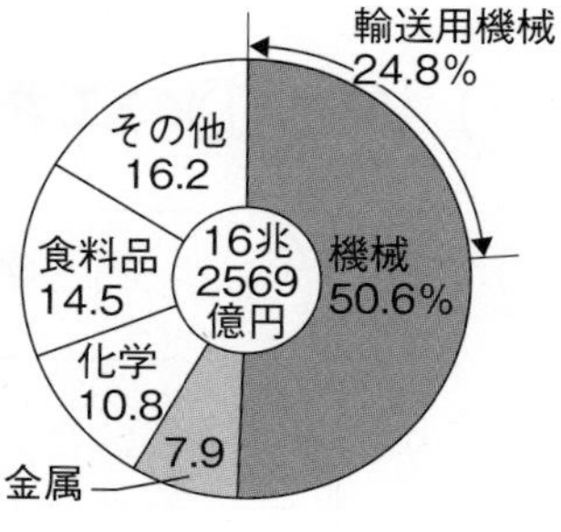

輸送用機械
24.8%
その他
16.2
食料品
14.5
16兆
2569
億円
機械
50.6%
化学
10.8
7.9
金属

自動車やオートバイの製造がさかんなので、（　　　　）工業の割合が高い。

［日本国勢図会ほか　2019/20］

工業のさかんな地域と特ちょう(2)

1　次の地図を見て、あとの問いに答えましょう。

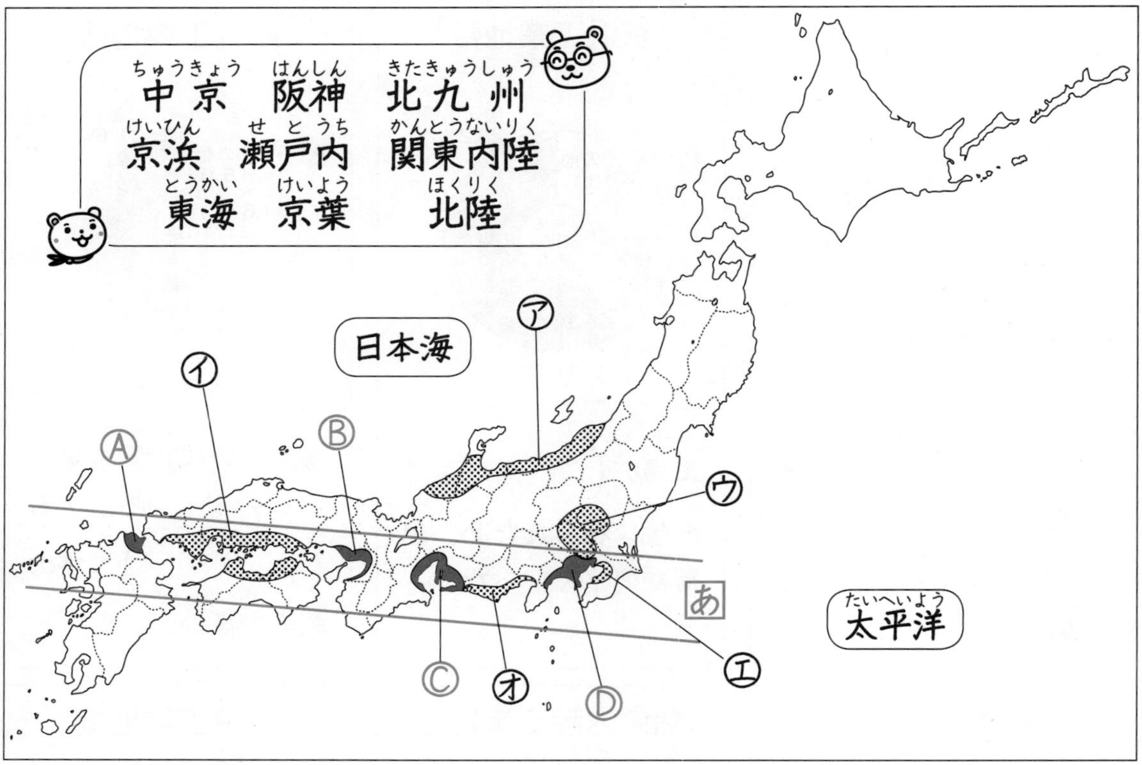
中京　阪神　北九州
京浜　瀬戸内　関東内陸
東海　京葉　北陸
日本海
太平洋
Ⓐ Ⓑ Ⓒ Ⓓ
㋐ ㋑ ㋒ ㋓ ㋔
あ

(1)　Ⓐ～Ⓓの工業地帯と㋐～㋔の工業地域の名前を書きましょう。

Ⓐ	(　　　　)	工業地帯（地域）	㋐	(　　　　)	工業地域
Ⓑ	(　　　　)	工業地帯	㋑	(　　　　)	工業地域
Ⓒ	(　　　　)	工業地帯	㋒	(　　　　)	工業地域
Ⓓ	(　　　　)	工業地帯	㋓	(　　　　)	工業地域
			㋔	(　　　　)	工業地域

(2)　図のあを何といいますか。　(　　　　)ベルト

月　　日 名前

ポイント

三大工業地帯や工業地域の生産額が、どこが多いかをグラフで読み取りましょう。

2　次のグラフを見て、工業地帯と工業地域の中で、工業生産額の多い順に２つ書きましょう。

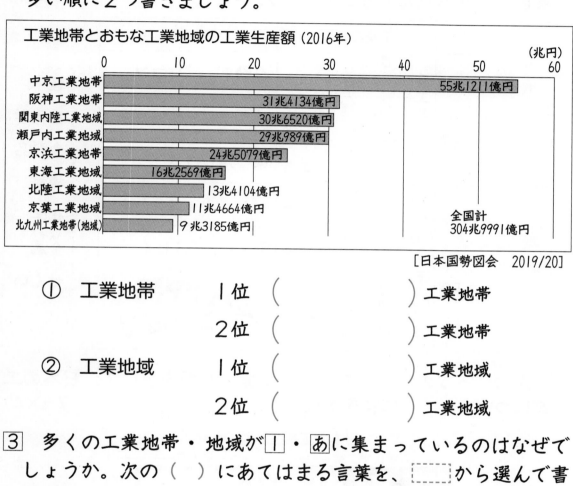

工業地帯とおもな工業地域の工業生産額（2016年）

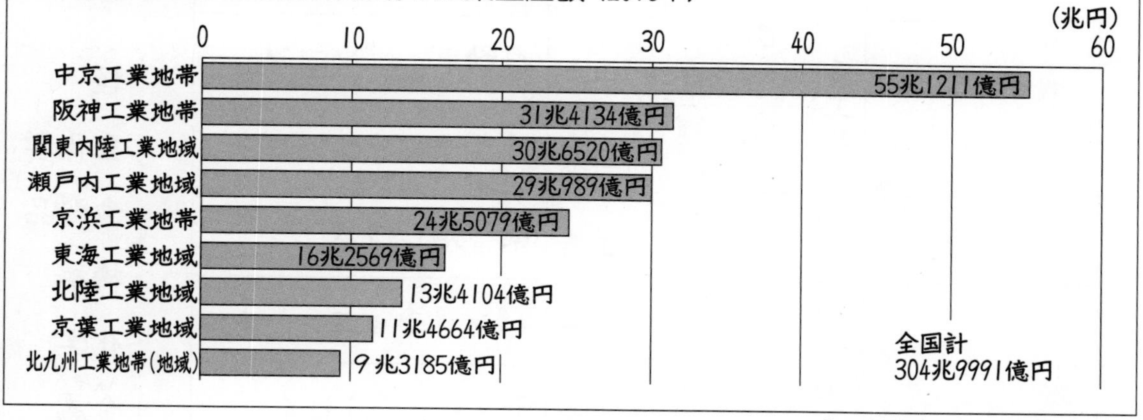

（兆円）
0
10
20
30
40
50
60
中京工業地帯
55兆1211億円
阪神工業地帯
31兆4134億円
関東内陸工業地域
30兆6520億円
瀬戸内工業地域
29兆989億円
京浜工業地帯
24兆5079億円
東海工業地域
16兆2569億円
北陸工業地域
13兆4104億円
京葉工業地域
11兆4664億円
北九州工業地帯（地域）
9兆3185億円
全国計
304兆9991億円

［日本国勢図会　2019/20］

①　工業地帯　　１位（　　　　　）工業地帯

２位（　　　　　）工業地帯

②　工業地域　　１位（　　　　　）工業地域

２位（　　　　　）工業地域

3　多くの工業地帯・地域が［イ］・［あ］に集まっているのはなぜでしょうか。次の（　）にあてはまる言葉を、［　　］から選んで書きましょう。

① 海岸ぞいにあれば、重い（　　　　）や、できた（　　　　）を（　　　　）で運ぶのに便利だから。

② 人口の多い（　　　　）と、広い（　　　　）があるから。

大都市　　製品　　土地　　船　　原料

まとめテスト

工業の種類とさかんな地域(1)

1　次の表は、工業の種類を表しています。（　）にあてはまる言葉を［　］から選んで書きましょう。（6点×7）

	工業の種類		製品
（①　　）工業	重工業	（②　　）工業	自動車　パソコン
		（③　　）工業	くぎ　レール　バネ
	（④　　）工業		薬　消しゴム
（⑤　　）工業	（⑥　　）工業		パン　チョコレート
	（⑦　　）工業		Tシャツ　ふとん
	その他（よう業　紙・パルプ工業　印刷業　など）		

軽　重化学　食料品　機械　化学　金属　せんい

2　次のグラフのAとBの［　］に工業の種類を書いて、日本の工業について（　）に書きましょう。（7点×4）

日本の工業生産額の変化

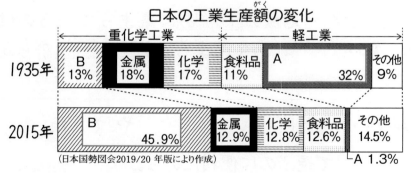

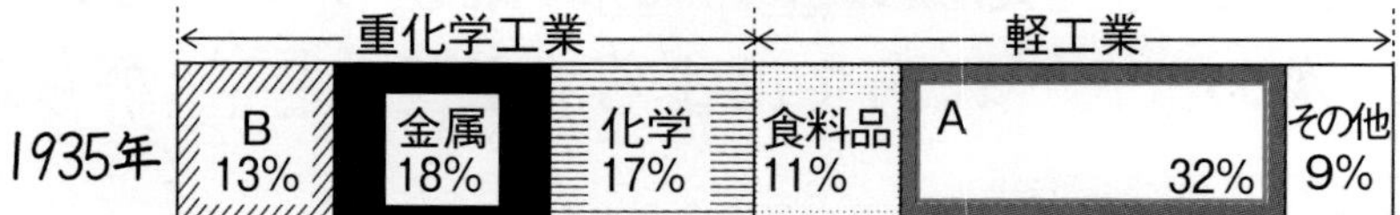
重化学工業
軽工業
1935年
B 13%
金属 18%
化学 17%
食料品 11%
A 32%
その他 9%
2015年
B 45.9%
金属 12.9%
化学 12.8%
食料品 12.6%
その他 14.5%
A 1.3%

(日本国勢図会2019/20 年版により作成)

日本の工業は、Aなどの（①　　　）工業から、Bなどの（②　　　）工業に変わっていきました。

月　日　名前　／100点

3　次の地図を見て、あとの問いに答えましょう。

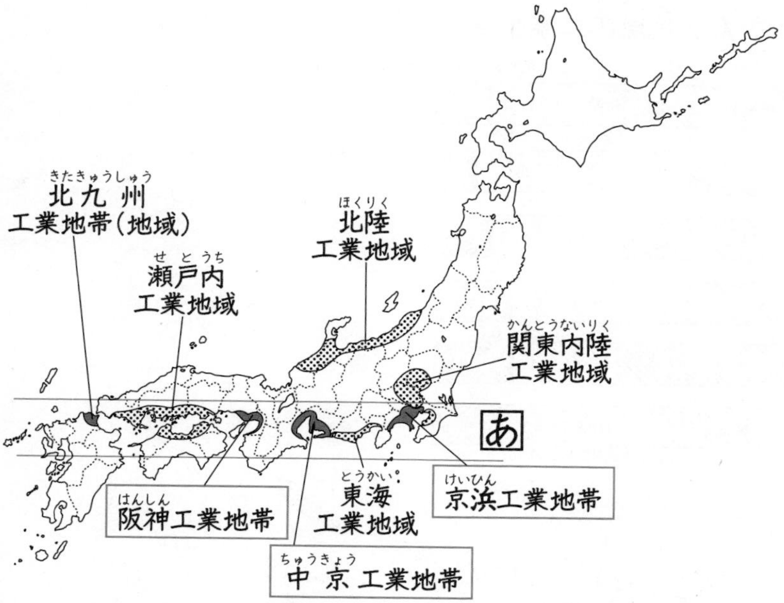
北九州工業地帯（地域）
瀬戸内工業地域
北陸工業地域
関東内陸工業地域
あ
阪神工業地帯
東海工業地域
京浜工業地帯
中京工業地帯

(1)　図中のあには、工業のさかんな地域が集まっています。何といわれていますか。（10点）

（　　　　　　　　）

(2)　(1)の工業生産額は、日本全体のどれくらいですか。次の中から選んで、記号を書きましょう。（6点）〔　　〕

㋐　約3分の1　　㋑　約3分の2　　㋒　約5分の1

(3)　なぜ(1)に工業地帯が集まっているのでしょうか。正しいものに○をつけましょう。（7点×2）

（　　）人口が少なくて、広い平地があるから。

（　　）人口が多い大都市があるから。

（　　）交通の便が良く、原料や製品の輸送に便利だから。

（　　）気候が温だんな日本海側に面しているから。

工業の種類とさかんな地域(2)

□1 次の地図を見て、あとの問いに答えましょう。

工業のさかんな地域の工業生産額

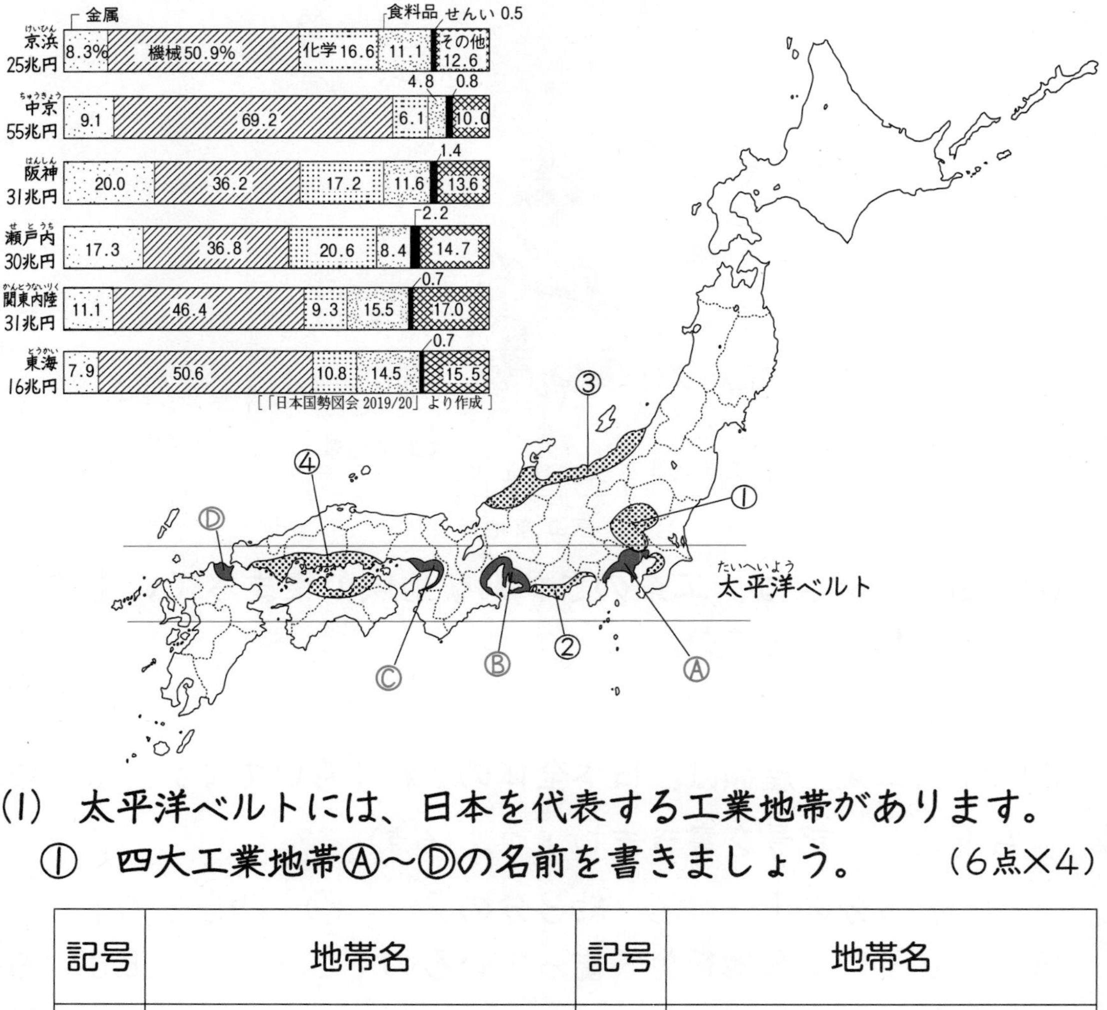

金属
食料品 せんい 0.5
京浜 25兆円 8.3% 機械50.9% 化学16.6 11.1 その他 12.6
4.8 0.8
中京 55兆円 9.1 69.2 6.1 10.0
1.4
阪神 31兆円 20.0 36.2 17.2 11.6 13.6
2.2
瀬戸内 30兆円 17.3 36.8 20.6 8.4 14.7
0.7
関東内陸 31兆円 11.1 46.4 9.3 15.5 17.0
0.7
東海 16兆円 7.9 50.6 10.8 14.5 15.5
③
④
Ⓓ
①
太平洋ベルト
Ⓒ
Ⓑ
②
Ⓐ

［「日本国勢図会 2019/20」より作成］

(1) 太平洋ベルトには、日本を代表する工業地帯があります。

① 四大工業地帯Ⓐ～Ⓓの名前を書きましょう。　（6点×4）

記号	地帯名	記号	地帯名
Ⓐ	（　　　　）工業地帯	Ⓑ	（　　　　）工業地帯
Ⓒ	（　　　　）工業地帯	Ⓓ	（　　　　）工業地帯（地域）

② 三大工業地帯といわれるときは、①の中のどれがのぞかれますか。記号で書きましょう。（5点）　〔　　　　〕

月　　日　名前　　　／100点

⑵　次の㋐～㋓にあてはまる工業地帯の記号を書きましょう。

（5点×4）

㋐　一番生産額が多い工業地帯。〔　　　〕

㋑　金属(きんぞく)工業が一番さかんな工業地帯。〔　　　〕

㋒　日本の首都があり、古くから工業が発達したが、近年工場が関東内陸などに移(うつ)ったため、生産額が低くなっている工業地帯。〔　　　〕

㋓　日本の重工業が始まった八幡製鉄所(やはたせいてつじょ)がある。〔　　　〕

⑶　次の㋐～㋒にあてはまる工業地域を、地図中から番号を選んで、名前を書きましょう。（番号：5点×3、地域名6点×3）

	特ちょう	番号	工業地域名
㋐	石油化学コンビナートが多いので、化学工業が一番さかん。		（　　　）工業地域
㋑	高速道路や空港の発達などにより、内陸でも工業が発達した。		（　　　）工業地域
㋒	太平洋ベルトから外れている。伝統(でんとう)産業がさかん。		（　　　）工業地域

⑷　どの工業地帯・地域でも一番多い工業の種類を書きましょう。

（　　　　　）工業　（6点）

2　日本の工業について正しく書かれている文に〇をつけましょう。

（4点×3）

（　　）昔も今も工業の中心は、せんい工業である。

（　　）今の工業の中心は機械工業である。

（　　）工業地帯・地域の多くが海岸ぞいにあるのは、原料や製品(せいひん)を船で運ぶのに便利だから。

イメージマップ

作業1 なぞって書きましょう。

① 自動車ができるまで【金属(きんぞく)工業→機械工業】

自動車工場【機械工業】
① プレス
② ようせつ
③ とそう
④ 組み立て
⑤ 検査(けんさ)
ロール鉄板
【金属工業】
1台の車が完成するまで約2時間かかります
完成

⑥ 出荷

新しい自動車

①環境(かんきょう)にやさしい→電気自動車
　　　　　　　　　　　ハイブリッド車

②人にやさしい　→車いすのまま
　　　　　　　　　　　乗りおりできる

③安全　　　　　→エアバック、
　　　　　　　　　　　自動ブレーキ

［提供：本田技研工業株式会社］

② 自動車工場（大工場）と関連工場（中小工場）

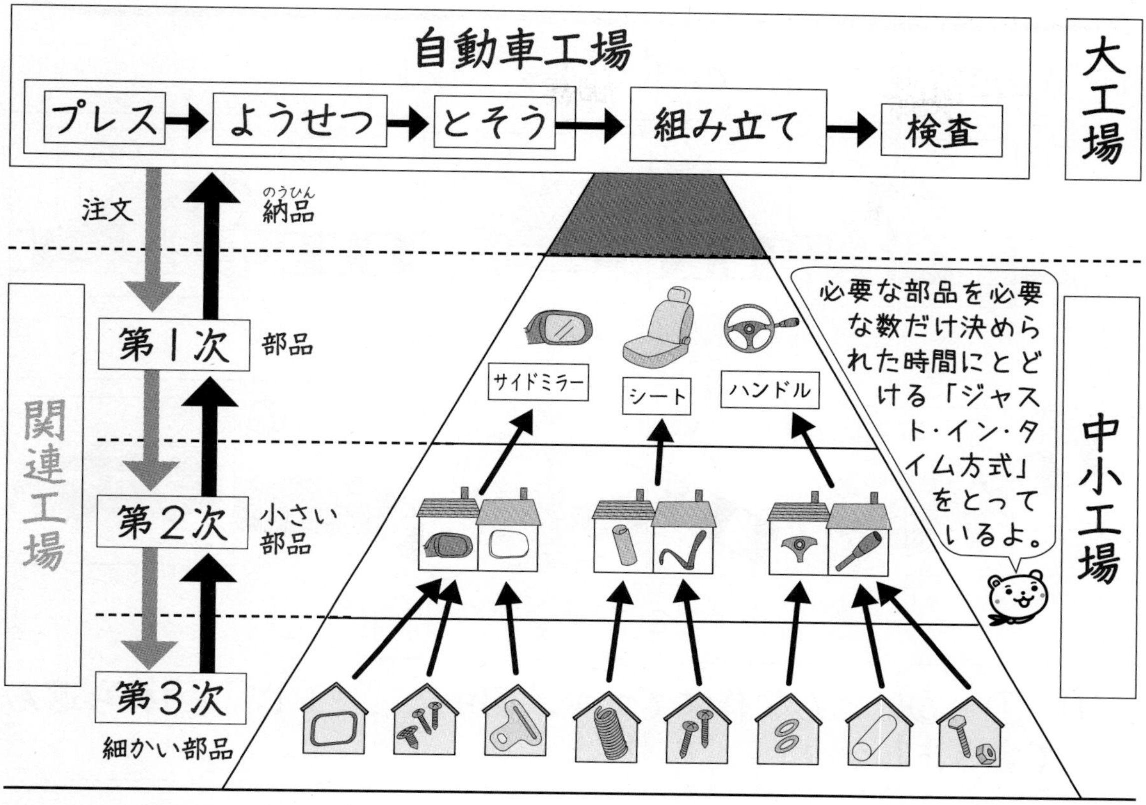

自動車工場
プレス
ようせつ
とそう
組み立て
検査
大工場
注文
納品（のうひん）
関連工場
第１次
部品
第２次
小さい部品
第３次
細かい部品
サイドミラー
シート
ハンドル
中小工場
必要な部品を必要な数だけ決められた時間にとどける「ジャスト・イン・タイム方式」をとっているよ。

③ 中小工場と大工場

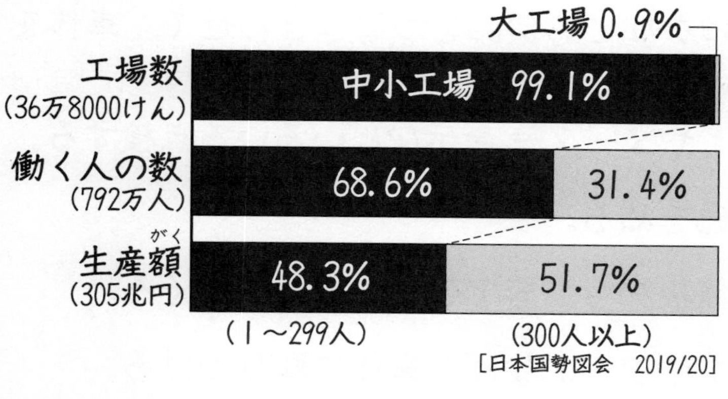

大工場 0.9%
工場数（36万8000けん）
中小工場 99.1%
働く人の数（792万人）
68.6%
31.4%
生産額（がく）（305兆円）
48.3%
51.7%
（１～299人）
（300人以上）
［日本国勢図会 2019/20］

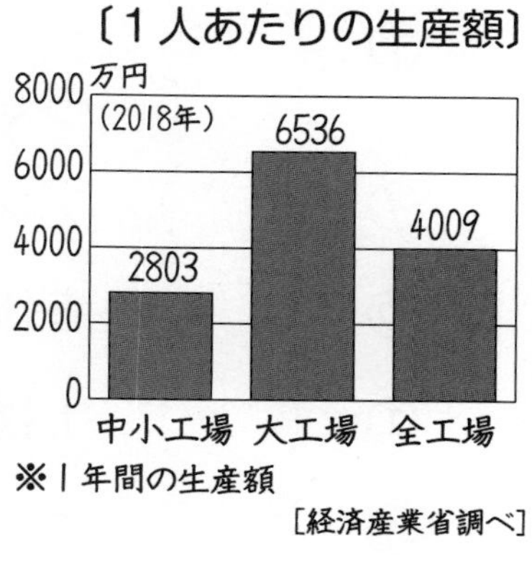

〔１人あたりの生産額〕
8000 万円
（2018年）
6000
4000
2000
0
2803
6536
4009
中小工場
大工場
全工場
※１年間の生産額
［経済産業省調べ］

中小工場 …①大工場からの注文を受ける。
②独自（どくじ）のすぐれた技術（ぎじゅつ）をもつ工場も多い。

自動車工場

□1 次の図を見て、あとの問いに答えましょう。

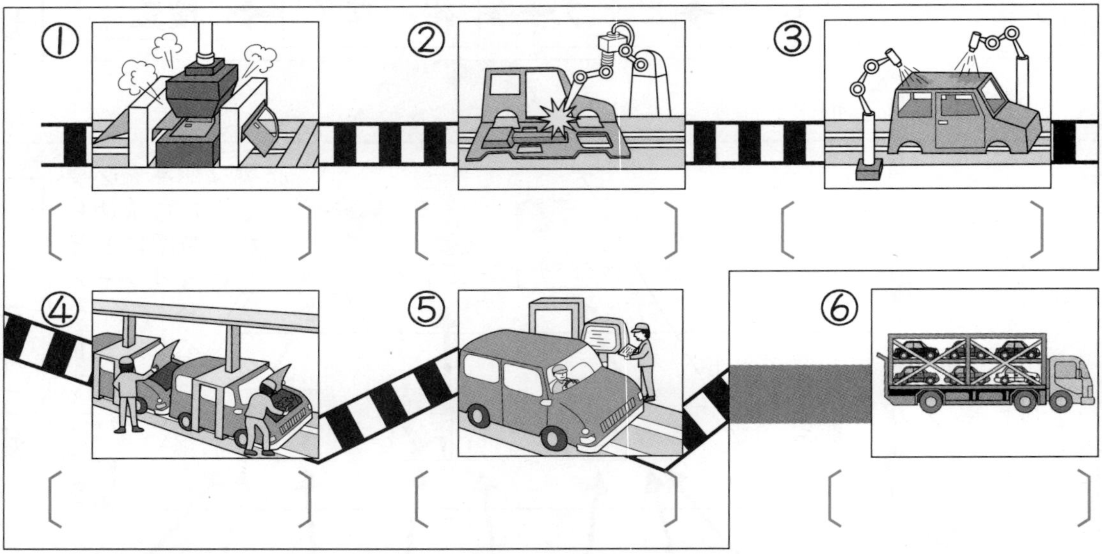

①
②
③
④
⑤
⑥

(1) ①～⑥はどんな作業ですか。図中の〔　〕に［　］から選んで書きましょう。

組み立て　検査（けんさ）　ようせつ　出荷　とそう　プレス

(2) 次の㋐～㋔は、①～⑤のどの作業ですか。（　）に番号を書きましょう。

㋐（　）ドアやゆかなどの部品をつなぎ合わせて、車体をつくる。

㋑（　）ブレーキやメーター表示（ひょうじ）などいろいろ点検する。

㋒（　）車体に色をぬる。

㋓（　）１枚の鉄板から、ドアなどの部品をつくる。

㋔（　）エンジンやシートなどを車体に取りつける。

(3) ①～⑤の作業で、ロボットがしている番号を書きましょう。

（　）（　）

ポイント　自動車ができるまでの工程（こうてい）や新しい自動車について図から読み取りましょう。

(4) 次の（　）にあてはまる言葉を［　］から選んで書きましょう。

自動車を組み立てるとき、①（　　　　）にのって移動（いどう）してくる車体に、部品を次々と取りつけていきます。この流れを②（　　　　）といいます。完成した自動車は、③（　　　　）で運ばれます。

ライン　キャリアカー　ベルトコンベヤー

2 次の自動車は、新しい自動車を表しています。あとの問いに答えましょう。

㋐ ハイブリッド車
・（　　　　）と電気を組み合わせて走る自動車。

㋑ 電気自動車
・電池にためた（　　　　）でモーターを動かす。

㋒ （　　　　）がついた自動車
・しょうとつしたときにふくらみ、乗っている人をケガから守るそうち。

㋓ （　　　　）に乗ったまま乗りおりができる自動車

(1) ㋐～㋓の（　）にあてはまる言葉を［　］から選んで書きましょう。

エアバッグ　電気
車いす　ガソリン

(2) 次の①～③にあてはまる自動車を㋐～㋓から選びましょう。

① 安全を考えた自動車（　　）

② 人にやさしい自動車（　　）

③ 環境（かんきょう）にやさしい自動車（　　）（　　）

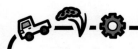

自動車関連工場

1　次の図を見て、あとの問いに答えましょう。

Ⓐ
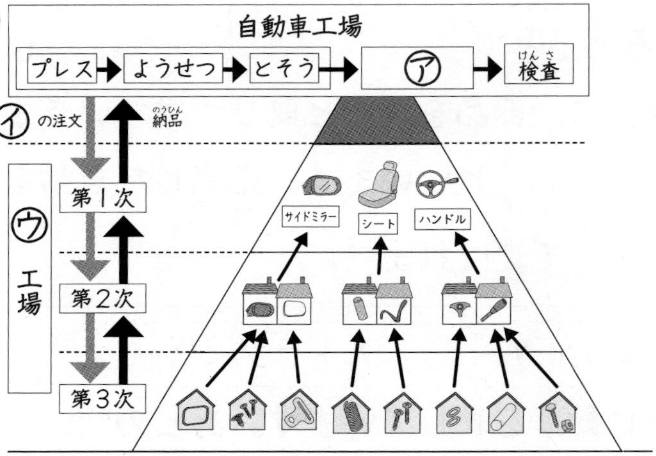
自動車工場
プレス
ようせつ
とそう
㋐
検査
㋑の注文
納品
㋒
工場
第１次
第２次
第３次
サイドミラー
シート
ハンドル

Ⓑ
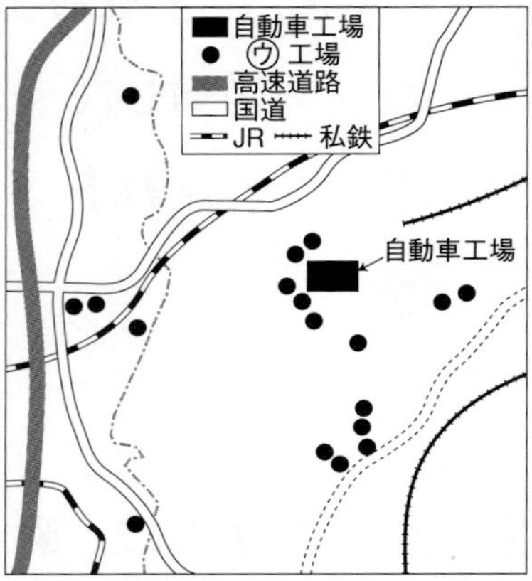
自動車工場
㋒工場
高速道路
国道
JR
私鉄
自動車工場

(1)　Ⓐ図の㋐～㋒にあてはまる言葉を［　　］から選んで書きましょう。

㋐〔　　　　　　〕　㋑〔　　　　　　〕

㋒〔　　　　　　〕

部品　　関連　　組み立て

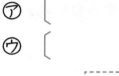

(2)　自動車工場と㋒工場の関係について、正しいものに○をつけましょう。

(　　)　㋒工場の都合で納品する時こくを決められる。

(　　)　㋒工場の生産が止まっても、自動車工場がそのえいきょうを受けない。

(　　)　㋒工場は、決められた時間に、注文された部品を規格通りにつくってとどける。

(　　)　自動車工場の生産台数によって、部品の注文は増えたり、減ったりする。

月　日　名前

ポイント　自動車ができるまでの工程(こうてい)や部品をつくる関連工場と自動車工場の関係を図から読み取りましょう。

⑶　Ⓑ図を見て、（　）にあてはまる言葉を書きましょう。

①　㋒工場は、（　　　　　　）工場の周辺にある。

②　㋒工場の近くをJRや私鉄(してつ)、国道・（　　　　　　）が通っている。

2　次の地図は、自動車工場があるところを示(しめ)しています。あとの問いに答えましょう。

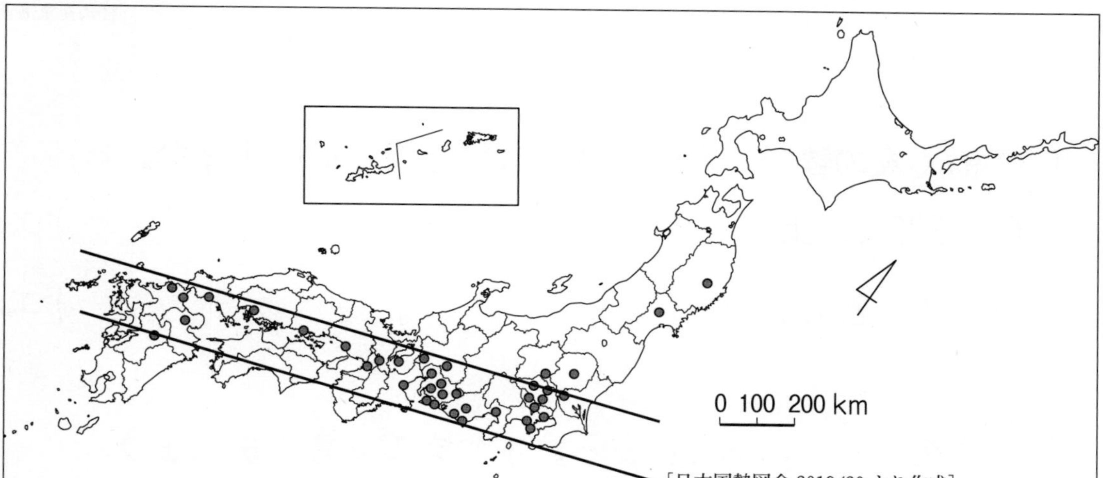

0 100 200 km

［日本国勢図会 2019/20より作成］

⑴　自動車工場がもっとも多くある都道府県を［　　］から選んで、（　）に書きましょう。　（　　　　　　）

宮城県(みやぎけん)　熊本県(くまもとけん)　兵庫県(ひょうごけん)　愛知県(あいちけん)

⑵　自動車工場のあるところの特ちょうについて、正しいものに○をつけましょう。

（　　　）自動車工場は、日本海側に集まっている。

（　　　）自動車工場は、どの都道府県にもある。

（　　　）自動車工場は、太平洋(たいへいよう)ベルトに多く集まっている。

中小工場と大工場

① 次のグラフを見て、あとの問いに答えましょう。

Ⓐ

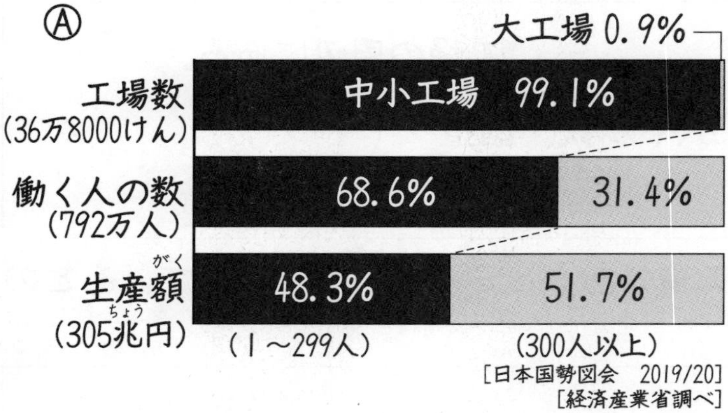
大工場 0.9%
工場数
(36万8000けん)
中小工場 99.1%
働く人の数
(792万人)
68.6%
31.4%
生産額(せいさんがく)
(305兆円)(ちょう)
48.3%
51.7%
(1～299人)
(300人以上)
[日本国勢図会 2019/20]
[経済産業省調べ]

Ⓑ〔1人あたりの生産額〕

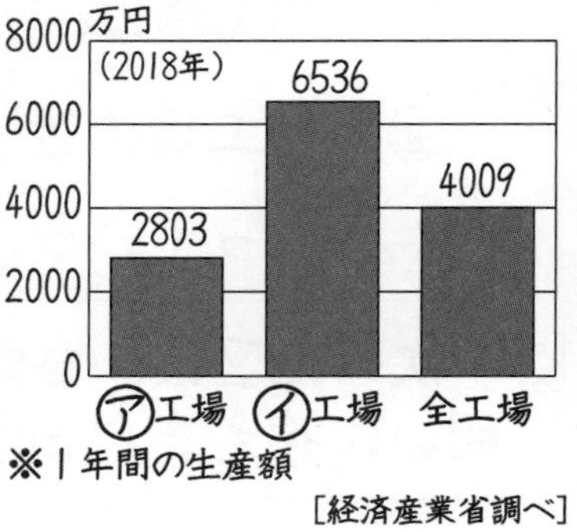
万円
(2018年)
8000
6000
4000
2000
0
2803
6536
4009
㋐工場
㋑工場
全工場
※1年間の生産額
[経済産業省調べ]

(1) 働く人の数が、次のような工場を何といいますか。

① 300人以上　(　　　　　)工場

② 1～299人　(　　　　　)工場

(2) 次の(　)にあてはまる数字や言葉を書きましょう。

① 工場数は、全部で約(　　　　　)万ほどある。

② ①のうち、中小工場が(　　　　　)%である。

③ 働く人の数は、中小工場が(　　　　　)%である。

④ 生産額は、大工場が約(　　　　　)ほどである。

(3) Ⓑのグラフで㋐と㋑のうち、大工場を表しているのは、どちらですか。

(　　　)

月　　日 名前

ポイント　工場で働いている人々の現状（げんじょう）をグラフから読み取りましょう。

(4)　なぜ、(3)のようになるのですか。次の（　）にあてはまる言葉を書きましょう。

> 大工場は、働く人の数が少なくても、工場の（①　　　　）が進んでいるので、（②　　　　）生産ができます。
>
> しかし、（③　　　　）工場は、独自（どくじ）のすぐれた技術（ぎじゅつ）をもっていても、手作業にたよっているので大量にはつくれません。
>
> だから、生産額は、（④　　　　）工場の方が高くなります。

大量　　機械化　　大　　中小

2　次のグラフを見て、正しいものに○をつけましょう。

工場数の変化

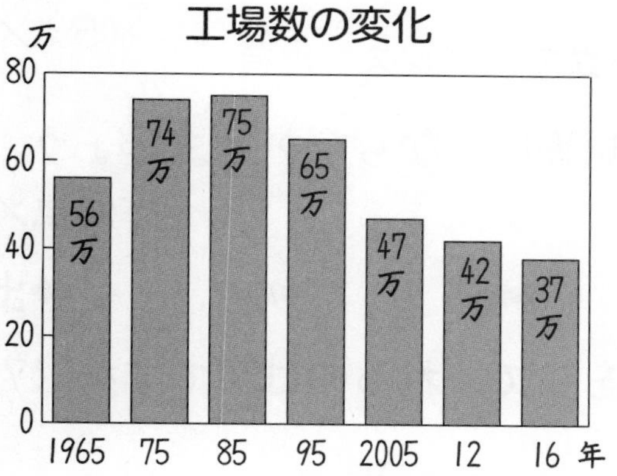

万
80
60
40
20
0
56万
74万
75万
65万
47万
42万
37万
1965
75
85
95
2005
12
16 年

［日本国勢図会　2019/20］

海外生産比率（ひりつ）

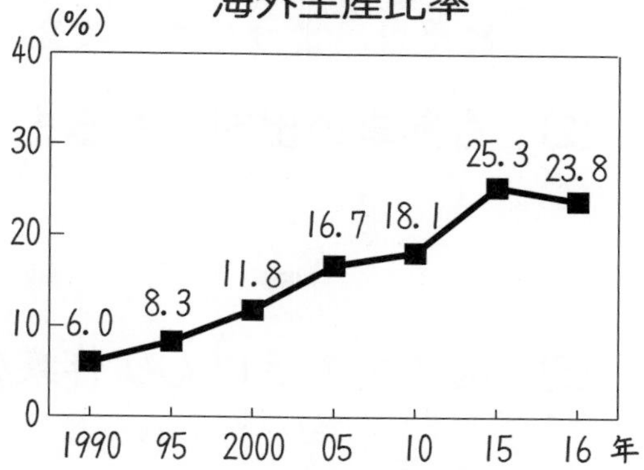

(%)
40
30
20
10
0
6.0
8.3
11.8
16.7
18.1
25.3
23.8
1990
95
2000
05
10
15
16 年

［日本国勢図会　2019/20］

（　　）工場数は、1965年から2016年まで増（ふ）えている。

（　　）工場数は、1985年に比（くら）べて2016年は、約半分。

（　　）海外生産比率は、90年から2016年まで増えている。

（　　）海外生産比率は、2015年は1990年の約4倍。

まとめテスト

自動車工場・関連工場

1　次の図は、自動車ができるまでの様子を表しています。あとの問いに答えましょう。

①

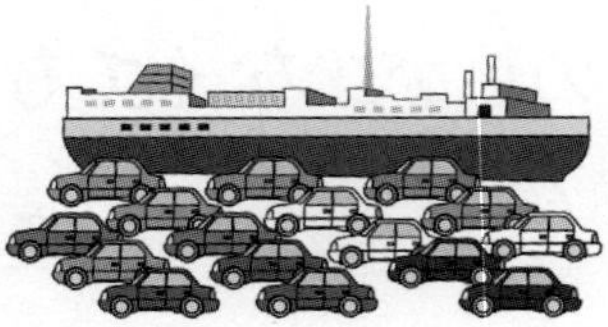
②

③

④

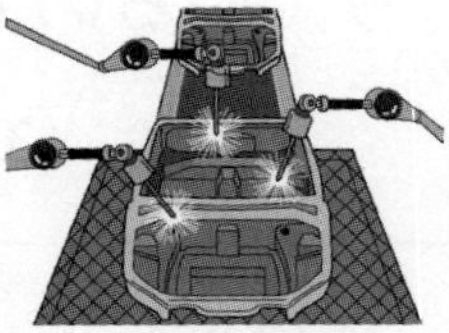
⑤

⑥

(1)　□にあてはまる言葉を、□から選んで書きましょう。

とそう　ようせつ　検査（けんさ）　組み立て　プレス　出荷

（5点×6）

(2)　自動車が出荷されるまでの順番に、ならびかえましょう。

（3点×5）

（　　　）➡（　　　）➡（　　　）➡（　　　）➡（　　　）➡出荷

(3)　図の中できけんな作業などをしてくれるのは何ですか。（7点）

（　　　　　　）

(4)　(3)が行っている作業の番号を２つ書きましょう。　（3点×2）

〔　　　　〕〔　　　　〕

(5)　完成した自動車を運ぶ車の名前を書きましょう。　（7点）

（　　　　　　）

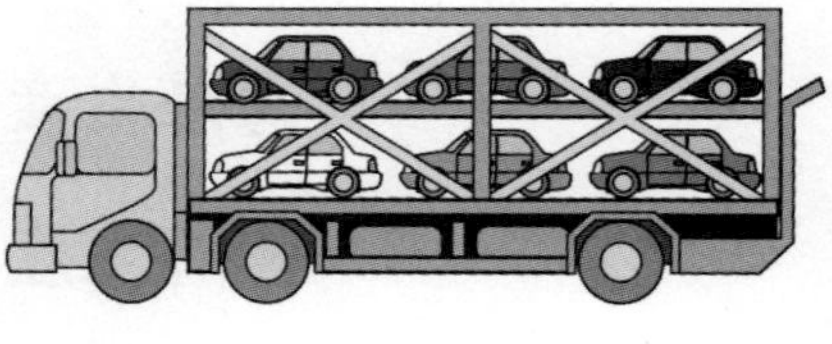

月　　日 名前　　　　/100点

2　次の図や地図を参考にして、自動車工場に関係することはⒶを、関連工場に関係することはⒷを（　）に書きましょう。（4点×5）

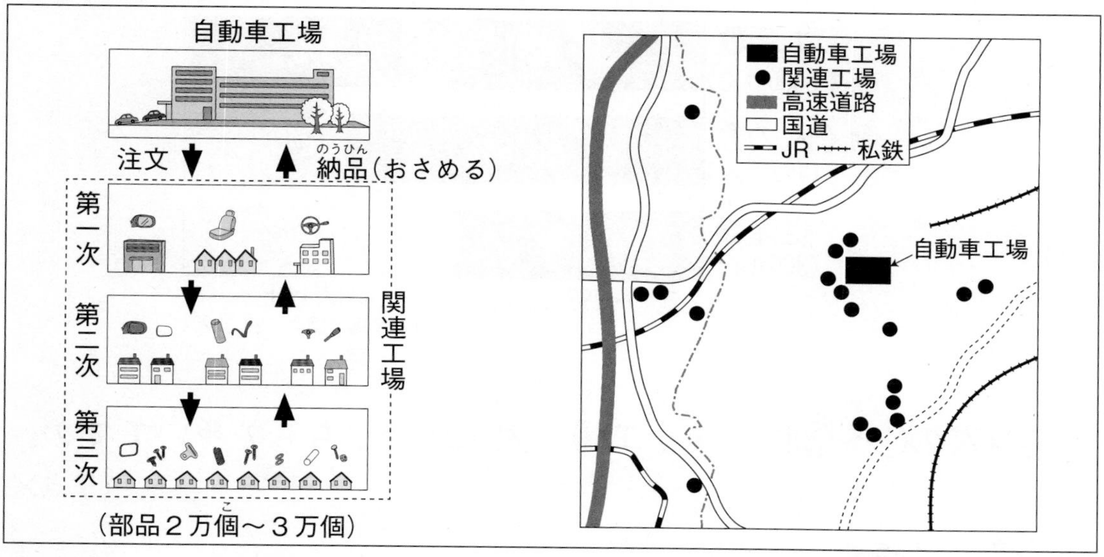

自動車工場
注文
納品（おさめる）
第一次
第二次
第三次
関連工場
（部品2万個〜3万個）
自動車工場
関連工場
高速道路
国道
JR
私鉄
自動車工場

（　　）とそう工場や組み立て工場がある、大工場。
（　　）注文された部品を規格通りにつくる。
（　　）部品をとどける日時は、決められた時こくにとどける。
（　　）車体は、ベルトコンベヤーに乗って組み立てる。
（　　）部品を運びやすい場所に工場がある。

3　次の㋐〜㋒は、①〜③のどれですか。□に書きましょう。（5点×3）

㋐乗っている人を守るエアバッグ。□

［提供：トヨタ自動車株式会社］

㋑ガソリンを使わない電気自動車。□

［提供：日産自動車（株）］

㋒乗りおりが楽なシート。□

［提供：トヨタ自動車株式会社］

①　人にやさしい　②　環境にやさしい　③　安全を考えた

まとめテスト

中小工場と大工場

[1] 次のグラフを見て、あとの問いに答えましょう。

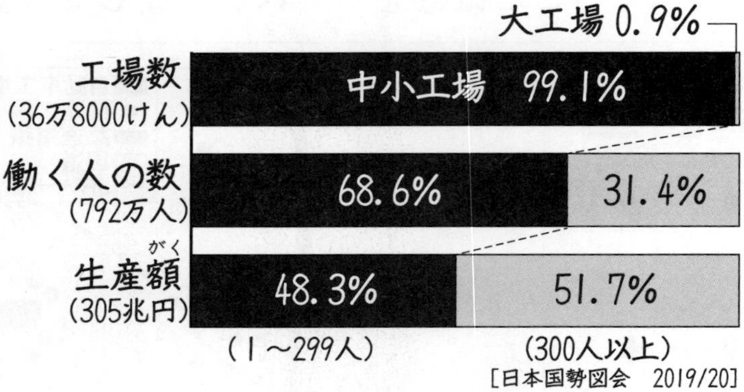
大工場 0.9%
工場数
(36万8000けん)
中小工場 99.1%
働く人の数
(792万人)
68.6%
31.4%
生産額
(305兆円)
48.3%
51.7%
(1～299人)
(300人以上)
[日本国勢図会 2019/20]

(1) 次の①～③は、中小工場と大工場のどちらが多いですか。

(7点×3)

① 工場数 (　　　　) 工場

② 働く人の数 (　　　　) 工場

③ 1人あたりの生産額 (　　　　) 工場

(2) (1)からわかることを、【　】の言葉を使って書きましょう。

【工場数　機械化　大量生産　生産額】 (15点)

月　　日　名前　　　　／100点

2　中小工場と大工場の関係について、[　　]から選んで書きましょう。（8点×5）

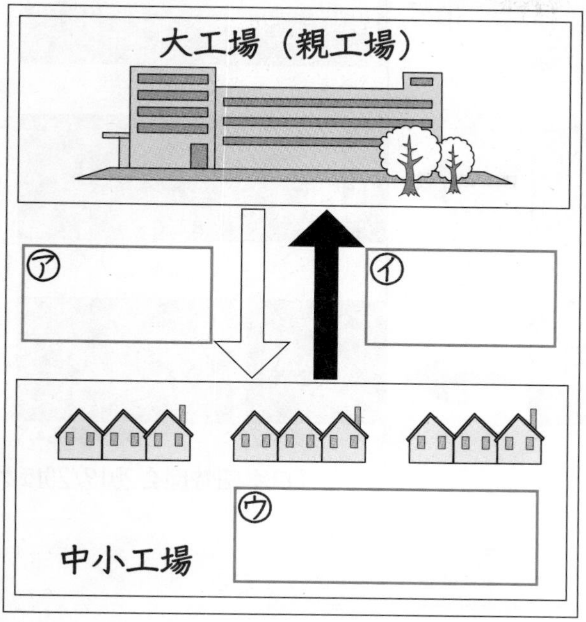
大工場（親工場）
㋐
㋑
㋒
中小工場

(1)　図中の㋐～㋒にあてはまる言葉を書きましょう。

(2)　中小工場が気をつけていることを書きましょう。

①　決められた納品（のうひん）の（　　　　）を守る。

②　製品（せいひん）に（　　　　）を出さない。

納品	関連工場	
注文	不良品	期日

3　次の文で、中小工場についてはAを、大工場についてはBを（　）に書きましょう。（6点×4）

（　　）大量生産の機械ではつくれない、すぐれた製品を人の手でつくっている。

（　　）機械の設備（せつび）が十分に整っている。

（　　）注文数によって、経営（けいえい）が不安定になることがある。

（　　）得意（とくい）な技術をもちよって、協同で製品の開発に取り組んでいる工場もある。

イメージマップ　作業1 なぞって書きましょう。

1 輸入品・輸出品の移り変わり

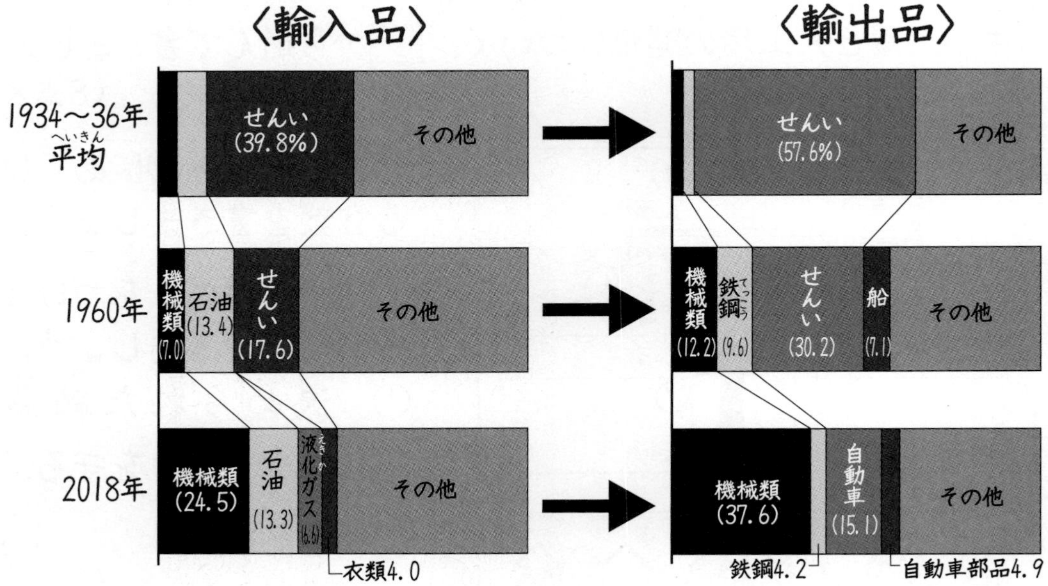
〈輸入品〉
〈輸出品〉
1934～36年平均
せんい(39.8%)
その他
せんい(57.6%)
その他
1960年
機械類(7.0)
石油(13.4)
せんい(17.6)
その他
機械類(12.2)
鉄鋼(9.6)
せんい(30.2)
船(7.1)
その他
2018年
機械類(24.5)
石油(13.3)
液化ガス(6.6)
その他
衣類4.0
機械類(37.6)
自動車(15.1)
その他
鉄鋼4.2
自動車部品4.9

[日本国勢図会2019/20ほか]

加工貿易

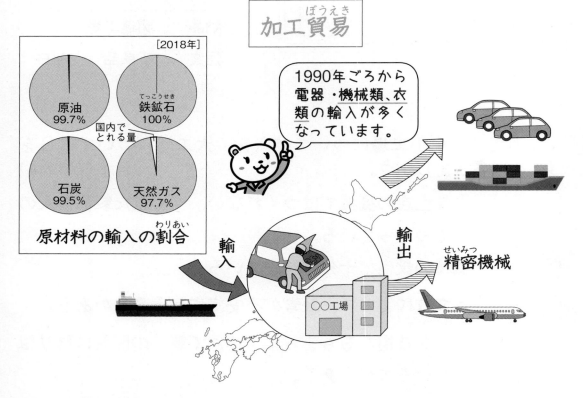

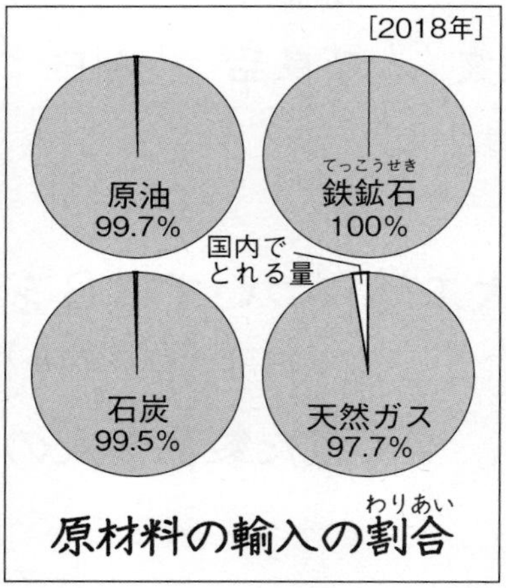
[2018年]
原油 99.7%
鉄鉱石 100%
国内でとれる量
石炭 99.5%
天然ガス 97.7%
原材料の輸入の割合

1990年ごろから電器・機械類、衣類の輸入が多くなっています。
輸入
輸出
精密機械
○○工場

[経済産業省資源エネルギー庁調べ]

② 貿易相手国との関係

(億円) 日本の相手国別輸出入額(2018年)

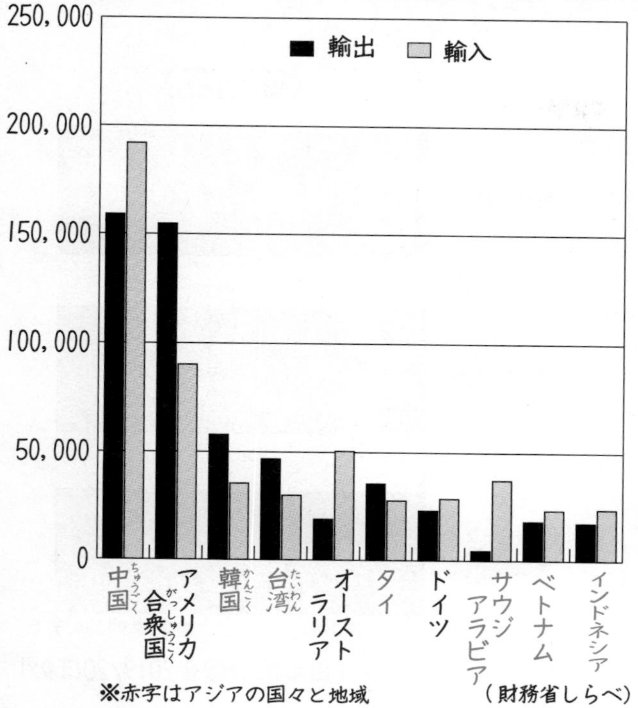

250,000
200,000
150,000
100,000
50,000
0
輸出
輸入
中国
アメリカ合衆国
韓国
台湾
オーストラリア
タイ
ドイツ
サウジアラビア
ベトナム
インドネシア

※赤字はアジアの国々と地域 (財務省しらべ)

①貿易相手国

1位 中国

②貿易相手国

アジア の国々や地域が多い。

③安くて良い製品が日本に大量に輸入され、国内の生産がおとろえる産業の 空どう化 が問題となっている。

③ 日本とアメリカ合衆国との関係

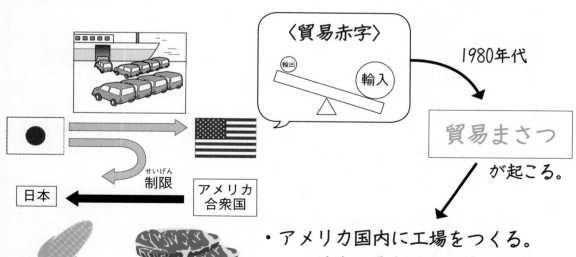

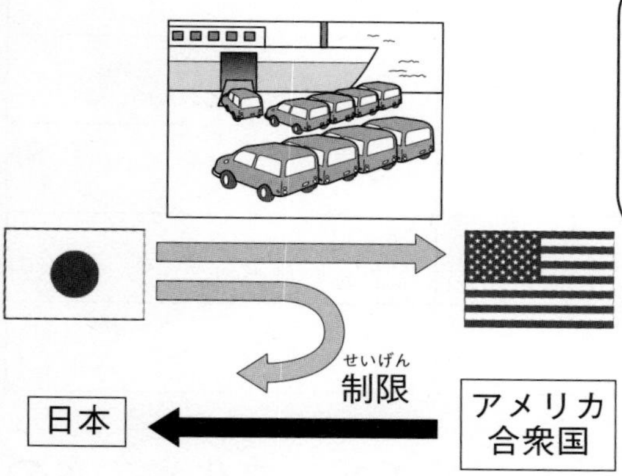

制限
日本
アメリカ合衆国

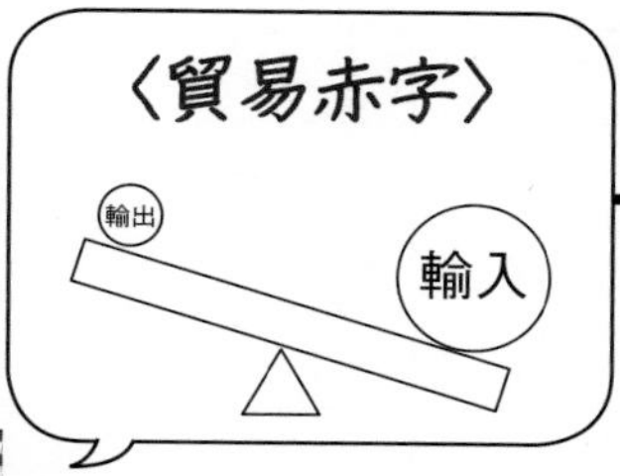

〈貿易赤字〉
輸出
輸入

1980年代

貿易まさつ が起こる。

・アメリカ国内に工場をつくる。
・アメリカの品を日本に輸入させる。

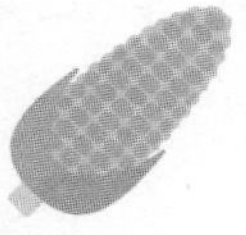

(とうもろこし)

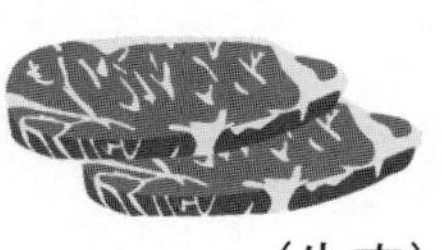

(牛肉)

輸入・輸出品の移り変わり

[1] 次のグラフを見て、あとの問いに答えましょう。

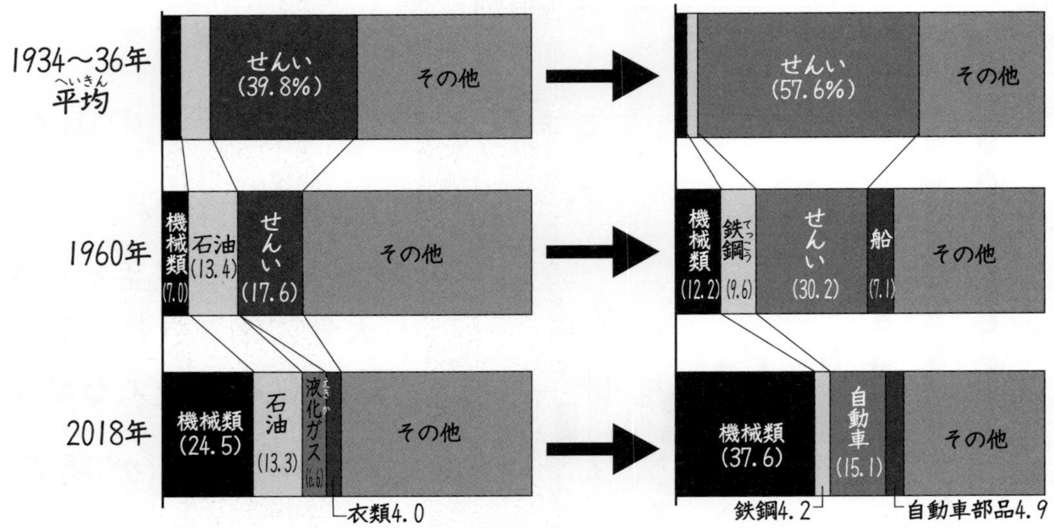
〈輸入品〉
〈輸出品〉
1934～36年平均
1960年
2018年
せんい(39.8%)
その他
せんい(57.6%)
機械類(7.0)
石油(13.4)
せんい(17.6)
機械類(12.2)
鉄鋼(9.6)
せんい(30.2)
船(7.1)
機械類(24.5)
石油(13.3)
液化ガス(6.6)
衣類4.0
機械類(37.6)
自動車(15.1)
鉄鋼4.2
自動車部品4.9

[日本国勢図会2019/20ほか]

(1) それぞれの年代の輸出・輸入品が多いものを書きましょう。

	輸入品	輸出品
1934～36年		
1960年		
2018年		

(2) 1934～36年と2018年、中心になるのは軽工業と重化学工業のどちらですか。

① 1934～36年（　　　　）工業　② 2018年（　　　　）工業

月　日 名前

ポイント

日本の貿易の流れをグラフなどから読み取りましょう。

⑶　1990年までの日本の貿易(ぼうえき)について、図中の□にあてはまる言葉を書きましょう。

工業原料　工業製品(せいひん)　加工貿易

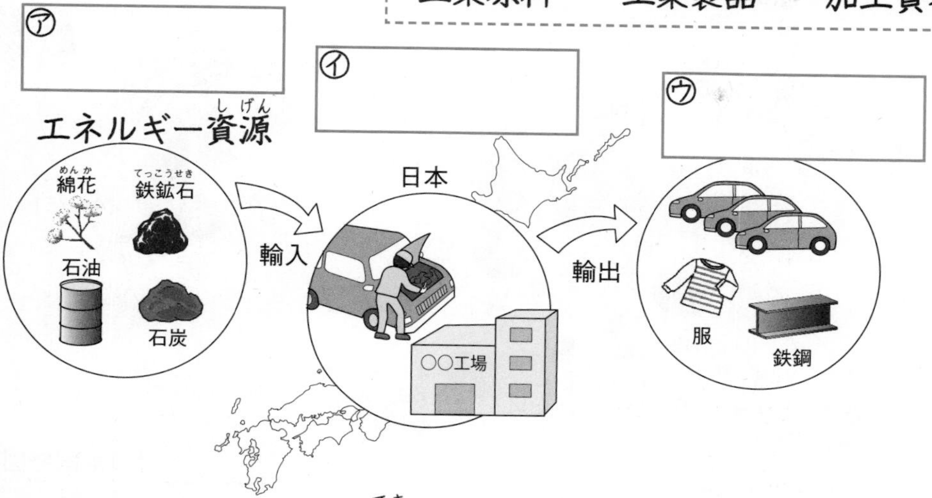

㋐
㋑
㋒
エネルギー資源(しげん)
綿花(めんか)
鉄鉱石(てっこうせき)
石油
石炭
輸入
日本
○○工場
輸出
服
鉄鋼

⑷　自動車を輸送するときに、適(てき)している輸送手だんを選びましょう。

①　自動車工場から輸送するとき　(　　　　)

②　海外に輸送するとき　(　　　　)

船　飛行機　キャリアカー

⑸　現在(げんざい)の貿易について、(　)にあてはまる言葉を□から選んで書きましょう。

現在の貿易では、輸入品の１位が(①　　　)になっています。これは、日本の製造(せいぞう)業が工場を(②　　　)に移(うつ)して、(③　　　)化されたものを日本に(④　　　)するようになったのです。この方が(⑤　　　)生産できるからです。

製品　安く　輸入　機械類　海外

貿易相手国とこれからの工業

[1] 次の地図のグラフを見て、あとの問いに答えましょう。

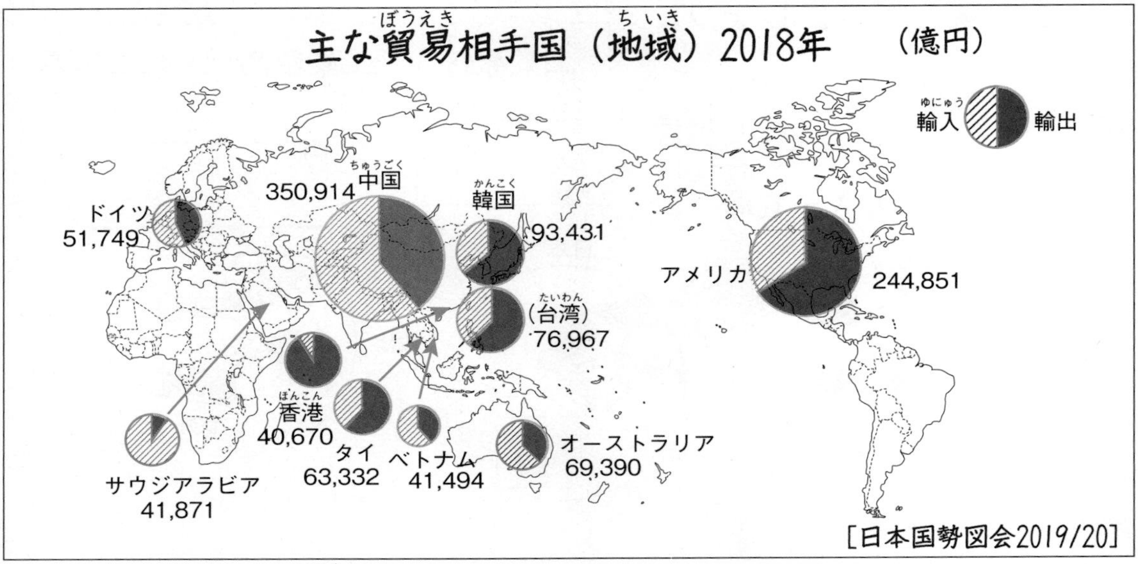
主な貿易相手国（地域）2018年
（億円）
輸入
輸出
中国
350,914
韓国
93,431
ドイツ
51,749
アメリカ
244,851
（台湾）
76,967
香港
40,670
タイ
63,332
ベトナム
41,494
オーストラリア
69,390
サウジアラビア
41,871
［日本国勢図会2019/20］

(1) 日本と貿易額が多い国を書きましょう。

1位（　　　　　　　）　2位（　　　　　　　）

(2) 日本と貿易が多いのは、アジア・ヨーロッパ・北アメリカの中のどこでしょうか。（　　　　　　　）

(3) 次の輸入品目のグラフから、それぞれ一番多い国を書きましょう。

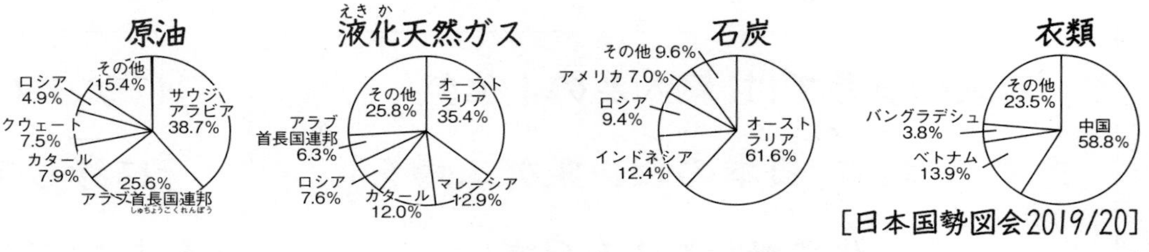
原油
サウジアラビア 38.7%
アラブ首長国連邦 25.6%
カタール 7.9%
クウェート 7.5%
ロシア 4.9%
その他 15.4%
液化天然ガス
オーストラリア 35.4%
マレーシア 12.9%
カタール 12.0%
ロシア 7.6%
アラブ首長国連邦 6.3%
その他 25.8%
石炭
オーストラリア 61.6%
インドネシア 12.4%
ロシア 9.4%
アメリカ 7.0%
その他 9.6%
衣類
中国 58.8%
ベトナム 13.9%
バングラデシュ 3.8%
その他 23.5%

［日本国勢図会2019/20］

① 原油［　　　　　　　］

② 液化天然ガス・石炭［　　　　　　　］

③ 衣類［　　　　　　　］

月　　日 名前

ポイント
日本は多くの国々と貿易でつながっていることを図から読み取り、これからの貿易のあり方を理解（りかい）しましょう。

2　次のグラフを見て、あとの問いに答えましょう。

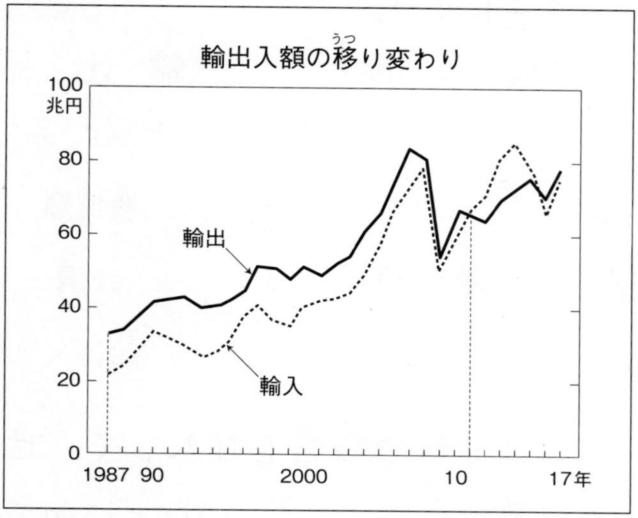

輸出入額の移（うつ）り変わり
100
兆円
80
60
40
20
0
輸出
輸入
1987 90
2000
10
17年

(1)　2011年まで、輸入額と輸出額は、どちらの方が多かったですか。
（　　　　　）額

(2)　(1)の年に、日本で起きた大きなできごとは何でしたか。
（　　　　　）大震災（だいしんさい）

3　相手国が、輸出額より輸入額の方が多くなったら、その国はどうしますか。あてはまる言葉を［　　］から選んで書きましょう。

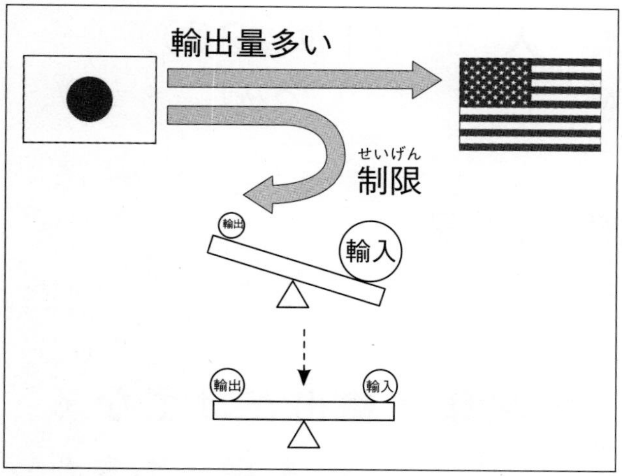

輸出量多い
制限（せいげん）
輸出
輸入
輸出
輸入

①　輸入が多くなると、自国の製品（せいひん）が（　　　　　）なる。

②　自国の産業を守るために輸入を（　　　　　）する。

③　②のような問題を（　　　　　）という。

④　③を解決（かいけつ）するための一つに、相手国に（　　　　　）をつくる。

貿易まさつ	工場	制限	売れなく

まとめテスト

工業生産と貿易(1)

□1 次のグラフを見て、それぞれの年の輸入・輸出品を書き、（　）にあてはまる言葉を書きましょう。（6点×11）

A　1960年

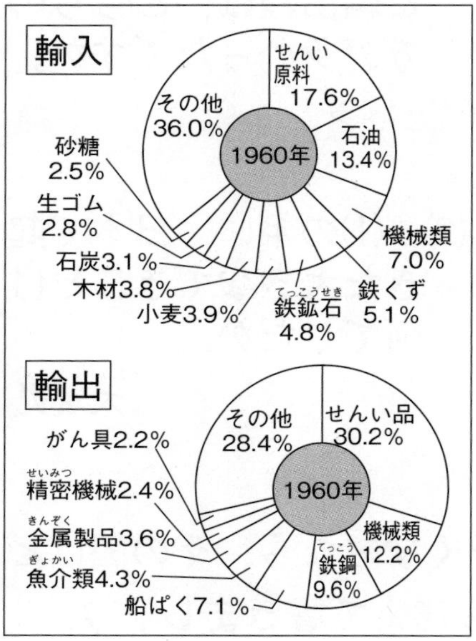

輸入
1960年
せんい原料 17.6%
石油 13.4%
機械類 7.0%
鉄くず 5.1%
鉄鉱石 4.8%
小麦3.9%
木材3.8%
石炭3.1%
生ゴム 2.8%
砂糖 2.5%
その他 36.0%
輸出
1960年
せんい品 30.2%
機械類 12.2%
鉄鋼 9.6%
船ぱく7.1%
魚介類4.3%
金属製品3.6%
精密機械2.4%
がん具2.2%
その他 28.4%

	《輸　入　品》	《輸　出　品》
1位	（　　　　）	せんい品
2位	（　　　　）	機械類
3位	機械類	鉄鋼
4位	（　　　　）	船ぱく

工業原料や燃料を輸入して、せんい品・①（　　　　）などに加工して輸出する②（　　　　）貿易。

B　2018年

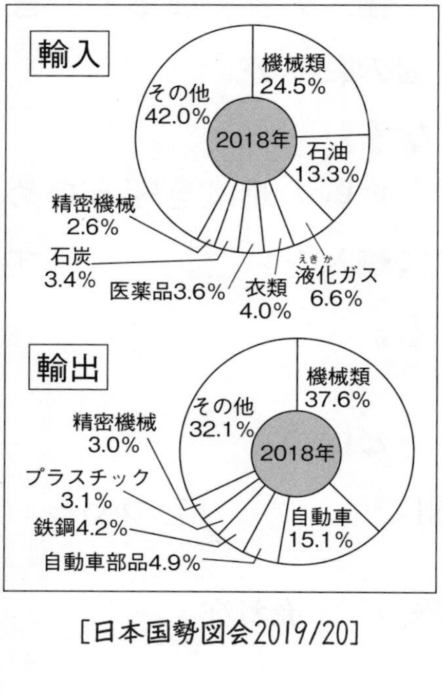

輸入
2018年
機械類 24.5%
石油 13.3%
液化ガス 6.6%
衣類 4.0%
医薬品3.6%
石炭 3.4%
精密機械 2.6%
その他 42.0%
輸出
2018年
機械類 37.6%
自動車 15.1%
自動車部品4.9%
鉄鋼4.2%
プラスチック 3.1%
精密機械 3.0%
その他 32.1%

［日本国勢図会2019/20］

《輸　入　品》（1位と2位）

1位（　　　　）　2位（　　　　）

《輸　出　品》

1位（　　　　）　2位（　　　　）

機械類は輸出だけでなく、①（　　　　）も増えてきた。②（　　　　）の工場で生産された機械類などを輸入するようになってきた。

月	日	名前	/100点

2 次の地図を見て、あとの問いに答えましょう。

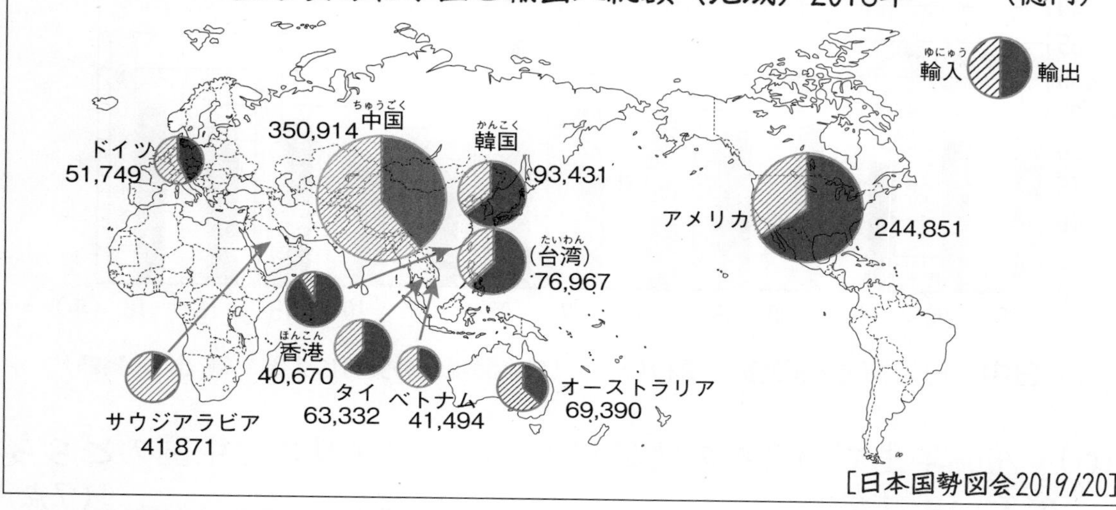

主な貿易相手国と輸出入総額（地域）2018年
（億円）
輸入
輸出
中国 350,914
韓国 93,431
ドイツ 51,749
アメリカ 244,851
（台湾）76,967
香港 40,670
タイ 63,332
ベトナム 41,494
オーストラリア 69,390
サウジアラビア 41,871
［日本国勢図会2019/20］

(1) 日本の輸入相手で一番多い国はどこですか。 （5点）

（　　　　　　　　）

(2) 日本の輸出相手で一番多い国はどこですか。 （5点）

（　　　　　　　　）

(3) 次の国々から多く輸入しているものを線で結びましょう。（4点×4）

① サウジアラビア	・	・	㋐ 石炭・鉄鉱石
② 中国	・	・	㋑ 原油（石油）
③ オーストラリア	・	・	㋒ トウモロコシ
④ アメリカ	・	・	㋓ 衣類

(4) 日本の貿易で正しいものに○をつけましょう。 （4点×2）

（　　　）貿易相手国は、アジアの国々が多い。

（　　　）貿易額の多い上位3国は、中国・韓国・台湾である。

（　　　）サウジアラビアからは、輸入がかなり多い。

まとめテスト

工業生産と貿易(2)

|1| 次のグラフを見て、あとの問いに答えましょう。

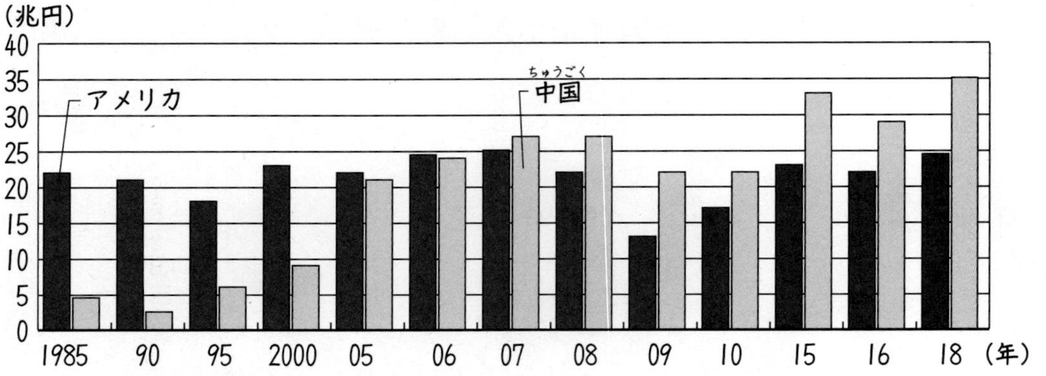
(兆円)
40
35
30
25
20
15
10
5
0
アメリカ
中国
1985
90
95
2000
05
06
07
08
09
10
15
16
18
(年)

日中・日米貿易額の移り変わり (日本関税協会資料による、輸出入総額)

(1) 2006年までの日本の貿易相手国は、アメリカと中国のどちらが多いですか。 (7点)

( )

(2) (1)から先は、どちらの国が多くなりましたか。 (7点)

( )

(3) 2018年の中国とアメリカの輸出入総額は、約何兆円ですか。 (7点×2)

①中国 約( )兆円 ②アメリカ 約( )兆円

(4) なぜ、(2)の国からの貿易額が多くなったのでしょうか。【 】の言葉を使って書きましょう。 【工場 輸入】 (16点)

日本の会社は、   から。

月　　日　名前　　　　/100点

2 次の図を見て、アメリカとの関係について答えましょう。

（7点×8）

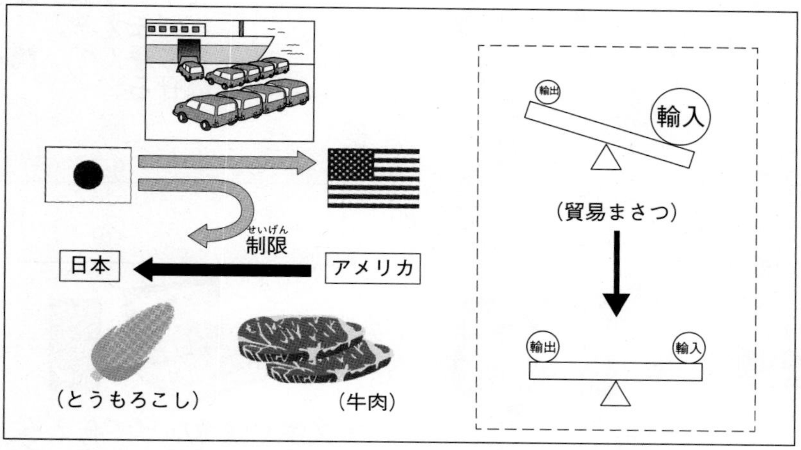

せいげん
制限
日本
アメリカ
（とうもろこし）
（牛肉）
輸出
輸入
（貿易まさつ）

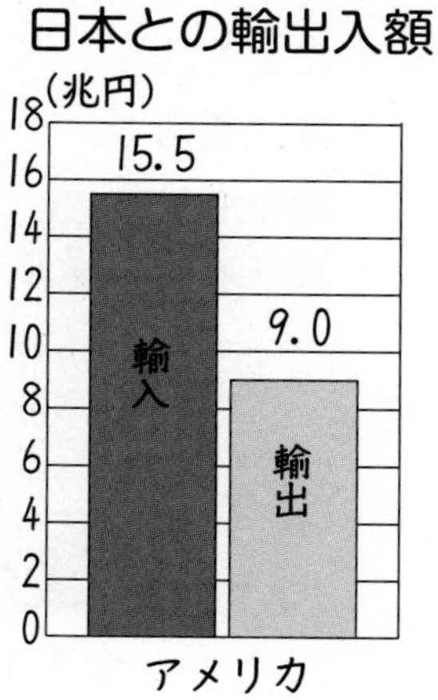

日本との輸出入額
（兆円）
18
16
14
12
10
8
6
4
2
0
15.5
9.0
輸入
輸出
アメリカ

(1) アメリカは、日本との貿易では輸出と輸入のどちらが多いですか。（　　　　）

(2) 日本から輸入しているのは何ですか。（　　　　）

(3) アメリカは、どうしますか。

自分の国の製品（せいひん）が（　　　　）なるので、輸入を（　　　　）する。

(4) (3)のようにして起こる問題を何といいますか。

（　　　　）

(5) (4)の問題を解決（かいけつ）するために日本とアメリカは、どうしますか。

① 日本　…アメリカに(2)の（　　　　）を建てる。

② アメリカ　…日本に（　　　　）や（　　　　）を多く輸出する。

イメージマップ

作業1 なぞって書きましょう。

① さまざまなメディア

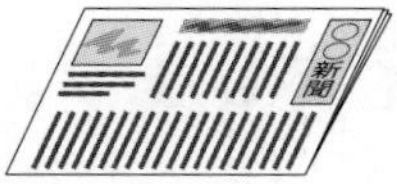

新聞

- 文字を中心に伝える。
- 持ち運んで、読み返せる。
- 切りぬいて保存(ほぞん)できる。

雑誌(ざっし)

- 文字や写真・絵などで伝える。
- 持ち運んで、読み返せる。

ラジオ

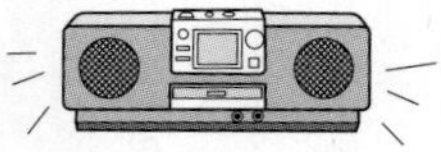

音声で伝える。

テレビ

- 映像(えいぞう)と音声で伝える。
- デジタル化で情報(じょうほう)のやり取りができる。

インターネット

- 文字や映像などで伝える。
- 世界中の情報をすぐに見たり、発信したりできる。
- だれでも情報が発信できる（パソコン・スマートフォン）

② 情報を伝える

(1) 情報を知る方法

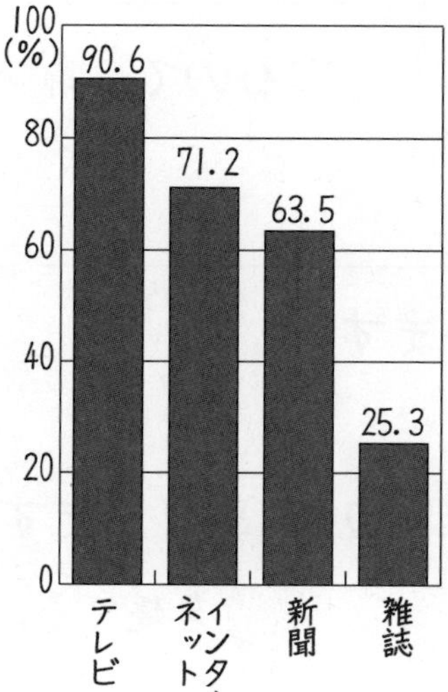

100
(%)
80
60
40
20
0
90.6
71.2
63.5
25.3
テレビ
インターネット
新聞
雑誌

情報源(げん)としての重要度
(2018年総務省　情報通信政策研究所)

(2) 情報を伝えるまで〔テレビ〕

① 情報を集める（取材）

② 情報を選ぶ・編集(へんしゅう)（編集）

→

③ 情報を伝える（放送）

©テレビ大阪「やさしいニュース」

③ 情報技術産業（ＩＣＴ）

① POSシステム

　バーコードを読みとって売れた商品や数などが自動的に記録されるしくみ。

② 電子マネー

ICOCA
©ICOCA（JR西日本発行のICカード）

Suica
©JR東日本

　カードにチャージしたお金で買い物したり、乗り物に乗れる。

③ 医りょうネットワーク

　かん者さんの同意を得て、複数の病院の間でカルテなどの情報をやりとりする仕組み。

④ 人工知能（AI）が組まれた介護ロボット

©富士ソフト株式会社

　高れい者と会話をしたり、遊んで相手の心をなごませる。

⑤ ネット環境が整備された観光業

高野山ナビ
KOYASAN Travel Guide
©和歌山県高野町

　お店の情報や音声ガイドで観光案内やインターネットの接続などを行う。

④ 情報化社会の問題点

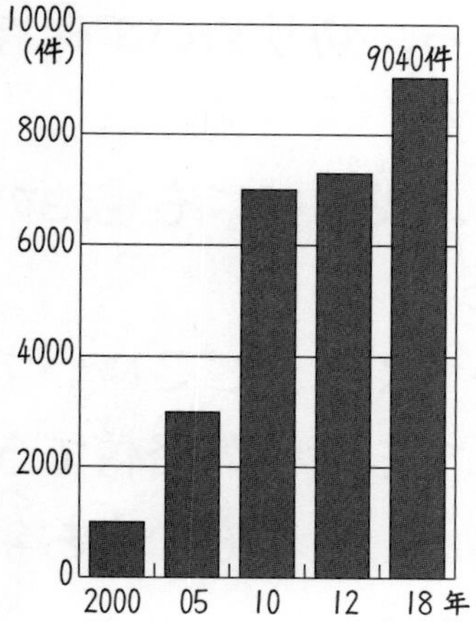
10000
(件)
9040件
8000
6000
4000
2000
0
2000
05
10
12
18 年
インターネットを使った犯罪件数　(2018年　警察庁)

①品物の売買でだまされる

②悪質な書きこみ

③有害なメール

④個人情報の流出

メディアの種類と特ちょう

1　次の図を見て、あとの問いに答えましょう。

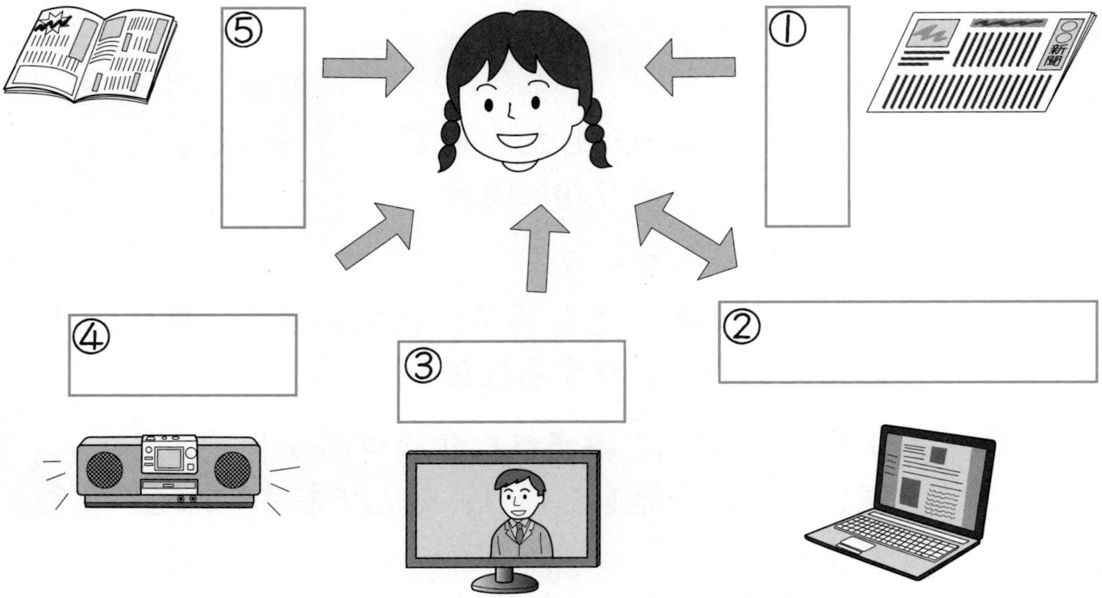

⑤
①
④
③
②

(1)　図中の□にあてはまるメディアを書きましょう。

ラジオ　　インターネット　　新聞　　テレビ　　雑誌(ざっし)

(2)　(1)の特ちょうを線で結びましょう。

①・　　・㋐　文字を中心に伝える。切りぬいて保存(ほぞん)できる。持ち運びできる

②・　　・㋑　音声だけで伝える。災害(さいがい)時にも電池があれば情報(じょうほう)を得(え)られる。

③・　　・㋒　世界中の情報をいつでも、どこにいてもすぐに見たり、だれでも情報が発信できる。

④・　　・㋓　音声と映像(えいぞう)で伝える。子どもからお年寄(としよ)りまでだれでも楽しめる。

⑤・　　・㋔　文字や写真、イラストなどで伝える。

月　　日　名前

ポイント　情報を伝えるものには、どのようなものがあるか、また伝える側はどのようにして番組をつくっているのかを理解（りかい）しましょう。

2　次の写真は、ニュース番組が放送されるまでの仕事を表しています。あとの問いに答えましょう。

㋐［　　　］→ ㋑［　　　］→ ㋒［　　　］を書く → 映像の㋓［　　　］→ ㋔［　　　］

©テレビ大阪「やさしいニュース」

(1)　上の［　　］に、あてはまる仕事を［　　］から選んで書きましょう。

編集（へんしゅう）　取材　原こう　放送　編集会議

(2)　次の仕事は、(1)の中のどれですか。（　　）に記号で書きましょう。

①　事故（じこ）などがあると、そこに行ってニュースを集める仕事。（　　　）

②　集まった映像を時間内に放送できるようにまとめる。（　　　）

③　どのニュースを取材し、放送するかを決める。（　　　）

(3)　ニュース番組を放送するときに気をつけていることを書きましょう。

ニュース番組では、（①　　　　）な情報をだれにでも（②　　　　）ように伝えること。

わかる　ゆかい　正確（せいかく）

くらしの中の情報技術産業

1　次の図は、コンビニエンスストアで使われているコンピューターの様子を表しています。それぞれの問いに［　　］から選んで答えましょう。

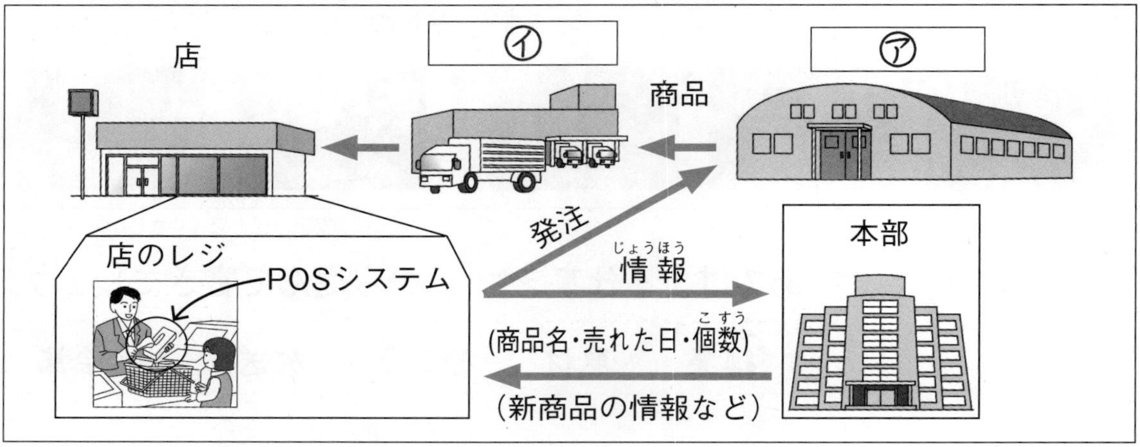

店
㋑
㋐
商品
発注
本部
店のレジ
POSシステム
情報
(商品名・売れた日・個数)
(新商品の情報など)

(1)　店のレジでは、右の図を読み取っています。
これは何ですか。（　　　　　　　　　）

4 901037 657808

(2)　POSシステムを使うことでわかることに○をつけましょう。

①　売れた日の（天気・日時）　　②　売れた商品の（個数・形）

③　（売れた商品・買った人）の名前

(3)　POSシステムによって商品がどのようにして店に運ばれますか。㋐・㋑にあてはまる言葉を書きましょう。

店 → ㋐［　　　　　］ → ㋑［　　　　　］ → 店

(4)　次の（　）にあてはまる言葉を書きましょう。

コンビニエンスストアなどで使えるポイントカードや電子マネーには、氏名や住所などの（　　　　　）が入っています。

［配送センター　個人情報　バーコード　工場］

ポイント　くらしを支える情報について、図などから理解しましょう。

2　左の文章にあてはまる工業製品の写真を右から選んで、線で結びましょう。

無料のアプリをダウンロードすれば、防災情報やお店の情報・地図が見られたり、音声ガイドでお寺の歴史を聞くことができます。	●
総合病院での検査結果の情報をかかりつけのしんりょう所と見られるようにしています。かん者さんの情報を共有することで、より良い治りょうを行うことができます。	●
介護ロボットは、高れい者と会話をしたり、歌ったりして相手の心をなごませます。	●

● 

©富士ソフト株式会社

● 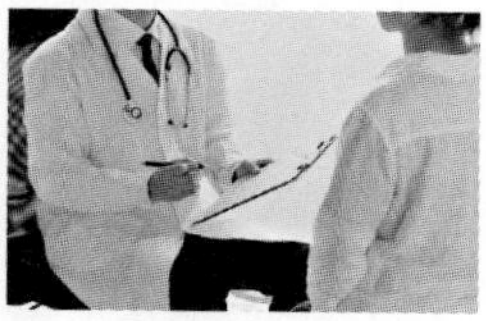

● 
高野山ナビ
KOYASAN Travel Guide

©和歌山県高野町

3　次の絵を見て、あとの問いに答えましょう。

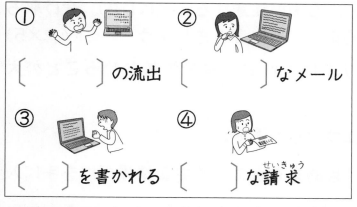

① 
［　　　　］の流出

② 
［　　　　］なメール

③ 
［　　　］を書かれる

④ 
［　　　］な請求

(1)　インターネットの問題点を［　　］から選んで記号で書きましょう。

㋐ めいわく　㋑ 悪口
㋒ 個人情報　㋓ 高額

(2)　次の（　）の正しいほうに○をつけましょう。

情報を発信するときは、（不正確・正確）な情報を、（受け取る・流す）側の立場に立って伝える。

まとめテスト

くらしを支える情報

1 次の絵を見て、情報を得ているものの番号の名前を書きましょう。
（5点×5）

緊急
①
②
③
④
⑤

①	
②	
③	
④	
⑤	

テレビ　ラジオ　新聞　パソコン　雑誌

2 次の①～⑤で、情報を送る側が注意することには㋐、受け取る側が注意することには㋑を（　）に書きましょう。　（4点×5）

①（　　）情報にふりまわされず、自分で確かめることが大切。

②（　　）正確で役立つ情報を流す。

③（　　）しっかりと目的をもって、必要な情報だけを手に入れる。

④（　　）個人のプライバシーに関わる情報は流さない。

⑤（　　）おしつけられた情報は、受け取らない。

月　　日　名前　　　／100点

[3] 次の絵は、ニュース番組が放送されるまでの仕事を表しています。

（4点×10）

①

②

③

④

⑤

©テレビ大阪「やさしいニュース」

(1) ①～⑤の仕事を［　］から選んで、記号を書きましょう。

①		②		③		④		⑤	

㋐ 原こう書き　㋑ 編集（へんしゅう）会議　㋒ 映像（えいぞう）の編集
㋓ スタジオ本番　㋔ 取材

(2) ①～⑤の仕事を次のように分け、番号を書きましょう。

A 情報を集める〔　　〕　B 情報を選ぶ〔　　〕〔　　〕
C 情報を伝える〔　　〕〔　　〕

[4] 次の①～③の気象（きしょう）情報は、どの仕事の人が役立てていますか。

（5点×3）

①

明日は風が強いから船を出さないでおこう。
②

明日は、暑いからアイスクリームを多めに入れておこう。
③

気温がかなり低くなりそうだ。田んぼの水深を上げて備（そな）えよう。

〔　　　〕〔　　　〕〔　　　〕

コンビニエンスストア　農業　漁業

イメージマップ　作業1　なぞって書きましょう。

1 おもな自然災害と地球温暖化

↓

ハザードマップ（防災マップ）

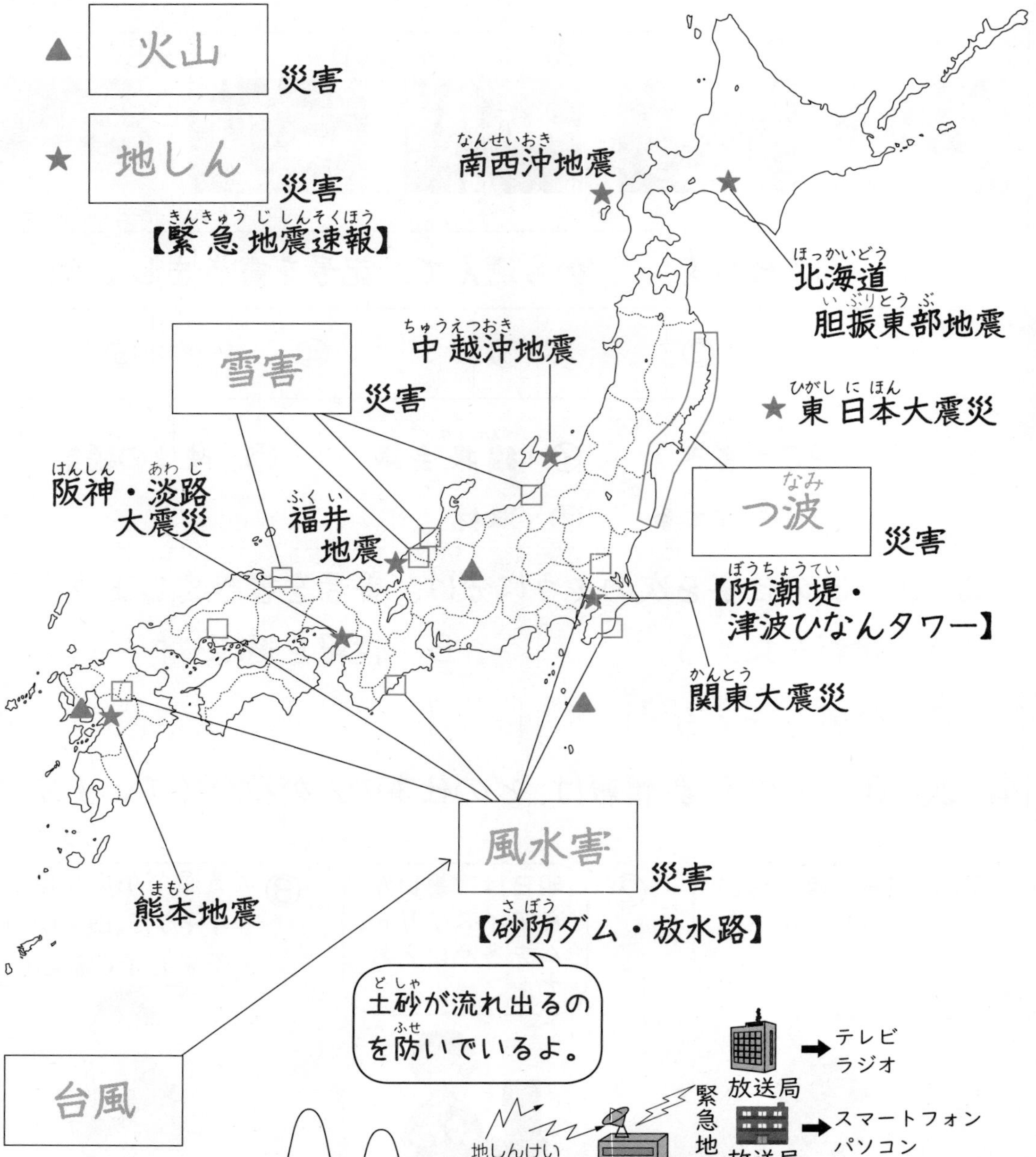

▲ 火山 災害
★ 地しん 災害
【緊急地震速報】
南西沖地震
北海道胆振東部地震
中越沖地震
雪害 災害
★ 東日本大震災
阪神・淡路大震災
福井地震
つ波 災害
【防潮堤・津波ひなんタワー】
関東大震災
熊本地震
風水害 災害
【砂防ダム・放水路】
土砂が流れ出るのを防いでいるよ。
台風

地しんのゆれ
地しんけい
気象庁
緊急地震速報
放送局
テレビ
ラジオ
放送局
スマートフォン
パソコン
消防
市町村など
防災無線

☆場所によっては，ゆれの方が早く来ることもあるよ。

〔防災情報ネットワークの仕組み〕

② 森林の働き

二酸化炭素をきゅうしゅうする
動物のすみか
水をたくわえる
風や雪を防ぐ
土をささえる
空気をきれいにする
木材をつくる
きれいな水
音を防ぐ
やすらぎの場

③ 公害をこえて

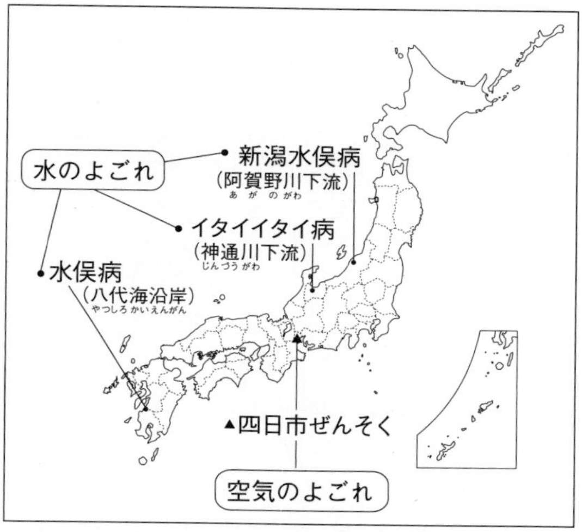

水のよごれ
新潟水俣病
（阿賀野川下流）
イタイイタイ病
（神通川下流）
水俣病
（八代海沿岸）
▲四日市ぜんそく
空気のよごれ

① 四大公害病の原因

- 水俣病（みなまたびょう）
  新潟（にいがた）水俣病 ← メチル水銀
- イタイイタイ病 ← カドミウム
- 四日市（よっかいち）ぜんそく ← 石油化学工場から出たけむり

② 公害を防ぐ

公害対策基本法（たいさくきほん）（1967年）→ 環境（かんきょう）基本法（1993年）　◎エコタウン（北九州市（きたきゅうしゅう））

④ 林業（人工林を育てる）の仕事

自然のままのものを天然林というよ。

植林

→ 下草がり（したくさ）

雑草（ざっそう）をかりとるよ。

→ 枝打ち（えだう）

よぶんな枝を切り落とすよ。

→ 間ばつ（かん）

太陽の光がよくとどくように弱っている木を切るよ。

→ 切り出し

自然災害の種類と防ぐ取り組み

1 次の自然災害について、あとの問いに答えましょう。

▲ ① 災害
★ ② 災害
【緊急地震速報】
南西沖地震
北海道
胆振東部地震
中越沖地震
③ 災害
東日本大震災
阪神・淡路
大震災
福井
地震
④ 災害
【防潮堤・
津波ひなんタワー】
関東大震災
⑤ 災害
【砂防ダム・放水路】
熊本地震
⑥

(1) 地図中の□にあてはまる言葉を書きましょう。

①		②		③	
④		⑤		⑥	

雪害　つ波　火山　風水害　台風　地しん

(2) 気候と関係する災害を、①～⑥の中から３つ選びましょう。

(　　　)(　　　)(　　　)

(3) 気象庁が出している大きな地震が予想されたときに出す速報を何といいますか。

(　　　　　　　　)速報

月　　日　名前

ポイント　自然災害が起こっている地域とそれから守る手だてについて理解しましょう。

2　次の①～④は、自然災害から守るためのものです。名前を（　）に書いて、関係のあるものと線で結びましょう。

①（　　　　　　）

©国土交通省

②（　　　　　　）

©岩手県

③（　　　　　　）

④（　　　　　　）

- 土砂くずれが起こりそうな山間部につくられているもの。
- 災害が起きたとき、ひ害のおよぶはん囲などを予測した地図。
- 数メートル～十数メートルの高さを持つ津波からひなんするための施設。
- 津波や高潮を防ぐために海岸につくられたもの。

3　次の写真は、地震が起こったときに、ひ害を少なくする（減災）ための取り組みです。[　　]から選んで記号を書きましょう。

（　　　　　　）

避難場所
Evacuation Site

（　　　　　　）

（　　　　　　）

㋐ たい震化がされた建物　㋑ 防災訓練　㋒ ひなん場所を示すかん板

自然災害の予測と防止

1　次の図は、土砂くずれが起きそうなときのことを表しています。あとの問いに答えましょう。

(1)　次の図を参考にして、□にあてはまる言葉を書きましょう。

こう水のとき

山鳴り　水
にごっている　流木

①　しゃ面から□が流れ出る。

②　□がする。

③　川に□が流れてくる。

④　川の水が□。

(2)　右の画像は、こう水のひ害を少なくするために、地下につくられた雨水をためる設備です。これを何といいますか。□から選びましょう。

(　　　　　　)

ダム　放水路　用水路

(3)　市町村や消防では、何を使ってすばやく情報を伝えますか。□から選びましょう。

(　　　　　　)

防災無線　テレビ　ラジオ

ポイント　自然災害を予測することから、そのひ害を減らす方法について理解しましょう。

2　次の地図を見て、あとの問いに答えましょう。

Ⓐ
災害

(1)　Ⓐの▥の部分は、□の中のどの災害が起きそうな地域を表していますか。（　　　）

干害　冷害　雪害

(2)　▲は、□の中のどの災害を表していますか。（　　　）

つ波　火山　台風

(3)　(1)の災害を減らすためにしていることを写真を見て書きましょう。

①

道路を
（　　　）

②

熱で道路を
（　　　）

③

（　　　）
防止さく

なだれ　除雪　あたためる

森林の働き

|1| 次の絵を見て、あとの問いに答えましょう。

森林⇨「緑のダム」（こう水を防ぐ）

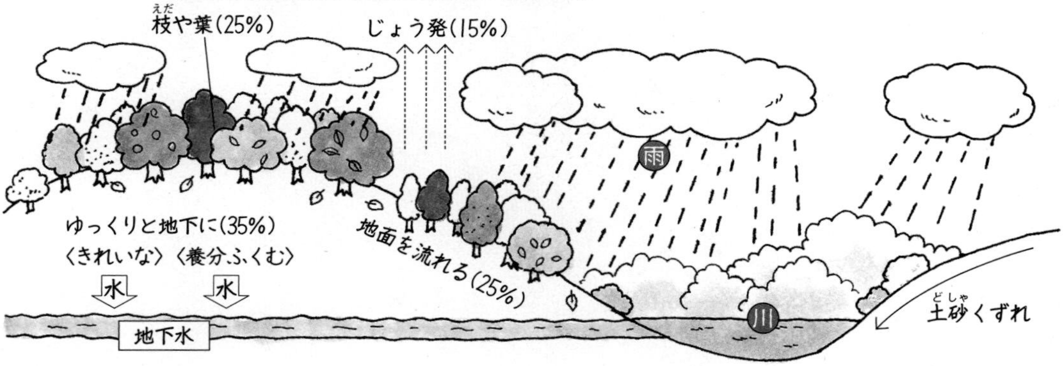

枝や葉(25%)
じょう発(15%)
雨
ゆっくりと地下に(35%)
〈きれいな〉〈養分ふくむ〉
水
水
地面を流れる(25%)
川
土砂くずれ
地下水

(1) 森林にふった雨は、地下と枝や葉にそれぞれ何%たくわえられますか。

① 地下（　　　　）%　② 枝や葉（　　　　）%

(2) (1)・①は、水をたくわえながら、どんな働きをしていますか。

㋐ 水を（　　　　）にする。

㋑（　　　　）をふくんだ水にする。

(3) なぜ、森林は、「緑のダム」といわれているのですか。（　）にあてはまる言葉を書きましょう。

> 森林にふった雨は、ゆっくりと地下にしみこんで（①　　　）となって、少しずつ（②　　　）に流れ出ます。
>
> そのため、川の水がかれたり、（③　　　　）になったりすることを防いでいるからです。

月　　日 名前

ポイント　自然災害を減(へ)らすためにも、森林の働きについて理解(りかい)しましょう。

② 次の絵を見て、森林の働きについて考えましょう。

二酸化炭素(にさんかたんそ)をきゅうしゅうする
動物の　④
水をたくわえる
風や雪を防ぐ
土を　①
空気を　②　にする
木材を　③
音を防ぐ
きれいな水
⑤　の場

(1) ①～⑤にあてはまる言葉を［　］から選んで書きましょう。

① 土を（　　　　）　② 空気を（　　　　）にする
③ 木材を（　　　　）　④ 動物の（　　　　）
⑤ 人々の（　　　　）の場

［ すみか　きれい　ささえる　やすらぎ　つくる ］

(2) 森林は、災害(さいがい)や公害を防ぐ働きもあります。［　］から選んで書きましょう。

① 災害　（　　　　　　）（　　　　　　）
② 公害　（　　　　　　）（　　　　　　）

［ つ波(なみ)　そう音　土しゃくずれ　しん動 ］

(3) 次の図は林業の仕事の流れを表しています。（　）にあてはまる言葉を［　］から選んで書きましょう。

なえ木を育てる → ① → ② → ③ → ④ → 切り出し

［ 間(かん)ばつ　枝打(えだう)ち　下草(したくさ)がり　植林 ］

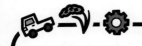

公害問題

1 次の絵やグラフを見て、あとの問いに答えましょう。

〈7公害〉

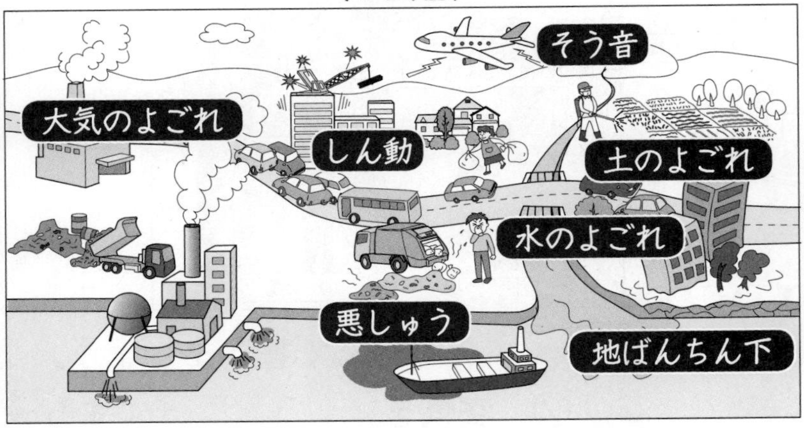

そう音
大気のよごれ
しん動
土のよごれ
水のよごれ
悪しゅう
地ばんちん下

公害に対する苦情のうちわけ

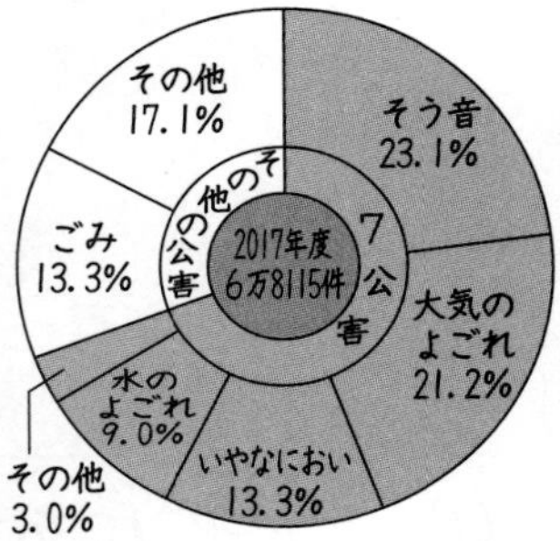

そう音
23.1%
大気の
よごれ
21.2%
いやなにおい
13.3%
水の
よごれ
9.0%
その他
3.0%
ごみ
13.3%
その他
17.1%
7公害
その他の公害
2017年度
6万8115件

(2017年)

(1) ①～⑤にあてはまる公害を書きましょう。

	原　　因	公害名
①	工場や家庭などからの排水で、川や海がよごれる。	
②	工場からのけむりや、自動車の排気ガスで、空気がよごれる。	
③	地下水などのくみすぎなどで、建物がかたむく。	
④	飛行機や工事などで、音がうるさい。	
⑤	工場や鉱山などからの排水で、土地がよごれる。	

(2) (1)の中から苦情が2割をこえている公害の番号を書きましょう。

(　　　　　)(　　　　　)

月　　日　名前

ポイント　日本で起こったいろいろな公害と四大公害病について病名・場所・原因について理解しましょう。

2　次の地図は、四大公害病が起こった場所を表しています。あとの問いに答えましょう。

にいがたみなまたびょう
新潟水俣病
（阿賀野川下流）
あがのがわ
イタイイタイ病
（神通川下流）
じんづうがわ
よっかいち
四日市ぜんそく
（四日市市）
水俣病
（八代海沿岸）
やつしろかいえんがん

(1)　次の①～③が原因で起こった公害病を書きましょう。

①　鉱山から出たカドミウム

（　　　　　　　　）

②　石油化学工場から出たけむり

（　　　　　　　　）

③　化学工場が流したメチル水銀

（　　　　　　　　）

（　　　　　　　　）

(2)　(1)の公害病の様子を、㋐～㋒から選んで記号を書きましょう。

①〔　　　〕　②〔　　　〕　③〔　　　〕

㋐　息が苦しく、のどが痛く、はげしいぜんそくがある。
㋑　骨がもろく、折れやすく、はげしい痛みで苦しむ。
㋒　手足がしびれ、目や耳が不自由になり、死ぬこともある。

(3)　公害病が発生したのは、「地域の環境」と「工場の生産を高めること」のどちらが、ゆう先されたからですか。

（　　　　　　　　　　　　）

(4)　次の文で、正しいほうに○をつけましょう。

公害をなくすために、地球全体の環境問題までふみこんだ決まりが、（　公害対策基本法　・　環境基本法　）です。

まとめテスト

自然災害・森林の働き・公害問題(1)

1 次の自然災害について、あとの問いに答えましょう。

(1) 地図の[　　]にあてはまる言葉を書きましょう。（5点×6）

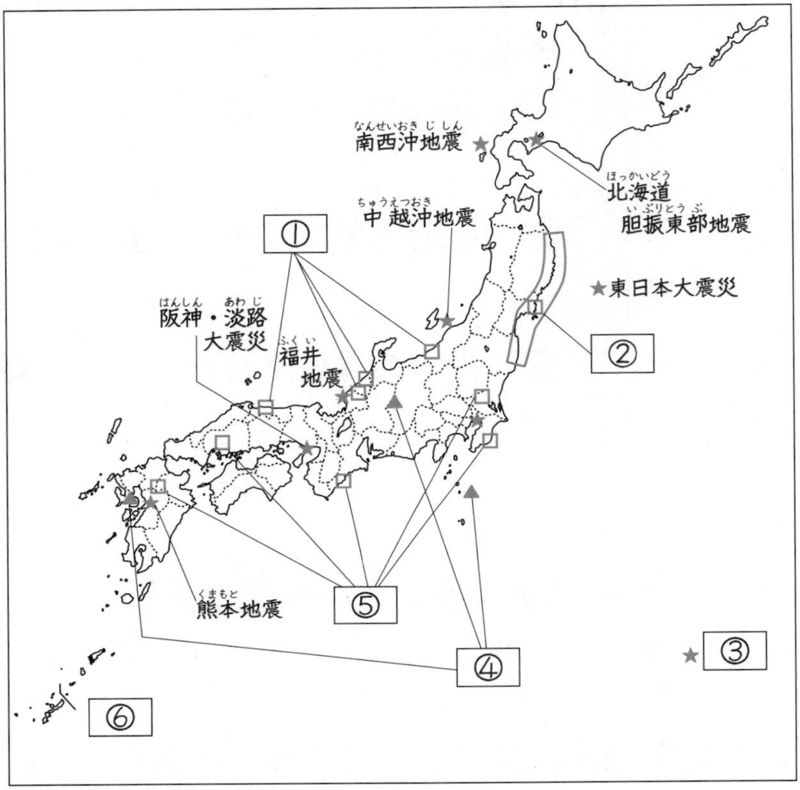

南西沖地震
北海道胆振東部地震
中越沖地震
①
東日本大震災
阪神・淡路大震災
福井地震
②
⑤
熊本地震
④
③
⑥

①	
②	
③	
④	
⑤	
⑥	

雪害　つ波
火山　風水害
台風　地しん

(2) 次の写真は、上の①～⑥の災害を減らすための設備です。関係する番号を書きましょう。（6点×3）

㋐

©国土交通省

〔　　　〕

㋑

©岩手県

〔　　　〕

㋒

〔　　　〕

月　　日 名前　　　　/100点

2 次の図を見て、自然災害や公害を防ぐ働きを図中から選び番号を書きましょう。
（4点×5）

① 二酸化炭素をきゅうしゅう
② 動物のすみか
③ 水をたくわえる
④ 風や雪を防ぐ
⑤ 土をささえる
⑥ 木材をつくる
⑦ 音を防ぐ
きれいな水
⑧ やすらぎの場

㋐ 地球温暖化〔　　〕　　㋒ 雪害〔　　〕

㋑ こう水〔　　〕〔　　〕　　㋓ そう音〔　　〕

3 公害の中でも四大公害病があります。発生した場所と原因を書きましょう。（2回使う記号があります）
（4点×8）

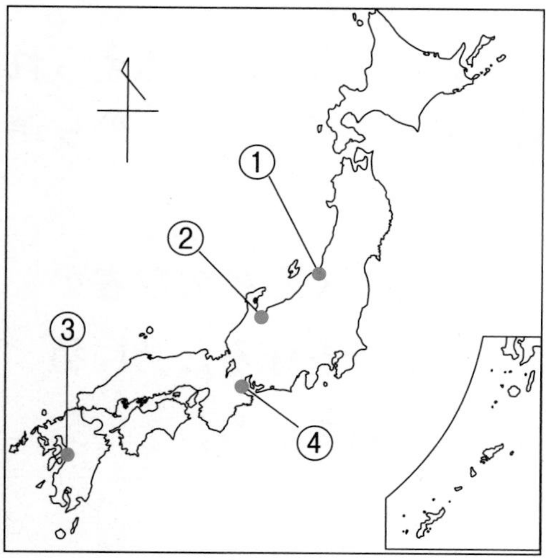

①
②
③
④

公害病名	場所	原因
水俣病		
新潟水俣病		
イタイイタイ病		
四日市ぜんそく		

㋐ 鉱山から出たカドミウム
㋑ 化学工場から出たメチル水銀
㋒ 石油化学工場から出たけむり

まとめテスト

自然災害・森林の働き・公害問題(2)

1 次の問いに答えましょう。　　　　（8点×6）

日本の土地利用

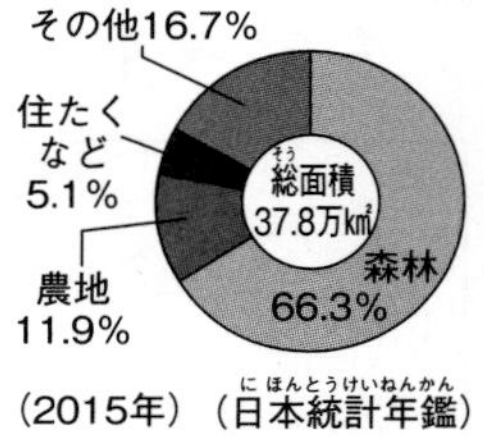
その他16.7%
住たくなど5.1%
総面積37.8万km²
農地11.9%
森林66.3%

（2015年）（日本統計年鑑）

> 日本の国土の約（　①　）は、②森林です。森林は、木材や紙の原料になるだけでなく、③自然災害を減らす働きもあります。

(1) 右のグラフを参考にして、①にあてはまる割合について正しいものに○をつけましょう。

（　　　）2分の1　（　　　）3分の1　（　　　）3分の2

(2) 下線部②の森林など、世界の自然を守るための条約を何といいますか。

（　　　　　　　）

ラムサール条約　世界自然遺産条約　世界文化遺産条約

(3) 最近森林があれてきています。その原因に○をつけましょう。

（国産木材・輸入木材）のほうが、ねだんが安いのと、林業で働く人が（減って・増えて）きたから。

(4) 人工林の中には下線部③の自然災害から守るために植えられているものがあります。説明文と関係するものを、[　　]から選んで書きましょう。

① 強風から家や田畑などを守るために植えられている。

（　　　　　　　）

② 飛んでくる砂のひ害から田畑を守るために植えられている。

（　　　　　　　）

防雪林　防風林　防砂林

月　日　名前　　／100点

2　次の森林の働きと関係のあるものを㋐～㋓と線で結びましょう。（7点×4）

① 動物のすみかとなる。	㋐ 雨水をたくわえて、少しずつ流す。
② 木材を生産する。	㋑ ドングリなどの実や、枝（えだ）や葉をしげらせる。
③ 「緑のダム」となり、こう水にならない。	㋒ 大きく育った木は、切り出される。
④ 人や動物に大切なものをつくり出している。	㋓ 空気中の二酸化炭素（にさんかたんそ）をきゅうしゅうして、酸素を出す。

3　次の①～③の作業する理由について、あとの㋐～㋒からそれぞれ記号を書きましょう。（8点×3）

なえを育てる→植林→①下草（したくさ）がり→②枝打（えだう）ち→③間（かん）ばつ→切り出し

㋐　木と木の間を広げて日当たりをよくするため。
㋑　なえ木の成長をさまたげないようにするため。
㋒　ふしのないまっすぐな木を育てるため。

①		②		③	

学年末テスト

国土と地形

1 次の地図を見て、あとの問いに答えましょう。 〈知識〉

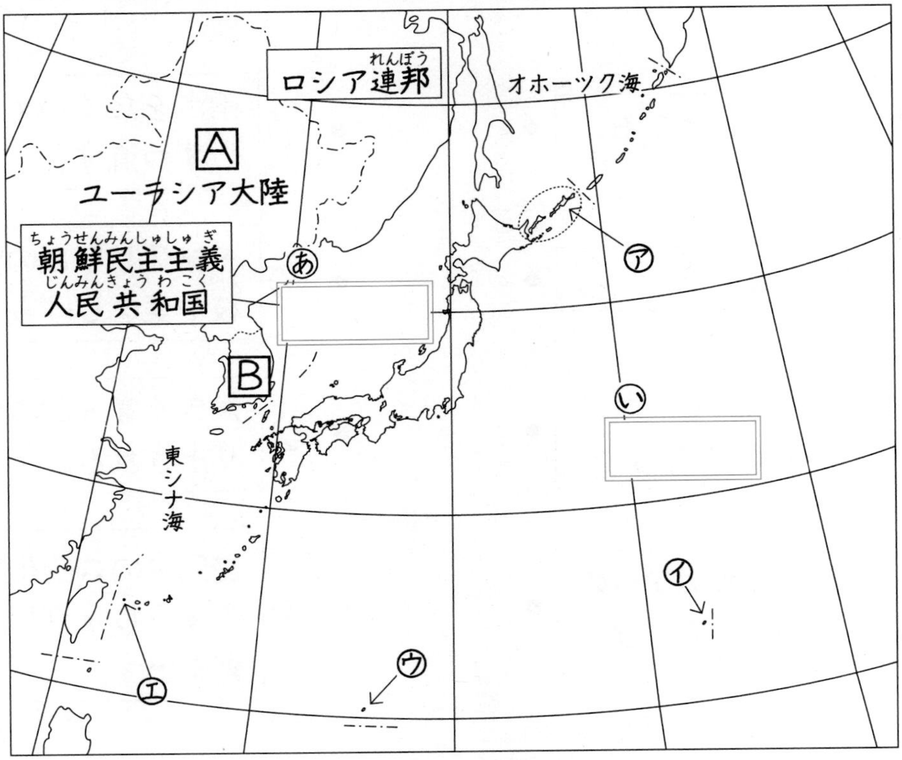
ロシア連邦
オホーツク海
A
ユーラシア大陸
朝鮮民主主義人民共和国
あ
ア
B
い
東シナ海
イ
ウ
エ

(1) 日本の近くにあるAとBの国名を書きましょう。 (6点×2)

A〔　　　　　〕 B〔　　　　　〕

(2) 次のはしの島は、地図中のア～エのどこですか。 (4点×4)

① 南鳥島(みなみとりしま)〔　　〕 ② 与那国島(よなぐにじま)〔　　〕

③ 択捉島(えとろふとう)〔　　〕 ④ 沖ノ鳥島(おきのとりしま)〔　　〕

(3) (2)の中で北方領土(ほっぽうりょうど)として問題になっている島の番号を書き、今、その島を占(せん)きょしている国名を書きましょう。 (5点×2)

番号〔　　〕 国名（　　　　）

(4) 地図中のあといの海の名前を□に書きましょう。(5点×2)

月　日　名前　／100点

2 次の地形の山地・山脈と川の名前を、地図に書きましょう。

〈知識〉（4点×13）

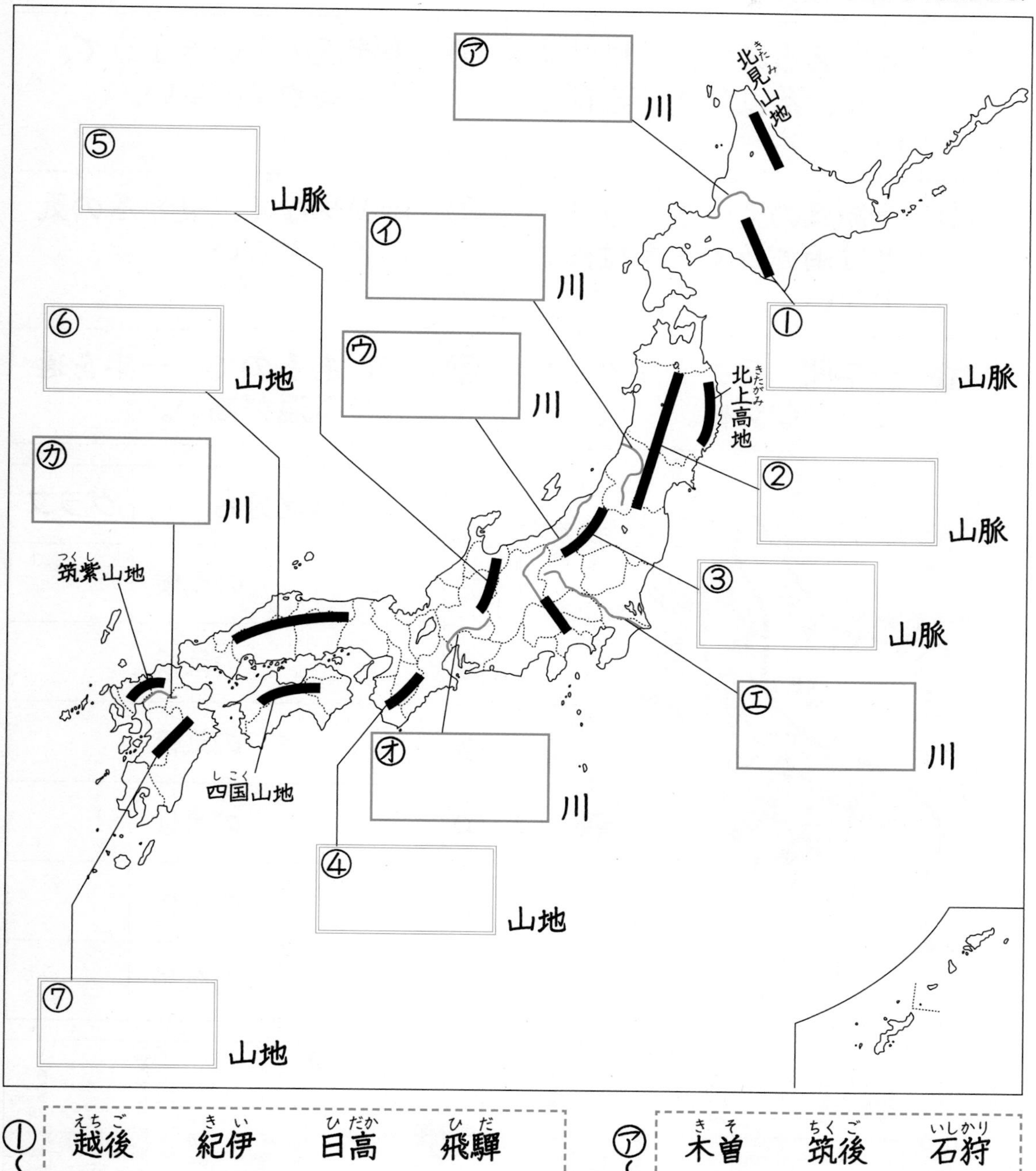

ア　川
北見山地
⑤　山脈
イ　川
①　山脈
⑥　山地
ウ　川
北上高地
カ　川
②　山脈
筑紫山地
③　山脈
エ　川
オ　川
四国山地
④　山地
⑦　山地

①〜⑦　越後　紀伊　日高　飛驒　奥羽　中国　九州

ア〜カ　木曽　筑後　石狩　最上　信濃　利根

日本の気候区分

1 地図中の㋐～㋕の気候区の名前を書いて、特ちょうに合う雨温図を選びましょう。 〈知識・技能〉（気候区分名：4点、グラフ：6点×6）

㋐ 北にあるので、夏はすずしく、冬は寒さがきびしい。	㋑ 季節風のえいきょうで、冬に雨や雪が多い。
㋒ 季節風のえいきょうで、夏は雨が多く、冬は雨が少ない。	㋓ 雨が少なく、夏と冬の気温差が大きい。
㋔ 一年間、雨が少なく、おだやかな気候。	㋕ 南にあるので、一年を通して気温が高い。

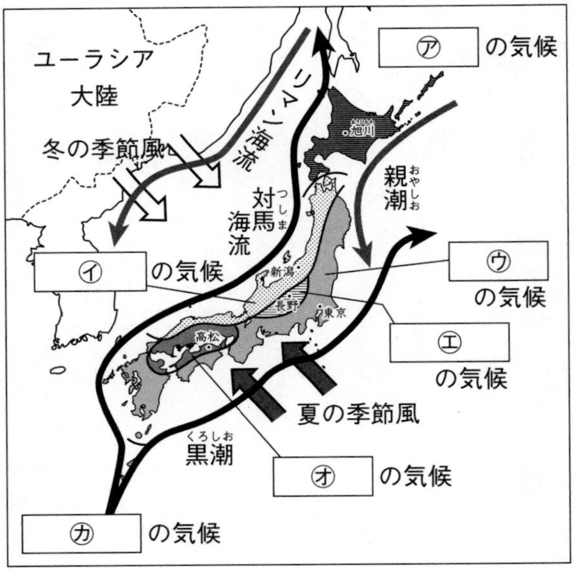

ユーラシア
大陸
冬の季節風
リマン海流
対馬海流
親潮
旭川
新潟
長野
東京
高松
夏の季節風
黒潮
㋐ の気候
㋑ の気候
㋒ の気候
㋓ の気候
㋔ の気候
㋕ の気候

	気候区分名	グラフ
㋐	の気候	
㋑	の気候	
㋒	の気候	
㋓	の気候	
㋔	の気候	
㋕	の気候	

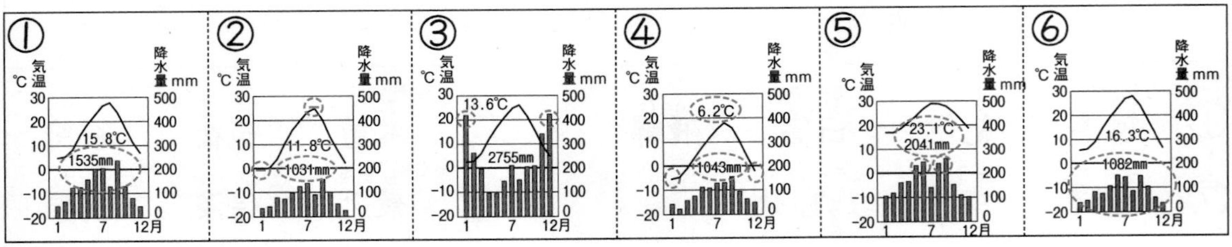

①
15.8℃
1535mm
②
11.8℃
1031mm
③
13.6℃
2755mm
④
6.2℃
1043mm
⑤
23.1℃
2041mm
⑥
16.3℃
1082mm
℃ 気温
降水量 mm
1 7 12月

月	日	名前	/100点

[2] [1]・㋑〜㋔の気候区分の特ちょうに合う図の番号を選んで、なぜそうなるのかを説明しましょう。〈思考〉（図：３点、説明：７点×４）

①

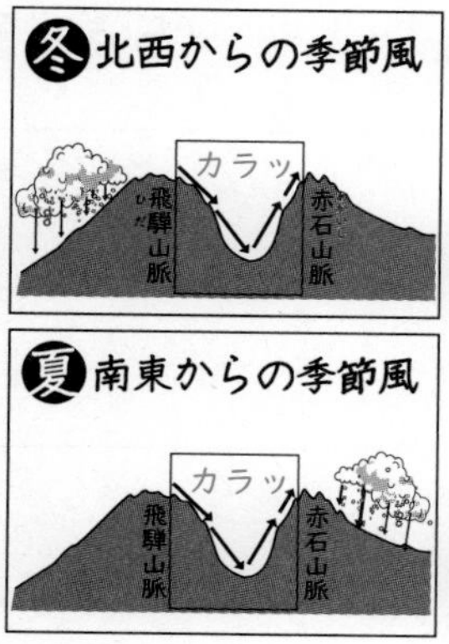

冬 北西からの季節風
カラッ
飛騨山脈
赤石山脈
夏 南東からの季節風
カラッ
飛騨山脈
赤石山脈

②

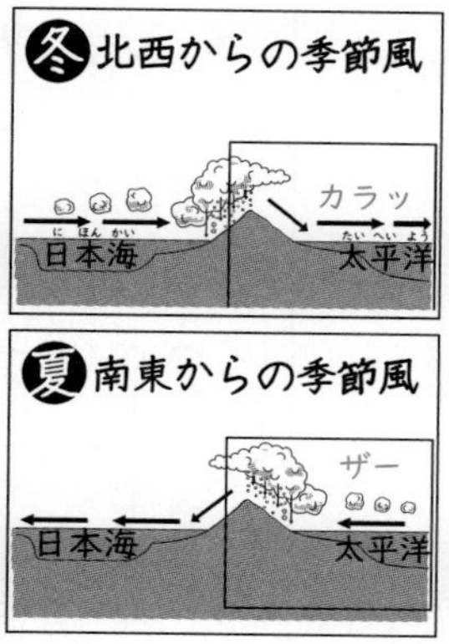

冬 北西からの季節風
カラッ
日本海
太平洋
夏 南東からの季節風
ザー
日本海
太平洋

③

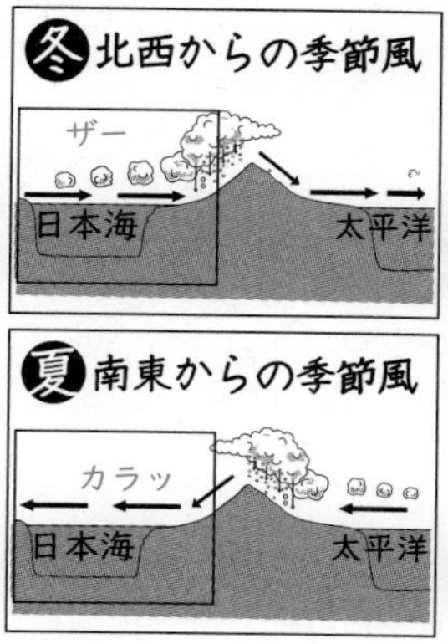

冬 北西からの季節風
ザー
日本海
太平洋
夏 南東からの季節風
カラッ
日本海
太平洋

④

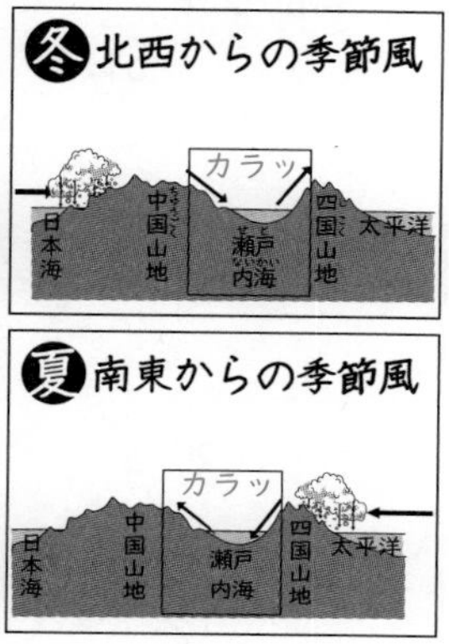

冬 北西からの季節風
カラッ
日本海
中国山地
瀬戸内海
四国山地
太平洋
夏 南東からの季節風
カラッ
日本海
中国山地
瀬戸内海
四国山地
太平洋

	図	説明
㋑		冬
㋒		夏
㋓		
㋔		

米づくりのさかんな地域

1 次の地図を見て、あとの問いに答えましょう。 〈知識〉

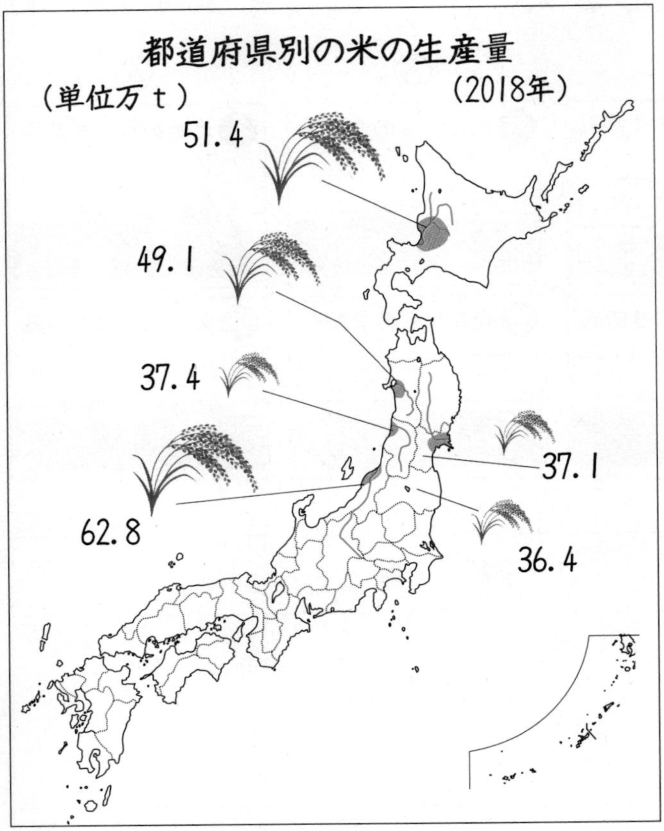
都道府県別の米の生産量
(単位万 t)
(2018年)
51.4
49.1
37.4
37.1
62.8
36.4

(1) 米づくりのさかんな道県名を多い順に書きましょう。 (5点×5)

1	
2	
3	
4	
5	

(2) (1)の県の平野と川の名前を書きましょう。 (5点×10)

1	平野	川	2	平野	川
3	平野	川	4	平野	川
5	平野	川			

〈平野〉

仙台(せんだい)　越後(えちご)　石狩(いしかり)　庄内(しょうない)　秋田(あきた)

〈川〉

信濃(しなの)　北上(きたかみ)　最上(もがみ)　雄物(おもの)　石狩

月　　日　名前　　　　　　　　　　　　　　　　／100点

2　次の地図を見て、あとの問いに答えましょう。

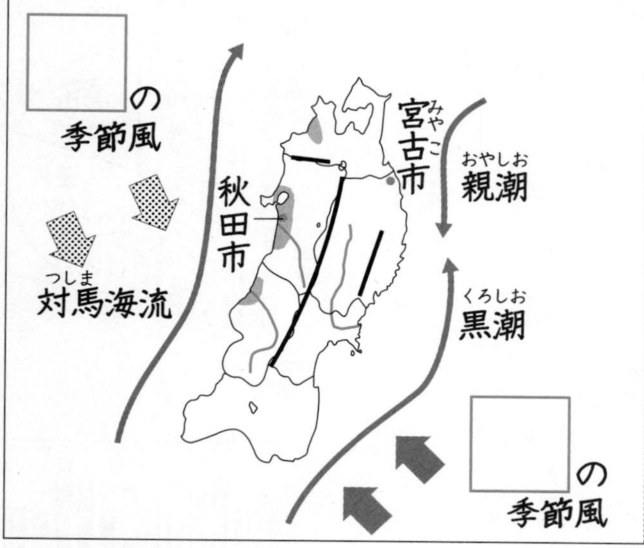
の
季節風
対馬海流
秋田市
宮古市
親潮
黒潮
の
季節風

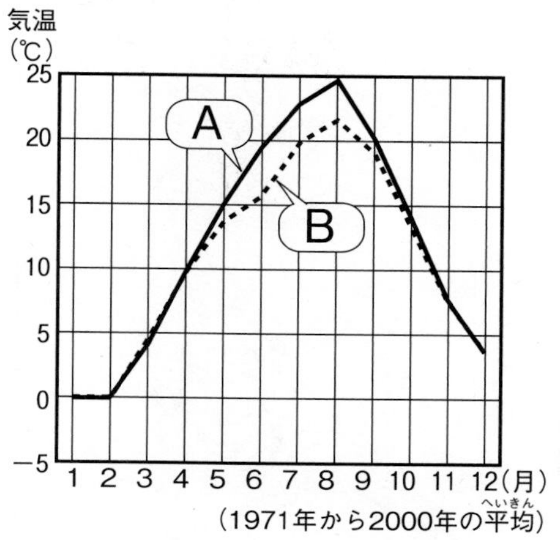
気温
(℃)
25
20
15
10
5
0
−5
A
B
1 2 3 4 5 6 7 8 9 10 11 12(月)
(1971年から2000年の平均)

秋田市と宮古市の気温

(1)　図中の□に夏か冬の季節を書きましょう。〈知識〉(完答５点)

(2)　秋田市の気候グラフは、AとBのどちらでしょうか。〈技能〉(５点)

(　　　)

(3)　なぜ、1・(1)では米づくりがさかんなのでしょうか。米づくりに大切なポイント（①広い平野　②雪どけ水　③夏に気温が上がる）をふまえて書きましょう。〈思考〉(15点)

農ちく産物

Ⅰ　次の地図とグラフを見て、あとの問いに答えましょう。〈技能・知識〉

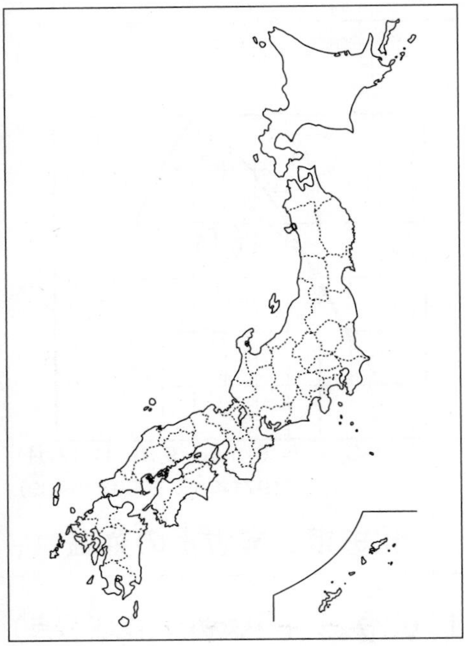

①（　　　　　）

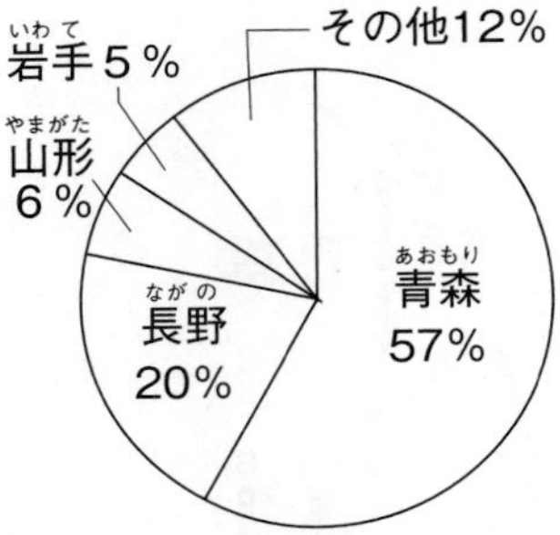

その他12%
岩手(いわて) 5%
山形(やまがた) 6%
長野(ながの) 20%
青森(あおもり) 57%

②（　　　　　）

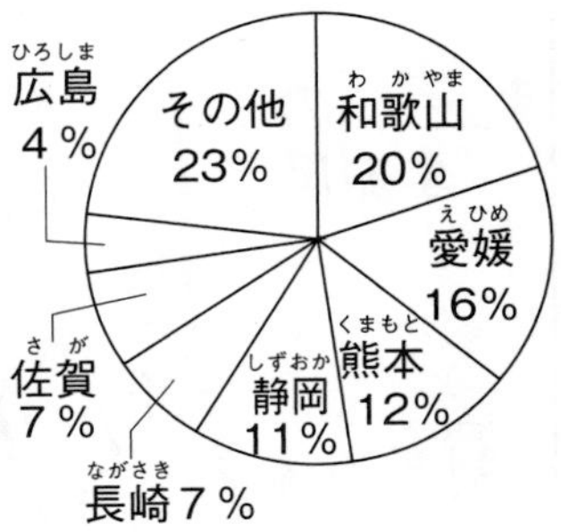

広島(ひろしま) 4%
その他 23%
和歌山(わかやま) 20%
愛媛(えひめ) 16%
熊本(くまもと) 12%
静岡(しずおか) 11%
佐賀(さが) 7%
長崎(ながさき) 7%

③（　　　　　）

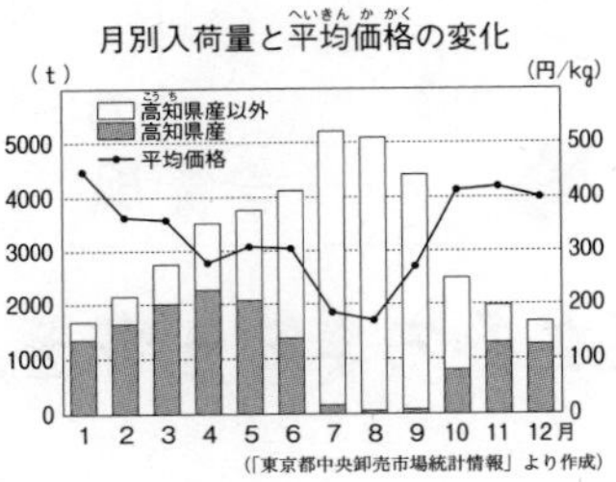

月別入荷量と平均価格(へいきんかかく)の変化
（t）
（円/kg）
高知(こうち)県産以外
高知県産
平均価格
0
1000
2000
3000
4000
5000
100
200
300
400
500
1 2 3 4 5 6 7 8 9 10 11 12月
（「東京都中央卸売市場統計情報」より作成）

④（　　　　　）

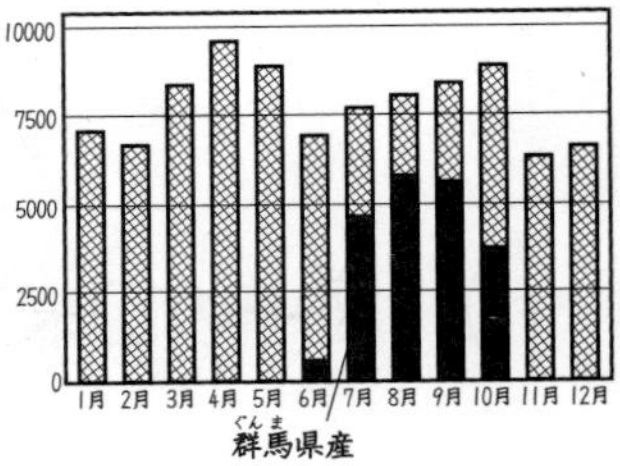

10000
7500
5000
2500
0
1月 2月 3月 4月 5月 6月 7月 8月 9月 10月 11月 12月
群馬(ぐんま)県産

りんご　　みかん　　キャベツ　　なす

(1)　グラフが表している農産物を、（　）に書きましょう。（4点×4）

(2)　地図に①の県は赤色、②の県は黒色でぬりましょう。　（10点）

(3)　③と④では出荷時期をずらしています。なぜこのようなさいばい方法をしますか。　（6点×3）

（　　　　　）でさいばいされないときに（　　　　　）することで（　　　　　）売れるから。

(4)　①～④の農産物の名前を気候によって分けましょう。（5点×4）

A　すずしい気候　〔　　　　　〕〔　　　　　〕

B　あたたかい気候　〔　　　　　〕〔　　　　　〕

月　　日 名前　　／100点

2 次の地図とグラフを見て、あとの問いに答えましょう。

㋐台地
㋑台地

①(　　　　　　)　②(　　　　　　)

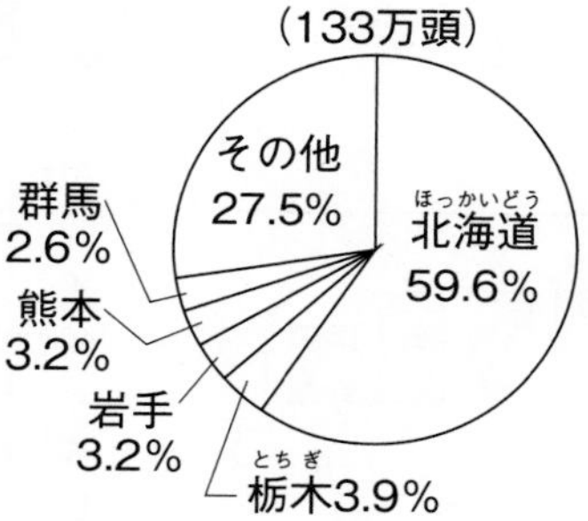

(133万頭)
その他
27.5%
北海道
59.6%
群馬
2.6%
熊本
3.2%
岩手
3.2%
栃木3.9%

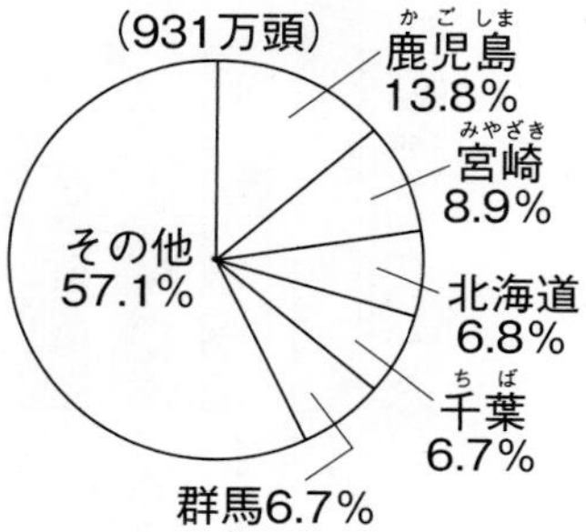

(931万頭)
鹿児島
13.8%
宮崎
8.9%
北海道
6.8%
千葉
6.7%
群馬6.7%
その他
57.1%

肉牛　にゅう牛　ぶた

(1) グラフが表しているちく産物を(　)に書きましょう。〈技能〉
(4点×2)

(2) 北海道や鹿児島でちく産がさかんに行われているところはどこですか。
〈知識〉(5点×2)

㋐北海道(　　　　　　)台地　　㋑鹿児島(　　　　　　)台地

(3) (2)㋑で行われているちく産について、【　】の言葉を使って書きましょう。【火山ばい　米づくり　畑作　ちく産】
〈思考〉(18点)

学年末テスト

農業・水産業の問題点

1　次のグラフを見て、あとの問いに答えましょう。〈技能・思考〉

（おもな国の食料自給率）

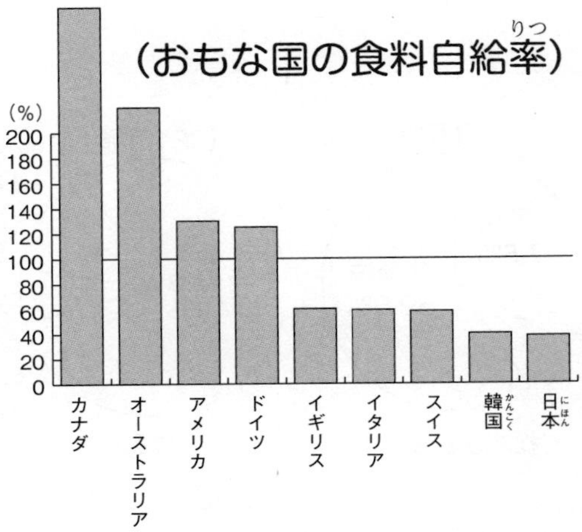
(%)
200
180
160
140
120
100
80
60
40
20
0
カナダ
オーストラリア
アメリカ
ドイツ
イギリス
イタリア
スイス
韓国
日本

日本の食料自給率の移り変わり

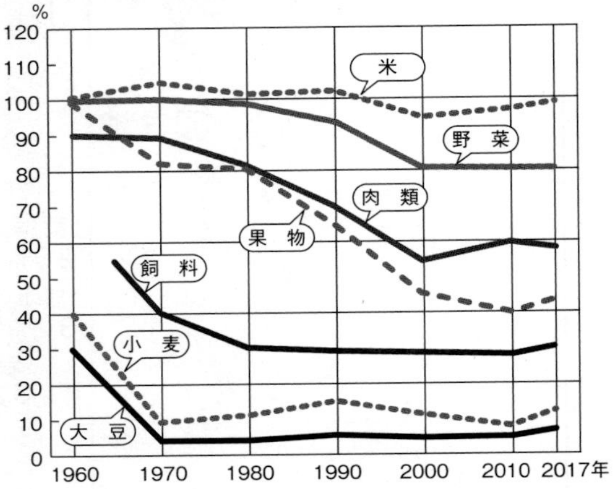
%
120
110
100
90
80
70
60
50
40
30
20
10
0
米
野菜
肉類
果物
飼料
小麦
大豆
1960
1970
1980
1990
2000
2010
2017年

（『日本国勢図会』2019/20年版）

(1)　食料自給率が100%以上の国を書きましょう。〈技能〉（5点×4）

（　　　　）（　　　　）（　　　　）（　　　　）

(2)　日本の自給率は、約何%ですか。〈技能〉（6点）　約［　　　　］%

(3)　日本の自給率が特に低いものを2つ書きましょう。（5点×2）

（　　　　）（　　　　）〈技能〉

(4)　自給率が低いと、外国から輸入しなければなりません。どんな問題が考えられますか。①・②について書きましょう。

〈思考〉（8点×2）

① 安　全…

② 安　定…

月　　日　名前　　　　/100点

2 次のグラフを見て、あとの問いに答えましょう。

漁業別の漁かく量の変化（農林水産省）

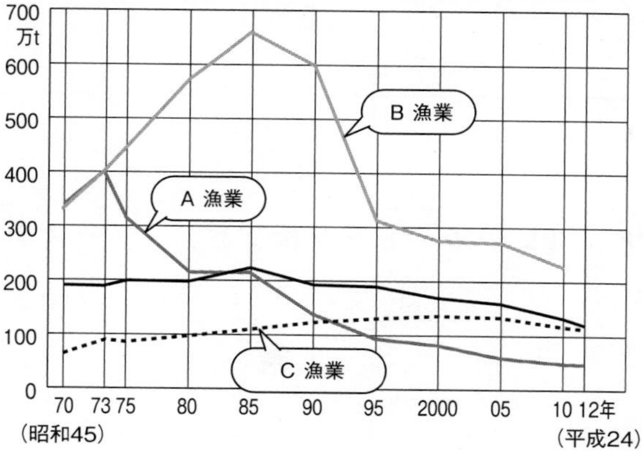
700
万t
600
500
400
300
200
100
0
B 漁業
A 漁業
C 漁業
70 73 75 80 85 90 95 2000 05 10 12年
（昭和45）
（平成24）

(1) A～Cの漁業の名前を書きましょう。〈技能〉（6点×3）

A	漁業	B	漁業	C	（漁）業

養しょく　沖合（おきあい）　沿岸（えんがん）　遠洋（えんよう）

(2) 次の①・②・③についてわかったことを【　】の言葉を使って書きましょう。【200海里　とり過（す）ぎ　育てる漁業】〈思考〉（10点×3）

① A漁業…

② B漁業…

③ C漁業…

工業

1　次の表に工業名を書きましょう。

〈知識〉（4点×7）

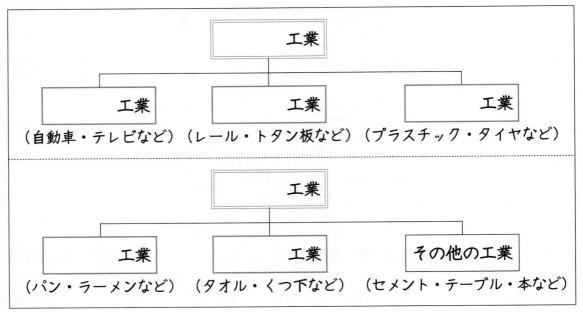

［　　　　］工業
- ［　　　　］工業（自動車・テレビなど）
- ［　　　　］工業（レール・トタン板など）
- ［　　　　］工業（プラスチック・タイヤなど）

［　　　　］工業
- ［　　　　］工業（パン・ラーメンなど）
- ［　　　　］工業（タオル・くつ下など）
- その他の工業（セメント・テーブル・本など）

2　次の図を見て、あとの問いに答えましょう。

①
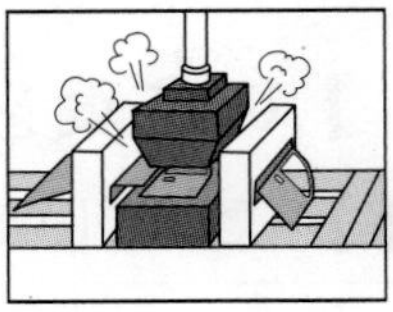
〔　　　　　〕

→ ②

〔　　　　　〕

→ ③

〔　　　　　〕

↓ ④

〔　　　　　〕

← ⑤

〔　　　　　〕

← ⑥
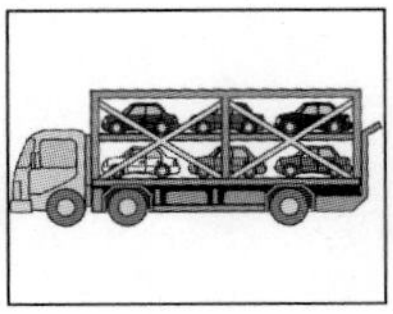
出荷 ←

(1)　作業の名前を〔　〕に書きましょう。
〈知識〉（4点×5）

組み立て
検査（けんさ）
プレス
とそう
ようせつ

(2)　なぜ、②、③ではロボットを使うのですか。　〈思考〉（7点）

（　　　　　　　　　　　　　　　　　　　　　　　）

月　　日　名前　　　　／100点

3　次の図を見て、あとの問いに答えましょう。

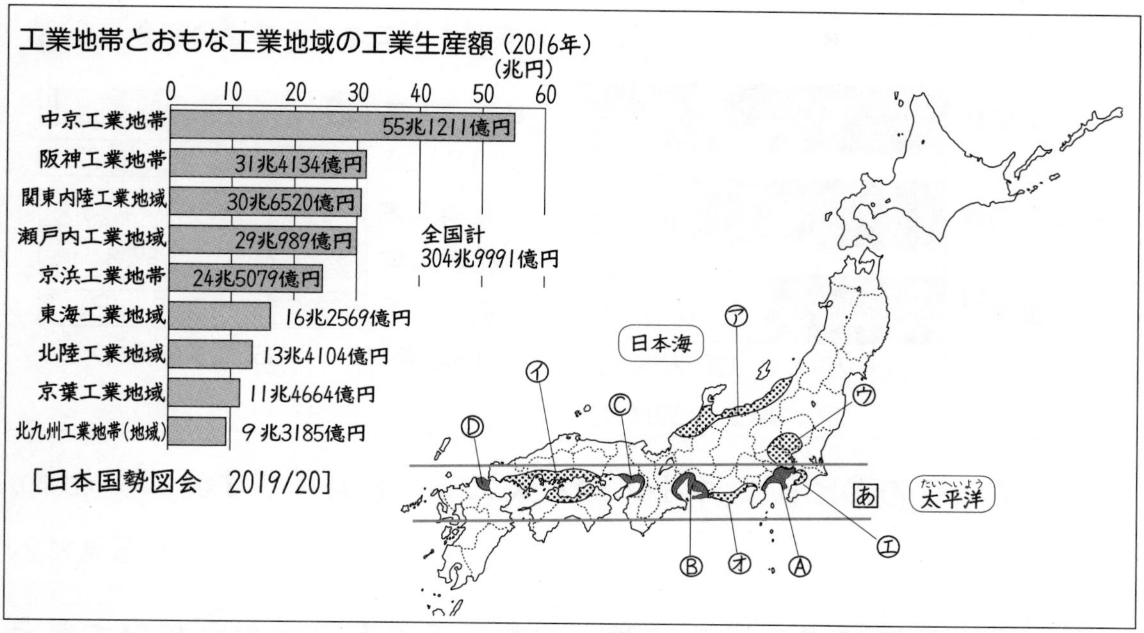

工業地帯とおもな工業地域の工業生産額（2016年）
（兆円）
0 10 20 30 40 50 60
中京工業地帯 55兆1211億円
阪神工業地帯 31兆4134億円
関東内陸工業地域 30兆6520億円
瀬戸内工業地域 29兆989億円
京浜工業地帯 24兆5079億円
東海工業地域 16兆2569億円
北陸工業地域 13兆4104億円
京葉工業地域 11兆4664億円
北九州工業地帯（地域） 9兆3185億円
全国計
304兆9991億円
［日本国勢図会　2019/20］
日本海
太平洋
あ
ア
イ
ウ
エ
オ
A
B
C
D

(1)　地図中の工業地帯と工業地域のうち、工業生産額が多い順にそれぞれ2つ、記号と名前を書きましょう。　〈技能〉

（記号：2点×4、名前：3点×4）

	記号	名前	記号	名前
工業地帯		工業地帯		工業地帯
工業地域		工業地域		工業地域

(2)　図中のあを何といいますか。なぜ、あに(1)が集まっているのですか。　あ（　　　　　　　）　〈思考〉（5点×5）

海ぞいにあれば、（　　　　　　）やできた（　　　　　　）を船で運ぶのに便利。大都市には（　　　　　　）が多く、うめたて地など（　　　　　　）があるから。

中小工場・大工場と工業生産

1 次のグラフは、中小工場と大工場を比(くら)べたものです。

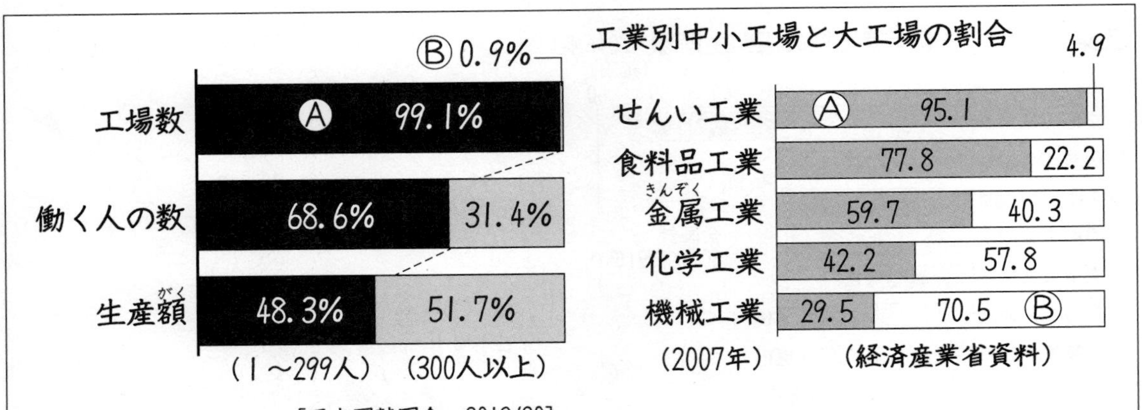
Ⓑ0.9%
工場数
Ⓐ 99.1%
働く人の数
68.6%
31.4%
生産額(がく)
48.3%
51.7%
（1～299人）
（300人以上）
工業別中小工場と大工場の割合
4.9
せんい工業
Ⓐ 95.1
食料品工業
77.8
22.2
金属(きんぞく)工業
59.7
40.3
化学工業
42.2
57.8
機械工業
29.5
70.5 Ⓑ
（2007年）
（経済産業省資料）
［日本国勢図会　2019/20］

(1) グラフのⒶとⒷは、中小工場と大工場のどちらですか。 〈技能〉

Ⓐ（　　　　　　　）　Ⓑ（　　　　　　　）　（5点×2）

(2) 中小工場と大工場で生産額の多い工業を、それぞれ2つ書きましょう。 〈技能〉（5点×4）

	工業の種類	
中小工場	工業	工業
大工場	工業	工業

(3) 働く人1人当たりの生産額は、中小工場と大工場ではどちらが多いですか。（　　　　　　　） 〈技能〉（5点）

(4) なぜ、(3)のようになるのか、【　】の言葉を使って書きましょう。

【機械化　大規(だいき)ぼ　大量】 〈思考〉（15点）

大工場は、

月	日	名前	/100点

2 次のグラフを見て、あとの問いに答えましょう。

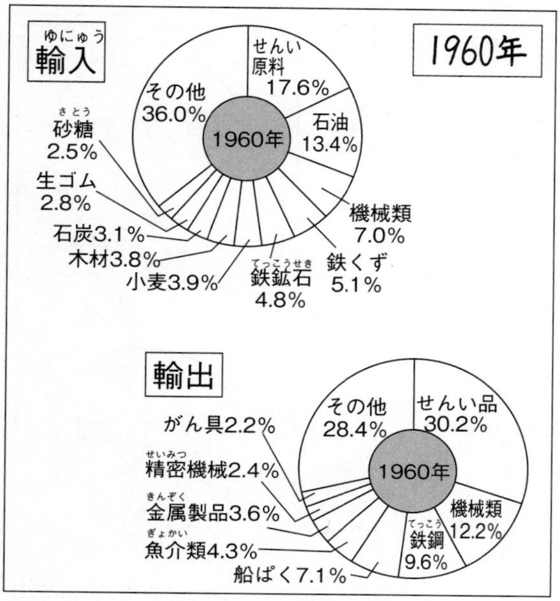

輸入
1960年
せんい原料 17.6%
石油 13.4%
機械類 7.0%
鉄くず 5.1%
鉄鉱石 4.8%
小麦3.9%
木材3.8%
石炭3.1%
生ゴム 2.8%
砂糖 2.5%
その他 36.0%
輸出
せんい品 30.2%
機械類 12.2%
鉄鋼 9.6%
船ぱく7.1%
魚介類4.3%
金属製品3.6%
精密機械2.4%
がん具2.2%
その他 28.4%

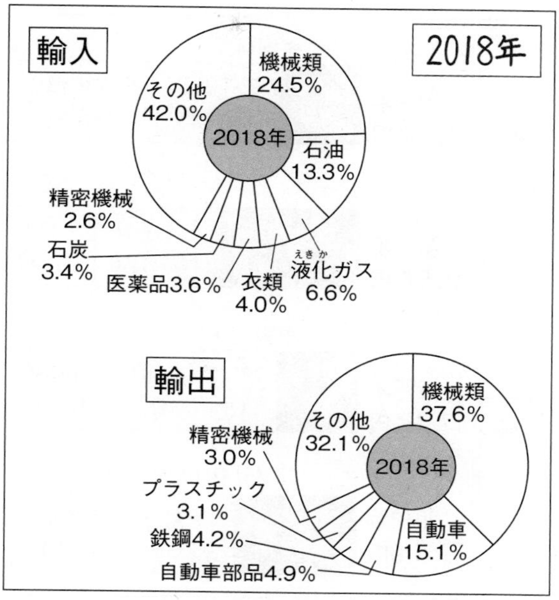

輸入
2018年
機械類 24.5%
石油 13.3%
液化ガス 6.6%
衣類 4.0%
医薬品3.6%
石炭 3.4%
精密機械 2.6%
その他 42.0%
輸出
機械類 37.6%
自動車 15.1%
自動車部品4.9%
鉄鋼4.2%
プラスチック 3.1%
精密機械 3.0%
その他 32.1%

(1) 1960年と2018年の輸入品と輸出品の第1位を書きましょう。

〈技能〉(5点×4)

	輸入品	輸出品
1960年		
2017年		

(2) それぞれの年の特ちょうをまとめましょう。〈思考〉(6点×5)

① 1960年

(　　　　)を輸入し、(　　　　)を輸出する(　　　　)貿易。

② 2018年

(　　　　)に移した工場でつくった製品を(　　　　)する。

貿易(ぼうえき)

□1 次のグラフを見て、あとの問いに答えましょう。〈技能〉

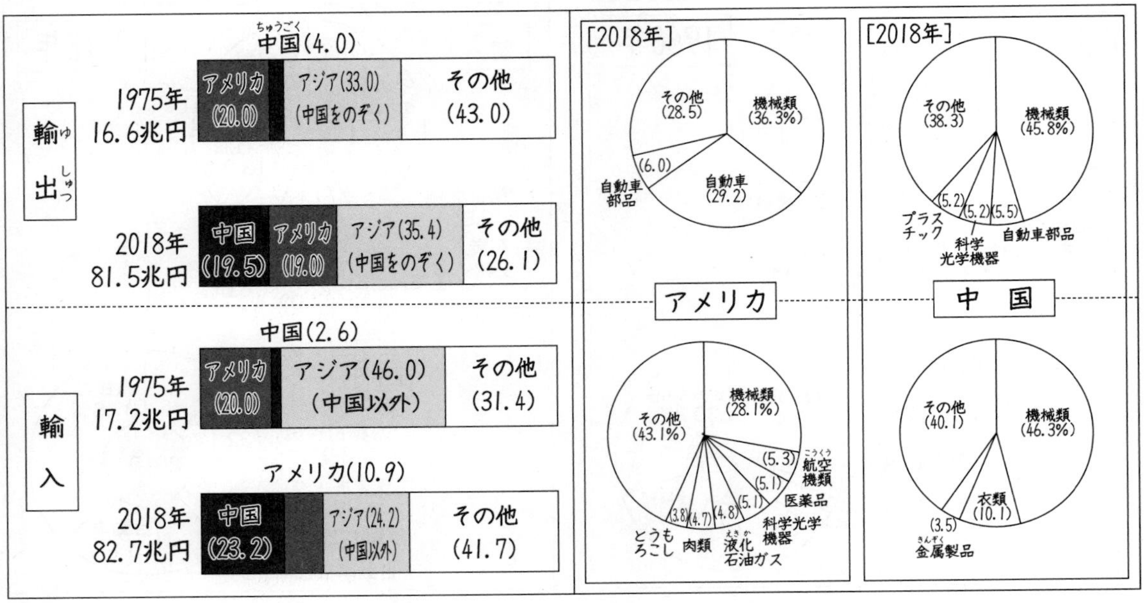
輸出
1975年 16.6兆円
アメリカ (20.0)
中国(4.0)
アジア(33.0) (中国をのぞく)
その他 (43.0)
2018年 81.5兆円
中国 (19.5)
アメリカ (19.0)
アジア(35.4) (中国をのぞく)
その他 (26.1)
輸入
1975年 17.2兆円
アメリカ (20.0)
中国(2.6)
アジア(46.0) (中国以外)
その他 (31.4)
2018年 82.7兆円
中国 (23.2)
アメリカ(10.9)
アジア(24.2) (中国以外)
その他 (41.7)
[2018年]
アメリカ
機械類 (36.3%)
自動車 (29.2)
自動車部品 (6.0)
その他 (28.5)
機械類 (28.1%)
航空機類 (5.3)
医薬品 (5.1)
科学光学機器 (5.1)
液化石油ガス (4.8)
肉類 (4.7)
とうもろこし (3.8)
その他 (43.1%)
[2018年]
中国
機械類 (45.8%)
自動車部品 (5.5)
科学光学機器 (5.2)
プラスチック (5.2)
その他 (38.3)
機械類 (46.3%)
衣類 (10.1)
金属製品 (3.5)
その他 (40.1)

(1) 日本と貿易額(ぼうえきがく)が多い地域(ちいき)は、ヨーロッパ・アフリカ・アジアの中のどの地域ですか。(10点)
(　　　　　　　)

(2) 次の年で、一番の貿易相手国を書きましょう。(5点×2)

①1975年		②2018年	

(3) (2)の国で、2018年に輸出入ともに第1位になっている品目は何ですか。(10点)
(　　　　　　　)

(4) (2)・①の国と(3)以外に多い輸出品を書きましょう。(10点)
(　　　　　　　)

(5) (2)・②の国と(3)以外で多い輸入品を書きましょう。(10点)
(　　　　　　　)

月　　日　名前　　　　　　　　　／100点

2　次の図を見て、あとの問いに答えましょう。

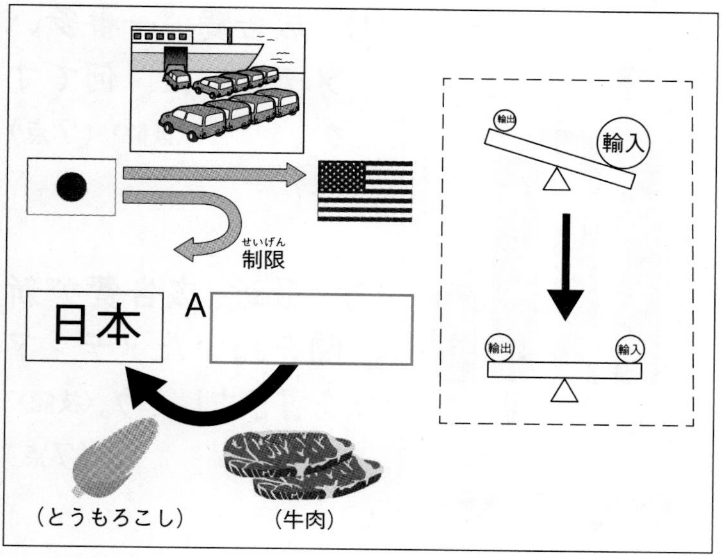
輸出
輸入
せいげん
制限
日本
A
輸出
輸入
（とうもろこし）
（牛肉）

(1)　図中の□に国の名前を書きましょう。〈知識〉（10点）

(2)　輸出入のバランスがくずれると、何という問題が起こりますか。〈知識〉（10点）

（　　　　　　　）

(3)　A国では、(2)の問題を解決（かいけつ）するためにどうするでしょうか。図を見て考えましょう。〈思考〉

①　A国の自動車を守るために考えられること。（15点）

②　自動車以外で考えられること。（15点）

情報

1 次のグラフをみて、あとの問いに答えましょう。

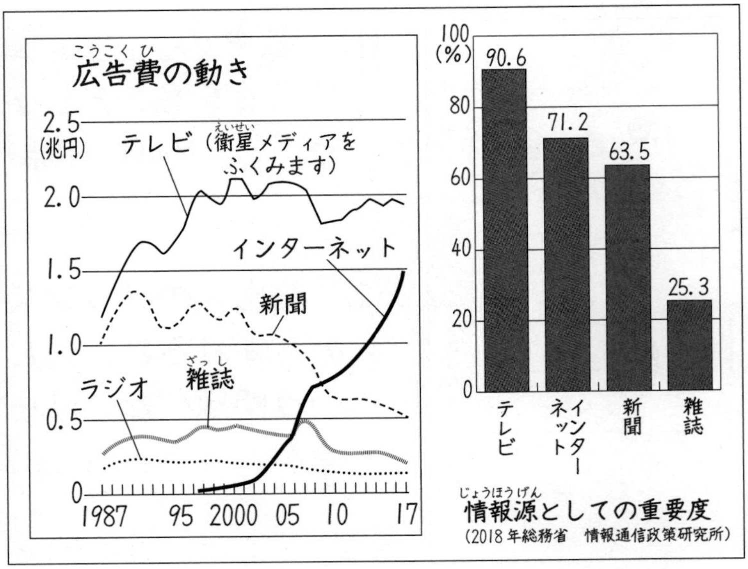
広告費の動き
2.5
(兆円)
2.0
1.5
1.0
0.5
0
テレビ（衛星メディアをふくみます）
インターネット
新聞
ラジオ
雑誌
1987
95
2000
05
10
17
100
(%)
80
60
40
20
0
90.6
71.2
63.5
25.3
テレビ
インターネット
新聞
雑誌
情報源としての重要度
(2018年総務省　情報通信政策研究所)

(1) 広告費が一番多いメディアは、何ですか。〈技能〉（7点）

（　　　　　）

(2) 最近、広告費が新聞をぬいたメディアを書きましょう。〈技能〉（7点）

（　　　　　）

(3) なぜ、(1)の広告費が一番多いのですか。〈思考〉（12点）

ニュースの情報源で

(4) テレビがニュース番組を伝えるときに、気をつけていることを書きましょう。〈思考〉（12点）

情報を、

伝えること。

(5) 農作業しながらでも、天気予報などの情報を得ることができるメディアは、何ですか。〈知識〉（8点）（　　　　　）

月　　日　名前　　　　／100点

2　情報ネットワークを使うと、次のようなことができます。関係するものを線で結びましょう。

〈知識〉（６点×４）

①　POSシステム　・　　　・㋐　ICカードやスマートフォンなどで品物の売買ができる。

②　ネットショッピング　・　　　・㋑　外出できない人などに、本をとどけるサービス。

③　図書館ネットワーク　・　　　・㋒　お店に行かなくても、パソコンやスマートフォンでいつでも買い物ができる。

④　電子マネー　・　　　・㋓　バーコードから売れた商品やねだんなどのデータを読みとり、その集計により在庫（ざいこ）管理の調整をしている。

3　次の図を見て、情報を流すときに気をつけることを書きましょう。

〈思考〉（10点×３）

①（悪質（あくしつ））　②（個人（こじん））　③（正確（せいかく））

①（　　　　　　　）な書き込みをしない。

②（　　　　　　　）に関わる情報は流さない。

③（　　　　　　　）で役に立つ情報を流す。

情報・災害

1 次の図を見て、あとの問いに答えましょう。 （7点×6）

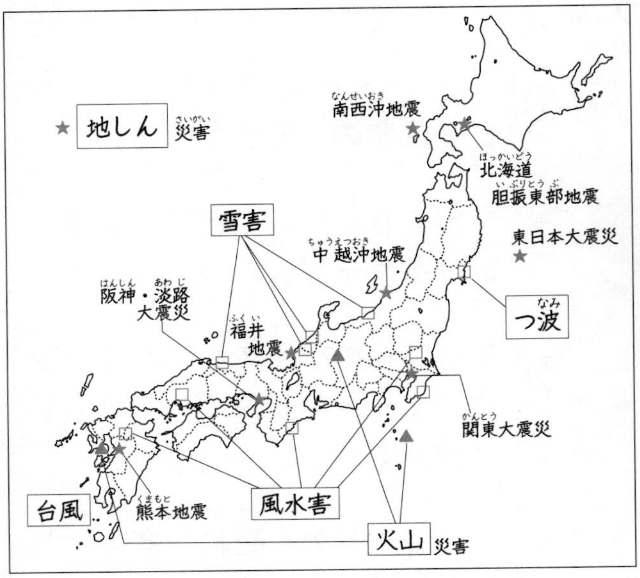

★ 地しん 災害
南西沖地震
北海道
胆振東部地震
東日本大震災
雪害
中越沖地震
阪神・淡路
大震災
福井
地震
つ波
関東大震災
台風
熊本地震
風水害
火山 災害

二酸化炭素をきゅうしゅうする
水をたくわえる
風や雪を防ぐ
土をささえる
木材をつくる
やすらぎの場
動物のすみか
音を防ぐ
きれいな水

(1) 地図の中で、地球温暖化と関係していると思われる災害を2つ書きましょう。 〈知識〉（　　　）（　　　）

(2) 地球温暖化と、(1)と関係して起きる災害を防ぐ森林の働きを図の中から選んで書きましょう。 〈技能〉

① 地球温暖化 （　　　）

② こう水・集中ごう雨 （　　　）

③ 土砂くずれ （　　　）

(3) (2)・②③から人々を守るために、災害が起きそうな場所やひなん場所がわかるものは、次の中のどれですか。 〈知識〉

（　　　）

放水路	砂防ダム	ハザードマップ

月　　日 名前　　　　　　/100点

2 次の図を見て、あとの問いに答えましょう。

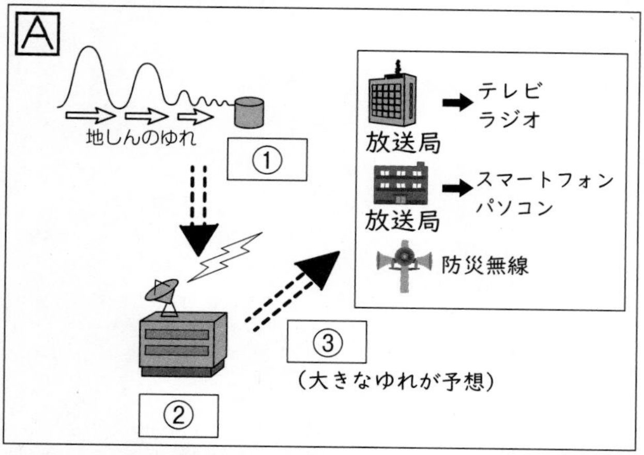
A
地しんのゆれ
①
②
③
(大きなゆれが予想)
放送局
テレビ
ラジオ
放送局
スマートフォン
パソコン
防災無線

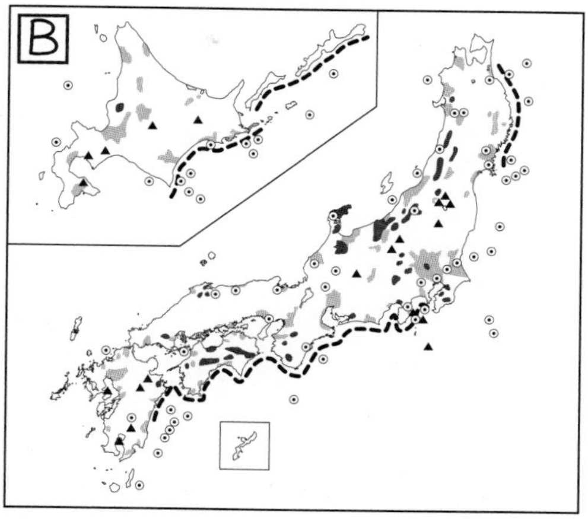
B

(1) 図Aの①～③にあてはまる言葉を書きしょう。〈知識〉(7点×3)

①		②		③	

きん急地しん速報(そくほう)　地しん計　気象庁(きしょうちょう)

(2) (1)・③の情報(じょうほう)をすばやく伝えるサービスを何といいますか。

(　　　　　　)情報ネットワーク　〈知識〉(7点)

(3) (1)・③は、どんなメディアを使って出しますか。図を見て書きましょう。

〈技能〉(7点×2)

ラジオ・〔　　　　〕・スマートフォン・〔　　　　〕無線

(4) 図Bの━━━は、地しんのあとにおそってくる自然災害が起きやすい地域(ちいき)を表しています。この災害は何ですか。〈知識〉(8点)

(　　　　　　)

(5) 2011年に大きな(4)を起こした地しんを何といいますか。〈知識〉

(　　　　　　)大震災　(8点)

社会習熟プリント 小学５年生

2020年５月30日　発行

著　者　馬場田　裕　康

発行者　蒔　田　司　郎

企　画　フォーラム・A

発行所　清 風 堂 書 店
〒530-0057　大阪市北区曽根崎２-11-16
TEL 06-6316-1460／FAX 06-6365-5607
振 替　00920-6-119910

制作編集担当　苗村佐和子
表紙デザイン　ウエナカデザイン事務所

社会5年生 習熟プリント

答え

世界の中の日本(1)（六大陸・三海洋）

1 次の地図を見て、大陸と海洋の名前を書きましょう。

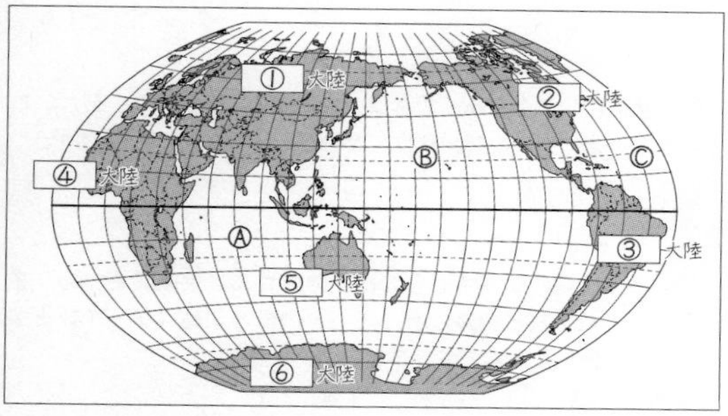

① 大陸
② 大陸
③ 大陸
④ 大陸
⑤ 大陸
⑥ 大陸
Ⓐ
Ⓑ
Ⓒ

〈大陸名〉

①（ユーラシア）大陸	②（北アメリカ）大陸
③（南アメリカ）大陸	④（アフリカ）大陸
⑤（オーストラリア）大陸	⑥（南極）大陸

アフリカ　ユーラシア　南アメリカ
オーストラリア　北アメリカ　南極（なんきょく）

〈海洋名〉

Ⓐ	インド洋	Ⓑ	太平洋	Ⓒ	大西洋

太平洋（たいへいよう）　インド洋（よう）　大西洋（たいせいよう）

月　日 名前

ポイント　世界の六大陸と三海洋の名前と位置を地図や地球儀（ちきゅうぎ）で確（たし）かめて、その名前も覚えましょう。

2 次の図を見て、あとの問いに答えましょう。

北極（ほっきょく）
北半球
日本
南半球
経線（けいせん）
赤道（せきどう）
（0度の緯線）
緯線（いせん）

(1) 図を見て、（　）にあてはまる言葉を書きましょう。

図のたて線は、（①経線）で、南極と（②北極）を結ぶ線です。
図の横線は（③緯線）で、緯（い）度（ど）が0度の線は（④赤道）です。

(2) 日本は、どんな位置にありますか。（　）にあてはまる言葉を書きましょう。

（①北）半球にあって、（②ユーラシア）大陸の（③東）側にあり、三海洋の中の（④太平洋）にあります。

(3) 次の問いに対する、大陸名や海洋名を書きましょう。

① 日本の南にある最初の大陸　（オーストラリア）大陸
② アフリカ大陸の西側にある海洋　（大西洋）
③ 三大洋の中で一番小さい海洋　（インド洋）
④ 南半球にあって、どの国のものでもない大陸　（南極）大陸

世界の中の日本(2)（周辺の国々と日本の国土）

1 次の世界地図を見て、あとの問いに答えましょう。

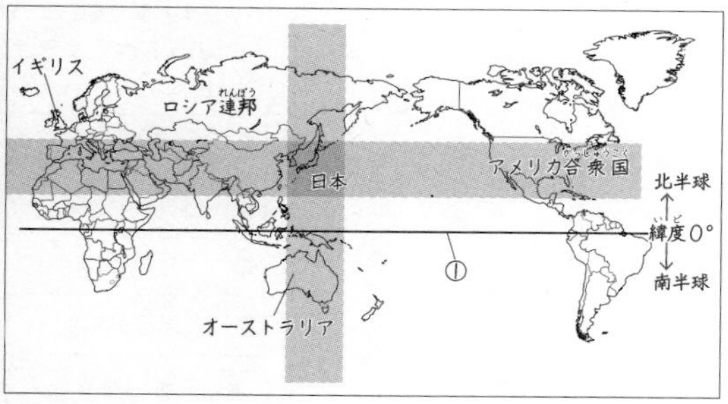

イギリス
ロシア連邦（れんぽう）
日本
アメリカ合衆国（がっしゅうこく）
北半球
緯度（いど）0°
南半球
①
オーストラリア

(1) 日本は、何大陸の東側にありますか。
（ユーラシア）大陸

(2) 日本の南にある大きな国は、どこですか。
（オーストラリア）

(3) 日本とほぼ同じ緯度にある国は、（ロシア連邦・イギリス・アメリカ合衆国）の中のどれですか。（アメリカ合衆国）

(4) 日本は、北半球と南半球のどちらにありますか。
（北）半球

(5) 地図中の①の線を何といいますか。　（赤道）

月　日 名前

ポイント　世界の中の日本の位置を知る中で、周りの国々や4つの海に囲（かこ）まれていることを理解（りかい）し、領土（りょうど）についても意識（いしき）しましょう。

2 次の地図を見て、あとの問いに答えましょう。

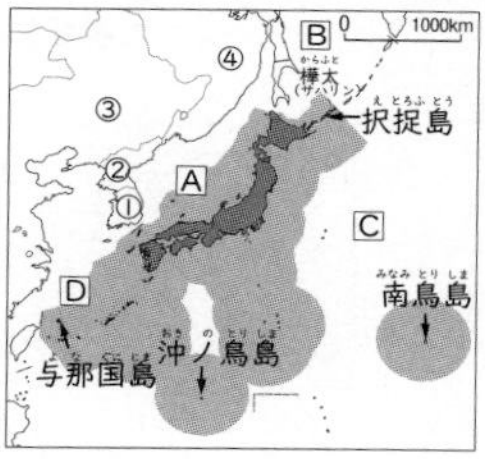

B
0　1000km
④
③
②
①
A
C
D
樺太（からふと）（サハリン）
択捉島（えとろふとう）
南鳥島（みなみとりしま）
与那国島
沖ノ鳥島（おきのとりしま）

(1) 日本の東西南北のはしにある島の名前を書きましょう。

北	（択捉）島
東	（南鳥）島
南	（沖ノ鳥）島
西	（与那国）島

(2) 右の表は、日本とアメリカの領土と排他的経済水域（はいたてきけいざいすいいき）を表しています。日本は、㋐と㋑のどちらですか。
（㋐）

国名	領土の面積	排他的経済水域
㋐	38万km²	447万km²
㋑	983万km²	762万km²

（海上保安庁HP資料より）

(3) A～Dの海の名前を書きましょう。

A	日本海	B	オホーツク海
C	太平洋	D	東シナ海

太平洋（たいへいよう）
オホーツク海
東シナ海
日本海

(4) ①～④の国の名前を書きましょう。

①	大韓民国
②	朝鮮民主主義人民共和国
③	中華人民共和国
④	ロシア連邦

中華人民共和国（ちゅうかじんみんきょうわこく）
朝鮮民主主義人民共和国（ちょうせんみんしゅしゅぎじんみんきょうわこく）
大韓民国（だいかんみんこく）
ロシア連邦

世界の中の日本(3)（日本の位置）

ポイント 日本の領土や領土問題について、地図で確(たし)かめたり、どこの国と問題になっているのかを知っておきましょう。

月　日　名前

1 次の文章と地図から、あとの問いに答えましょう。

日本の領土(りょうど)は、4つの大きな島と、およそ7000の島々からなっています。北のはしの島から西のはしの島まで約3300kmあり、4つの海に囲(かこ)まれた島国です。

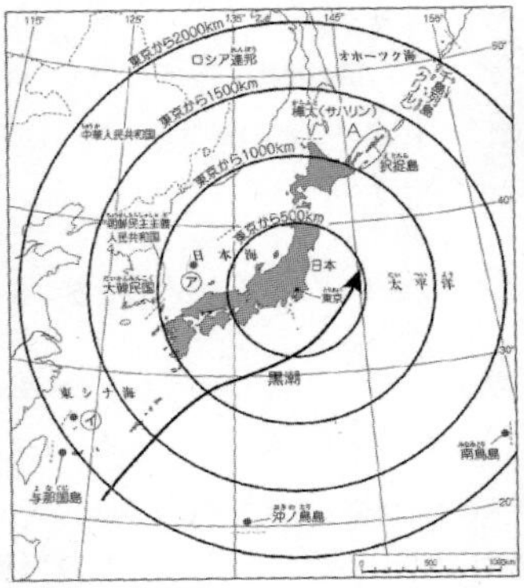

ロシア連邦
オホーツク海
東京から2000km
東京から1500km
東京から1000km
東京から500km
中華人民共和国
朝鮮民主主義人民共和国
大韓民国
樺太(サハリン)
択捉島
日本海
太平洋
東京
黒潮
東シナ海
与那国島
南鳥島
沖ノ鳥島

⑦

④

(1) 4つの大きな島を大きい順に書きましょう。

1位（　本州　）　2位（　北海道　）

3位（　九州　）　4位（　四国　）

(2) 北と西のはしの島の名前を書きましょう。

北（　択捉　）島　西（　与那国　）島

(3) 北のはしの島をふくむAは、日本固有の領土です。何といわれていますか。また、今は、どの国に占領(せんりょう)されていますか。

〔　北方領土　〕　国（　ロシア連邦　）

(4) 領土問題になっているのは、他に竹島(たけしま)と尖閣諸島(せんかくしょとう)がありま す。それぞれどの海にあって、どの国と問題になっていますか。地図から選んで書きましょう。

⑦ 竹島〔　日本　〕海　（　大韓民国　）

④ 尖閣諸島〔　東シナ　〕海　（中華人民共和国）

(5) 南のはしの島が、波でなくならないように工事をしました。島の名前を書きましょう。（　沖ノ鳥　）島

(6) 日本の南から北に流れるあたたかい海流、黒潮(くろしお)はどの海洋を流れていますか。（　太平洋　）

(7) 右の国旗は、今だに国交のない国です。どこですか。

（朝鮮民主主義人民共和国）

まとめテスト 世界の中の日本(1)

月　日　名前　/100点

1 次の地図を見て、あとの問いに答えましょう。（4点×10）

アフリカ大陸
南アメリカ大陸
北極
日本
あ(緯度0度)

(1) ①～④の大陸名を書きましょう。

①	(北アメリカ) 大陸
②	(オーストラリア) 大陸
③	(ユーラシア) 大陸
④	(　南極　) 大陸

ユーラシア　北アメリカ　オーストラリア　南極(なんきょく)

(2) Ⓐ～Ⓒの海洋名を書きましょう。

Ⓐ	太平洋	Ⓑ	大西洋	Ⓒ	インド洋

太平洋(たいへいよう)　インド洋(よう)　大西洋(たいせいよう)

(3) あ～うの地図上の名前を書きましょう。

あ	赤道	い	経線	う	緯線

経線(けいせん)　緯線(いせん)　赤道(せきどう)

2 次の地図を見て、あとの問いに答えましょう。（5点×12）

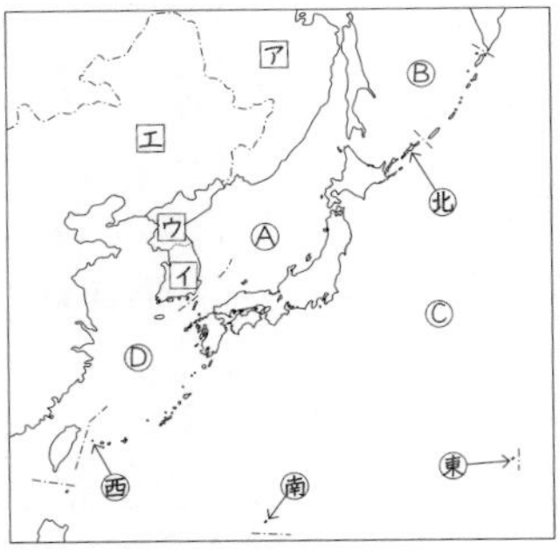

ア
イ
ウ
エ
Ⓐ
Ⓑ
Ⓒ
Ⓓ
北
西
南
東

(1) 日本を取り囲(かこ)む4つの海の名前を書きましょう。

Ⓐ	日本海
Ⓑ	オホーツク海
Ⓒ	太平洋
Ⓓ	東シナ海

東シナ海　太平洋　日本海　オホーツク海

(2) 日本のはしの島の名前を書きましょう。

東	(南鳥) 島	北	(択捉) 島
南	(沖ノ鳥) 島	西	(与那国) 島

与那国(よなぐに)　沖ノ鳥(おきのとり)　南鳥(みなみとり)　択捉(えとろふ)

(3) 日本の近くの国の名前を書きましょう。

ア	ロシア連邦	イ	大韓民国
ウ	朝鮮民主主義人民共和国		
エ	中華人民共和国		

朝鮮民主主義人民共和国(ちょうせんみんしゅしゅぎじんみんきょうわこく)　大韓民国(だいかんみんこく)　中華人民共和国(ちゅうかじんみんきょうわこく)　ロシア連邦(れんぽう)

まとめテスト

世界の中の日本(2)

□1 日本から世界一周の旅に出ます。あとの問いに答えましょう。

（6点×7）

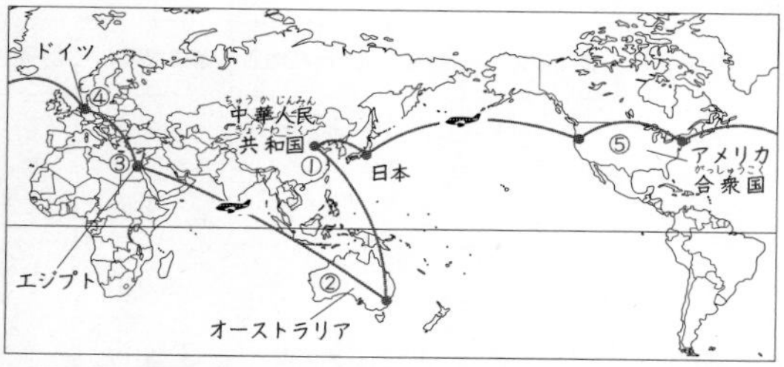

ドイツ
④
中華人民共和国
③
①
日本
⑤
アメリカ合衆国
エジプト
②
オーストラリア

(1) ①～⑤の国々は、何大陸にありますか。[　]から選んで書きましょう。（2回使うものもあります）

①	（ ユーラシア ）	大陸	②	（オーストラリア）	大陸
③	（ アフリカ ）	大陸	④	（ ユーラシア ）	大陸
⑤	（ 北アメリカ ）	大陸			

アフリカ　南アメリカ　北アメリカ　ユーラシア　オーストラリア

(2) 今回の旅で寄れなかった大陸は南極大陸以外でどこですか。

（ 南アメリカ ）大陸

(3) ⑤と日本の間にある海洋は太平洋と大西洋のどちらですか。

（ 太平洋 ）

月　　日　名前　　　／100点

□2 次の地図を見て、あとの問いに答えましょう。

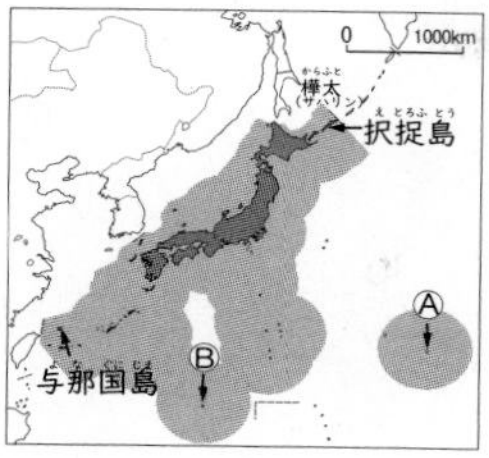

0 1000km
樺太
択捉島
Ⓐ
Ⓑ
与那国島

(1) 日本の位置は、何大陸のどちら側にありますか。（6点×2）

（ ユーラシア ）大陸の（ 東 ）側

(2) (1)の大陸と日本の間にある海洋の名前を書きましょう。（8点）

（ 日本海 ）

(3) 排他的経済水域の円の中心にある沖ノ鳥島と南鳥島は、ⒶとⒷのどちらですか。（5点×2）

① 沖ノ鳥島（ Ⓑ ）② 南鳥島（ Ⓐ ）

(4) (3)の島がなくなると、排他的経済水域は、どうなりますか。（7点）

排他的経済水域の面積が（少なくなる(せまくなる)）

(5) 次の島々の領土問題をめぐって、話し合いをしている国の国旗を線で結びましょう。（7点×3）

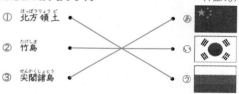

① 北方領土　　　　あ
② 竹島　　　　　　い
③ 尖閣諸島　　　　う

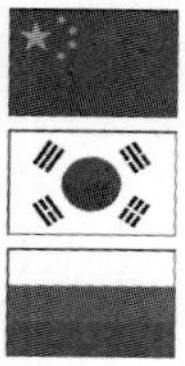

（解答：①—う、②—い、③—あ）

日本の都道府県

月　　日　名前

ポイント　日本の地方名と都道府県名を、自分の興味のあるところから覚えていきましょう。

□1 Ａ～Ｈの地方名と、①～㊼の都道府県名を書きましょう。

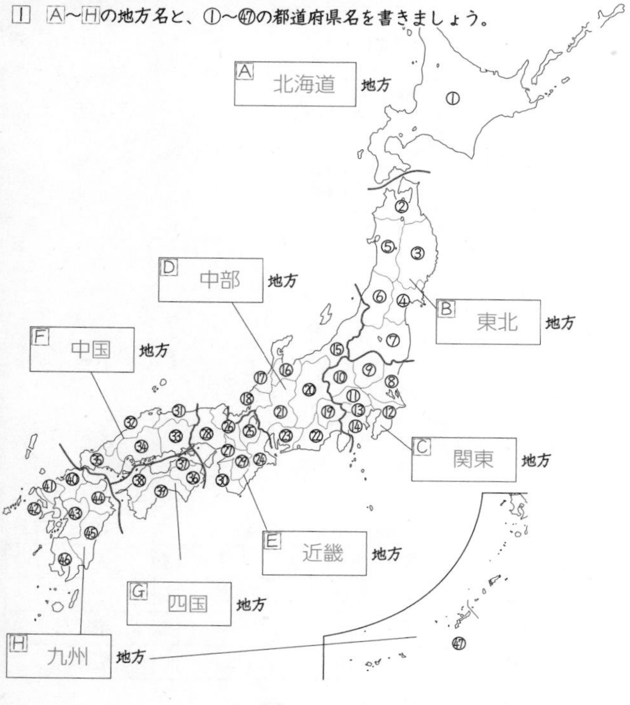

Ａ 北海道 地方
Ｂ 東北 地方
Ｃ 関東 地方
Ｄ 中部 地方
Ｅ 近畿 地方
Ｆ 中国 地方
Ｇ 四国 地方
Ｈ 九州 地方

Ａ ① 北海道

Ｂ	② 青森 県	③ 岩手 県		
	④ 宮城 県	⑤ 秋田 県		
	⑥ 山形 県	⑦ 福島 県		
Ｃ	⑧ 茨城 県	⑨ 栃木 県		
	⑩ 群馬 県	⑪ 埼玉 県		
	⑫ 千葉 県	⑬ 東京都		
	⑭ 神奈川 県			
Ｄ	⑮ 新潟 県	⑯ 富山 県		
	⑰ 石川 県	⑱ 福井 県		
	⑲ 山梨 県	⑳ 長野 県		
	㉑ 岐阜 県	㉒ 静岡 県		
	㉓ 愛知 県			
Ｅ	㉔ 三重 県	㉕ 滋賀 県		
	㉖ 京都府	㉗ 大阪府		
	㉘ 兵庫 県	㉙ 奈良 県		
	㉚ 和歌山 県			
Ｆ	㉛ 鳥取 県	㉜ 島根 県		
	㉝ 岡山 県	㉞ 広島 県		
	㉟ 山口 県			
Ｇ	㊱ 徳島 県	㊲ 香川 県		
	㊳ 愛媛 県	㊴ 高知 県		
Ｈ	㊵ 福岡 県	㊶ 佐賀 県		
	㊷ 長崎 県	㊸ 熊本 県		
	㊹ 大分 県	㊺ 宮崎 県		
	㊻ 鹿児島 県	㊼ 沖縄 県		

都道府県（都道府県名と県庁所在地名がちがうところ）

□1 地図の中の①～⑱は、県名と県庁所在地名がちがうところです。好きな色をぬりましょう。

●…道・県庁所在地の場所
①
②
③
④
⑤
⑥
⑦
⑧
⑨
⑩
⑪
⑫
⑬
⑭
⑮
⑯
⑰
⑱

月　　日　名前

ポイント　県名と県庁所在地名がちがうところはどこか、地図で位置を確かめましょう。

□2 次の都市は、どの都道府県庁所在地ですか。都道府県名と番号を書きましょう。

県庁所在地名	都道府県名	番号	県庁所在地名	都道府県名	番号
甲府市	山梨県	⑨	那覇市	沖縄県	⑱
仙台市	宮城県	③	神戸市	兵庫県	⑭
横浜市	神奈川県	⑧	金沢市	石川県	⑩
水戸市	茨城県	④	大津市	滋賀県	⑬
盛岡市	岩手県	②	津市	三重県	⑫
宇都宮市	栃木県	⑤	高松市	香川県	⑯
さいたま市	埼玉県	⑦	松山市	愛媛県	⑰
札幌市	北海道	①	松江市	島根県	⑮
前橋市	群馬県	⑥	名古屋市	愛知県	⑪

都道府県（面積の大・小、人口）

□1 面積の小さいベスト５と、面積の大きいベスト10の都道府県名を書きましょう。また、面積の大きい都道府県を好きな色でぬりましょう。

《面積の小さい順の都道府県》

㋐	香川県	㋑	大阪府
㋒	東京都	㋓	沖縄県
㋔	神奈川県		

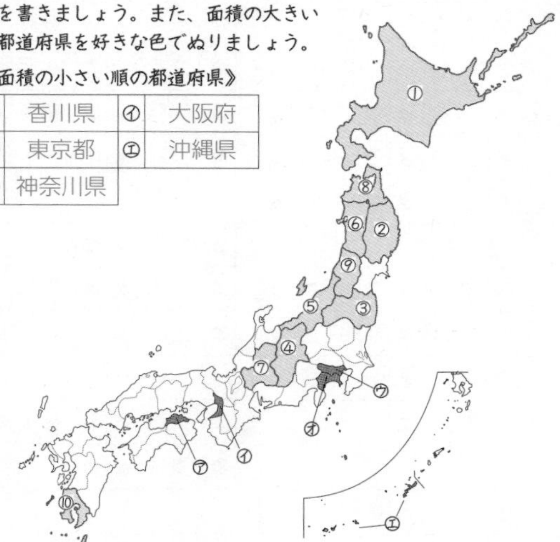

①
②
③
④
⑤
⑥
⑦
⑧
⑨
⑩
㋐
㋑
㋒
㋓
㋔

《面積の大きい順の都道府県》

①	北海道	②	岩手県	③	福島県	④	長野県
⑤	新潟県	⑥	秋田県	⑦	岐阜県	⑧	青森県
⑨	山形県	⑩	鹿児島県				

月　　日　名前

ポイント　面積の大きい県、小さい県、人口の多い県の位置を地図で確かめましょう。

□2 人口が多いベスト12の都道府県名を書き、好きな色でぬりましょう。

日本の人口は2008年をピークに減っているんだ。
人口を増やすには子どもを産み育てやすいかんきょうをつくるのが大事なんだな。
①
②
③
④
⑤
⑥
⑦
⑧
⑨
⑩
⑪
⑫

※①～⑫は人口の多い順　（2019年５月現在）

①	東京都	②	神奈川県	③	大阪府
④	愛知県	⑤	埼玉県	⑥	千葉県
⑦	兵庫県	⑧	北海道	⑨	福岡県
⑩	静岡県	⑪	茨城県	⑫	広島県

まとめテスト

都道府県

1 次の地図を見て、あとの問いに答えましょう。

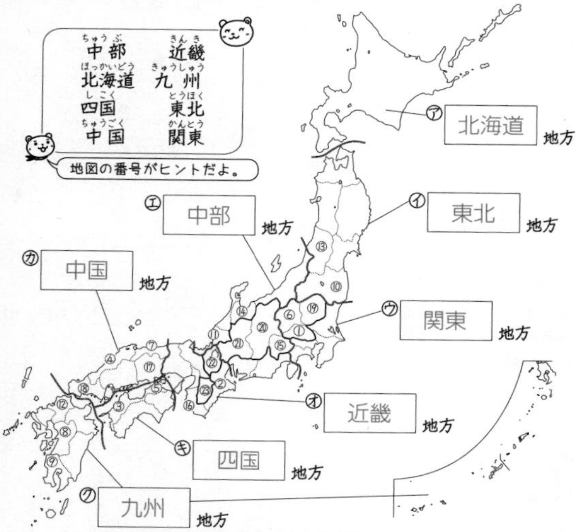

中部　近畿
北海道　九州
四国　東北
中国　関東
地図の番号がヒントだよ。
㋐ 北海道 地方
㋑ 東北 地方
㋒ 関東 地方
㋓ 中部 地方
㋔ 近畿 地方
㋕ 中国 地方
㋖ 四国 地方
㋗ 九州 地方

(1) ㋐～㋗の８つの地方名を地図中の□に書きましょう。(3点×8)

(2) 県庁所在地名をひらがなで書く県を書きましょう。 (2点)

(① 埼玉) 県

(3) 県庁所在地名が一番短い県を書きましょう。 (2点)

(② 三重) 県

月　日　名前　／100点

(4) 県庁所在地名で、「松」がつく県を書きましょう。 (3点×3)

③	松山市	愛知県	④	松江市	島根県
⑤	高松市	香川県			

(5) 県名に動物の名前がつく県を４つ書きましょう。 (3点×4)

⑥	群馬県	⑦	鳥取県	⑧	熊本県	⑨	鹿児島県

(6) 県名に福の字がつく県を３つ書きましょう。 (3点×3)

⑩	福島県	⑪	福井県	⑫	福岡県

(7) 県名に山がつく県を６つ書きましょう。 (3点×6)

⑬	山形県	⑭	富山県	⑮	山梨県
⑯	和歌山県	⑰	岡山県	⑱	山口県

(8) 海に面していない県を書きましょう。 (3点×8)

①	埼玉県	⑥	群馬県	⑮	山梨県	⑲	栃木県
⑳	長野県	㉑	岐阜県	㉒	滋賀県	㉓	奈良県

社会ゲーム　月　日　名前

新幹線で旅をしよう！

1 次の新幹線の線路図を見て、北海道から九州までの都道府県名を書きましょう。

① 北海道新幹線 (新青森～新函館北斗)
秋田新幹線 (盛岡～秋田)
山形新幹線 (福島～新庄)
上越新幹線 (大宮～新潟)
北陸新幹線 (高崎～金沢)
② 東北新幹線 (東京～新青森)
③ 東海道新幹線 (東京～新大阪)
④ 山陽新幹線 (新大阪～博多)
⑤ 九州新幹線 (博多～鹿児島中央)

① 北海道新幹線　〔北海道〕━〔 青森 県〕

② 東北新幹線　( )内は県名とちがう県庁所在地名だよ。

〔青森県〕(青森)━〔 岩手 県〕(盛岡)━〔 宮城 県〕(仙台)━〔 福島 県〕━〔 栃木 県〕(宇都宮)━〔 茨城 県〕※駅はないんだよ。(水戸)━〔 埼玉 県〕(さいたま)━〔 東京 都〕

月　日　名前

③ 東海道新幹線

〔東京都〕━〔 神奈川 県〕(横浜)━〔 静岡 県〕━〔 愛知 県〕(名古屋)━〔 岐阜 県〕━〔 滋賀 県〕(大津)━〔 京都 府〕━〔 大阪 府〕

④ 山陽新幹線

〔大阪府〕━〔 兵庫 県〕(神戸)━〔 岡山 県〕━〔 広島 県〕━〔 山口 県〕━〔 福岡 県〕

⑤ 九州新幹線

〔福岡県〕━〔 佐賀 県〕━〔福岡県〕━〔 熊本 県〕━〔鹿児島県〕

2 次の観光をするために乗る新幹線を、線路図から選んで書きましょう。

① 男鹿半島の「ナマハゲ」、東北三大祭りの「竿燈まつり」

〔 秋田 〕新幹線

② 金沢城と日本三名園の兼六園　〔 北陸 〕新幹線

③ 佐渡金山遺跡、天然記念物「トキの森公園」

〔 上越 〕新幹線

④ 日本三大急流の「最上川」下り、さくらんぼ狩り

〔 山形 〕新幹線

日本の地形(1)（山地・山脈・平野・川・島）

月　日　名前

ポイント　山脈がどんなところに多いか注目しましょう。川と平野が同じ名前のところもあれば、ちがうところもあるので気をつけましょう。

1 山地・山脈、平野、川、島の名前を書きましょう。

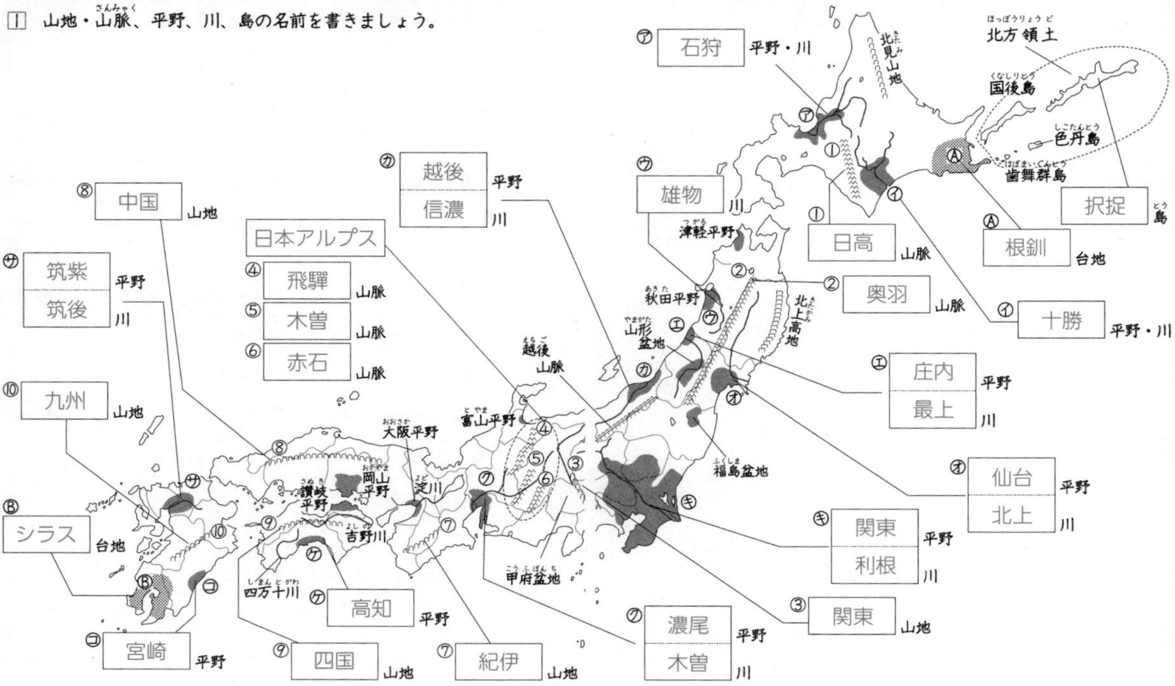

㋐ 石狩 平野・川
北見山地
北方領土
国後島
色丹島
歯舞群島
択捉 島
Ⓐ 根釧 台地
① 日高 山脈
㋑ 十勝 平野・川
㋒ 雄物 川
津軽平野
② 奥羽 山脈
北上高地
秋田平野
山形盆地
㋓ 庄内 平野 最上 川
㋔ 仙台 平野 北上 川
福島盆地
㋕ 越後 平野 信濃 川
越後山脈
日本アルプス
④ 飛騨 山脈
⑤ 木曽 山脈
⑥ 赤石 山脈
富山平野
⑧ 中国 山地
㋚ 筑紫 平野 筑後 川
⑩ 九州 山地
Ⓑ シラス 台地
大阪平野
岡山平野
讃岐平野
淀川
吉野川
四万十川
㋗ 高知 平野
㋙ 宮崎 平野
⑨ 四国 山地
⑦ 紀伊 山地
甲府盆地
㋖ 関東 平野 利根 川
③ 関東 山地
㋗ 濃尾 平野 木曽 川

日本の地形(2)（山地・山脈・川）

月　日　名前

ポイント　日本列島を背骨のように走っている山地・山脈です。山脈がどんなところに多いか注目しましょう。

1 次の地図を見て、あとの問いに答えましょう。

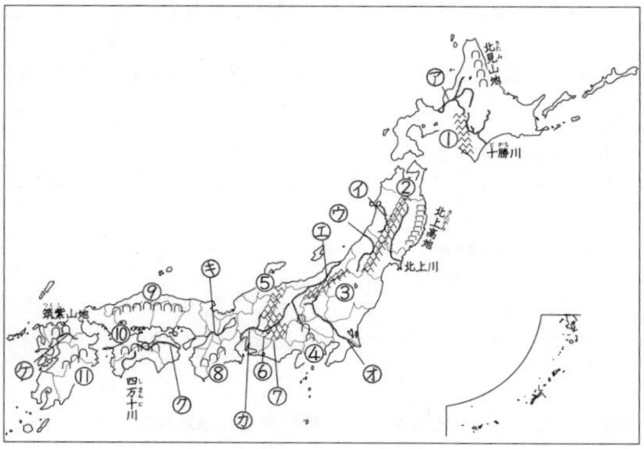

北見山地
十勝川
北上高地
北上川
筑紫山地
四万十川

(1) ①～⑪の山地・山脈の名前を書きましょう。

①	（ 日高 ）山脈	②	（ 奥羽 ）山脈	③	（ 越後 ）山脈
④	（ 関東 ）山地	⑤	（ 飛騨 ）山脈	⑥	（ 木曽 ）山脈
⑦	（ 赤石 ）山脈	⑧	（ 紀伊 ）山地	⑨	（ 中国 ）山地
⑩	（ 四国 ）山地	⑪	（ 九州 ）山地		

四国　紀伊　関東　奥羽　飛騨　木曽
九州　赤石　日高　越後　中国

(2) 地図中の㋐～㋘の川の名前を書きましょう。

㋐	（ 石狩 ）川	㋑	（ 雄物 ）川	㋒	（ 最上 ）川
㋓	（ 信濃 ）川	㋔	（ 利根 ）川	㋕	（ 木曽 ）川
㋖	（ 淀 ）川	㋗	（ 吉野 ）川	㋘	（ 筑後 ）川

最上　木曽　雄物　利根　筑後
石狩　信濃　淀　吉野

2 次のグラフを見て、日本と世界の川を比べましょう。

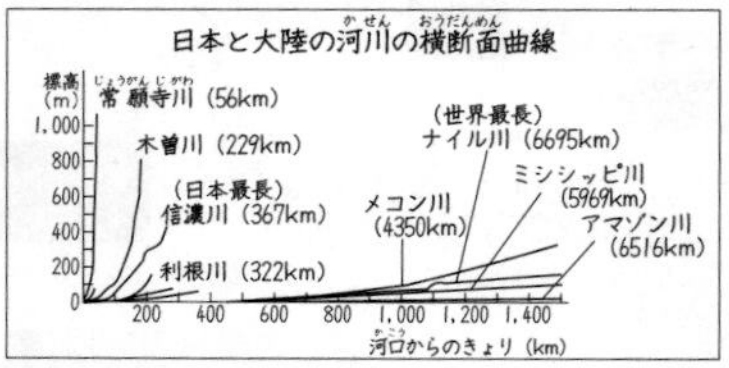

日本と大陸の河川の横断面曲線
標高(m)
常願寺川（56km）
木曽川（229km）
（日本最長）信濃川（367km）
利根川（322km）
（世界最長）ナイル川（6695km）
メコン川（4350km）
ミシシッピ川（5969km）
アマゾン川（6516km）
河口からのきょり（km）

(1) 世界で一番長い川　（ ナイル ）川

(2) 日本で一番長い川　（ 信濃 ）川

(3) 次の（　）にあてはまる言葉を書きましょう。

世界の川は、海までのきょりが（① 長い ）のですが、日本の川は、（② 短い ）ので、かたむきや流れが（③ 急 ）です。

日本の地形(3)（平野・盆地・台地）

ポイント　平野は海ぞいに、盆地は山あいに分布していることを確かめましょう。

月　日　名前

[1] 次の地図を見て、あとの問いに答えましょう。

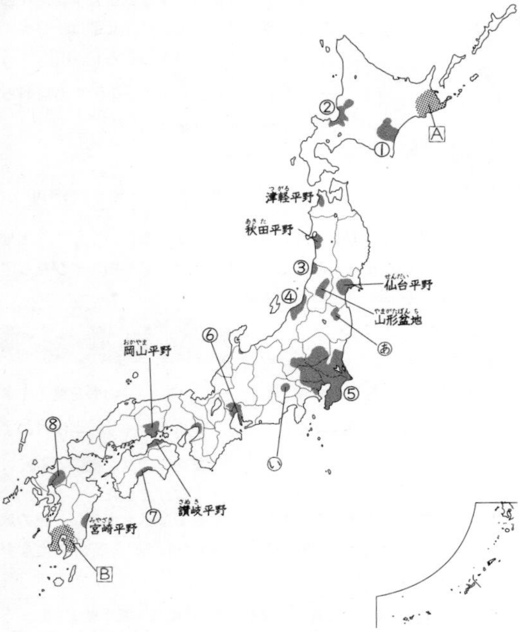

②
A
①
津軽平野
秋田平野
③
仙台平野
④
山形盆地
あ
⑥
岡山平野
⑤
⑧
い
⑦
讃岐平野
宮崎平野
B

(1) 地図中の地形の名前を[　]から選んで書きましょう。

①（ 十勝 ）	平野	②（ 石狩 ）	平野	③（ 庄内 ）	平野
④（ 越後 ）	平野	⑤（ 関東 ）	平野	⑥（ 濃尾 ）	平野
⑦（ 高知 ）	平野	⑧（ 筑紫 ）	平野		

[庄内　十勝　濃尾　石狩　筑紫　関東　越後　高知]

あ（ 福島 ）	盆地	い（ 甲府 ）	盆地

[甲府　福島]

A（ 根釧 ）	台地	B（ シラス ）	台地

[シラス　根釧]

(2) 図の㋐〜㋒は、平野・盆地・台地のどれですか。

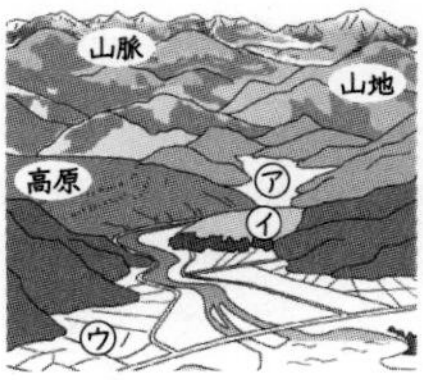

山脈
山地
高原
㋐
㋑
㋒

㋐ 周りを山に囲まれて、お盆のような地形になっているところ。
（　盆地　）

㋑ 火山灰が積もったりしてできた台のように高くなっているところ。
（　台地　）

㋒ 川が運んできた土砂が積もってできた、海に面した平らなところ。
（　平野　）

まとめテスト　日本の地形

月　日　名前　　/100点

[1] 次のグラフの(　)にあてはまる言葉を書きましょう。（3点×3）

《国土の地形のわりあい》

㋐ 73%
㋑ 25%
㋒※ 2%

※北方領土もふくみます。　（国内国勢図会 2019/20）

㋐（ 山地 ）
㋑（ 平地 ）
㋒（ 川・湖 ）

[平地　川・湖　山地]

[2] 次の地形を表した図で、それぞれのよび方を[　]から選んで書きましょう。（3点×5）

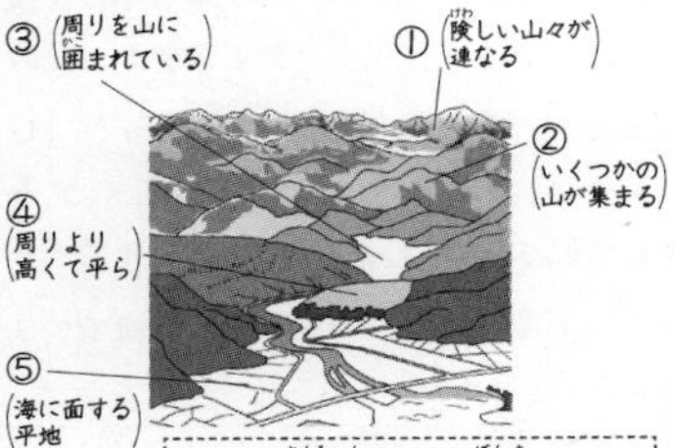

③ (周りを山に囲まれている)
① (険しい山々が連なる)
② (いくつかの山が集まる)
④ (周りより高くて平ら)
⑤ (海に面する平地)

[山地　山脈　平野　盆地　台地]

	よび方
①	山脈
②	山地
③	盆地
④	台地
⑤	平野

[3] 次の（　）にあてはまる言葉を書きましょう。（3点×4）

日本の山地や山脈は、日本列島を（① せ骨 ）のように走っています。川は、海までのきょりが（② 短く ）、流れが（③ 急 ）で、まるで（④ たき ）のようです。

[短く　たき　急　せ骨]

[4] 次の①〜⑫の地形名を[　]から選んで書きましょう。（4点×16）

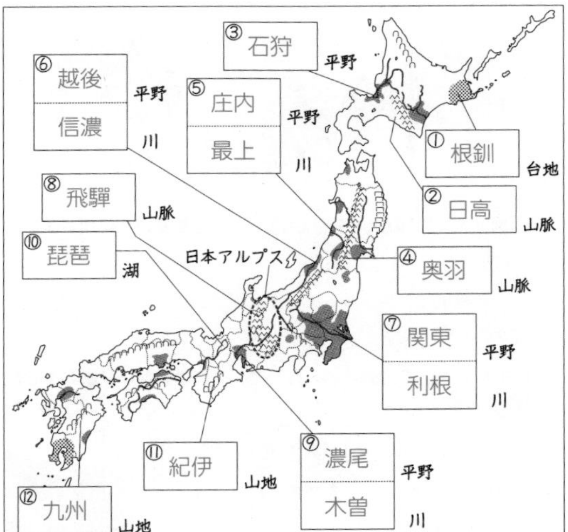

③ 石狩 平野
⑥ 越後 信濃 平野 川
⑤ 庄内 最上 平野 川
① 根釧 台地
② 日高 山脈
⑧ 飛騨 山脈
⑩ 琵琶 湖
日本アルプス
④ 奥羽 山脈
⑦ 関東 利根 平野 川
⑪ 紀伊 山地
⑨ 濃尾 木曽 平野 川
⑫ 九州 山地

山地・山脈	奥羽　九州　日高　飛騨　紀伊
平野・台地	越後　関東　石狩　庄内　根釧　濃尾
川・湖	琵琶　利根　信濃　最上　木曽

低い土地の人々のくらし(1)

1 大きな川の下流では、低地が多くあります。①と②の文は地図中の低地について㋐〜㋔のどの平野のものか選んで、記号と名前を書きましょう。

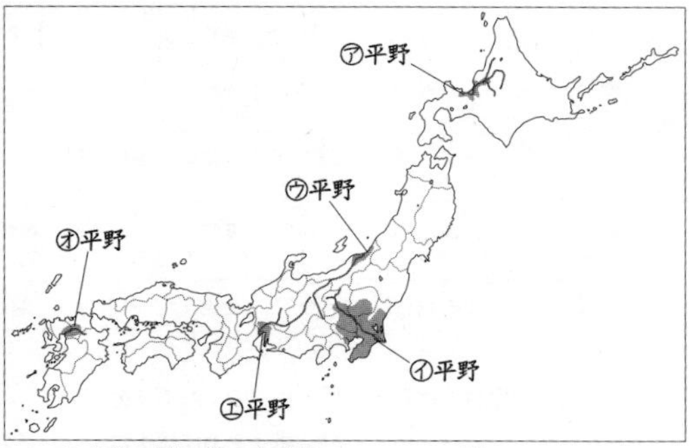

㋐平野
㋒平野
㋔平野
㋑平野
㋓平野

① 揖斐川・長良川・木曽川の3つの川に囲まれて、川の水面よりも低い土地。そのため、こう水を防ぐため、周りをてい防で囲んだ「輪中」地帯。

② 利根川下流は、霞ヶ浦などの湖があり、香取市などには「水郷」とよばれる低地が広がり、水路が道路代わりになっているところもある。

	記号	平野
①	㋓	(濃尾) 平野
②	㋑	(関東) 平野

関東　濃尾　越後

月　日 名前

ポイント 治水によって水害を防ぎ、農業などで水を利用しやすくすることを理解しましょう。

2 次の( )にあてはまる言葉を、┊┊から選んで書きましょう。

霞ヶ浦
横利根川
潮来市
香取市
利根川
常陸利根川

Ⓐ 左の地図は、千葉県香取市佐原北部を表しています。佐原北部は、日本で最大の流域面積をほこる(①利根川)と横利根川、(②霞ヶ浦)から流れる常陸利根川に囲まれた(③水郷)となっています。

霞ヶ浦　水郷　利根川

Ⓑ 昔の佐原北部では、人々が川の水面よりも(①低い)土地に住んでいたため、雨がふったりすると、家や田が水びたしになる(②水害)という災害が起こっていました。

利根川
家
与田浦
田
常陸利根川
てい防
もり土

Ⓒ 周りを(①てい防)で囲み、(②水路)をうめ立てました。(③田)の形を整え、水がたまらないようにする(④はい水機場)をつくり、水はけのよい農地をつくりました。また、③の整理により(⑤農業機械)が使いやすくなり、農作業がしやすくなりました。

Ⓓ 現在では、栄養分の豊かな土と、豊富な水を生かし、他の地域よりも田植えや収穫の時期を早めた(①早場米)の生産がさかんです。

水害　田　てい防　水路　早場米　はい水機場　農業機械　低い

低い土地の人々のくらし(2)

1 次の図は、岐阜県の海津市のようすを表しています。あとの問いに答えましょう。

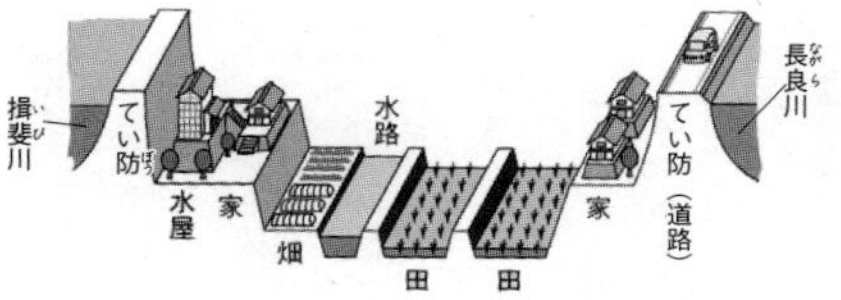

揖斐川
てい防
水屋
家
畑
水路
田
田
家
てい防（道路）
長良川

(1) 図を見て、この地域を囲んでいる川は、揖斐川と何川ですか。
(長良)川

(2) この地域は、川よりも低い土地です。何という災害が多いですか。
(水害)

(3) ②のため、この地域の人たちは、どのような取り組みをしたでしょうか。

① (てい防)で集落(町)を囲む。
② (水屋)を建てる。
・衣類・〔 米 〕などを入れておく。

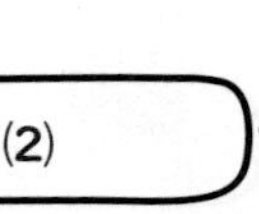
©海津市歴史民俗資料館

(4) この地域を何といいますか。 輪中

輪中　水害　水屋　てい防　米

月　日 名前

ポイント 水害を防ぐために治水の工事をくりかえしてきたことを理解しましょう。

2 次の地域は、昔どんな農業を行っていたのでしょうか。次の写真を見て、( )にあてはまる言葉を書きましょう。

(ほり田)

(農業のようす)

(田舟)
©海津市歴史民俗資料館

周りが川に囲まれているので、米づくりに必要な水は、豊富にありました。しかし、(①はい水)ができなかったので、大雨がふると田の水が深くなり、稲が(②くさって)しまいました。そこで、人々は、土地を高くする(③ほり田)をして米づくりをしました。また、そのときにほったところを(④水路)として利用し、田舟でかりとった稲などを運んでいました。

くさって　ほり田　水路　はい水

3 次の写真を見て、( )にあてはまる言葉を書きましょう。

①

©国土交通省木曽川河川事務所

(はい水機場)ができた。
【大雨がふっても、水がたまらない】

②

©海津市

市と市民が協力して、(水防演習)が行われている。【水害の防止】

防火訓練　水防演習　はい水機場

高い土地の人々のくらし(1)

[1] 次の資料を見て、あとの問いに答えましょう。

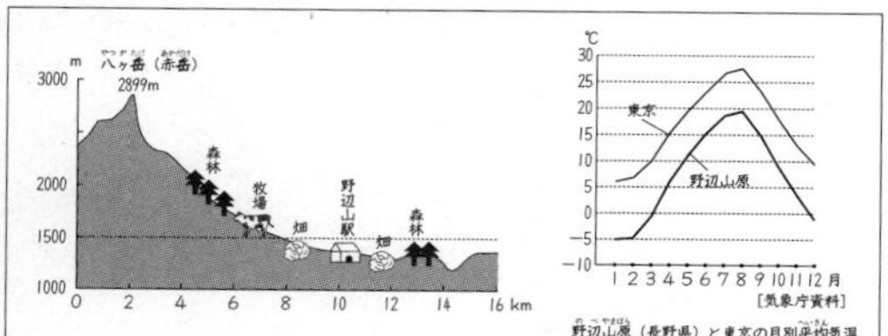
八ヶ岳（赤岳）
2899m
森林
牧場
畑
野辺山駅
森林
東京
野辺山原
［気象庁資料］
野辺山原（長野県）と東京の月別平均気温

(1) 野辺山駅は、標高どれくらいの高さですか。

約（ 1300 ）m

(2) 東京と野辺山の８月の平均気温は、約何度ですか。

① 東京（ 27 ）度　② 野辺山原（ 19 ）度

※28度でも可

(3) 次の（ ）にあてはまる言葉を、[ ]から選んで書きましょう。

長野県野辺山原は、（①火山ばい）が積もってできた、（②やせた）土地でした。夏の気温も低いため（③米づくり）には適していませんでした。そこで牧場からの（④牛のフン）を土にまぜて栄養豊かな土地にかえていきました。そして、レタスなどの（⑤高原野菜）がさかんにつくられるようになったのです。

高原野菜　火山ばい　牛のフン　米づくり　やせた

月　日 名前

ポイント　長野県では、夏でもすずしい気候を生かして高原野菜やらく農がさかんに行われていることを理解しましょう。

(4) 牧場では夏のすずしい気候を生かして乳牛を育てています。それから牛乳やチーズをつくる産業を何といいますか。

（ らく農 ）

[2] 次のグラフを見て、あてはまる野菜を書きましょう。

野辺山原（南牧村）の主な野菜の作付面積の変化

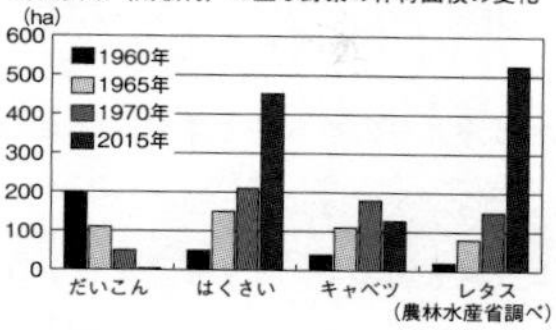
(ha)
1960年
1965年
1970年
2015年
だいこん
はくさい
キャベツ
レタス
（農林水産省調べ）

① 2015年に作付面積が急に増えた野菜。

（ はくさい ）

※順不同（ レタス ）

② 2015年になって減った野菜。（ キャベツ ）

③ 作付面積が年々減ってきている野菜。（ だいこん ）

[3] 次のグラフを見て、（ ）にあてはまる言葉を書きましょう。

東京都中央卸売市場のはくさいの月別入荷量と価格

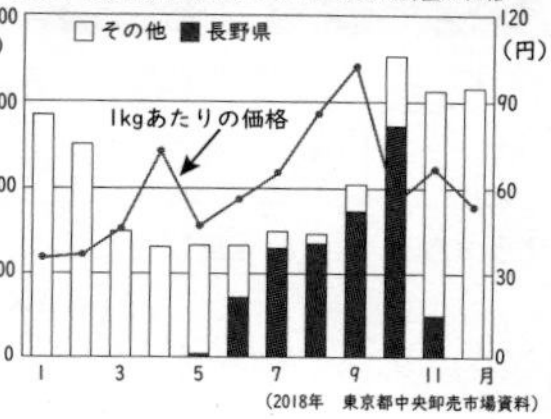
(t)
(円)
その他
長野県
1kgあたりの価格
（2018年　東京都中央卸売市場資料）

はくさいは、暑さに（①弱い）野菜です。だから、他の地域では生産が少なくなる（②6）月～（③10）月に出荷すると、（④高く）売ることができるのです。

高い土地の人々のくらし(2)

[1] 群馬県嬬恋村は、標高が1000～1300mの高原にあります。あとの問いに答えましょう。

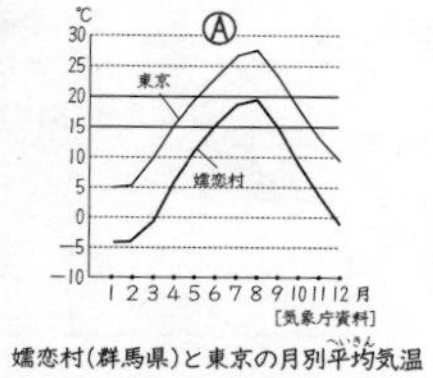
Ⓐ
東京
嬬恋村
［気象庁資料］
嬬恋村（群馬県）と東京の月別平均気温

Ⓑ
嬬恋村のキャベツ畑

(1) グラフⒶから、嬬恋村の月別平均気温が15度～20度にあるのは、何月～何月ですか。（ 6 ）月～（ 9 ）月

(2) 東京の８月の平均気温は、何度ですか。約（ 27 ）度

※28度でも可

(3) 嬬恋村で、どうしてキャベツをつくるようになったのでしょうか。次の（ ）にあてはまる言葉を書きましょう。

嬬恋村の周りは、浅間山などに囲まれていて、（①火山ばい）が積もってできた（②やせた）土地でした。しかし夏は（③すずしい）ので、暑さに弱いキャベツづくりに向いていたのです。今では「（④高原野菜）の村」として、全国一のキャベツの生産地として知られています。

やせた　高原野菜　すずしい　火山ばい

月　日 名前

ポイント　群馬県では、夏でもすずしい気候を生かして高原野菜づくりがさかんに行われていることを理解しましょう。

[2] 次の図やグラフを見て、あとの問いに答えましょう。

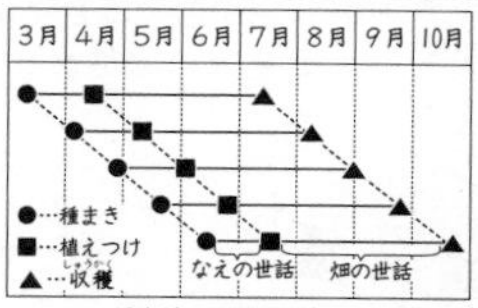
3月　4月　5月　6月　7月　8月　9月　10月
●…種まき
■…植えつけ
▲…収穫
なえの世話
畑の世話
嬬恋村のキャベツごよみ

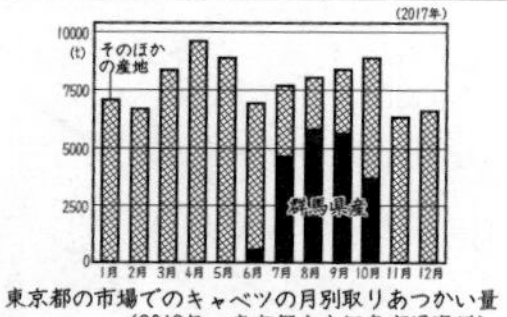
(2017年)
そのほかの産地
群馬県産
東京都の市場でのキャベツの月別取りあつかい量（2018年　東京都中央卸売市場資料）

(1) キャベツの種まきは、何月から何月ですか。

（ 3 ）月～（ 6 ）月

(2) どうして、(1)のように種まきをするのですか。

何回かに分けて種まきをすると、収穫時期を（ ずらす ）ことができるからです。

(3) 収穫の時期は、何月から何月ですか。（ 7 ）月～（ 10 ）月

(4) (3)の時期に出荷しているおもな県は、どこですか。

（ 群馬 ）県

(5) なぜ、(4)の県はこの時期にキャベツを出荷しているのですか。【 】の言葉を使って書きましょう。【暑さ　夏　気候】

（例）
キャベツは、暑さに弱い野菜なので、夏でもすずしい気候の群馬県（嬬恋村）ではキャベツづくりができるから。

まとめテスト

日本の地形とくらし

月　日　名前　　／100点

1 次の文を読んで、あとの問いに答えましょう。

①ここは、標高1000～1300mにあるので、夏でもすずしく、㋐暑さに弱いキャベツを、夏につくっています。

②ここは、3つの川に囲まれていて、川の水面よりも低い土地です。そのため、㋑周りをてい防で囲んでいます。

(1) 下線の①と②は、嬬恋村と海津市のどちらですか。（6点×2）

①（　嬬恋村　）②（　海津市　）

(2) ①と②に関係する場所と写真を選んで記号を書きましょう。（6点×4）

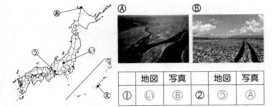

あ
い
う
え

Ⓐ
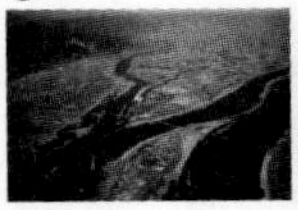

Ⓑ

	地図	写真		地図	写真
①	い	Ⓑ	②	う	Ⓐ

(3) 下線の㋐と㋑に、関係する言葉を□から選びましょう。（6点×4）

㋐（火山ばい）（高原野菜）　㋑（　輪中　）（　水屋　）

※㋐㋑順不同

輪中　火山ばい　高原野菜　水屋

(4) 次のグラフを見て、なぜ①では、夏にキャベツなどの野菜をつくることができるのかを書きましょう。（15点）

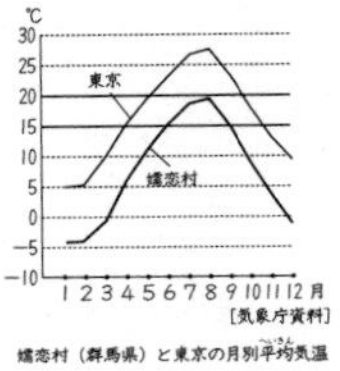

℃
東京
嬬恋村
[気象庁資料]

嬬恋村（群馬県）と東京の月別平均気温

（例）
キャベツは、暑さに弱い野菜なので、夏にすずしい気候の嬬恋村ではキャベツづくりができるから。

(5) 次の図を見て、この地域の人々の取り組みを書きましょう。（5点×5）

Ⓐ

Ⓑ

©木曽三川公園管理センター

Ⓐ…標高が（　高い　）ので、夏は（ハイキング）冬は（スキー）。

Ⓑ…周りが（　川　）なので、（カヌー）教室。

川　高い　カヌー　スキー　ハイキング

日本の気候区分

月　日　名前

ポイント　気候は、地形・海流と深い関係にあります。この2つの関係を見て、6つの気候区のちがいに気づきましょう。

1 次の地図を見て、あとの問いに答えましょう。

ユーラシア大陸
Bの季節風
リマン海流
北海道の気候
親潮
対馬海流
日本海側の気候
太平洋側の気候
中央高地の気候
Aの季節風
黒潮
瀬戸内の気候
南西諸島の気候

(1) 図中の海流を暖流と寒流に分けましょう。

暖流	黒潮
	対馬海流
寒流	親潮
	リマン海流

※暖流・寒流　順不同

(2) 図中のAとBの季節風は、次のようになります。

A
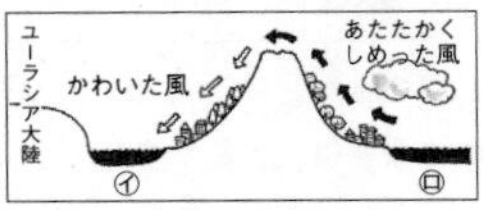

ユーラシア大陸
かわいた風
あたたかくしめった風
㋑
㋺

B

ユーラシア大陸
冷たくしめった風
かわいた風
㋑
㋺

（矢印は季節風の流れを表しています）

① AとBの季節風は、夏と冬のどちらですか。

A〔　夏　〕B〔　冬　〕

② ㋑と㋺は、日本海と太平洋のどちらですか。

㋑〔　日本海　〕

㋺〔　太平洋　〕

③ 右の雨温図は、太平洋側と日本海側のどちらを表していますか。

（　日本海　）側

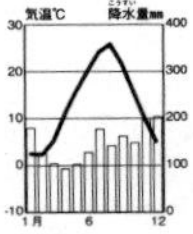

気温℃
降水量mm

(3) 次の雨温図を比べて、どの気候区にあたるかを書きましょう。

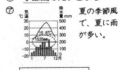

① 季節風のえいきょう

㋐
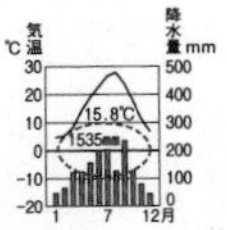

15.8℃
1535mm

夏の季節風で、夏に雨が多い。

太平洋側の気候

㋑
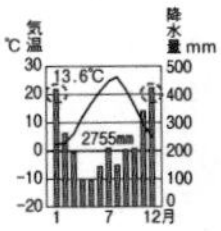

13.6℃
2755mm

冬の季節風で、冬に雪や雨が多い。

日本海側の気候

② 緯度のえいきょう

㋐
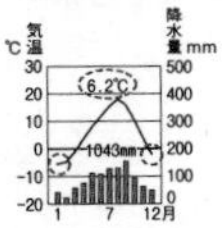

8.2℃
1043mm

冬の寒さが、きびしい。

北海道の気候

㋑
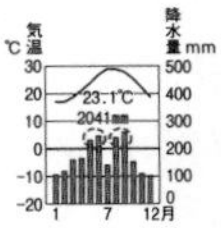

23.1℃
2041mm

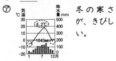

一年中気温が高い。つゆと台風で雨が多い。

南西諸島の気候

③ 地形のえいきょう

㋐
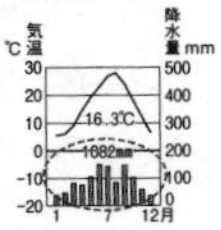

16.3℃
1082mm

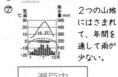

2つの山地にはさまれて、年間を通して雨が少ない。

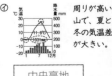

瀬戸内の気候

㋑
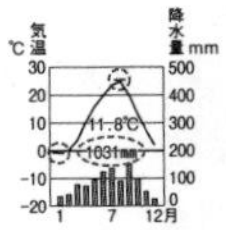

11.8℃
1031mm

周りが高い山で、夏と冬の気温差が大きい。

中央高地の気候

日本の気候とくらし(1)（あたたかい土地）

ポイント　沖縄県の気候は、住まいや農業にどのように関係しているか確かめましょう。

月　　日　名前

1　次のグラフと絵を見て、あとの問いに答えましょう。

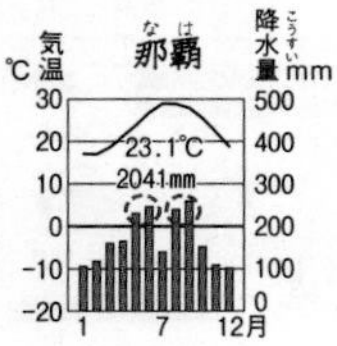

那覇
気温 ℃
降水量 mm
23.1℃
2041mm
1　7　12月

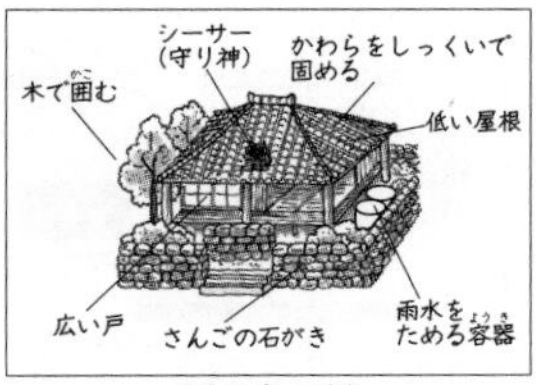

シーサー（守り神）
かわらをしっくいで固める
木で囲む
低い屋根
広い戸
さんごの石がき
雨水をためる容器

（昔からの家）

(1) 雨が多いのはつゆに入った5・6月ですが、8・9月は、どうして多いのでしょうか。

（　台風　）の時期にあたるから。

(2) (1)のために、工夫されていることを絵から選んで書きましょう。

木で囲む	かわらをしっくいで固める
低い屋根	さんごの石がき

※順不同

(3) 沖縄県は雨が多いのに、どうして水不足になるのでしょうか。（　）にあてはまる言葉を書きましょう。

沖縄県は、森林が（①少なく）、大きな長い（②川）もないので、すぐに（③海）に流れてしまうからです。でも、近年（④ダム）をつくって、水不足にならないようにしています。

ダム　少なく　川　海

(4) 沖縄県の気候を生かした農業について答えましょう。

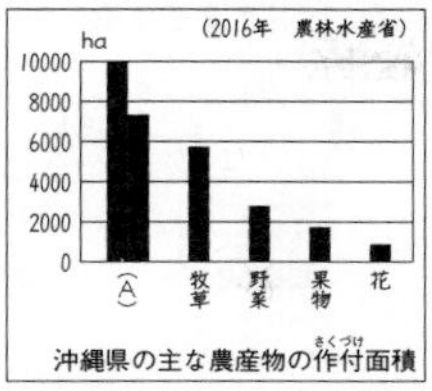

ha
（2016年　農林水産省）
10000
8000
6000
4000
2000
0
Ⓐ
牧草
野菜
果物
花

沖縄県の主な農産物の作付面積

▲沖縄県の土地利用

① 上の図を見て、グラフの（A）にあてはまる農産物を書きましょう。（　さとうきび　）

② 次のグラフは、東京都の市場に出荷された小ぎくの数です。

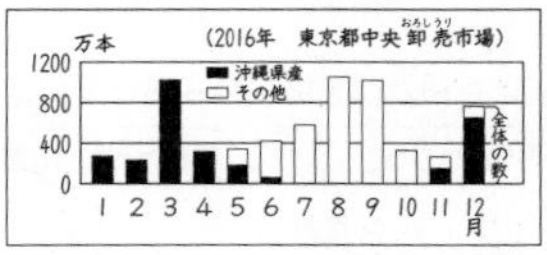

万本
（2016年　東京都中央卸売市場）
沖縄県産
その他
1200
800
400
0
1 2 3 4 5 6 7 8 9 10 11 12月
全体の数

㋐ 小ぎくがすべて沖縄県産なのは、何月から何月ですか。

（　1　）月～（　4　）月

㋑ なぜ、この時期は、沖縄県産だけなのですか。

この時期、日本の他の地域では、（①気温）が下がって出荷数が（②少ない）ので、冬でも（③あたたかい）沖縄の気候を生かしているため。

あたたかい　気温　少ない

③ 沖縄県の土地利用で、そう音やつい落事故などで大きな問題になっているのは何ですか。上の土地利用から選びましょう。（　軍用地　）

日本の気候とくらし(2)（寒い土地）

ポイント　冬の寒さに対する工夫や、広い土地を生かした農業について確かめましょう。

月　　日　名前

1　次のグラフと図を見てあとの問いに答えましょう。

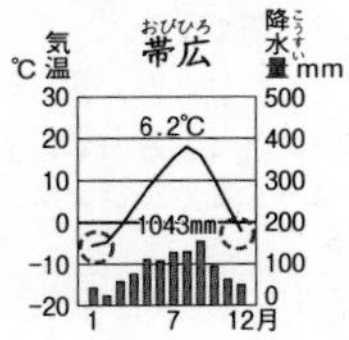

帯広
気温 ℃
降水量 mm
6.2℃
1043mm
1　7　12月

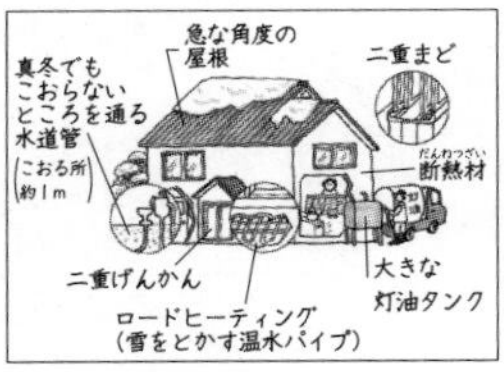

急な角度の屋根
二重まど
真冬でもこおらないところを通る水道管
（こおる所）約1m
断熱材
二重げんかん
大きな灯油タンク
ロードヒーティング（雪をとかす温水パイプ）

(1) 北海道の冬は、雪が多く寒さがきびしいです。平均気温が0度以下になるのは何月から何月ですか。

（　12　）月～（　3　）月

(2) (1)のための工夫を（　）に書きましょう。

① 家をあたためるため
- （　二重　）のげんかんやまど　・大きな（灯油タンク）
- かべに（　断熱材　）を入れる。

② 水道がこおらないため
- 水道管を地下（　1m　）より深いところにつくる。

③ 道路の雪をとかすため
- 道路に（ロードヒーティング）を設置する。

④ 雪を落ちやすくするため
- 屋根の角度を（　急　）にする。
- 最近では右の図のような家も多く見られる。

（屋根が内側にかたむいた無落雪の家）

©地方独立行政法人 北海道立総合研究機構 建設研究本部

(3) 次の写真は、雪に関係するできごとを表しています。関係する言葉を書きましょう。

①

〔　除雪車　〕

②

〔　雪おろし　〕

③

〔　流雪こう　〕

雪おろし　流雪こう　除雪車

2　次のことがらに関係する地域を左の地図から選んで書き、その地域でさかんな農業や農作物を下から選んで記号を書きましょう。

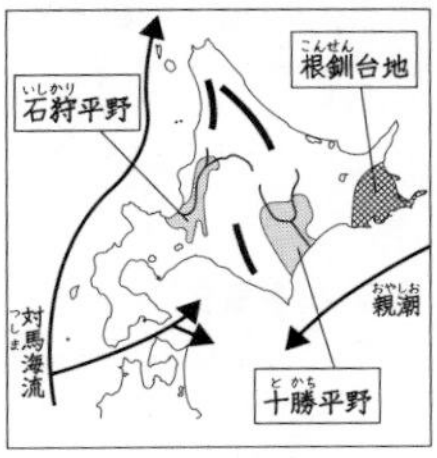

石狩平野
根釧台地
対馬海流
親潮
十勝平野

① 沿岸を暖流が流れ、夏はあたたかく雪どけ水が豊富
（　石狩平野　）（　ウ　）

② すずしい気候を生かしたらく農
（　根釧台地　）（　ア　）

③ 寒さに強い野菜づくり
（　十勝平野　）（　イ　）

※さとうの原料になる野菜

ア　牛乳・バター　　イ　じゃがいも・てんさい※　　ウ　米づくり

3　北海道で昔から生活し、豊かな自然の中で独自の文化を育ててきた先住民族を何といいますか。（　アイヌ　）民族

まとめテスト

日本の気候とくらし(1)

1 日本は南北に細長くのびているので、北海道(ほっかいどう)と沖縄県(おきなわ)では、大きく気候がちがいます。あとの問いに答えましょう。　(5点×10)

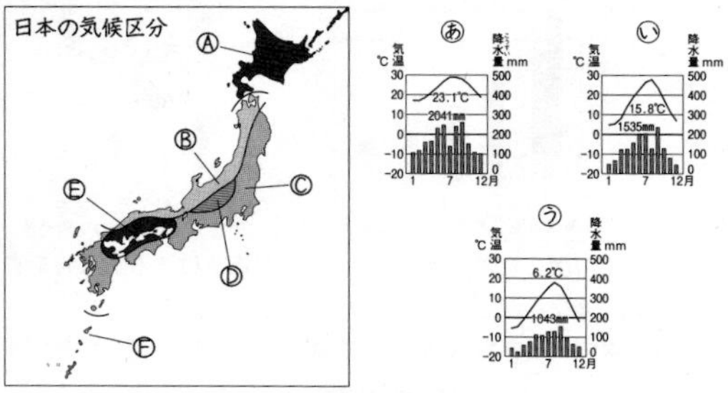

日本の気候区分
Ⓐ Ⓑ Ⓒ Ⓓ Ⓔ Ⓕ
あ い う
気温 ℃
降水量 mm
23.1℃
2041mm
15.8℃
1535mm
6.2℃
1043mm
1 7 12月

(1) 北海道と沖縄県の気候区と雨温図(うおんず)を図中から選びましょう。

	気候区	雨温図		気候区	雨温図
北海道	Ⓐ	う	沖縄県	Ⓕ	あ

(2) 次の言葉とつながるのは、北海道と沖縄県のどちらですか。
① 台風(沖縄県)　② 大雪(北海道)

(3) 北海道と沖縄県でつくられている作物を書きましょう。
① 北海道 (じゃがいも)(バター)
② 沖縄県 (パイナップル)(さとうきび)
※①②順不同

じゃがいも　パイナップル　さとうきび　バター

月　日　名前　/100点

2 次の「くらしごよみ」を見て、あとの問いに答えましょう。　(5点×10)

1月 2月 3月 4月 5月 6月 7月 8月 9月 10月 11月 12月
沖縄県
だんぼう（特に寒い日）
冷ぼう
だんぼう
つゆ
台風
ヒカンザクラがさく
サトウキビのかり取り
海開き
田植え（1回目）
ころもがえ
いれいの日
エイサー
いねかり（1回目）
運動会
いねかり（2回目）
田植え（2回目）
サトウキビの植えつけ
ころもがえ
きくの出荷がはじまる
北海道
だんぼう
冷ぼう（特に暑い日）
だんぼう
スキー学習
旭川冬まつり
野菜の収穫（4～10月）
サクラがさく
ころもがえ
田植え
運動会
ころもがえ
いねかり
冬の準備

(1) 沖縄県でヒカンザクラがさくころ、北海道では何が行われていますか。　(スキー学習)

(2) 北海道では、何月にサクラがさきますか。　(5)月

(3) 田植えは、沖縄県と北海道では何月に行われますか。
① 沖縄県　1回目(3)月　2回目(7)月
② 北海道　(5)月

(4) 冷ぼうは、沖縄県と北海道では、それぞれ何月から何月ごろまで使われていますか。
① 沖縄県　(5)月～(10)月
② 北海道　(7)月～(8)月

(5) 沖縄県にあって、北海道では見られない5月～6月にかけての長雨を何といいますか。　(つゆ)

まとめテスト

日本の気候とくらし(2)

1 次の図を見て、あとの問いに答えましょう。　(5点×9)

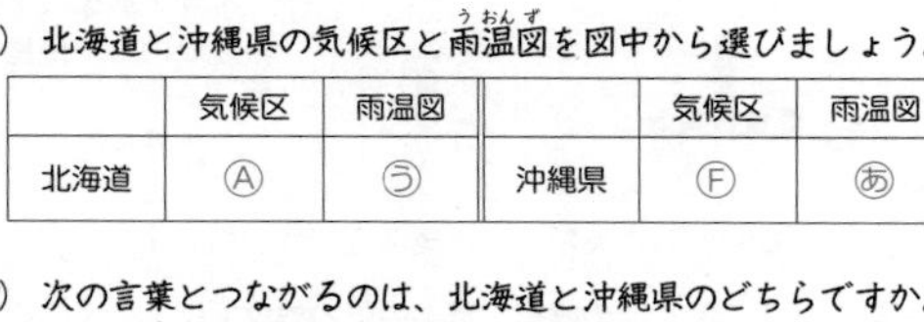

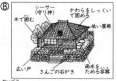

Ⓐ
急な角度の屋根
真冬でもこおらないところを通る水道管（こおる所約1m）
二重まど
断熱材
二重げんかん
大きな灯油タンク
ロードヒーティング（雪をとかす温水パイプ）
Ⓑ
シーサー（守り神）
かわらをしっくいで固める
木で囲む
低い屋根
広い戸
さんごの石がき
雨水をためる容器

(1) ⒶとⒷ、どちらが沖縄県(おきなわ)と北海道(ほっかいどう)ですか。
Ⓐ(北海道)　Ⓑ(沖縄県)

(2) 図を見て、沖縄県の台風と、北海道の寒さに対する家の工夫(くふう)を書きましょう。

① 沖縄県の台風

㋐ 家の周り
(さんごの石がき)や(木)で囲(かこ)む。
㋑ 屋根
(かわら)をしっくいで固め、屋根を(低く)する。

② 北海道の寒さ

㋐ げんかんやまどを(二重)にする。
㋑ かべなどに(断熱材)を入れる。
㋒ 大きな(灯油タンク)を設置(せっち)する。

月　日　名前　/100点

2 次の図は、現在(げんざい)の沖縄の家を表しています。

A

(1) 屋上にあるAは、何ですか。　(6点)
((貯)水タンク)

(2) なぜ(1)が、屋根の上にあるのでしょうか。【 】の言葉を使って書きましょう。
【森林　川　海】　(11点)

(例) 沖縄県は、森林が少なく、大きな長い川もないので、ふった雨はすぐに海に流れるので、水不足になるから。

(3) 現在沖縄県北部の山中に、水不足に備(そな)えてつくられているものは何ですか。　(6点)
(ダム)

©内閣府沖縄県総合事務局

3 気候を生かした農業について答えましょう。　(4点×3)
① 北海道　夏のすずしさ…(らく農)
② 沖縄県　1年中あたたかい…パイナップル・(さとうきび)
冬のあたたかさ…(小ぎく)

©糸満市
電灯で開花の時期を調節して出荷される

小ぎく　らく農　さとうきび

4 沖縄県と北海道について関係するものを、[　]から選んで記号を書きましょう。　(4点×5)
①沖縄県〔 ㋐ 〕〔 ㋓ 〕〔 ㋔ 〕　②北海道〔 ㋑ 〕〔 ㋒ 〕
※①②順不

㋐ 琉球王国(りゅうきゅうおうこく)　㋑ アイヌ民族　㋒ 雪まつり
㋓ アメリカ軍基地(きち)　㋔ さんごしょう

米の産地の条件

ポイント　米づくりのさかんな地域を地図から見つけ、その条件をグラフや図から読み取りましょう。

1 次の地図を見て、あとの問いに答えましょう。

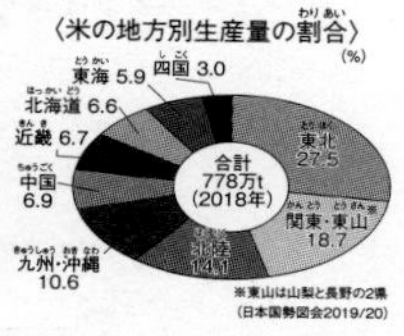
〈米の地方別生産量の割合〉
(%)
東海 5.9
四国 3.0
北海道 6.6
近畿 6.7
中国 6.9
九州・沖縄 10.6
東北 27.5
関東・東山 18.7
北陸 14.1
合計 778万t (2018年)
※東山は山梨と長野の2県
(日本国勢図会2019/20)

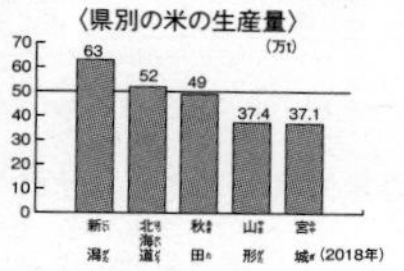
〈県別の米の生産量〉
(万t)
63
52
49
37.4
37.1
新潟
北海道
秋田
山形
宮城
(2018年)

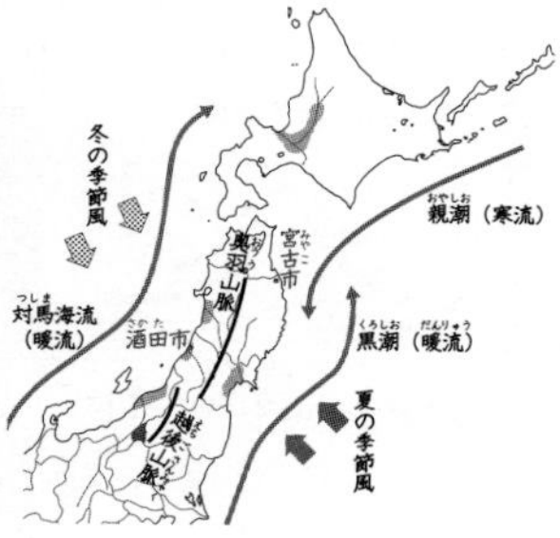
冬の季節風
親潮（寒流）
対馬海流（暖流）
酒田市
宮古市
奥羽山脈
黒潮（暖流）
夏の季節風

(1) 米の生産量の多い地方はどこで、全体の約何分の１ですか。

（　東北　）地方　約（　4　）分の１

(2) 県別の米の生産量のグラフを見て、平野と川の名前を書きましょう。

順位	平野	川	順位	平野	川
1	越後	信濃	2	石狩	石狩
3	秋田	雄物	4	庄内	最上
5	仙台	北上			

〈平野〉 仙台　秋田　越後　石狩　庄内

〈川〉 石狩　雄物　信濃　最上　北上

2 次の冬と夏の季節風の図を見て、あとの問いに答えましょう。

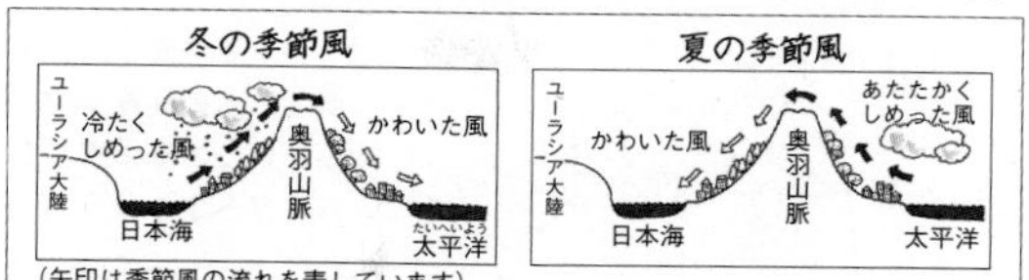
冬の季節風
ユーラシア大陸
冷たくしめった風
奥羽山脈
かわいた風
日本海
太平洋
夏の季節風
ユーラシア大陸
かわいた風
奥羽山脈
あたたかくしめった風
日本海
太平洋
（矢印は季節風の流れを表しています）

(1) 日本海側のことを説明している文に○をつけましょう。

（ ○ ）夏にかわいた風がふいてくる。
（　　）夏にたくさんの雨がふる。
（ ○ ）冬にたくさんの雪がふる。
（　　）冬に晴れの日が多くなる。

(2) 次のグラフは1の地図の酒田市と宮古市のものです。酒田市は、AとBのどちらですか。

酒田市（　A　）

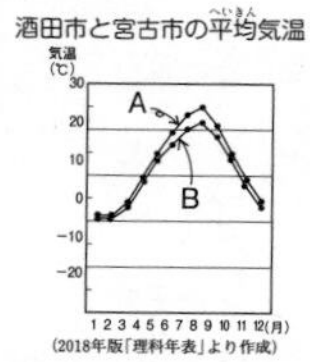
酒田市と宮古市の平均気温
気温(℃)
A
B
(月)
(2018年版「理科年表」より作成)

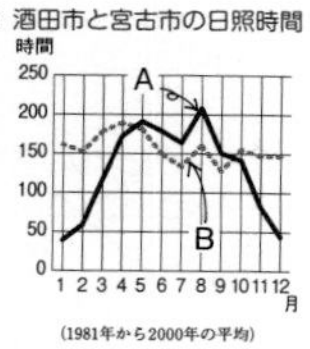
酒田市と宮古市の日照時間
時間
A
B
月
(1981年から2000年の平均)

(3) 東北地方で米づくりがさかんな理由を書きましょう。

① 広い（　平地　）と豊かな（　雪どけ水　）があること。

② 夏に気温が（高く）なり、夏の日照時間が（長い）こと。

高く　平地　長い　雪どけ水

地域にあわせた米づくり

ポイント　米づくりは、全ての都道府県で行われていて、それぞれの地域に合わせた品種改良が進んでいることを知りましょう。

1 次の都道府県別の米の生産量を見て、あとの問いに答えましょう。

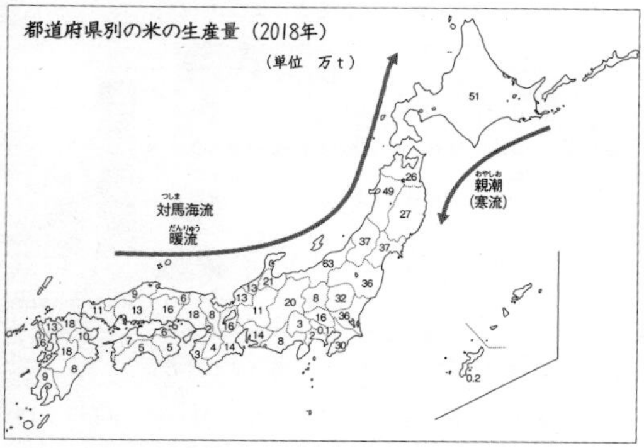
都道府県別の米の生産量（2018年）
（単位　万t）
対馬海流
暖流
親潮
(寒流)

(1) 上の地図を見て、正しいものに○をつけましょう。

（　　）米の生産量が多いのは、あたたかい地方である。
（ ○ ）米は、すべての都道府県でつくられている。
（ ○ ）米は、東北地方と北海道で多くつくられている。
（ ○ ）関東地方は、大都市が近いので米の生産量が多い県がある。

(2) 米の生産量が40万t以上の都道府県を書きましょう。

（　新潟県　）（　北海道　）（　秋田県　）

※順不同

(3) 東京都以外で米の生産量が１万t未満の都道府県は、どこですか。

（　沖縄県　）

(4) 稲は、もともとあたたかい地方の植物です。では、どうして(3)の県では、少ないのでしょうか。次の（　）にあてはまる言葉を、□から選んで書きましょう。

あたたかい気候ですが、広い（①平地）がありません。また、水をためる森や（②川）が少ないので、大量の（③水）を必要とする稲の栽培にはむきません。

川　平地　水

(5) 寒い地方でも米がたくさんとれるようになったのは、次のようなことが行われてきたからです。図を見て、（　）にあてはまる言葉を書きましょう。

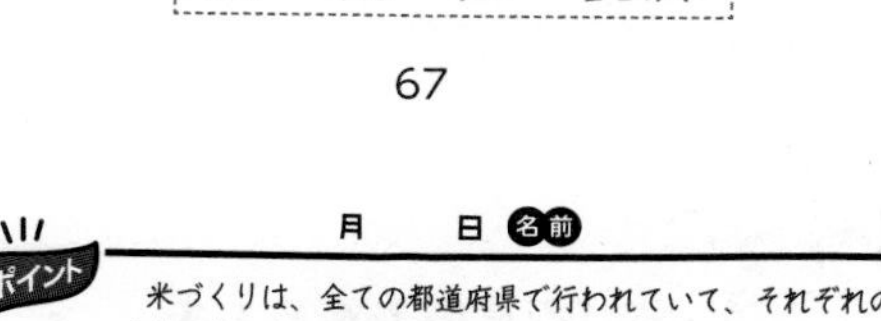
農業試験場で開発された「あきたこまち」
農林22号
農林１号
コシヒカリ
（味がよい）
PiNO4
サンブク、大系437
奥羽292号
（寒さに強い）
1975年から研究
（品種改良）
あきたこまち

農業試験場では味が良い（①コシヒカリ）と寒さに（②強い）奥羽292号とをかけ合せて、さらにすぐれた性質をもつ品種をつくりだす（③品種改良）を進めました。こうして生まれたのが（④あきたこまち）です。

日本海側の米づくり

ポイント　日本海側の寒い地域で米づくりがさかんなわけを、季節風との関係で理解しましょう。

1　次の地図を見て、あとの問いに答えましょう。

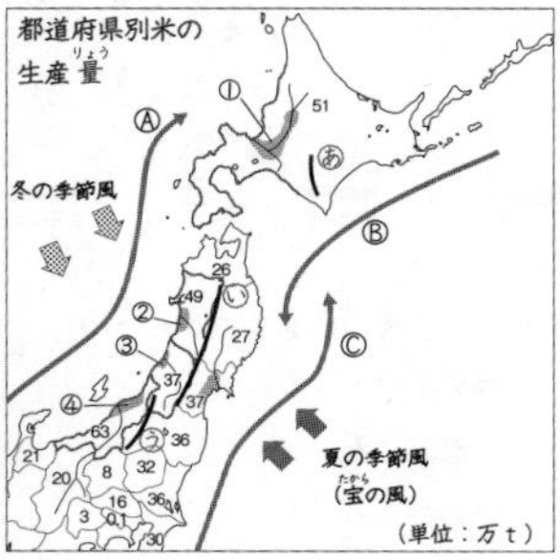

都道府県別米の生産量
冬の季節風
夏の季節風（宝の風）
（単位：万t）

(1)　日本海に面した道・県で、米の生産量が37万t以上の都道府県を4つ書きましょう。

（　北海道　）
（　秋田県　）
（　山形県　）
（　新潟県　）
※順不同

(2)　地図中の①～④の平野とその平野を流れる川を線で結びましょう。

	平野	川
①	石狩平野	雄物川
②	越後平野	石狩川
③	庄内平野	信濃川
④	秋田平野	最上川

(3)　日本海側と太平洋側を分ける奥羽山脈は、あ～うのどれですか。　（　い　）

(4)　暖流の対馬海流と黒潮はⒶ～Ⓒのどれですか。

対馬海流（　Ⓐ　）　黒潮（　Ⓒ　）

2　日本海側の寒い地域でなぜ米づくりがさかんなのでしょうか。ⒶとⒷの□に夏か冬の季節を書いて、（　）にあてはまる言葉を□から選んで書きましょう。

Ⓐ　夏　の季節風　　Ⓑ　冬　の季節風

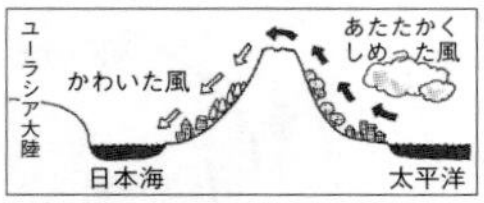

ユーラシア大陸
かわいた風
あたたかくしめった風
日本海
太平洋

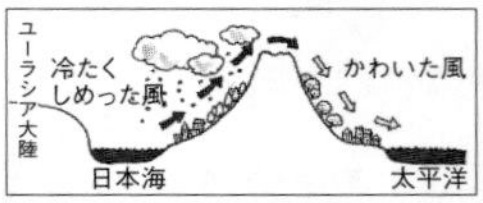

ユーラシア大陸
冷たくしめった風
かわいた風
日本海
太平洋

日本海側の山々には、冬に（①ユーラシア）大陸からふく（②しめった）風でたくさんの雪が積もります。それが、春になると（③雪どけ水）になって、広い平野の中を流れていきます。

夏になると、（④太平洋）からふく季節風が、山をこえて日本海側にふいてきます。この風は、ぬれた稲をかわかして、じょうぶな稲に育てます。だから、この風は、（⑤「宝の風」）といわれています。

また、晴れた日も多いので、気温が高く、日照時間も（⑥長く）なります。

だから、日本海側では米づくりがさかんなのです。

宝の風　長く　雪どけ水　ユーラシア　太平洋　しめった

米づくりの1年と工夫

ポイント　米づくりのカレンダーから、多くの手間をかけて米がつくられていることを理解しましょう。

1　次の米づくりの表を見て、あとの問いに答えましょう。

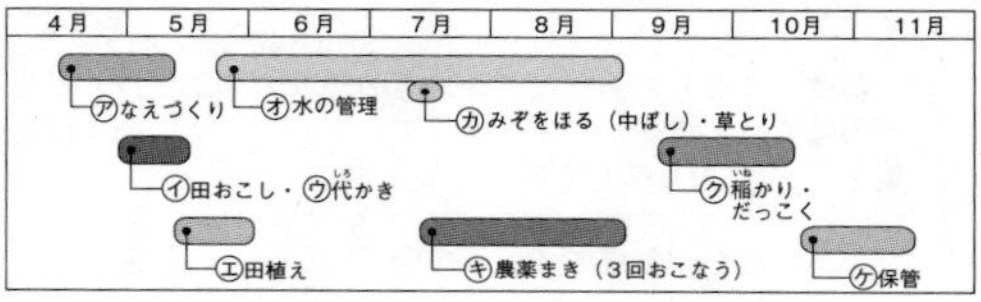

4月　5月　6月　7月　8月　9月　10月　11月
㋐なえづくり
㋔水の管理
㋕みぞをほる（中ぼし）・草とり
㋑田おこし・㋒代かき
㋗稲かり・だっこく
㋓田植え
㋖農薬まき（3回おこなう）
㋘保管

(1)　次の①～④の作業は表の中のどれですか。（　）に記号を書き、〔　〕には農業機械の名前を、□から選んで書きましょう。

①

（　㋑　）〔　トラクター　〕

②

（　㋗　）〔　コンバイン　〕

③

（　㋐　）

④

（　㋓　）〔　田植え機　〕

コンバイン　田植え機　トラクター

(2)　次の①～③の作業は表の中のどれですか。記号で書きましょう。

①（　㋕　）　根をじょうぶにするために、田の水をぬく。
②（　㋘　）　カントリーエレベーターに入れておく。
③（　㋒　）　水を入れた田の土をかきまぜて、平らにする。

2　米づくりの工夫として、次のようなことが行われています。図を見て、あとの問いに答えましょう。

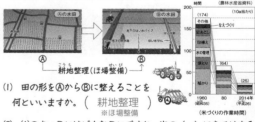

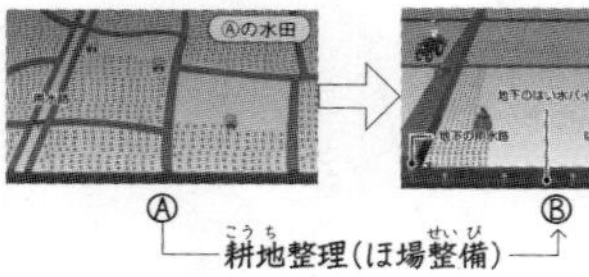

Ⓐの水田
Ⓑの水田
Ⓐ
Ⓑ
耕地整理（ほ場整備）

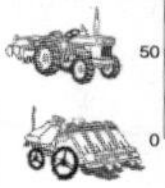

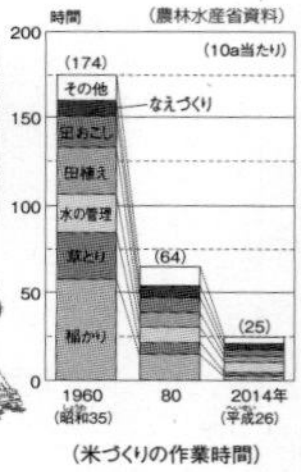

時間
（農林水産省資料）
（10a当たり）
200
150
100
50
0
(174)
その他
なえづくり
田おこし
田植え
水の管理
草とり
稲かり
(64)
(25)
1960（昭和35）
80
2014年（平成26）
（米づくりの作業時間）

(1)　田の形をⒶからⒷに整えることを何といいますか。（　耕地整理　）
※ほ場整備

(2)　(1)のよいことはどんなことですか。次の（　）にあてはまる言葉を図やグラフを参考にして書きましょう。

水田の形をⒶ→Ⓑに整えると、大型の（①農業機械）が使えるので、作業時間が（②稲かり）や（③田おこし）、田植えなどで大きく減りました。　※②③順不同

3　稲の生長を助けるための工夫を、□から選んで書きましょう。

①　雑草が生えないように（　農薬　）をまく。
②　稲の生長をよくするために（　化学肥料　）を使う。
③　①・②をできるだけ少なくするために（　たい肥　）などを使う。
④　気温に合わせて、水の量を調節する（　水の管理　）を行う。

化学肥料　たい肥　水の管理　農薬

これからの米づくり(1)

1 次のグラフを見て、あとの問いに答えましょう。

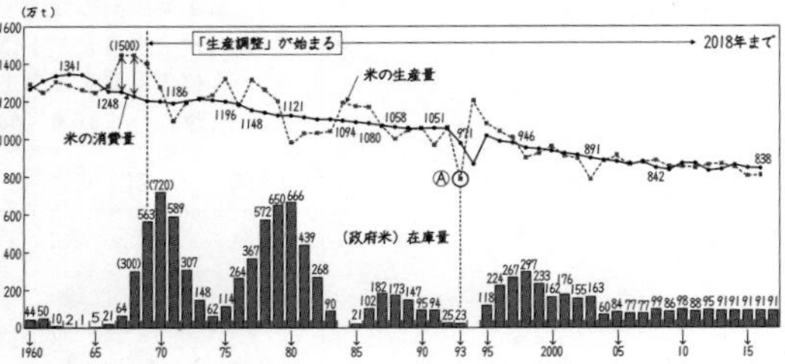
(万t)
「生産調整」が始まる
2018年まで
米の生産量
米の消費量
(政府米)在庫量
(1500)
1341
1248
1186
1196
1148
1121
1094
1080
1058
1051
971
946
891
842
838
Ⓐ Ⓑ
44 50 10 2 1 5 21 64 (300) 563 (720) 589 307 148 62 114 264 367 572 650 666 439 268 90 21 102 182 173 147 95 94 25 23 118 224 267 297 233 162 176 155 163 60 84 77 77 99 86 98 88 95 91 91 91 91 91
1960 65 70 75 80 85 90 93 95 2000 05 10 15

(1) 米の生産量が一番多い年は、何年と何年で、約何万tですか。

(1967)年・(1968)年　約(1500)万t

(2) (1)の年の米の生産量と消費量の差は、約何万tですか。

約(250)万t
※300万tでも可

(3) 米の在庫量が一番多い年は、何年で何万tですか。

(1970)年　(720)万t

(4) (3)の前年に在庫量を減らすために国が始めた政策は、何ですか。

(生産調整)

(5) (4)の政策で正しい文に〇をつけましょう。

(〇) 米以外の作物をつくること(転作)をすすめた。
(　) 余った米を海外で売るようにした。
(　) 田んぼを減らして、家を作ることをすすめた。

月　日 名前

ポイント 米の生産量が減ってきている理由をグラフから考え、消費量を増やす方法を学びましょう。

(6) (1)から米の消費量はどうなっていますか。

年々(減っている)

(7) 米の消費量を上げるために、どのような取り組みをしていますか。( )にあてはまる言葉を、[　]から選んで書きましょう。

A おいしくて、手軽な米づくり

①

©全農パールライス株式会社
(ブランド米)
《品種改良》

②

©全農パールライス株式会社
(無洗米)
《洗わないでたける》

③

©東北日本ハム株式会社
(米粉パン)
《小麦粉の代わり》

B 安全な米づくり

①

(アイガモ)農法

②
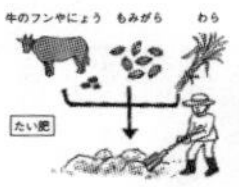
牛のフンやにょう
もみがら
わら
たい肥
(たい肥)づくり

C 集落営農 (農家で働く若い人を増やす)

①

(共同)作業
《農業機械をみんなで買って、使う》

②

(大きぼ)農業
《土地を一つに集約》

アイガモ
ブランド米
共同
米粉パン
大きぼ
たい肥
無洗米

これからの米づくり(2)

1 次のグラフを見て、あとの問いに答えましょう。

Ⓐ
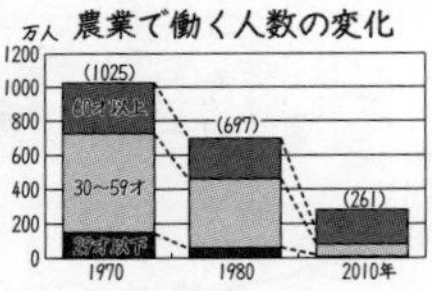
万人
農業で働く人数の変化
(1025)
60才以上
30～59才
29才以下
(697)
(261)
1970
1980
2010年

Ⓑ
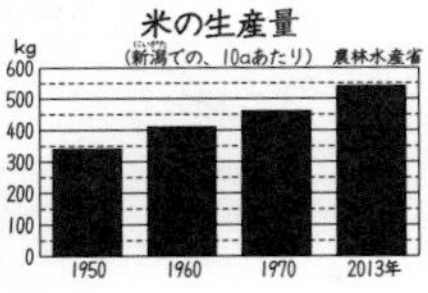
米の生産量
(新潟での、10aあたり)
農林水産省
kg
1950
1960
1970
2013年

(1) Ⓐを見て、次の問いに答えましょう。

① 1970年　働く人の数　(1025)万人
　一番多い年代　(30～59才)

② 2010年　働く人の数　(261)万人
　一番多い年代　(60才以上)

③ 働く人の数は、2010年は、1970年のどれだけになりましたか。

約(4)分の1

(2) Ⓑを見て、1950年から10aあたりの米の生産量はどうなっていますか。

(増えている)

(3) (2)の理由として考えられることを、[　]から選んで書きましょう。

① 田の(耕地整理)をして、(農業機械)を使えるようにした。

② 米の(品種改良)をして、その土地に合った米がたくさんとれるようにした。

品種改良	農業機械	耕地整理

月　日 名前

ポイント 農業をしている人たちの高れい化と、その中でJAを中心に米の消費量を増やす工夫を理解しましょう。

2 次の図を見て、あとの問いに答えましょう。

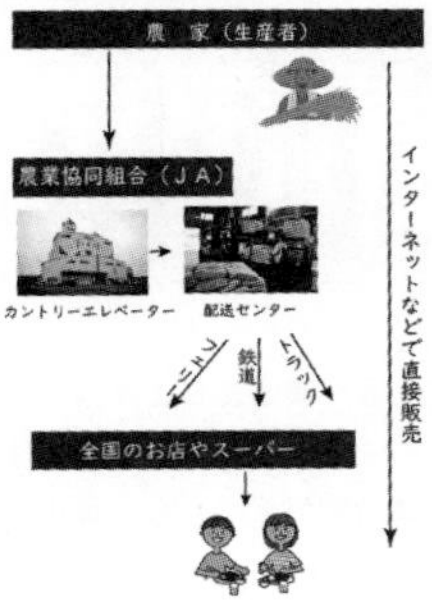
農　家(生産者)
農業協同組合(JA)
カントリーエレベーター
配送センター
フェリー
鉄道
トラック
全国のお店やスーパー
インターネットなどで直接販売

(1) 次の( )にあてはまる言葉を、左の図を見て書きましょう。

生産されたお米のほとんどはJAが①(カントリーエレベーター)で保管して注文に応じてフェリー、鉄道、②(トラック)輸送で出荷されます。なかには③(インターネット)を使って直接消費者に販売している農家もあります。

(2) 次の文と関係していることを、線で結びましょう。

① 農業で働く若い人を増やしたい。 ― 農業に興味を持ってもらうために、農業体験を行っている。

② なえづくりの時間を減らしたい。 ― 直接水田に、種もみをまく直まきを行っている。

③ 夏の気温が上がらず、お米が十分に実らなかった。 ― 農業試験場で、寒さに強い稲を作るために品種改良を行っている。

まとめテスト

これからの米づくり(1)

1 米づくりの仕事について、あとの問いに答えましょう。

4月	5月	6月	7月	8月	9月	10月	11月
田おこし・代かき・田植え・なえづくり			中ぼし・みぞをほる・草とり			稲かり・だっこく	保管・出荷(カントリーエレベーター)
	水の管理						
				農薬をまく			

(1) 次の作業の名前を表から選んで〔 〕に書き、作業の順番を□に番号を書きましょう。(□3点×4、〔 〕4点×4)

㋐  4 〔稲かり・だっこく〕

㋑  2 〔田植え〕

㋒  3 〔農薬をまく〕

㋓  1 〔田おこし〕

(2) コンバインとトラクターは、(1)の㋐～㋓のどれですか。(4点×2)

① コンバイン(㋐)　② トラクター(㋓)

(3) 表の中の、なえづくりには時間がかかるため、その仕事を減らすために行われていることは、次の中のどれですか。○で囲みましょう。(4点)

(転作　(種もみの直まき)　アイガモ農法)

月　日　名前　/100点

2 次の地図を見て、あとの問いに答えましょう。

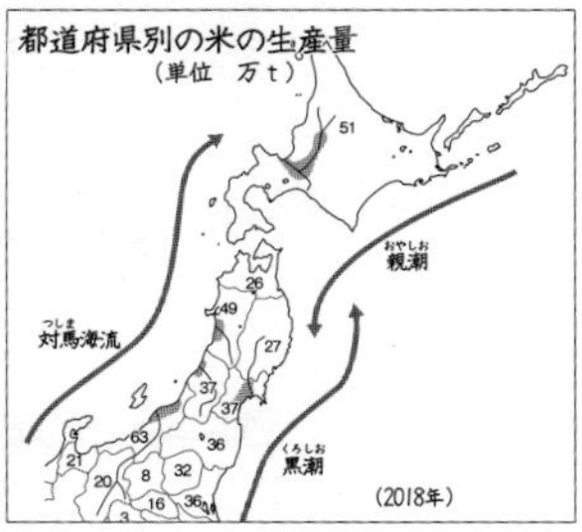

都道府県別の米の生産量
(単位 万t)
51
26
49
27
37
37
36
63
32
21
8
20
16
36
対馬海流
親潮
黒潮
(2018年)

(1) 日本海に面した道・県の米の生産量が1位～4位の名前を書きましょう。(4点×4)

1位	新潟県
2位	北海道
3位	秋田県
4位	山形県

(2) (1)の平野と川の名前を[ ]から選んで書きましょう。(4点×8)

	平野	川		平野	川
1位	越後 平野	信濃 川	2位	石狩 平野	石狩 川
3位	秋田 平野	雄物 川	4位	庄内 平野	最上 川

平野: 石狩　越後　秋田　庄内

川: 雄物　最上　信濃　石狩

(3) (1)の地域で米づくりがさかんな理由を、【 】の言葉を使って書きましょう。【雪どけ水　夏の季節風　気温　日照時間】(12点)

(例) 春には、豊かな雪どけ水が平野を流れ、夏には夏のかわいた季節風がふいてくるので、晴れた日が多く気温が高くなり、日照時間も長くなるから。

まとめテスト

これからの米づくり(2)

1 次のグラフを見て、あとの問いに答えましょう。(6点×10)

Ⓐ 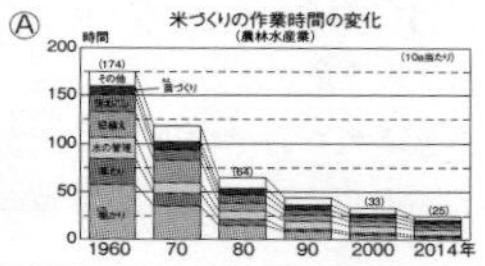

米づくりの作業時間の変化
(農林水産省)
時間
(10aあたり)
(174)
(64)
(33)
(25)
1960 70 80 90 2000 2014年

Ⓑ 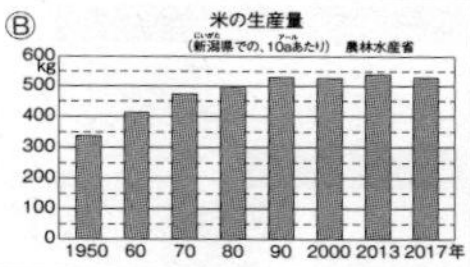

米の生産量
(新潟県での、10aあたり) 農林水産省
kg
1950 60 70 80 90 2000 2013 2017年

(1) Ⓐについて、次の問いに答えましょう。

① 1960年で、作業時間が長いものを3つ書きましょう。

(稲かり)(草とり)(田植え) ※順不同

② 1960年と2014年を比べると、作業時間がどのくらい減りましたか。

約(7)分の1

(2) Ⓑのグラフから2013年の10aあたりの米の生産量は、1950年よりどれくらい増えましたか。

約(1.5)倍
※1.6倍でも可

(3) (1)・(2)について、なぜそうなったのか、次の( )にあてはまる言葉を[ ]から選んで書きましょう。

水田の(①耕地整理)と、大型の(②農業機械)を使い、また、その土地に合った稲をつくり出す(③品種改良)により、農作業が(④短時間)で行うことができ、米の生産量も(⑤上げる)ことができるようになったから。

短時間　品種改良　農業機械　上げる　耕地整理

月　日　名前　/100点

2 次のグラフを見て、あとの問いに答えましょう。

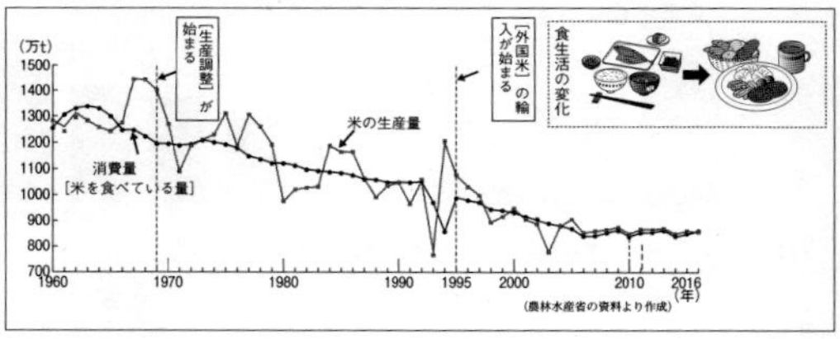

(万t)
[生産調整]が始まる
[外国米]の輸入が始まる
食生活の変化
米の生産量
消費量
[米を食べている量]
1960 1970 1980 1990 1995 2000 2010 2016(年)
(農林水産省の資料より作成)

(1) 次の( )にあてはまる言葉を書きましょう。(6点×5)

① 米の消費量は、パンなどを食べるようになった(㋐食生活)の変化で、だんだん(㋑減って)きています。

② (㋐ 1993)年に、米の生産量が急激に(㋑減った)ので、1995年に初めて(㋒外国米)を輸入しました。

(2) 農家の人たちは、どのような取り組みをしていますか。【 】の言葉を使って書きましょう。(10点)

【アイガモ農法　ブランド米　無洗米　共同】

(例) 農家の人たちは、安い外国米に負けないように、安心なアイガモ農法を行ったり、おいしいブランド米や便利な無洗米をつくったりしています。

また、農業機械を共同で使って作業時間を短くしています。

野菜づくりのさかんな地域

1 図中のⒶ・Ⓑ・Ⓒは、気候や地形を生かした野菜づくりを行っています。〔 〕や（ ）にあてはまる言葉を、[　]から選んで書きましょう。

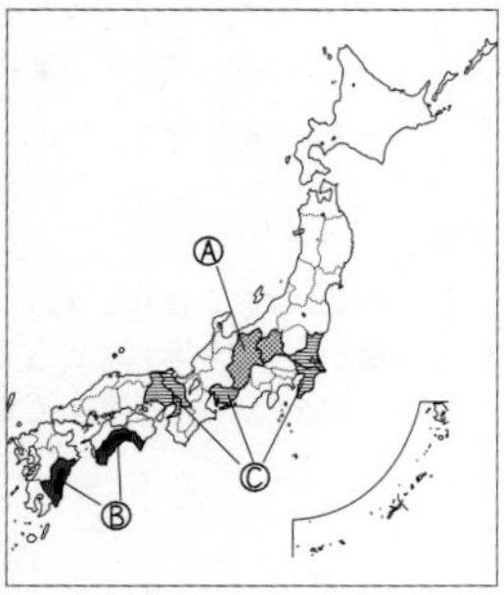

Ⓐ
Ⓑ
Ⓒ

(1) Ⓐ〔すずしい〕気候
高地にあるので、（①夏）でもすずしい気候を生かした（②高原野菜）づくり。

Ⓑ〔あたたかい〕気候
暖流のおかげで、（①冬）でもあたたかい気候を生かした（②早づくり）栽培。

Ⓒ〔近郊〕農業
（①大都市）の近くなので、新せんな野菜やたまごなどを早くとどけることができる。

近郊	あたたかい	すずしい	冬
夏	高原野菜	大都市	早づくり

(2) ⒶとⒷでつくられている野菜を書きましょう。

Ⓐ（レタス）（キャベツ）※順不同
Ⓑ（ピーマン）（なす）※順不同

ピーマン	レタス
キャベツ	なす

月　日 名前

ポイント　野菜づくりのさかんな地域を地図から読み取り、気候や地形を生かしていることを理解しましょう。

2 次のグラフを見て、あとの問いに答えましょう。

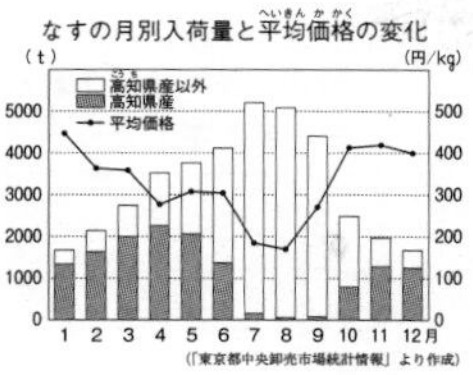

なすの月別入荷量と平均価格の変化
(t)
(円/kg)
高知県産以外
高知県産
平均価格
（「東京都中央卸売市場統計情報」より作成）

(1) なすの入荷量が2000t以下なのは、何月から何月ですか。
（11）月～（1）月

(2) (1)のときの1kgあたりのねだんは、7月・8月と比べて、およそ何倍ですか。
約（2.5）倍
※2倍でも可

3 右のグラフは、キャベツの月別入荷量を表しています。群馬県産が入荷量の半分以上をしめる月を書きましょう。

（7）月～（9）月

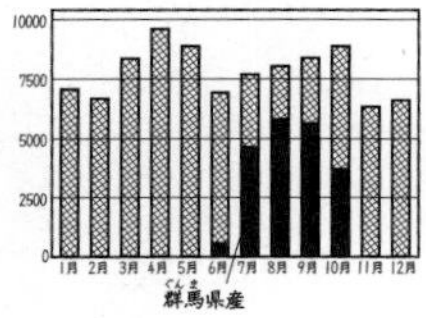

群馬県産

4 次のグラフは、茨城県でどのようなものがつくられているかを表しています。1位から5位までの農ちく産物を書きましょう。

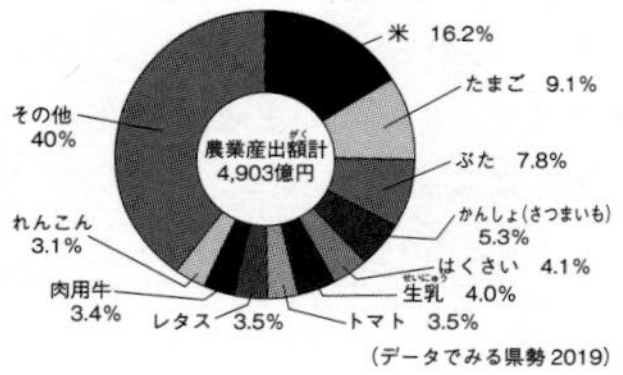

米 16.2%
たまご 9.1%
ぶた 7.8%
かんしょ(さつまいも) 5.3%
はくさい 4.1%
生乳 4.0%
トマト 3.5%
レタス 3.5%
肉用牛 3.4%
れんこん 3.1%
その他 40%
農業産出額計 4,903億円

（データでみる県勢2019）

1位（米）
2位（たまご）
3位（ぶた）
4位（かんしょ）
5位（はくさい）

くだものづくり・ちく産のさかんな地域(1)

1 地図中のA・B・Cは、気候や地形を生かしたくだものづくりを行っています。〔 〕に気候、[　]に県名、（ ）にくだものの名前を[　]から選んで書きましょう。

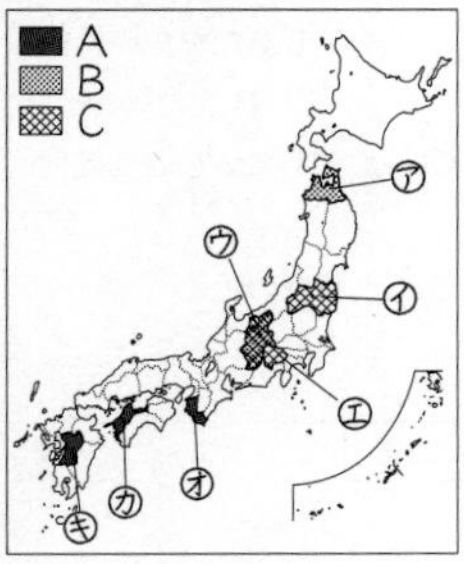

A
B
C
㋐
㋑
㋒
㋓
㋔
㋕
㋖

A〔あたたかい〕気候
（日あたりのよい山のしゃ面）

㋔ 和歌山県	㋕ 愛媛県
㋖ 熊本県	

（みかん）

B〔すずしい〕気候

㋐ 青森県	㋒ 長野県

（りんご）

C〔昼夜の温度差〕が大きい気候　（水はけがよい）

① ㋓ 山梨県　㋑ 福島県　（もも）
② ㋓ 山梨県　㋒ 長野県　（ぶどう）

気候（A～C）：昼夜の温度差　あたたかい　すずしい
県（㋐～㋖）：青森県　福島県　熊本県　山梨県　和歌山県　愛媛県　長野県
くだもの：もも　ぶどう　りんご　みかん
（2度使う県名もあります）

月　日 名前

ポイント　くだものの生産やちく産がさかんな地域を地図から読み取り、気候の特徴に合わせて行われているということを理解しましょう。

2 次の地図を見て、それぞれの家ちくを育てているベスト3の都道府県名を、[　]から選んで書きましょう。（何回も使う道府県名があります）

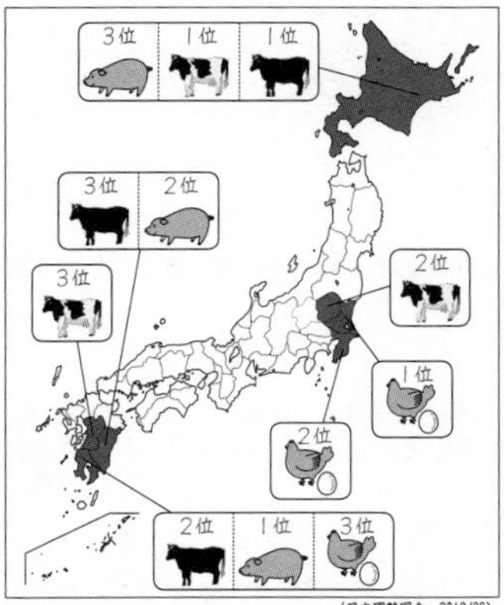

3位
1位
1位
3位
2位
3位
2位
1位
2位
2位
1位
3位

（日本国勢図会　2019/20）

① 乳牛

	都道府県名
1位	北海道
2位	栃木県
3位	熊本県

② 肉牛

	都道府県名
1位	北海道
2位	鹿児島県
3位	宮崎県

③ ぶた

	都道府県名
1位	鹿児島県
2位	宮崎県
3位	北海道

④ にわとり(たまご)

	都道府県名
1位	茨城県
2位	千葉県
3位	鹿児島県

北海道　鹿児島県　茨城県　熊本県　宮崎県　千葉県　栃木県

くだものづくり・ちく産のさかんな地域(2)

ポイント　くだものの生産やちく産がさかんな地域を地図から読み取り、気候の特徴に合わせて行われているということを理解しましょう。

月　日　名前

1　次の地図は、火山灰土で、できた平野と台地を表しています。あとの問いに答えましょう。

Ⓐ
Ⓑ
Ⓒ
Ⓓ

(1)　Ⓐ～Ⓒは、日本の三大畑作地帯です。それぞれの名前を書きましょう。

	名前
Ⓐ	（　シラス　）台地
Ⓑ	（　関東　）平野
Ⓒ	（　十勝　）平野

(2)　Ⓐ～Ⓒでつくられる作物を［　］から選んで書きましょう。

Ⓐ（さつまいも）　Ⓑ（はくさい）　Ⓒ（じゃがいも）

［じゃがいも　さつまいも　はくさい］

(3)　Ⓐで行われている農業について、（　）にあてはまる言葉を［　］から選んで書きましょう。

Ⓐは火山灰土でできているので、（①米づくり）には適していません。そこで、（②広い）土地を生かして、ここでつくられる作物をえさにする、肉用牛や（③ぶた）などの（④ちく産）がさかんです。

［ちく産　広い　ぶた　米づくり］

(4)　Ⓓの地形名を〔　〕に書き、そこで行われていることについて（　）にあてはまる言葉を、［　］から選んで書きましょう。

Ⓓの〔　根釧　〕台地は、（①低温）すぎて畑作もできません。広々としたⒹは、一面（②草地）になっていて、夏でもすずしい気候を生かした（③らく農）がさかんです。

［らく農　草地　低温］

2　次の地図中のあといについて、あとの問いに答えましょう。

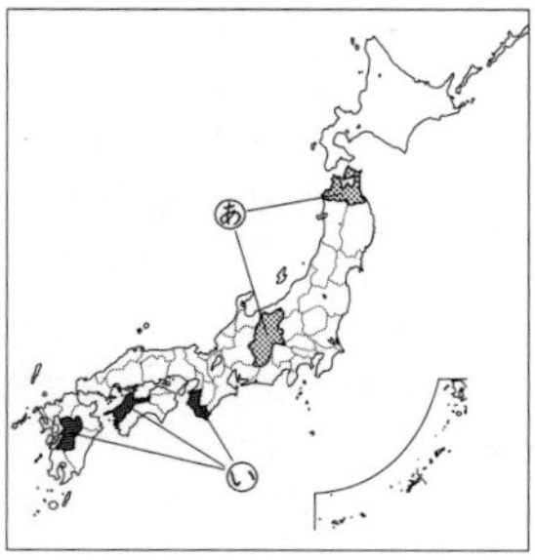

あ
い

(1)　あといでつくられているくだものを［　］から選んで書きましょう。

あ（　りんご　）
い（　みかん　）

［ぶどう　みかん　りんご］

(2)　あといは、どんな地域ですか。［　］から選んで記号で書きましょう。

あ〔　エ　〕　い〔　イ　〕

［ア　水はけが良くて、昼夜の寒暖差が大きい地域。
イ　あたたかくて、日あたりのよい地域。
ウ　広い平野が多く、水が豊富な地域。
エ　夏でもすずしい地域。］

まとめテスト

野菜・くだもの・ちく産のさかんな地域

月　日　名前　　/100点

1　次のグラフを見て、あとの問いに答えましょう。

〈グラフ1〉農ちく産物の生産額

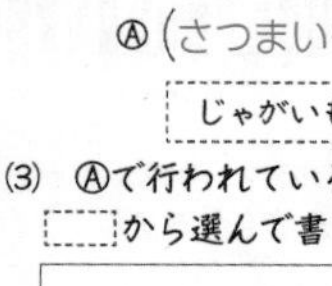

その他 (11%)
くだもの (9%)
ちく産 (34%)
米 (18%)
野菜 (28%)

(2016年)

〈グラフ2〉農ちく産物の都道府県別農業生産額

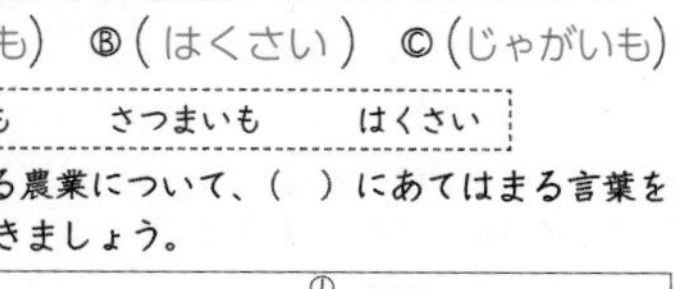

(米)
(A)
(B)
(C)
その他

(1)　グラフ1より、農ちく産物の生産額が多い順に書きましょう。（5点×2）

1位（　ちく産　）　2位（　野菜　）

(2)　グラフ2は、農ちく産物の生産を都道府県別に表しています。

㋐　A～Cの農ちく産物をグラフ1から選んで（　）に書きましょう。（6点×3）

A（　野菜　）　B（くだもの）　C（　ちく産　）

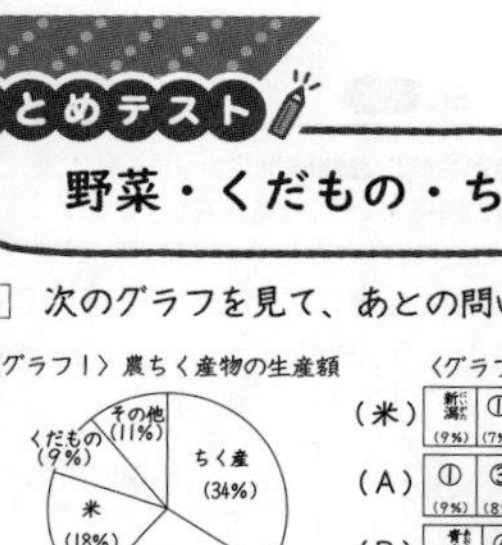

①
②
③
④
⑤

㋑　①～⑤にあてはまる都道府県名を、地図を見て書きましょう。（6点×5）

①	北海道
②	山形県
③	茨城県
④	和歌山県
⑤	鹿児島県

2　次の①～③を生かしている地域を、地図中の㋐～㋒から選んで（　）に、そこでつくられている野菜を［　］から選んで〔　〕に書きましょう。（3点×6）

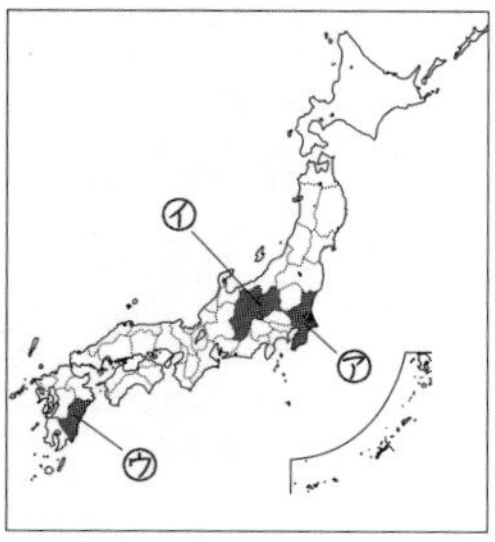

㋐
㋑
㋒

①　冬でもあたたかい気候
（　㋒　）〔　ピーマン　〕

②　夏でもすずしい気候
（　㋑　）〔　レタス　〕

③　大都市の近く
（　㋐　）〔　たまご　〕

［たまご　レタス　ピーマン］

3　次の表は、くだものの生産量が多い県を表しています。地図中の①～④の県名を書きましょう。（6点×4）

	りんご	みかん	ぶどう
1	青森県	和歌山県	④
2	①	③	①
3	山形県	熊本県	山形県
4	②	静岡県	岡山県

（日本国勢図会　2019/20）

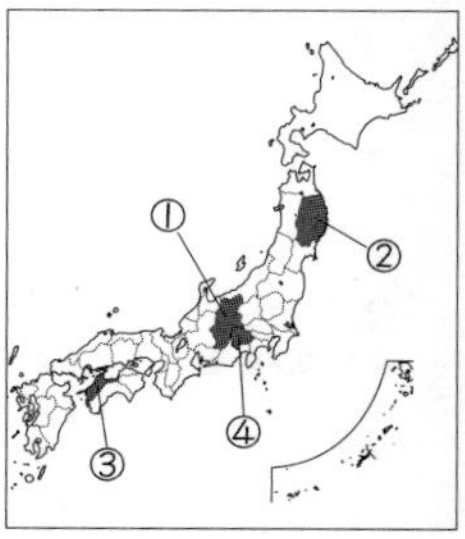

①
②
③
④

①	長野県	②	岩手県
③	愛媛県	④	山梨県

漁業の種類

1 次の図は、どの漁業の種類を表していますか。〔 〕には名前を[ ]から選んで書き、関係するものを線で結びましょう。

① 
(10トン以上の船)
〔 沖合 〕漁業

② 
(10トン未満の船)
〔 沿岸 〕漁業

③ 
(大型の船)
〔 遠洋 〕漁業

㋐ 数ヶ月から一年かけて、遠くの海まで行って漁をする。

㋑ 海岸近くで、日帰りで漁をする。

㋒ 岸からやや遠いところで数日がかりで漁をする。

[沖合　沿岸　遠洋]

2 次の図は、育てる漁業の「養しょく業」と「さいばい漁業」のどちらを表していますか。〔 〕に書きましょう。

㋐ 
〔 養しょく業 〕

㋑ 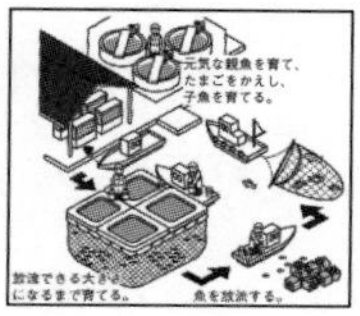

元気な親魚を育て、たまごをかえし、子魚を育てる。
放流できる大きさになるまで育てる。
魚を放流する。

〔 さいばい漁業 〕

月　日 名前

ポイント 各漁業の漁かく量の変化をグラフから読み取り、養しょく業とさいばい漁業のちがいを図から理解しましょう。

3 次のグラフを見て、あとの問いに答えましょう。

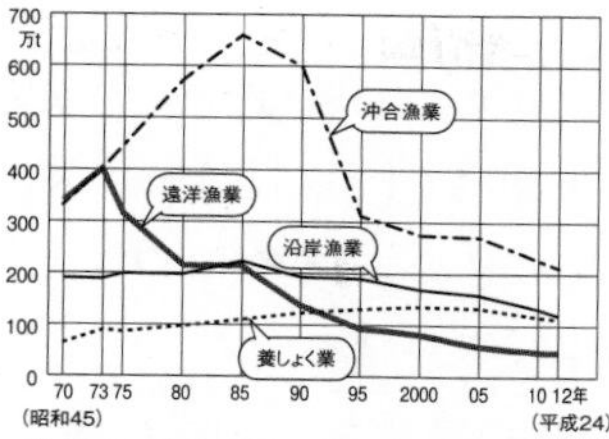

700
万t
600
500
400
300
200
100
0
沖合漁業
遠洋漁業
沿岸漁業
養しょく業
70 73 75 80 85 90 95 2000 05 10 12年
(昭和45)
(平成24)

漁業別の漁かく量の変化（農林水産省）

(1) 1973年に漁かく量が多いのは、何漁業ですか。
(遠洋)漁業
(沖合)漁業
※順不同

(2) (1)のあと、漁かく量が急激に減ったのは何漁業ですか。
(遠洋)漁業

(3) なぜ(2)のようになったのですか。( )にあてはまる言葉を[ ]から選んで書きましょう。

各国は、自国の(①水産)資源を守るために、海岸から(②200海里)以内の海で外国の漁船がとる魚の種類や量を(③制限)したからです。

[200海里　制限　水産]

(4) (1)の後、漁かく量が急に増えたのは、何漁業ですか。
(沖合)漁業

(5) 漁かく量の変化があまりないのは、何漁業ですか。
(沿岸)漁業 (養しょく)(漁)業

漁業のさかんな地域

1 次の地図を見て、あとの問いに答えましょう。

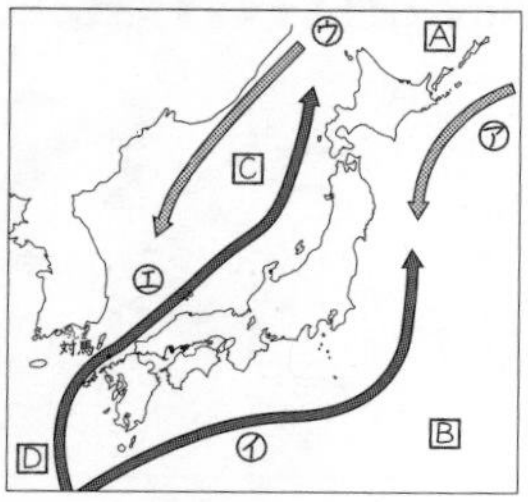

㋒
A
㋐
C
㋓
対馬
D
㋑
B

(1) A～Dの海の名前を書きましょう。

	海の名前
A	オホーツク海
B	太平洋
C	日本海
D	東シナ海

[太平洋　東シナ海　日本海　オホーツク海]

(2) ㋐～㋓の海流を暖流と寒流に分けて、名前を書きましょう。

	記号	海流名	記号	海流名
暖流	㋑	黒潮	㋓	対馬海流
寒流	㋐	親潮	㋒	リマン海流

[黒潮　親潮　リマン海流　対馬海流]
㋑㋓順不同
㋐㋒順不同

(3) 水あげされた魚は、漁港で売り手と買い手によってねだんが決まります。右の写真のような仕組みを何といいますか。正しいものに○をつけましょう。

( )かい　( )うり　(○)せり

月　日 名前

ポイント 日本の周りを流れる寒流と暖流の名前と位置を覚え、潮目や大陸だなの意味を地図や図で理解しましょう。

2 次の地図を見て、あとの問いに答えましょう。

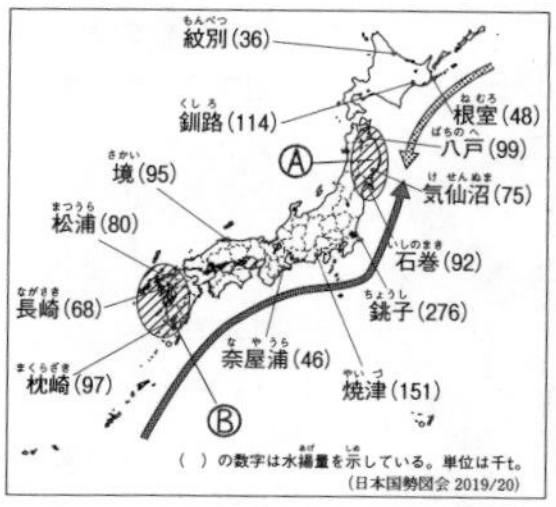

紋別(36)
釧路(114)
根室(48)
八戸(99)
境(95)
A
気仙沼(75)
松浦(80)
石巻(92)
長崎(68)
銚子(276)
奈屋浦(46)
枕崎(97)
B
焼津(151)
( )の数字は水揚量を示している。単位は千t。
(日本国勢図会 2019/20)

(1) 水あげ量が多い漁港を5つ書きましょう。
1位(銚子)
2位(焼津)
3位(釧路)
4位(八戸)
5位(枕崎)

(2) 次の①と②は、漁港が集まっているAとBのどちらと関係していますか。□にはAかBを、〔 〕には大陸だなか潮目を書きましょう。また、図を見て( )にあてはまる言葉を書きましょう。

① A 〔 潮目 〕

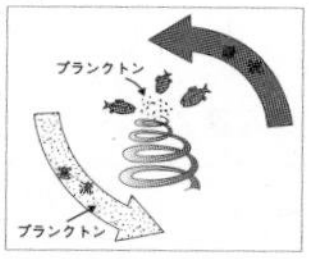

プランクトン
寒流
プランクトン

豊富な(㋐プランクトン)を求めて、暖流と寒流の魚が集まる。

② B 〔 大陸だな 〕

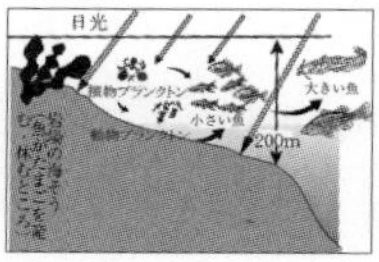

日光
植物プランクトン
小さい魚
大きい魚
動物プランクトン
200m

水深(㋑ 200)mくらいまでの浅い海底では、㋐や(㋒海そう)がよく育つので、魚に良い場所になっている。

これからの水産業

ポイント　育てる漁業をさかんにする取り組みについて理解しましょう。

1　これからの漁業について、(　)にあてはまる言葉を[　]から選んで書きましょう。

(①沖合)漁業が減ったのは、漁場がよごれたり、魚を(②とりすぎ)たり、外国からの(③安い)魚が輸入されたからです。そのため、(④とる)漁業だけではなく、(⑤育てる)漁業にも力を入れています。

[とる　育てる　とりすぎ　安い　沖合]

2　次の問いに答えましょう。

(1)　水産業に関わる人々が取り組んでいる、水産資源の管理の説明について正しいものに○をつけましょう。

(　)　水産物をできるだけとらないようにして、外国からたくさん輸入すること。

(○)　水産物をとりすぎて減らさないように、水産物のとり方やとる量などを考えて、漁業を行うこと。

(　)　魚をたくさんとって、かんづめにして保管しておくこと。

(○)　森や山の環境を大切にすることが、海を豊かにすることにつながると、植林活動をしている。

(2)　次の(　)にあてはまる言葉を[　]から選んで書きましょう。

養しょく業は、(①計画)的に魚を育てることができるので、(②安定)したしゅう入を得ることができます。
しかし、「養しょく業」は、いけすの中で育てるので、残ったえさで起こる(③赤潮)によるひ害があります。

[赤潮　計画　放流　安定]

3　次の地図やグラフを見て、あとの問いに答えましょう。

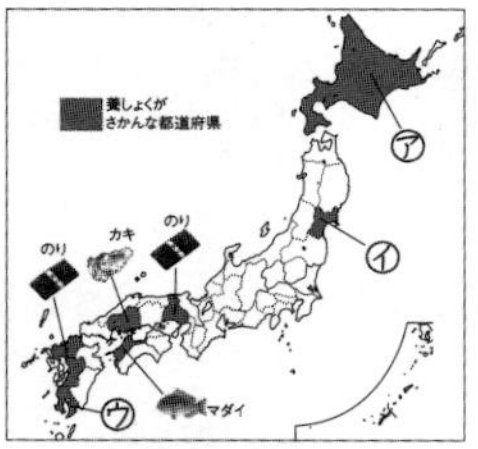
養しょくがさかんな都道府県
のり
カキ
のり
ア
イ
ウ
マダイ

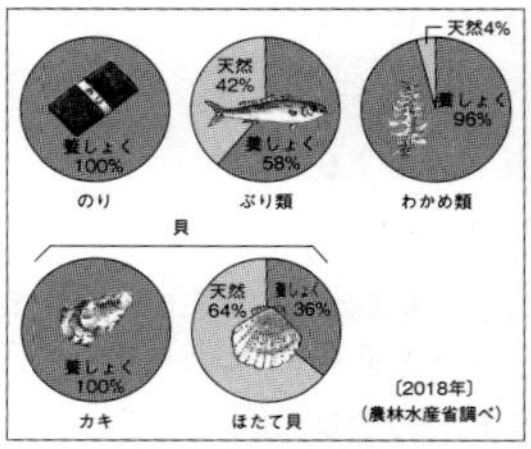
養しょく 100%
のり
天然 42%
養しょく 58%
ぶり類
天然4%
養しょく 96%
わかめ類
貝
養しょく 100%
カキ
天然 64%
養しょく 36%
ほたて貝
〔2018年〕(農林水産省調べ)

(1)　オホーツク海では、生まれて一年育てた貝を海にはなし、成長してからとる漁業が行われています。場所を地図の㋐～㋒から選び、グラフからその名前を書きましょう。

場所〔㋐〕　名前(ほたて貝)

(2)　養しょくが100%のものは、何ですか。

(のり)(カキ)

※順不同

まとめテスト

水産業(1)

1　次の地図を見て、あとの問いに答えましょう。　(4点×14)

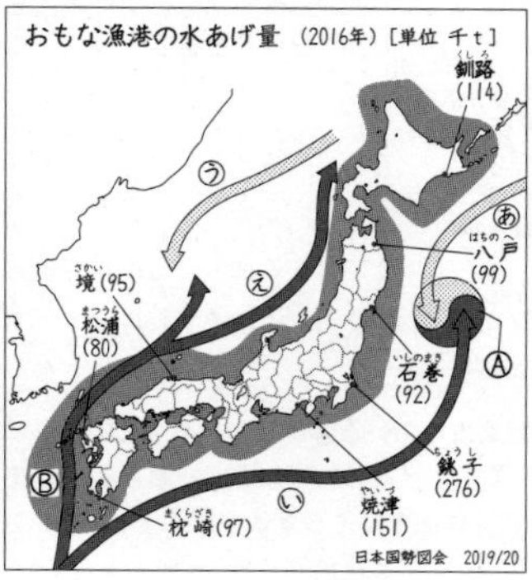
おもな漁港の水あげ量 (2016年)〔単位 千t〕
釧路 (114)
八戸 (99)
石巻 (92)
銚子 (276)
焼津 (151)
枕崎 (97)
松浦 (80)
境 (95)
あ
い
う
え
Ⓐ
Ⓑ
日本国勢図会 2019/20

(1)　水あげ量の多い漁港を地方ごとに書きましょう。

① 北海道地方　〔釧路〕

② 東北地方　〔八戸〕〔石巻〕

③ 関東・中部地方　〔銚子〕〔焼津〕

④ 中国地方　〔境〕

⑤ 九州地方　〔松浦〕〔枕崎〕

※②③⑤順不同

(2)　図中のあ～え、Ⓐ・Ⓑの名前を[　]から選んで書きましょう。

海流	あ	親潮	い	黒潮
	う	リマン海流	え	対馬海流
言葉	Ⓐ	潮目	Ⓑ	大陸だな

[対馬海流　リマン海流　潮目　大陸だな　黒潮　親潮]

2　潮目と大陸だなのあるところが、なぜ豊かな漁場になるのか、〔　〕にはⒶとⒷのどちらかを、(　)にあてはまる言葉を書きましょう。　(4点×11)

Ⓐ
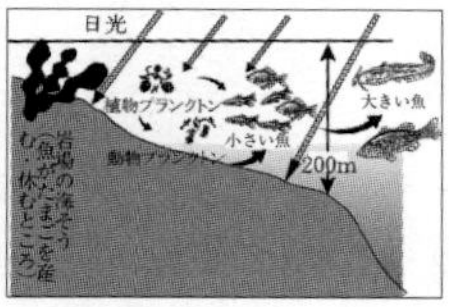
日光
植物プランクトン
大きい魚
小さい魚
動物プランクトン
200m
岩場の海そう(魚がたまごを産む・休むところ)

Ⓑ
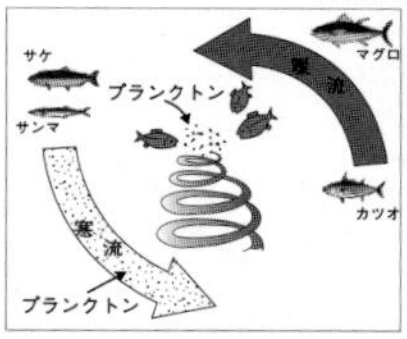
サケ
サンマ
プランクトン
暖流
マグロ
カツオ
寒流
プランクトン

① 潮目の図は、〔Ⓑ〕です。

(①寒流)の親潮が(②暖流)の黒潮の下にもぐりこんでうずがおこり、(③プランクトン)がたくさん発生します。すると、寒流魚の(④サケ・サンマ)などと、暖流魚の(⑤マグロ・カツオ)などがそれを目当てにたくさん集まってくるからです。

※④⑤は順不同

② 大陸だなの図は、〔Ⓐ〕です。

ここは、水の深さが(①200)mまでの浅い海なので、太陽の光がよくとどきます。だから、小魚のえさとなる(②プランクトン)がたくさんいて、かくれがになる(③海そう)もよく育ちます。すると、その小魚を食べる(④大きい魚)がやってくるからです。

まとめテスト

水産業(2)

月　日　名前　／100点

1 次のグラフを見て、あとの問いに答えましょう。

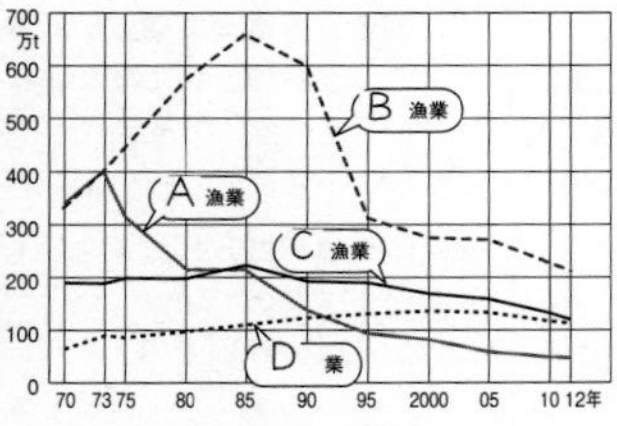

700 万t
600
500
400
300
200
100
0
70 73 75 80 85 90 95 2000 05 10 12年
B 漁業
A 漁業
C 漁業
D 業

漁業別の生産量の変化（農林水産省）

(1) グラフのA～Dの漁業を□から選んで書きましょう。（6点×4）

A〔 遠洋 〕漁業
B〔 沖合 〕漁業
C〔 沿岸 〕漁業
D〔養しょく〕業

養しょく　沖合（おきあい）　遠洋（えんよう）　沿岸（えんがん）

(2) A漁業はなぜ、1973年から水あげ量が減ってきたのですか。【 】の言葉を使って書きましょう。（14点）

【水産資げん　200海里　制限】

(例)
世界の国々は、自国の水産資げんを守るために、自国の沿岸から200海里以内の水域で、魚をとることを制限したからです。

(3) A～Dの漁業の中で、「育てる漁業」はどれですか。（6点）

（ D ）

2 「養しょく業」の利点と問題点は何ですか。（ ）にあてはまる言葉を□から選んで書きましょう。（6点×4）

㋐ 利点	・魚を（①計画）的に出荷できる。 ・（②しゅう入）が安定する。
㋑ 問題点	・えさ代が（①高く）つく。 ・プランクトンなどで海に（②赤潮）が発生して、魚が死ぬことがある。

高く　しゅう入　赤潮（あかしお）　計画

3 次のグラフは何の養しょくですか。□から選んで書きましょう。（6点×3）

① 青森（56%）｜北海道（38%）｜その他
〔 ほたて貝 〕

② 広島（59%）｜宮城（14%）｜その他
〔 カキ 〕

③ 宮城（37%）｜岩手（37%）｜その他
〔 わかめ 〕

日本国勢図会 2019/20

カキ　わかめ　ほたて貝

4 漁師（りょうし）さんが山に木を植えることをしています。その理由を【 】の言葉を使って書きましょう。（14点）

【プランクトン　栄養分　森林　落ち葉】

(例) 森林にふった雨が落ち葉を通るときに、栄養分の豊かな水になる。それが川から海に流れると、プランクトンがよく育つから。

食生活の変化と食料生産

月　日　名前

ポイント 日本の食料自給率が示す問題点を図やグラフから読み取り、その原因を理解しましょう。

1 次の図は、1960年ごろと現代の朝ご飯を表しています。図を見て、あとの問いに答えましょう。

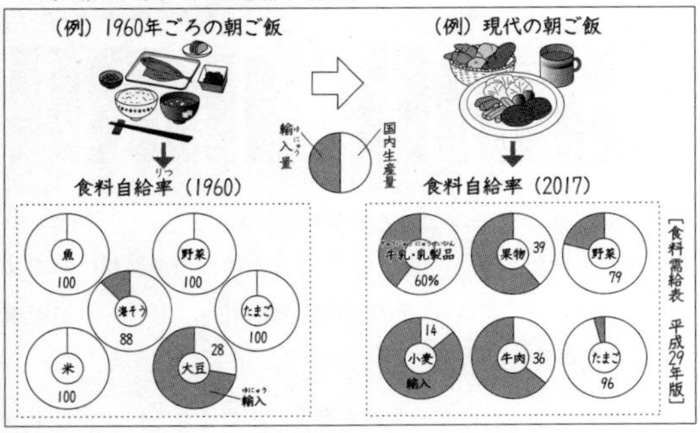

(例) 1960年ごろの朝ご飯
(例) 現代の朝ご飯
輸入量
国内生産量
食料自給率（1960）
食料自給率（2017）
魚 100
野菜 100
海そう 88
たまご 100
米 100
大豆 28
輸入
牛乳・乳製品 60%
果物 39
野菜 79
小麦 14
輸入
牛肉 36
たまご 96

［食料需給表　平成29年版］

(1) 1960年ごろの食事で、国内産100%の食べ物は何ですか。

（ 魚 ）（ 野菜 ）（ たまご ）（ 米 ）※順不同

(2) 上の図の昔と今を比べて、食生活はどのように変わりましたか。

① （主 食）ご飯 →（ パン ）
② （おかず）魚 →（ 肉 ）※ハンバーグなども可

(3) 現代の食事で、自給率が10パーセント台の食べ物は何ですか。

（ 小麦 ）

(4) 現代の朝ご飯の中で、自給率が一番高いものは何ですか。

（ たまご ）

2 次のグラフを見て、あとの問いに答えましょう。

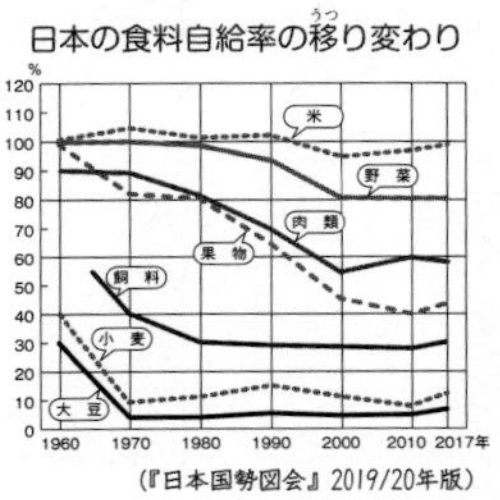

日本の食料自給率の移り変わり
%
米
野菜
果物
肉類
飼料
小麦
大豆
1960 1970 1980 1990 2000 2010 2017年

［『日本国勢図会』2019/20年版］

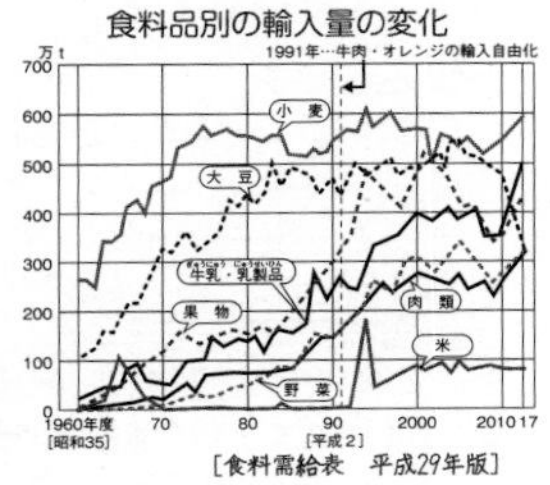

食料品別の輸入量の変化
万t
1991年…牛肉・オレンジの輸入自由化
小麦
大豆
牛乳・乳製品
果物
肉類
米
野菜
1960年度 ［昭和35］ 70 80 90 ［平成2］ 2000 2010 17

［食料需給表　平成29年版］

(1) 1980年ごろから、食料自給率が急激に下がっているものは何ですか。

（ 肉類 ）（ 果物 ）※順不同

(2) (1)のころから輸入量が特に増えているのは、何ですか。

（ 果物 ）（牛乳・乳製品）（ 肉類 ）（ 野菜 ）※順不同

(3) (1)・(2)からわかることと、問題点を書きましょう。

① 自給率が（ 低い ）ものは、輸入が（ 多い ）。
② 外国からの値段の（ 安い ）食料が増えると、国内産のものが（ 売れなく ）なる。
③ 輸入相手国が（ 不作 ）などになると、食料が（ 輸入 ）できなくなる。

売れなく　低い　安い　多い　不作　輸入

これからの食料生産

ポイント 日本と外国の農業のちがいや、自給率を高める工夫を理解しましょう。

月　　日　名前

1 日本とアメリカの農業のちがいを、次の図を見て考えましょう。

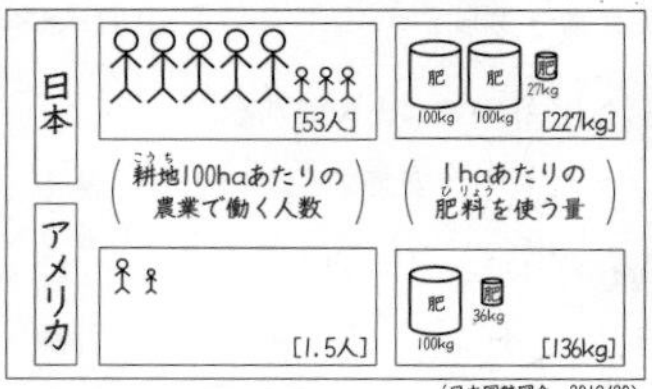

日本
[53人]
100kg 100kg 27kg
[227kg]
耕地100haあたりの農業で働く人数
1haあたりの肥料を使う量
アメリカ
[1.5人]
100kg 36kg
[136kg]
(日本国勢図会 2019/20)

アメリカの大きぼ経営
(大型農業機械)

(1) 農業で働いている人と肥料を使っている量を、日本とアメリカで比べましょう。

	働いている人数(100haあたり)	肥料の量(1haあたり)
日本	(53)人	(227)kg
アメリカ	(1.5)人	(136)kg

(2) 次の(　)にあてはまる言葉を[　]から選んで書きましょう。

アメリカなど耕地の(① 広い)国は、(② 大型)の農業機械を使うので、人手が(③ 少なく)ても、たくさんの農作物をつくれます。だから、農作物の値段が(④ 安く)、食料自給率も(⑤ 高く)なります。

安く　少なく　高く　大型　広い

2 次のグラフを見て、国産と外国産の食料を比べましょう。

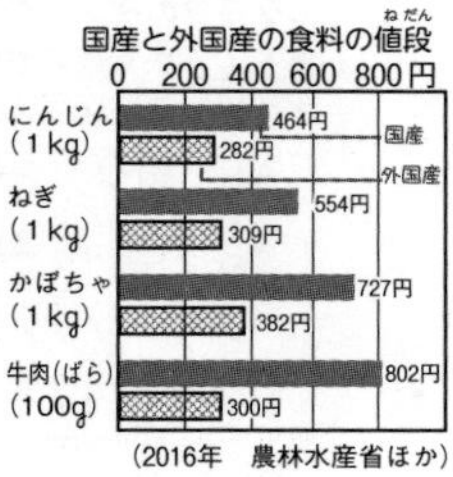

国産と外国産の食料の値段
0 200 400 600 800円
にんじん(1kg) 464円 282円
ねぎ(1kg) 554円 309円
かぼちゃ(1kg) 727円 382円
牛肉(ばら)(100g) 802円 300円
国産
外国産
(2016年　農林水産省ほか)

(1) 国産と外国産で値段が一番ちがう食料は、何ですか。

(牛肉)

(2) (1)の食料は、どれくらいちがいますか。

国産は、外国産の

約(3)倍

※2.7倍でも可

(3) 外国産の野菜の値段は、国産のどれくらいですか。

約(半分)ほど

※$\frac{1}{2}$でも可

3 食料自給率を高めるために、どのような取り組みをしたらいいでしょうか。(　)にあてはまる言葉を、[　]から選んで書きましょう。

① (地産地消) 地元でとれた食料を地元で食べる。

② 食の(安心・安全) 農薬や化学肥料の使用量を減らして、たい肥などを使う有機農業など。

③ (ブランド米) 消費者の好みに合うおいしい米づくり。

④ (大きぼな経営) 広い土地で大型の農業機械を使って、作物の値段を下げる。

大きぼな経営　地産地消　安心・安全　ブランド米

まとめテスト

これからの食料事情(1)

1 次のグラフを見て、あとの問いに答えましょう。

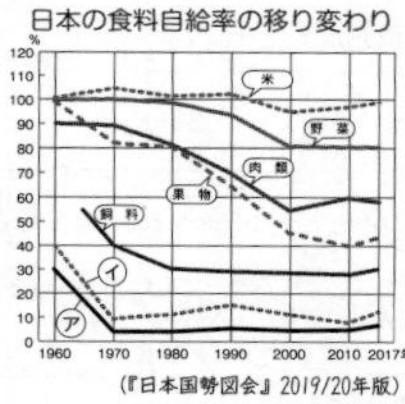

日本の食料自給率の移り変わり
%
米
野菜
肉類
果物
魚介
ア
イ
1960 1970 1980 1990 2000 2010 2017年

(『日本国勢図会』2019/20年版)

(1) 1960年度で、自給率が90%以上の食料を書きましょう。(6点×4)

(米)
(野菜)
(果物)
(肉類)

※順不同

(2) 2017年度で、特に自給率が低い食料㋐・㋑は、次の絵の原料です。それぞれの原料の名前を書きましょう。(8点×2)

㋐ 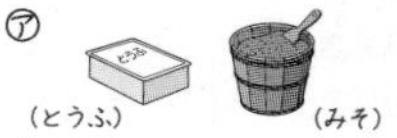
(とうふ)　(みそ)

㋑ 

(大豆)　(小麦)

(3) 牛肉や豚肉などを生産するためには、えさ(飼料)をあたえなくてはなりません。それぞれ1kg生産するために何kgのえさが必要ですか。(6点×3)

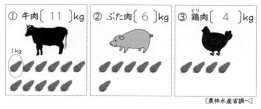

① 牛肉〔 11 〕kg

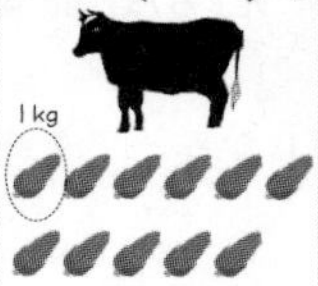

1kg

② ぶた肉〔 6 〕kg

③ 鶏肉〔 4 〕kg

[農林水産省調べ]

月　　日　名前　　　/100点

2 食料自給率が低いことの問題点を、次のグラフを見て考えましょう。

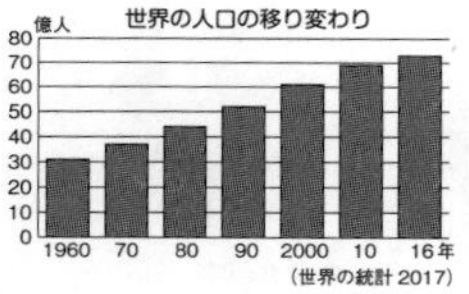

億人
世界の人口の移り変わり
1960 70 80 90 2000 10 16年
(世界の統計 2017)

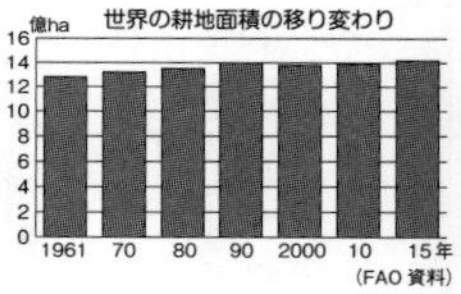

億ha
世界の耕地面積の移り変わり
1961 70 80 90 2000 10 15年
(FAO資料)

(1) 次の(　)にあてはまる言葉を書きましょう。(8点×3)

世界の人口は、(① 増えている)のに、耕地面積はあまり(② 変わりません(増えていません))。そのため農作物の(③ 不足)が考えられます。

(2) (1)から、これからの食料生産をどう考えたらいいでしょうか。正しいものに○をつけましょう。(6点×3)

(　) 自給率の高い国から、これからも多く輸入したらいい。

(　) 安い外国産にいつまでもたよる。

(○) 国内の生産量を増やせるように、地元で生産されたものを食べるようにする。

(○) 食べられる食料が、期限切れなどで捨てられないようにする。

(○) どこで、どんなえさが食べられているかなどを記録して、消費者が安心して買うことができるようにする。

まとめテスト

これからの食料事情(2)

1 次の図は日本の食料自給率を表しています。あとの問いに答えましょう。（7点×9）

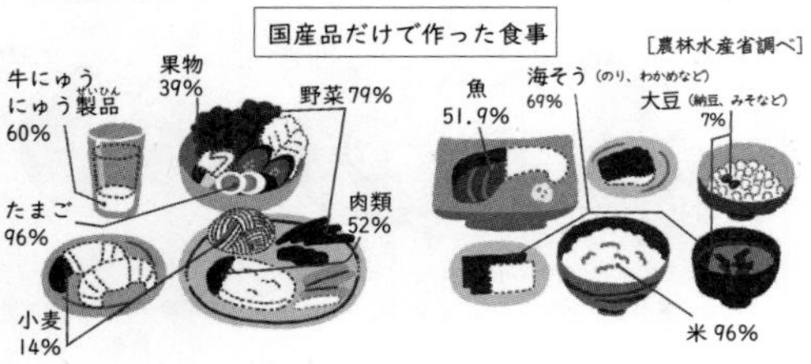
国産品だけで作った食事
〔農林水産省調べ〕
牛にゅう・にゅう製品 60%
果物 39%
野菜 79%
魚 51.9%
海そう（のり、わかめなど）69%
大豆（納豆、みそなど）7%
たまご 96%
肉類 52%
小麦 14%
米 96%

(1) 食料自給率が高い（80%以上）食料は何ですか。

（ たまご ）（ 米 ）※順不同

(2) 食料自給率が低い（50%以下）食料を3つ書きましょう。

（ 小麦 ）（ 果物 ）（ 大豆 ）※順不同

(3) 食料自給率が低くなっている理由として、（ ）にあてはまる言葉を□から選んで書きましょう。

① 食事が、和食から（ 洋食 ）になってきたから。

② （ 安い ）外国産が多く（ 輸入 ）されるから。

③ 冷とうなど食料を（ 運ぶ ）技術が発達し、かんたんに輸入できるようになったから。

運ぶ　輸入　洋食　安い

月　日　名前　/100点

2 次の図は、国内産だけで食べようとしたときの食事を表しています。あとの問いに答えましょう。

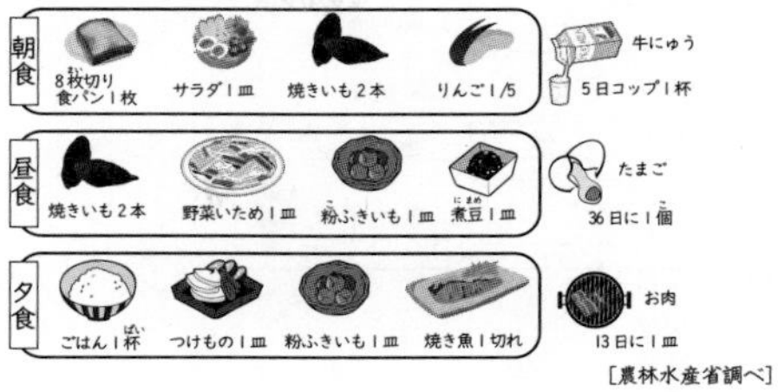
朝食
8枚切り食パン1枚
サラダ1皿
焼きいも2本
りんご1/5
牛にゅう
5日コップ1杯
昼食
焼きいも2本
野菜いため1皿
粉ふきいも1皿
煮豆1皿
たまご
36日に1個
夕食
ごはん1杯
つけもの1皿
粉ふきいも1皿
焼き魚1切れ
お肉
13日に1皿
〔農林水産省調べ〕

(1) 1日に2回も食べないといけない食べ物は、何ですか。

（ 焼きいも ）（ 粉ふきいも ）（7点×2）※順不同

(2) お肉は、何日に1回食べられますか。（7点）（ 13 ）日

(3) これからの日本の食料生産で大切なことは何ですか。【 】の言葉を使って書きましょう。（16点）

【食料自給率、安心・安全、地産地消】

（例）
食料自給率を上げるために、それぞれの地域で安心・安全に作られているものを、その地域で食べる地産地消の取り組みをして、国内の生産量を高めること。

工業の種類

1 次の図を見て、あとの問いに答えましょう。

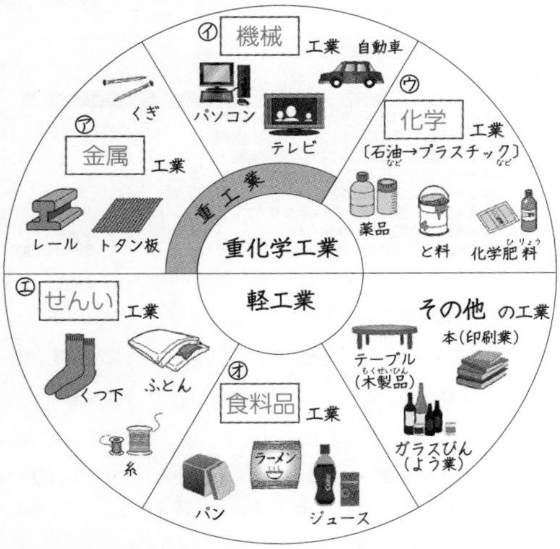
㋑ 機械 工業
自動車
パソコン
テレビ
㋒ 化学 工業
〔石油→プラスチック〕
薬品
とりょう
化学肥料
㋐ 金属 工業
くぎ
レール
トタン板
重工業
重化学工業
軽工業
㋓ せんい 工業
くつ下
ふとん
糸
㋔ 食料品 工業
パン
ラーメン
ジュース
その他 の工業
本(印刷業)
テーブル(木製品)
ガラスびん(よう業)

(1) ㋐～㋔の工業の種類を□から選んで、書きましょう。

食料品　機械　せんい　化学　金属

(2) 次の製品は、㋐～㋔のどこに入りますか。記号で書きましょう。

① みそ・しょうゆ〔 ㋔ 〕　② 合成ゴム〔 ㋒ 〕

③ 飛行機〔 ㋑ 〕　④ アルミニウム〔 ㋐ 〕

月　日　名前

ポイント　工業の種類と製品を表に整理し、工業の中心が軽工業から重化学工業に変化したことをグラフから読み取りましょう。

2 次のグラフを見て、あとの問いに答えましょう。

〔工業の種類別　生産額の割合〕

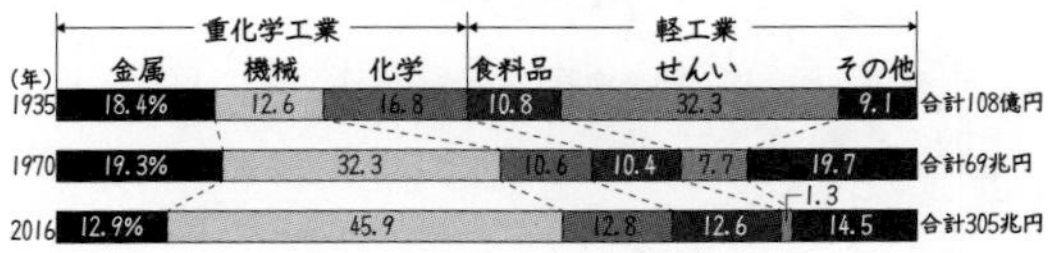
重化学工業
軽工業
(年)
金属
機械
化学
食料品
せんい
その他
1935
18.4%
12.6
16.8
10.8
32.3
9.1
合計108億円
1970
19.3%
32.3
10.6
10.4
7.7
19.7
合計69兆円
1.3
2016
12.9%
45.9
12.8
12.6
14.5
合計305兆円

(1) 1935年に、一番生産額が多いのは何工業ですか。

（ せんい ）工業

(2) (1)のとき、軽工業は全体の約何%をしめていましたか。

約〔 50 〕%

(3) 2016年に、一番生産額が多いのは何工業ですか。

（ 機械 ）工業

(4) (3)のとき、一番生産額が少ないのは何工業で全体の何%ですか。

（ せんい ）工業〔 1.3 〕%

(5) グラフからわかったことをまとめましょう。

日本の工業は、昔は（① せんい ）工業が中心の軽工業だったが、近年は（② 機械 ）工業中心の重化学工業に変わった。

工業のさかんな地域と特ちょう(1)

[1] 次の地図を見て、Ⓐ～Ⓓと㋐～㋔とあの名前を書きましょう。

Ⓐ	京浜	工業地帯
Ⓑ	中京	工業地帯
Ⓒ	阪神	工業地帯
Ⓓ	北九州	工業地帯〔地域〕

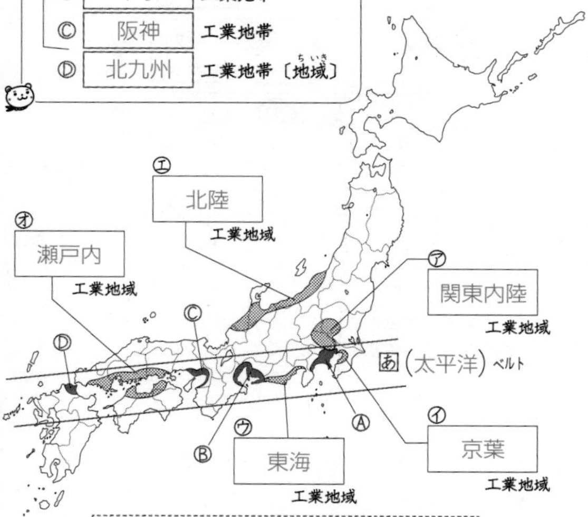

㋓ 北陸 工業地域
㋔ 瀬戸内 工業地域
㋐ 関東内陸 工業地域
あ（太平洋）ベルト
㋑ 京葉 工業地域
㋒ 東海 工業地域
Ⓐ
Ⓑ
Ⓒ
Ⓓ

中京　阪神　北九州　京浜　太平洋
北陸　関東内陸　東海　京葉　瀬戸内

月　日 名前

ポイント　三大工業地帯や工業地域を地図で確認し、それぞれの特ちょうをグラフから読み取りましょう。

[2] 次のグラフなどから、それぞれの特ちょうを書きましょう。

中京工業地帯

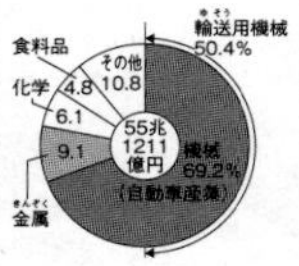

輸送用機械 50.4%
食料品 4.8
その他 10.8
化学 6.1
9.1
55兆1211億円
機械 69.2%
（自動車産業）
金属

自動車産業がさかんなため、（ 機械 ）工業の割合が、約3分の2。

京浜工業地帯

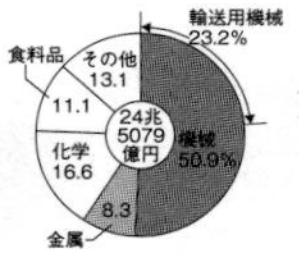

輸送用機械 23.2%
食料品
その他 13.1
11.1
24兆5079億円
化学 16.6
機械 50.9%
8.3
金属

工場が（ 関東 ）内陸に移ったため、出荷額が低くなった。

阪神工業地帯

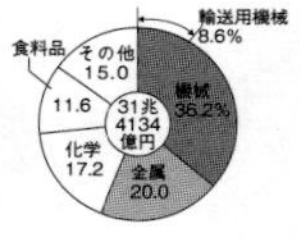

輸送用機械 8.6%
食料品
その他 15.0
11.6
31兆4134億円
機械 36.2%
化学 17.2
金属 20.0

海岸ぞいに鉄鋼工場が多いため、他よりも（ 金属 ）工業の割合が高い。

瀬戸内工業地域

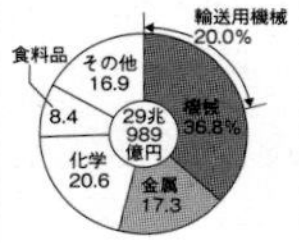

輸送用機械 20.0%
食料品
その他 16.9
8.4
29兆989億円
機械 36.8%
化学 20.6
金属 17.3

大きぼな石油化学コンビナートがあり、（ 化学 ）工業の割合が高い。

関東内陸工業地域

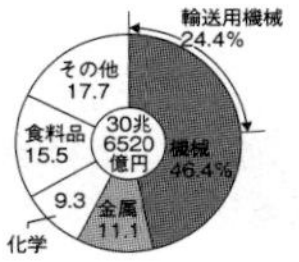

輸送用機械 24.4%
その他 17.7
食料品 15.5
30兆6520億円
機械 46.4%
9.3
金属 11.1
化学

（ 高速 ）道路が発達して、内陸部に工場が集まってきた。

東海工業地域

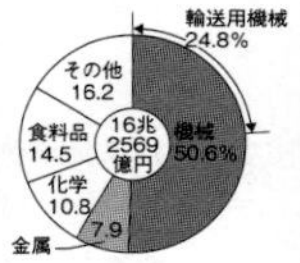

輸送用機械 24.8%
その他 16.2
食料品 14.5
16兆2569億円
機械 50.6%
化学 10.8
7.9
金属

自動車やオートバイの製造がさかんなので、（ 機械 ）工業の割合が高い。

［日本国勢図会ほか　2019/20］

工業のさかんな地域と特ちょう(2)

[1] 次の地図を見て、あとの問いに答えましょう。

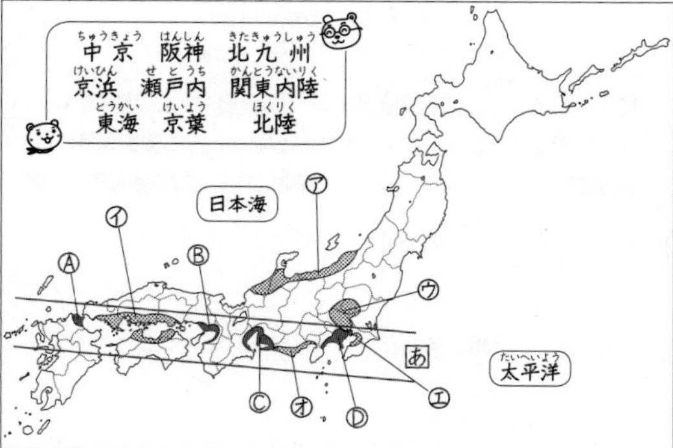

中京　阪神　北九州
京浜　瀬戸内　関東内陸
東海　京葉　北陸
日本海
太平洋
㋐
㋑
㋒
㋓
㋔
Ⓐ
Ⓑ
Ⓒ
Ⓓ
あ

(1) Ⓐ～Ⓓの工業地帯と㋐～㋔の工業地域の名前を書きましょう。

Ⓐ	（ 北九州 ）	工業地帯（地域）	㋐	（ 北陸 ）	工業地域
Ⓑ	（ 阪神 ）	工業地帯	㋑	（ 瀬戸内 ）	工業地域
Ⓒ	（ 中京 ）	工業地帯	㋒	（ 関東内陸 ）	工業地域
Ⓓ	（ 京浜 ）	工業地帯	㋓	（ 京葉 ）	工業地域
			㋔	（ 東海 ）	工業地域

(2) 図のあを何といいますか。　（ 太平洋 ）ベルト

月　日 名前

ポイント　三大工業地帯や工業地域の生産額が、どこが多いかをグラフで読み取りましょう。

[2] 次のグラフを見て、工業地帯と工業地域の中で、工業生産額の多い順に2つ書きましょう。

工業地帯とおもな工業地域の工業生産額（2016年）

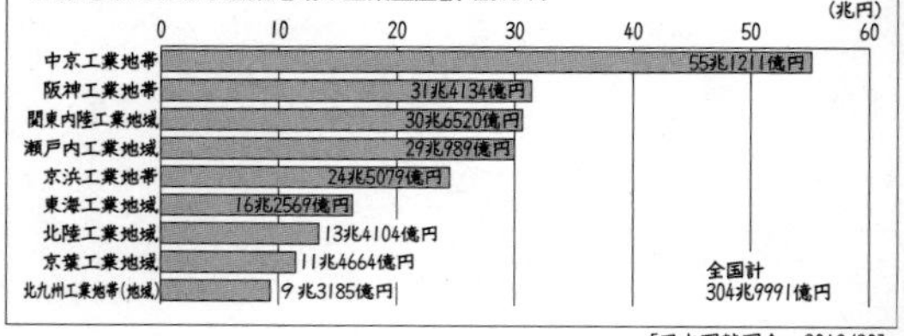

（兆円）
0　10　20　30　40　50　60
中京工業地帯　55兆1211億円
阪神工業地帯　31兆4134億円
関東内陸工業地域　30兆6520億円
瀬戸内工業地域　29兆989億円
京浜工業地帯　24兆5079億円
東海工業地域　16兆2569億円
北陸工業地域　13兆4104億円
京葉工業地域　11兆4664億円
北九州工業地帯(地域)　9兆3185億円
全国計 304兆9991億円

［日本国勢図会　2019/20］

① 工業地帯　1位（ 中京 ）工業地帯
　　　　　　2位（ 阪神 ）工業地帯
② 工業地域　1位（ 関東内陸 ）工業地域
　　　　　　2位（ 瀬戸内 ）工業地域

[3] 多くの工業地帯・地域が[1]・あに集まっているのはなぜでしょうか。次の（ ）にあてはまる言葉を、[　]から選んで書きましょう。

① 海岸ぞいにあれば、重い（ 原料 ）や、できた（ 製品 ）を（ 船 ）で運ぶのに便利だから。
② 人口の多い（ 大都市 ）と、広い（ 土地 ）があるから。

大都市　製品　土地　船　原料

まとめテスト

工業の種類とさかんな地域(1)

月　日　名前　　/100点

1 次の表は、工業の種類を表しています。（　）にあてはまる言葉を□から選んで書きましょう。（6点×7）

	工業の種類		製品
（①重化学）工業	重工業	（②機械）工業	自動車　パソコン
		（③金属）工業	くぎ　レール　バネ
	（④化学）工業		薬　消しゴム
（⑤軽）工業	（⑥食料品）工業		パン　チョコレート
	（⑦せんい）工業		Tシャツ　ふとん
	その他（よう業　紙・パルプ工業　印刷業　など）		

軽　重化学　食料品　機械　化学　金属　せんい

2 次のグラフのAとBの□に工業の種類を書いて、日本の工業について（　）に書きましょう。（7点×4）

日本の工業生産額の変化

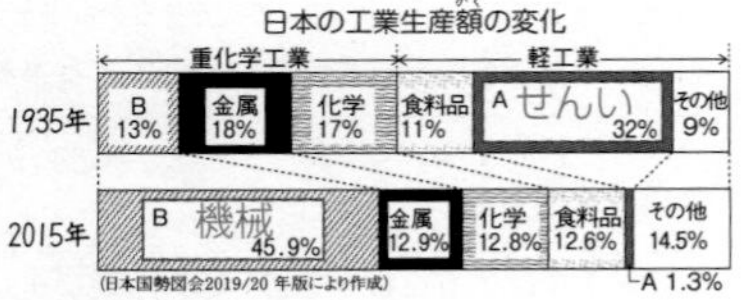
重化学工業
軽工業
1935年
B 13%
金属 18%
化学 17%
食料品 11%
A せんい 32%
その他 9%
2015年
B 機械 45.9%
金属 12.9%
化学 12.8%
食料品 12.6%
その他 14.5%
A 1.3%
(日本国勢図会2019/20 年版により作成)

日本の工業は、Aなどの（①軽）工業から、Bなどの（②重化学）工業に変わっていきました。

3 次の地図を見て、あとの問いに答えましょう。

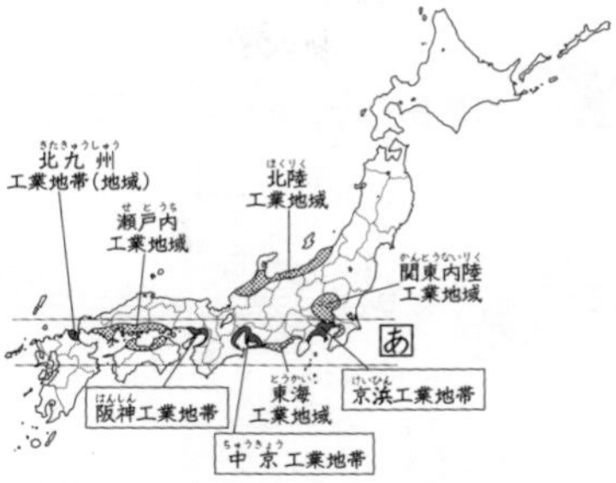
北九州工業地帯(地域)
瀬戸内工業地域
北陸工業地域
関東内陸工業地域
あ
阪神工業地帯
東海工業地域
京浜工業地帯
中京工業地帯

(1) 図中のあには、工業のさかんな地域が集まっています。何といわれていますか。（10点）

（太平洋ベルト）

(2) (1)の工業生産額は、日本全体のどれくらいですか。次の中から選んで、記号を書きましょう。（6点）〔㋑〕

㋐ 約3分の1　㋑ 約3分の2　㋒ 約5分の1

(3) なぜ(1)に工業地帯が集まっているのでしょうか。正しいものに○をつけましょう。（7点×2）

（　）人口が少なくて、広い平地があるから。

（○）人口が多い大都市があるから。

（○）交通の便が良く、原料や製品の輸送に便利だから。

（　）気候が温だんな日本海側に面しているから。

まとめテスト

工業の種類とさかんな地域(2)

月　日　名前　　/100点

1 次の地図を見て、あとの問いに答えましょう。

工業のさかんな地域の工業生産額

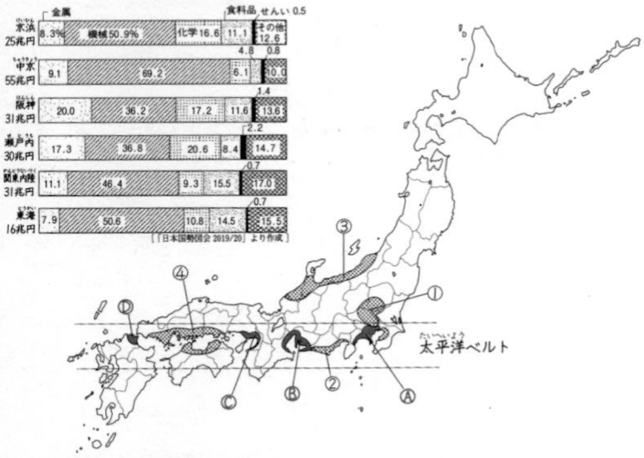
金属
食料品
せんい 0.5
京浜 25兆円
8.3%
機械 50.9%
化学 16.6
11.1
その他 12.6
4.8
0.8
中京 55兆円
9.1
69.2
6.1
10.0
1.4
阪神 31兆円
20.0
36.2
17.2
11.6
13.6
2.2
瀬戸内 30兆円
17.3
36.8
20.6
8.4
14.7
0.7
関東内陸 31兆円
11.1
46.4
9.3
15.5
17.0
0.7
東海 16兆円
7.9
50.6
10.8
14.5
15.5
[「日本国勢図会 2019/20」より作成]
①
②
③
④
Ⓐ
Ⓑ
Ⓒ
Ⓓ
太平洋ベルト

(1) 太平洋ベルトには、日本を代表する工業地帯があります。

① 四大工業地帯Ⓐ～Ⓓの名前を書きましょう。（6点×4）

記号	地帯名	記号	地帯名
Ⓐ	（京浜）工業地帯	Ⓑ	（中京）工業地帯
Ⓒ	（阪神）工業地帯	Ⓓ	（北九州）工業地帯（地域）

② 三大工業地帯といわれるときは、①の中のどれがのぞかれますか。記号で書きましょう。（5点）〔Ⓓ〕

(2) 次の㋐～㋓にあてはまる工業地帯の記号を書きましょう。（5点×4）

㋐ 一番生産額が多い工業地帯。〔Ⓑ〕

㋑ 金属工業が一番さかんな工業地帯。〔Ⓒ〕

㋒ 日本の首都があり、古くから工業が発達したが、近年工場が関東内陸などに移ったため、生産額が低くなっている工業地帯。〔Ⓐ〕

㋓ 日本の重工業が始まった八幡製鉄所がある。〔Ⓓ〕

(3) 次の㋐～㋒にあてはまる工業地域を、地図中から番号を選んで、名前を書きましょう。（番号：5点×3、地域名6点×3）

	特ちょう	番号	工業地域名
㋐	石油化学コンビナートが多いので、化学工業が一番さかん。	④	（瀬戸内）工業地域
㋑	高速道路や空港の発達などにより、内陸でも工業が発達した。	①	（関東内陸）工業地域
㋒	太平洋ベルトから外れている。伝統産業がさかん。	③	（北陸）工業地域

(4) どの工業地帯・地域でも一番多い工業の種類を書きましょう。

（機械）工業（6点）

2 日本の工業について正しく書かれている文に○をつけましょう。（4点×3）

（　）昔も今も工業の中心は、せんい工業である。

（○）今の工業の中心は機械工業である。

（○）工業地帯・地域の多くが海岸ぞいにあるのは、原料や製品を船で運ぶのに便利だから。

自動車工場

□1 次の図を見て、あとの問いに答えましょう。

①
②
③
〔 プレス 〕
〔 ようせつ 〕
〔 とそう 〕
④
⑤
⑥
〔 組み立て 〕
〔 検査 〕
〔 出荷 〕

(1) ①〜⑥はどんな作業ですか。図中の〔 〕に□から選んで書きましょう。

組み立て　検査（けんさ）　ようせつ　出荷　とそう　プレス

(2) 次の㋐〜㋔は、①〜⑤のどの作業ですか。( )に番号を書きましょう。

㋐ (②) ドアやゆかなどの部品をつなぎ合わせて、車体をつくる。

㋑ (⑤) ブレーキやメーター表示（ひょうじ）などいろいろ点検する。

㋒ (③) 車体に色をぬる。

㋓ (①) 1枚の鉄板から、ドアなどの部品をつくる。

㋔ (④) エンジンやシートなどを車体に取りつける。

(3) ①〜⑤の作業で、ロボットがしている番号を書きましょう。

(②)(③)

※順不同

月　日　名前

ポイント　自動車ができるまでの工程（こうてい）や新しい自動車について図から読み取りましょう。

(4) 次の( )にあてはまる言葉を□から選んで書きましょう。

自動車を組み立てるとき、(① ベルトコンベヤー)にのって移動（いどう）してくる車体に、部品を次々と取りつけていきます。この流れを(② ライン)といいます。完成した自動車は、(③ キャリアカー)で運ばれます。

ライン　キャリアカー　ベルトコンベヤー

□2 次の自動車は、新しい自動車を表しています。あとの問いに答えましょう。

㋐ ハイブリッド車
・(ガソリン)と電気を組み合わせて走る自動車。

㋑ 電気自動車
・電池にためた(電気)でモーターを動かす。

㋒ (エアバッグ)がついた自動車
・しょうとつしたときにふくらみ、乗っている人をケガから守るそうち。

㋓ (車いす)に乗ったまま乗りおりができる自動車

(1) ㋐〜㋓の( )にあてはまる言葉を□から選んで書きましょう。

エアバッグ　電気　車いす　ガソリン

(2) 次の①〜③にあてはまる自動車を㋐〜㋓から選びましょう。

① 安全を考えた自動車 (㋒)

② 人にやさしい自動車 (㋓)

③ 環境（かんきょう）にやさしい自動車 (㋐)(㋑)

※③順不同

自動車関連工場

□1 次の図を見て、あとの問いに答えましょう。

Ⓐ
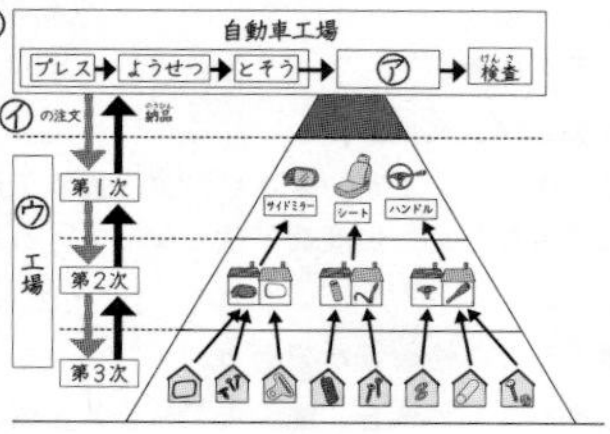

自動車工場
プレス
ようせつ
とそう
㋐
検査
㋑の注文
納品
第1次
第2次
第3次
㋒工場
サイドミラー
シート
ハンドル

Ⓑ

自動車工場
㋒工場
高速道路
国道
JR
私鉄
自動車工場

(1) Ⓐ図の㋐〜㋒にあてはまる言葉を□から選んで書きましょう。

㋐〔 組み立て 〕　㋑〔 部品 〕

㋒〔 関連 〕

部品　関連　組み立て

(2) 自動車工場と㋒工場の関係について、正しいものに○をつけましょう。

( ) ㋒工場の都合で納品する時こくを決められる。

( ) ㋒工場の生産が止まっても、自動車工場がそのえいきょうを受けない。

(○) ㋒工場は、決められた時間に、注文された部品を規格（きかく）通りにつくってとどける。

(○) 自動車工場の生産台数によって、部品の注文は増（ふ）えたり、減（へ）ったりする。

月　日　名前

ポイント　自動車ができるまでの工程（こうてい）や部品をつくる関連工場と自動車工場の関係を図から読み取りましょう。

(3) Ⓑ図を見て、( )にあてはまる言葉を書きましょう。

① ㋒工場は、(自動車)工場の周辺にある。

② ㋒工場の近くをJRや私鉄（してつ）、国道・(高速道路)が通っている。

□2 次の地図は、自動車工場があるところを示（しめ）しています。あとの問いに答えましょう。

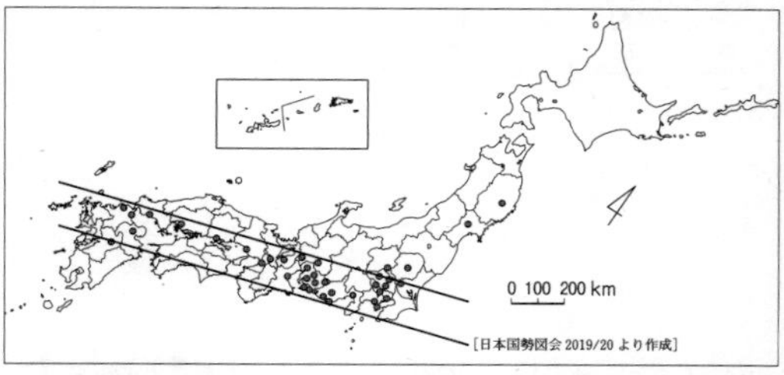

0 100 200 km
[日本国勢図会 2019/20 より作成]

(1) 自動車工場がもっとも多くある都道府県を□から選んで、( )に書きましょう。

(愛知県)

宮城（みやぎ）県　熊本（くまもと）県　兵庫（ひょうご）県　愛知（あいち）県

(2) 自動車工場のあるところの特ちょうについて、正しいものに○をつけましょう。

( ) 自動車工場は、日本海側に集まっている。

( ) 自動車工場は、どの都道府県にもある。

(○) 自動車工場は、太平洋（たいへいよう）ベルトに多く集まっている。

中小工場と大工場

□1 次のグラフを見て、あとの問いに答えましょう。

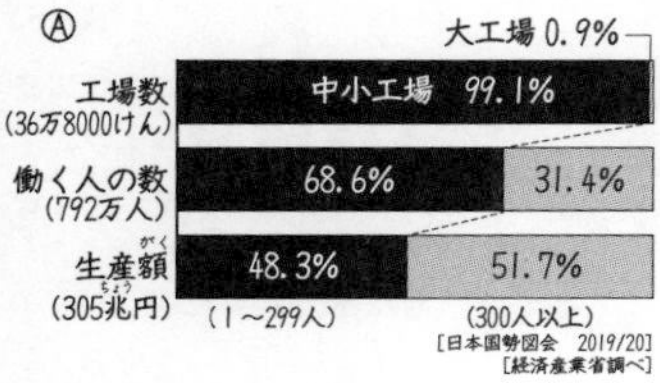
Ⓐ
大工場 0.9%
工場数（36万8000けん）
中小工場 99.1%
働く人の数（792万人）
68.6%
31.4%
生産額（305兆円）
48.3%
51.7%
（1〜299人）
（300人以上）
［日本国勢図会 2019/20］
［経済産業省調べ］

Ⓑ［1人あたりの生産額］
万円
（2018年）
2803
6536
4009
㋐工場
㋑工場
全工場
※1年間の生産額
［経済産業省調べ］

(1) 働く人の数が、次のような工場を何といいますか。

① 300人以上 （ 大 ）工場

② 1〜299人 （ 中小 ）工場

(2) 次の（ ）にあてはまる数字や言葉を書きましょう。

① 工場数は、全部で約（ 37 ）万ほどある。

② ①のうち、中小工場が（ 99.1 ）%である。

③ 働く人の数は、中小工場が（ 68.6 ）%である。

④ 生産額は、大工場が約（ 半分 ）ほどである。

(3) Ⓑのグラフで㋐と㋑のうち、大工場を表しているのは、どちらですか。

（ ㋑ ）

月 日 名前

ポイント 工場で働いている人々の現状をグラフから読み取りましょう。

(4) なぜ、(3)のようになるのですか。次の（ ）にあてはまる言葉を書きましょう。

大工場は、働く人の数が少なくても、工場の（① 機械化 ）が進んでいるので、（② 大量 ）生産ができます。
しかし、（③ 中小 ）工場は、独自のすぐれた技術をもっていても、手作業にたよっているので大量にはつくれません。
だから、生産額は、（④ 大 ）工場の方が高くなります。

大量　機械化　大　中小

□2 次のグラフを見て、正しいものに○をつけましょう。

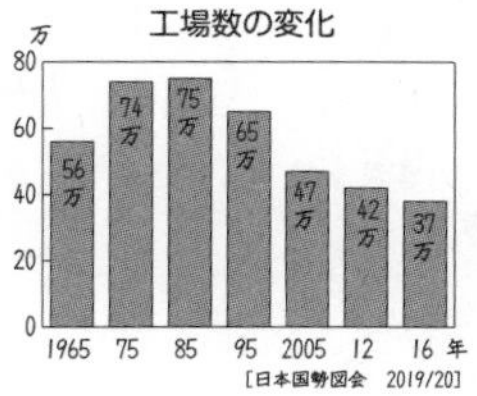
工場数の変化
万
56万
74万
75万
65万
47万
42万
37万
1965 75 85 95 2005 12 16 年
［日本国勢図会 2019/20］

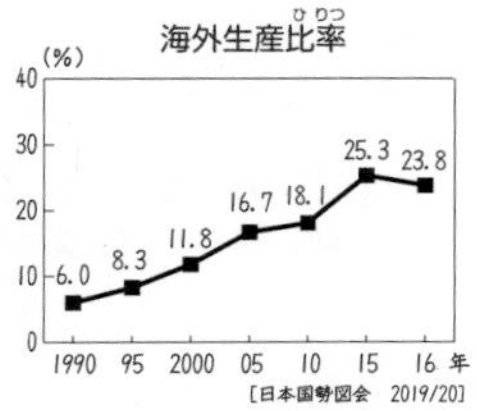
海外生産比率
(%)
6.0
8.3
11.8
16.7
18.1
25.3
23.8
1990 95 2000 05 10 15 16 年
［日本国勢図会 2019/20］

（ ） 工場数は、1965年から2016年まで増えている。
（ ○ ） 工場数は、1985年に比べて2016年は、約半分。
（ ） 海外生産比率は、90年から2016年まで増えている。
（ ○ ） 海外生産比率は、2015年は1990年の約4倍。

まとめテスト

自動車工場・関連工場

□1 次の図は、自動車ができるまでの様子を表しています。あとの問いに答えましょう。

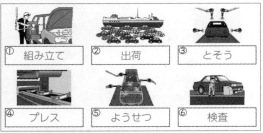

① 組み立て

② 出荷

③ とそう

④ プレス

⑤ ようせつ

⑥ 検査

(1) □にあてはまる言葉を、⬚から選んで書きましょう。 （5点×6）

とそう　ようせつ　検査　組み立て　プレス　出荷

(2) 自動車が出荷されるまでの順番に、ならびかえましょう。 （3点×5）

（ ④ ）➡（ ⑤ ）➡（ ③ ）➡（ ① ）➡（ ⑥ ）➡出荷

(3) 図の中できけんな作業などをしてくれるのは何ですか。（7点）

（ ロボット ）

(4) (3)が行っている作業の番号を2つ書きましょう。 （3点×2）

〔 ③ 〕〔 ⑤ 〕 ※順不同

(5) 完成した自動車を運ぶ車の名前を書きましょう。 （7点）

（ キャリアカー ）

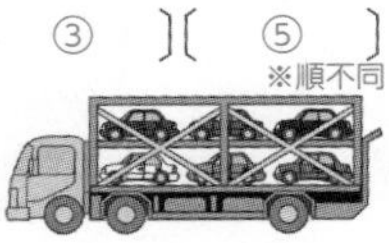

月 日 名前 　/100点

□2 次の図や地図を参考にして、自動車工場に関係することはⒶを、関連工場に関係することはⒷを（ ）に書きましょう。 （4点×5）

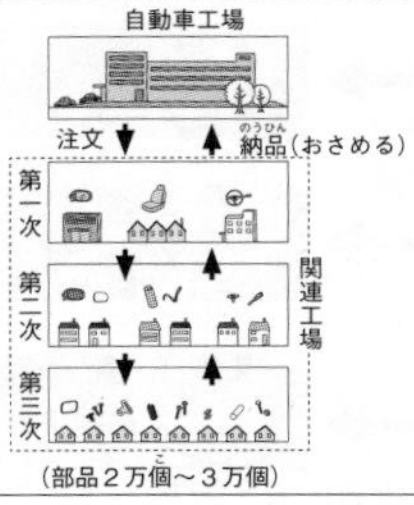
自動車工場
注文
納品（おさめる）
第一次
第二次
第三次
関連工場
（部品2万個〜3万個）

自動車工場
関連工場
高速道路
国道
JR
私鉄
自動車工場

（ Ⓐ ） とそう工場や組み立て工場がある、大工場。
（ Ⓑ ） 注文された部品を規格通りにつくる。
（ Ⓑ ） 部品をとどける日時は、決められた時こくにとどける。
（ Ⓐ ） 車体は、ベルトコンベヤーに乗って組み立てる。
（ Ⓑ ） 部品を運びやすい場所に工場がある。

□3 次の㋐〜㋒は、①〜③のどれですか。□に書きましょう。（5点×3）

㋐乗っている人を守るエアバッグ。 ③

［提供：トヨタ自動車株式会社］

㋑ガソリンを使わない電気自動車。 ②

［提供：日産自動車(株)］

㋒乗りおりが楽なシート。 ①

［提供：トヨタ自動車株式会社］

① 人にやさしい　② 環境にやさしい　③ 安全を考えた

まとめテスト

中小工場と大工場

1 次のグラフを見て、あとの問いに答えましょう。

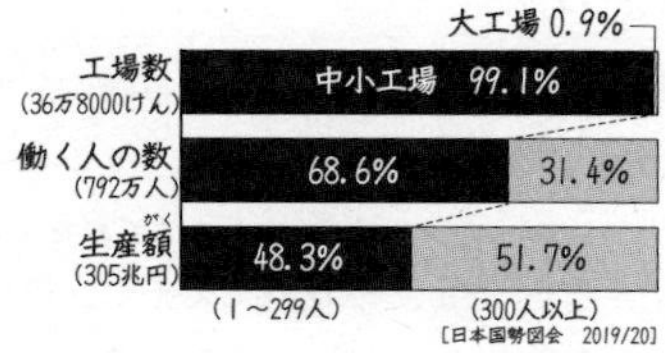

大工場 0.9%
工場数
(36万8000けん)
中小工場 99.1%
働く人の数
(792万人)
68.6%
31.4%
生産額
(305兆円)
48.3%
51.7%
(1〜299人)
(300人以上)
[日本国勢図会 2019/20]

(1) 次の①〜③は、中小工場と大工場のどちらが多いですか。 (7点×3)

① 工場数 (中小)工場

② 働く人の数 (中小)工場

③ 1人あたりの生産額 (大)工場

(2) (1)からわかることを、【 】の言葉を使って書きましょう。
【工場数 機械化 大量生産 生産額】 (15点)

(例)
大工場は、工場数がわずか0.9%しかありませんが、機械化されているので、大量生産できるため、生産額はほぼ半分ほどになっています。

月 日 名前 /100点

2 中小工場と大工場の関係について、[ ]から選んで書きましょう。 (8点×5)

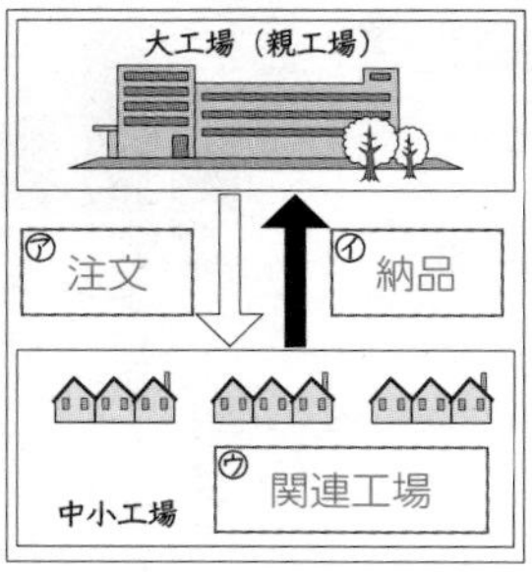

大工場（親工場）
㋐ 注文
㋑ 納品
中小工場
㋒ 関連工場

(1) 図中の㋐〜㋒にあてはまる言葉を書きましょう。

(2) 中小工場が気をつけていることを書きましょう。

① 決められた納品の(期日)を守る。

② 製品に(不良品)を出さない。

[納品 関連工場 注文 不良品 期日]

3 次の文で、中小工場についてはAを、大工場についてはBを( )に書きましょう。 (6点×4)

(A) 大量生産の機械ではつくれない、すぐれた製品を人の手でつくっている。

(B) 機械の設備が十分に整っている。

(A) 注文数によって、経営が不安定になることがある。

(A) 得意な技術をもちよって、協同で製品の開発に取り組んでいる工場もある。

輸入・輸出品の移り変わり

1 次のグラフを見て、あとの問いに答えましょう。

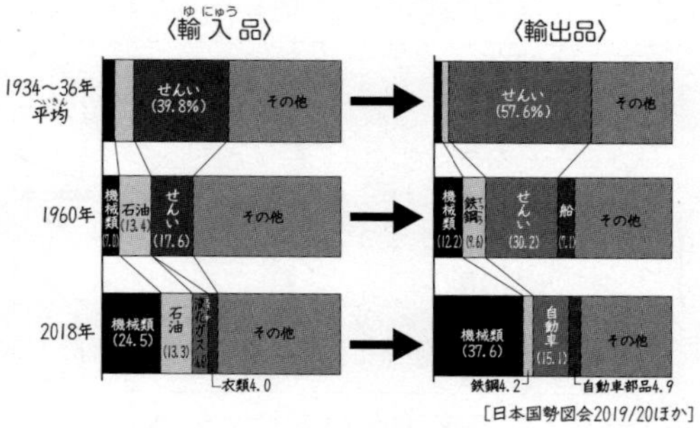

〈輸入品〉
〈輸出品〉
1934〜36年平均
せんい (39.8%)
その他
せんい (57.6%)
その他
1960年
機械類
石油 (13.4)
せんい (17.6)
その他
機械類 (12.2)
鉄鋼 (9.6)
せんい (30.2)
船
その他
2018年
機械類 (24.5)
石油 (13.3)
液化ガス
その他
衣類4.0
機械類 (37.6)
自動車 (15.1)
その他
鉄鋼4.2
自動車部品4.9
[日本国勢図会2019/20ほか]

(1) それぞれの年代の輸出・輸入品が多いものを書きましょう。

	輸入品	輸出品
1934〜36年	せんい	せんい
1960年	せんい	せんい
	石油	機械類
2018年	機械類	機械類
	石油	自動車

※1960、2018年 順不同

(2) 1934〜36年と2018年、中心になるのは軽工業と重化学工業のどちらですか。

① 1934〜36年 (軽)工業 ② 2018年 (重化学)工業

月 日 名前

ポイント 日本の貿易の流れをグラフなどから読み取りましょう。

(3) 1990年までの日本の貿易について、図中の[ ]にあてはまる言葉を書きましょう。

[工業原料 工業製品 加工貿易]

㋐ 工業原料 ㋑ 加工貿易 ㋒ 工業製品

エネルギー資源
綿花
鉄鉱石
石油
石炭
輸入
日本
〇〇工場
輸出
服
鉄鋼

(4) 自動車を輸送するときに、適している輸送手だんを選びましょう。

① 自動車工場から輸送するとき (キャリアカー)

② 海外に輸送するとき (船)

[船 飛行機 キャリアカー]

(5) 現在の貿易について、( )にあてはまる言葉を[ ]から選んで書きましょう。

現在の貿易では、輸入品の1位が(① 機械類)になっています。これは、日本の製造業が工場を(② 海外)に移して、(③ 製品)化されたものを日本に(④ 輸入)するようになったのです。この方が(⑤ 安く)生産できるからです。

[製品 安く 輸入 機械類 海外]

貿易相手国とこれからの工業

ポイント　日本は多くの国々と貿易でつながっていることを図から読み取り、これからの貿易のあり方を理解しましょう。

月　　日　名前

1　次の地図のグラフを見て、あとの問いに答えましょう。

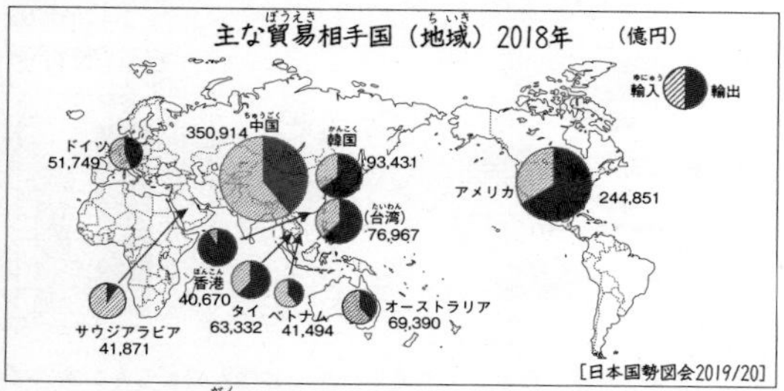

主な貿易相手国（地域）2018年　（億円）
輸入　輸出
ドイツ 51,749
中国 350,914
韓国 93,431
アメリカ 244,851
（台湾） 76,967
香港 40,670
タイ 63,332
ベトナム 41,494
オーストラリア 69,390
サウジアラビア 41,871
［日本国勢図会2019/20］

(1)　日本と貿易額が多い国を書きましょう。

1位（　中国　）　2位（　アメリカ　）

(2)　日本と貿易が多いのは、アジア・ヨーロッパ・北アメリカの中のどこでしょうか。　（　アジア　）

(3)　次の輸入品目のグラフから、それぞれ一番多い国を書きましょう。

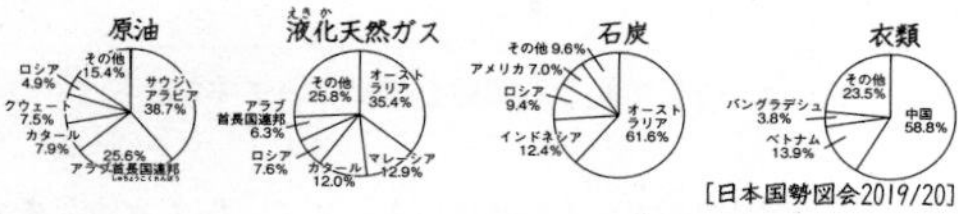

原油
サウジアラビア 38.7%
アラブ首長国連邦 25.6%
カタール 7.9%
クウェート 7.5%
ロシア 4.9%
その他 15.4%
液化天然ガス
オーストラリア 35.4%
マレーシア 12.9%
カタール 12.0%
ロシア 7.6%
アラブ首長国連邦 6.3%
その他 25.8%
石炭
オーストラリア 61.6%
インドネシア 12.4%
ロシア 9.4%
アメリカ 7.0%
その他 9.6%
衣類
中国 58.8%
ベトナム 13.9%
バングラデシュ 3.8%
その他 23.5%
［日本国勢図会2019/20］

①　原油　〔サウジアラビア〕

②　液化天然ガス・石炭　〔オーストラリア〕

③　衣類　〔　中国　〕

2　次のグラフを見て、あとの問いに答えましょう。

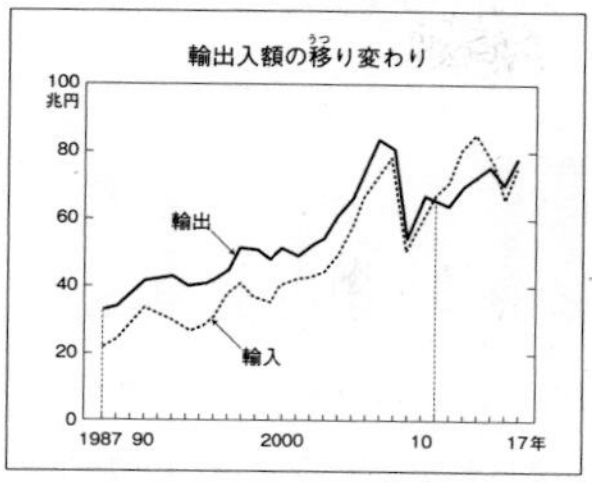

輸出入額の移り変わり
100 兆円
80
60
40
20
0
輸出
輸入
1987 90
2000
10
17年

(1)　2011年まで、輸入額と輸出額は、どちらの方が多かったですか。

（　輸出　）額

(2)　(1)の年に、日本で起きた大きなできごとは何でしたか。

（　東日本　）大震災

3　相手国が、輸出額より輸入額の方が多くなったら、その国はどうしますか。あてはまる言葉を□から選んで書きましょう。

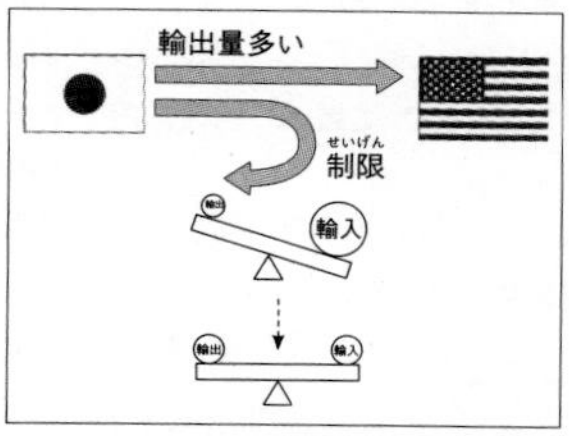

輸出量多い
制限
輸出
輸入

①　輸入が多くなると、自国の製品が（売れなく）なる。

②　自国の産業を守るために輸入を（　制限　）する。

③　②のような問題を（貿易まさつ）という。

④　③を解決するための一つに、相手国に（　工場　）をつくる。

貿易まさつ	工場	制限	売れなく

まとめテスト

工業生産と貿易(1)

月　　日　名前　　　／100点

1　次のグラフを見て、それぞれの年の輸入・輸出品を書き、（　）にあてはまる言葉を書きましょう。（6点×11）

A　1960年

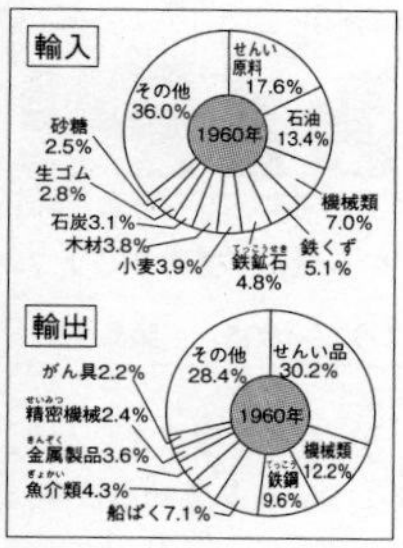

輸入
1960年
せんい原料 17.6%
石油 13.4%
機械類 7.0%
鉄くず 5.1%
鉄鉱石 4.8%
小麦 3.9%
木材 3.8%
石炭 3.1%
生ゴム 2.8%
砂糖 2.5%
その他 36.0%
輸出
1960年
せんい品 30.2%
機械類 12.2%
鉄鋼 9.6%
船ぱく 7.1%
魚介類 4.3%
金属製品 3.6%
精密機械 2.4%
がん具 2.2%
その他 28.4%

	《輸入品》	《輸出品》
1位	（せんい原料）	せんい品
2位	（　石油　）	機械類
3位	機械類	鉄鋼
4位	（　鉄くず　）	船ぱく

工業原料や燃料を輸入して、せんい品・（①　機械類　）などに加工して輸出する（②　加工　）貿易。

（①は鉄こう、船ぱくでも可）

B　2018年

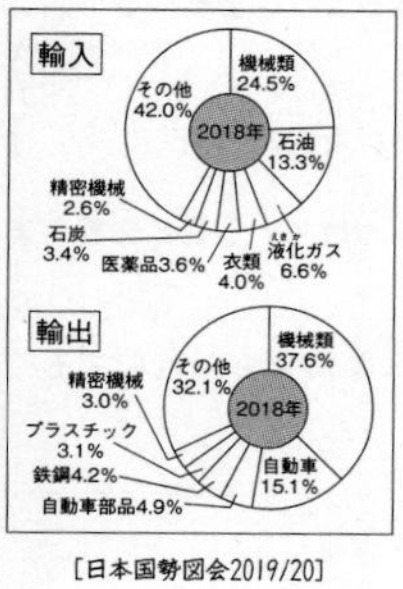

輸入
2018年
機械類 24.5%
石油 13.3%
液化ガス 6.6%
衣類 4.0%
医薬品 3.6%
石炭 3.4%
精密機械 2.6%
その他 42.0%
輸出
2018年
機械類 37.6%
自動車 15.1%
自動車部品 4.9%
鉄鋼 4.2%
プラスチック 3.1%
精密機械 3.0%
その他 32.1%
［日本国勢図会2019/20］

《輸入品》（1位と2位）

1位（　機械類　）2位（　石油　）

《輸出品》

1位（　機械類　）2位（　自動車　）

機械類は輸出だけでなく、（①　輸入　）も増えてきた。（②　海外　）の工場で生産された機械類などを輸入するようになってきた。

2　次の地図を見て、あとの問いに答えましょう。

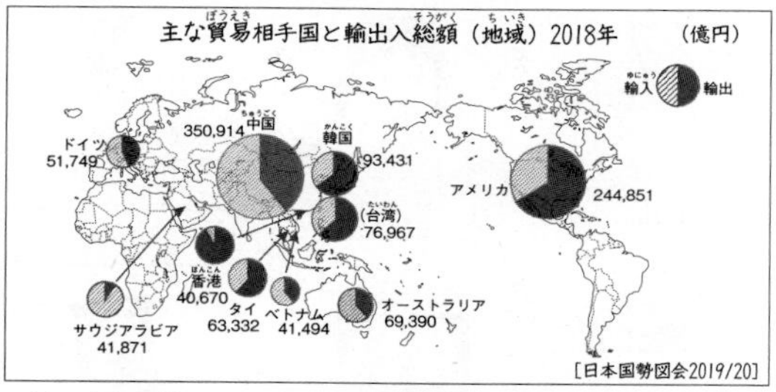

主な貿易相手国と輸出入総額（地域）2018年　（億円）
輸入　輸出
ドイツ 51,749
中国 350,914
韓国 93,431
アメリカ 244,851
（台湾） 76,967
香港 40,670
タイ 63,332
ベトナム 41,494
オーストラリア 69,390
サウジアラビア 41,871
［日本国勢図会2019/20］

(1)　日本の輸入相手で一番多い国はどこですか。（5点）

（　中国　）

(2)　日本の輸出相手で一番多い国はどこですか。（5点）

（　アメリカ　）

(3)　次の国々から多く輸入しているものを線で結びましょう。（4点×4）

①　サウジアラビア	㋐　石炭・鉄鉱石
②　中国	㋑　原油（石油）
③　オーストラリア	㋒　トウモロコシ
④　アメリカ	㋓　衣類

(4)　日本の貿易で正しいものに○をつけましょう。（4点×2）

（　○　）貿易相手国は、アジアの国々が多い。

（　　）貿易額の多い上位3国は、中国・韓国・台湾である。

（　○　）サウジアラビアからは、輸入がかなり多い。

まとめテスト

工業生産と貿易(2)

月　日　名前　　/100点

[1] 次のグラフを見て、あとの問いに答えましょう。

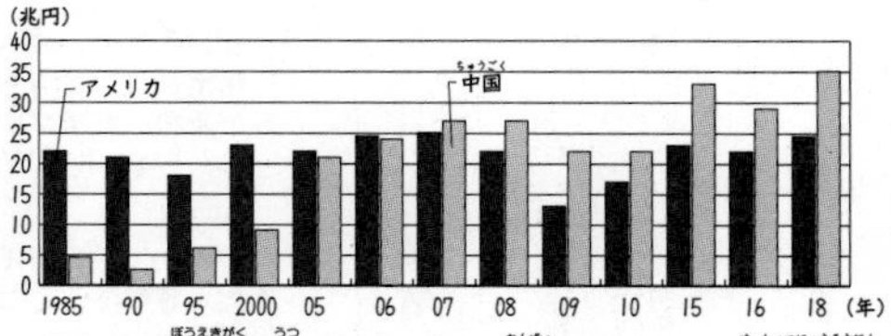

(兆円)
40
35
30
25
20
15
10
5
0
アメリカ
中国
1985 90 95 2000 05 06 07 08 09 10 15 16 18 (年)

日中・日米貿易額の移り変わり　(日本関税協会資料による、輸出入総額)

(1) 2006年までの日本の貿易相手国は、アメリカと中国のどちらが多いですか。(7点)

(　アメリカ　)

(2) (1)から先は、どちらの国が多くなりましたか。(7点)

(　中国　)

(3) 2018年の中国とアメリカの輸出入総額は、約何兆円ですか。(7点×2)

①中国　約(　35　)兆円　②アメリカ　約(　25　)兆円

(4) なぜ、(2)の国からの貿易額が多くなったのでしょうか。【　】の言葉を使って書きましょう。【工場　輸入】(16点)

(例) 日本の会社は、中国の工場でつくって輸入したほうが、製品を安く生産できる　から。

[2] 次の図を見て、アメリカとの関係について答えましょう。(7点×8)

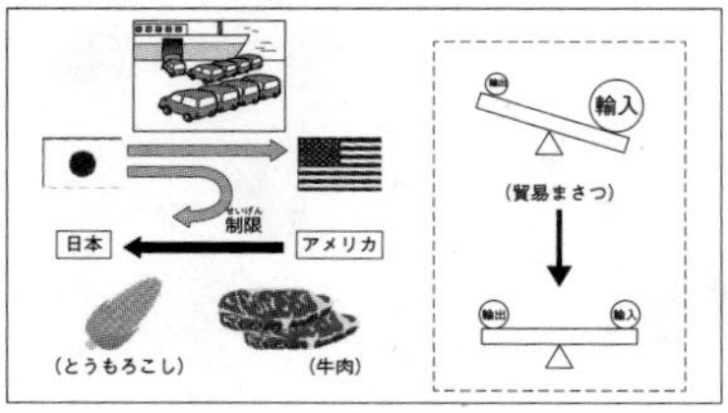

日本
アメリカ
制限
(とうもろこし)
(牛肉)
輸入
(貿易まさつ)
輸出
輸入

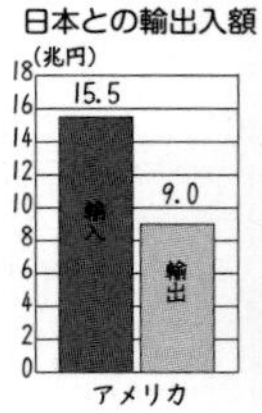

日本との輸出入額
(兆円)
18
16
14
12
10
8
6
4
2
0
15.5
9.0
輸入
輸出
アメリカ

(1) アメリカは、日本との貿易では輸出と輸入のどちらが多いですか。(　輸入　)

(2) 日本から輸入しているのは何ですか。(　自動車　)

(3) アメリカは、どうしますか。

自分の国の製品が(　売れなく　)なるので、輸入を(　制限　)する。

(4) (3)のようにして起こる問題を何といいますか。

(　貿易まさつ　)

(5) (4)の問題を解決するために日本とアメリカは、どうしますか。

① 日本　…アメリカに(2)の(　工場　)を建てる。

② アメリカ　…日本に(　牛肉　)や(とうもろこし)を多く輸出する。

※②は順不同

メディアの種類と特ちょう

月　日　名前

ポイント　情報を伝えるものには、どのようなものがあるか、また伝える側はどのようにして番組をつくっているのかを理解しましょう。

[1] 次の図を見て、あとの問いに答えましょう。

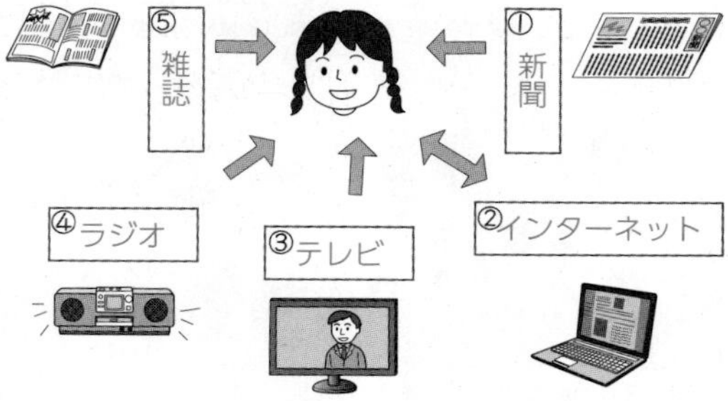

⑤雑誌
①新聞
④ラジオ
③テレビ
②インターネット

(1) 図中の□にあてはまるメディアを書きましょう。

ラジオ　インターネット　新聞　テレビ　雑誌

(2) (1)の特ちょうを線で結びましょう。

① ― ㋐ 文字を中心に伝える。切りぬいて保存できる。持ち運びできる

② ― ㋒ 世界中の情報をいつでも、どこにいてもすぐに見たり、だれでも情報が発信できる。

③ ― ㋓ 音声と映像で伝える。子どもからお年寄りまでだれでも楽しめる。

④ ― ㋑ 音声だけで伝える。災害時にも電池があれば情報を得られる。

⑤ ― ㋔ 文字や写真、イラストなどで伝える。

[2] 次の写真は、ニュース番組が放送されるまでの仕事を表しています。あとの問いに答えましょう。

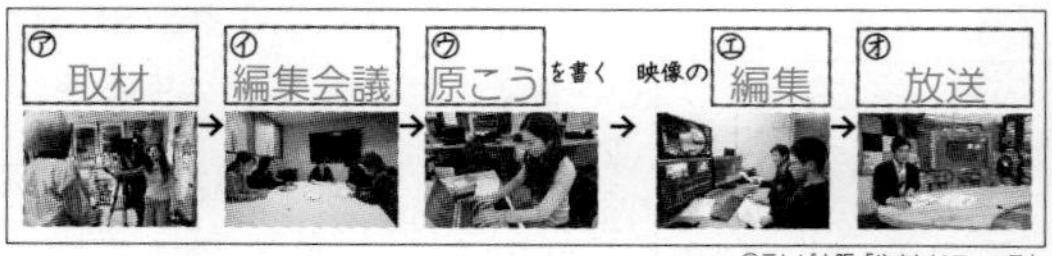

㋐取材
㋑編集会議
㋒原こう を書く
映像の ㋓編集
㋔放送

©テレビ大阪「やさしいニュース」

(1) 上の□に、あてはまる仕事を┆┆から選んで書きましょう。

編集　取材　原こう　放送　編集会議

(2) 次の仕事は、(1)の中のどれですか。(　)に記号で書きましょう。

① 事故などがあると、そこに行ってニュースを集める仕事。(　㋐　)

② 集まった映像を時間内に放送できるようにまとめる。(　㋓　)

③ どのニュースを取材し、放送するかを決める。(　㋑　)

(3) ニュース番組を放送するときに気をつけていることを書きましょう。

ニュース番組では、(①　正確　)な情報をだれにでも(②わかる　)ように伝えること。

わかる　ゆかい　正確

くらしの中の情報技術産業

1 次の図は、コンビニエンスストアで使われているコンピューターの様子を表しています。それぞれの問いに[　]から選んで答えましょう。

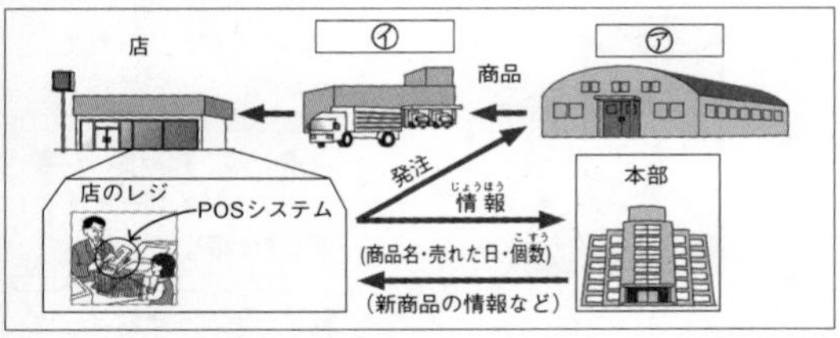

店
①
⑦
商品
店のレジ
POSシステム
発注
情報
(商品名・売れた日・個数)
(新商品の情報など)
本部

(1) 店のレジでは、右の図を読み取っています。これは何ですか。（　バーコード　）

(2) POSシステムを使うことでわかることに○をつけましょう。
① 売れた日の（天気・(日時)）　② 売れた商品の（(個数)・形）
③ （(売れた商品)・買った人）の名前

(3) POSシステムによって商品がどのようにして店に運ばれますか。⑦・①にあてはまる言葉を書きましょう。

店 → ⑦ 工場 → ① 配送センター → 店

(4) 次の（　）にあてはまる言葉を書きましょう。
コンビニエンスストアなどで使えるポイントカードや電子マネーには、氏名や住所などの（ 個人情報 ）が入っています。

配送センター　個人情報　バーコード　工場

月　日 名前

ポイント　くらしを支える情報について、図などから理解しましょう。

2 左の文章にあてはまる工業製品の写真を右から選んで、線で結びましょう。

無料のアプリをダウンロードすれば、防災情報やお店の情報・地図が見られたり、音声ガイドでお寺の歴史を聞くことができます。
総合病院での検査結果の情報をかかりつけのしんりょう所と見られるようにしています。かん者さんの情報を共有することで、より良い治りょうを行うことができます。
介護ロボットは、高れい者と会話をしたり、歌ったりして相手の心をなごませます。

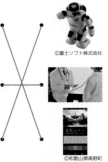

©富士ソフト株式会社

©和歌山県高野町

3 次の絵を見て、あとの問いに答えましょう。

① 
〔 ウ 〕の流出

② 
〔 ア 〕なメール

③ 
〔 イ 〕を書かれる

④ 
〔 エ 〕な請求

(1) インターネットの問題点を[　]から選んで記号で書きましょう。

⑦ めいわく　① 悪口
⑦ 個人情報　エ 高額

(2) 次の（　）の正しいほうに○をつけましょう。
情報を発信するときは、（不正確・(正確)）な情報を、（(受け取る)・流す）側の立場に立って伝える。

まとめテスト

くらしを支える情報

1 次の絵を見て、情報を得ているものの番号の名前を書きましょう。（5点×5）

緊急

①	テレビ
②	新聞
③	ラジオ
④	雑誌
⑤	パソコン

テレビ　ラジオ　新聞　パソコン　雑誌

2 次の①〜⑤で、情報を送る側が注意することには⑦、受け取る側が注意することには①を（　）に書きましょう。（4点×5）

①（ イ ）情報にふりまわされず、自分で確かめることが大切。
②（ ア ）正確で役立つ情報を流す。
③（ イ ）しっかりと目的をもって、必要な情報だけを手に入れる。
④（ ア ）個人のプライバシーに関わる情報は流さない。
⑤（ イ ）おしつけられた情報は、受け取らない。

月　日 名前　/100点

3 次の絵は、ニュース番組が放送されるまでの仕事を表しています。（4点×10）

①
②
③
④
⑤

©テレビ大阪「やさしいニュース」

(1) ①〜⑤の仕事を[　]から選んで、記号を書きましょう。

①	エ	②	ウ	③	オ	④	ア	⑤	イ

⑦ 原こう書き　① 編集会議　⑦ 映像の編集
エ スタジオ本番　オ 取材

(2) ①〜⑤の仕事を次のように分け、番号を書きましょう。
A 情報を集める〔 ③ 〕　B 情報を選ぶ〔 ② 〕〔 ⑤ 〕
C 情報を伝える〔 ① 〕〔 ④ 〕　※B、C順不同

4 次の①〜③の気象情報は、どの仕事の人が役立てていますか。（5点×3）

① 

明日は風が強いから船を出さないでおこう。

② 

明日は、暑いからアイスクリームを多めに入れておこう。

③ 

気温がかなり低くなりそうだ。田んぼの水深を上げて備えよう。

〔 漁業 〕〔 コンビニエンスストア 〕〔 農業 〕

コンビニエンスストア　農業　漁業

自然災害の種類と防ぐ取り組み

月　日　名前

ポイント　自然災害が起こっている地域とそれから守る手だてについて理解しましょう。

1 次の自然災害について、あとの問いに答えましょう。

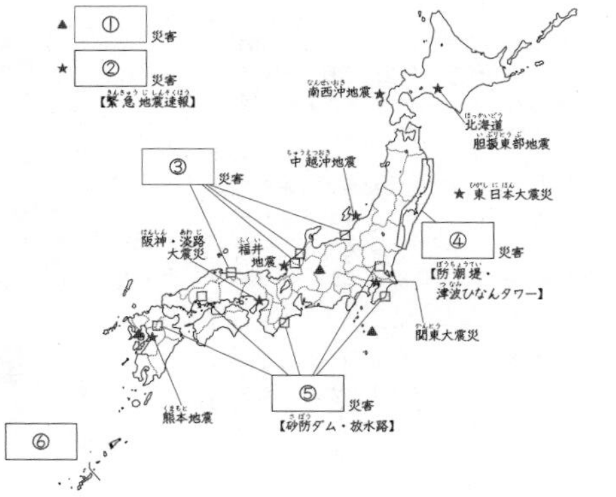

▲ ① 災害
★ ② 災害
【緊急地震速報】
南西沖地震
北海道胆振東部地震
中越沖地震
★ 東日本大震災
③ 災害
阪神・淡路大震災
福井地震
④ 災害
【防潮堤・津波ひなんタワー】
関東大震災
⑤ 災害
【砂防ダム・放水路】
熊本地震
⑥

(1) 地図中の□にあてはまる言葉を書きましょう。

①	火山	②	地しん	③	雪害
④	つ波	⑤	風水害	⑥	台風

雪害　つ波　火山　風水害　台風　地しん

(2) 気候と関係する災害を、①～⑥の中から3つ選びましょう。

※順不同（ ③ ）（ ⑤ ）（ ⑥ ）

(3) 気象庁が出している大きな地震が予想されたときに出す速報を何といいますか。

（ きん急地しん(緊) ）速報

2 次の①～④は、自然災害から守るためのものです。名前を（　）に書いて、関係のあるものと線で結びましょう。

①（ さ防ダム ）

©国土交通省

②（ 防ちょうてい ）

©岩手県

③（ つ波ひなんタワー ）

④（ ハザードマップ(防災マップ) ）

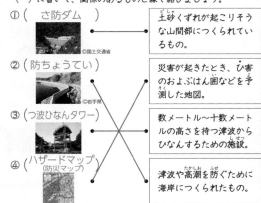

- 土砂くずれが起こりそうな山間部につくられているもの。（①）
- 災害が起きたとき、ひ害のおよぶはん囲などを予測した地図。（④）
- 数メートル～十数メートルの高さを持つ津波からひなんするための施設。（③）
- 津波や高潮を防ぐために海岸につくられたもの。（②）

3 次の写真は、地震が起こったときに、ひ害を少なくする（減災）ための取り組みです。□から選んで記号を書きましょう。

（ ㋑ ）

避難場所

（ ㋒ ）

（ ㋐ ）

㋐ たい震化がされた建物　㋑ 防災訓練　㋒ ひなん場所を示すかん板

自然災害の予測と防止

月　日　名前

ポイント　自然災害を予測することから、そのひ害を減らす方法について理解しましょう。

1 次の図は、土砂くずれが起きそうなときのことを表しています。あとの問いに答えましょう。

(1) 次の図を参考にして、□にあてはまる言葉を書きましょう。

こう水のとき

① しゃ面から 水 が流れ出る。

② 山鳴り がする。

③ 川に 流木 が流れてくる。

④ 川の水が にごっている 。

山鳴り　水　にごっている　流木

(2) 右の画像は、こう水のひ害を少なくするために、地下につくられた雨水をためる設備です。これを何といいますか。□から選びましょう。

（ 放水路 ）

ダム　放水路　用水路

(3) 市町村や消防では、何を使ってすばやく情報を伝えますか。□から選びましょう。

（ 防災無線 ）

防災無線　テレビ　ラジオ

2 次の地図を見て、あとの問いに答えましょう。

Ⓐ 災害

(1) Ⓐの▨の部分は、□の中のどの災害が起きそうな地域を表していますか。（ 雪害 ）

干害　冷害　雪害

(2) ▲は、□の中のどの災害を表していますか。

（ 火山 ）

つ波　火山　台風

(3) (1)の災害を減らすためにしていることを写真を見て書きましょう。

①

道路を（ 除雪 ）

②

熱で道路を（ あたためる ）

③

（ なだれ ）防止さく

なだれ　除雪　あたためる

森林の働き

ポイント 自然災害を減らすためにも、森林の働きについて理解しましょう。

月　日 名前

1 次の絵を見て、あとの問いに答えましょう。

森林⇨「緑のダム」（こう水を防ぐ）

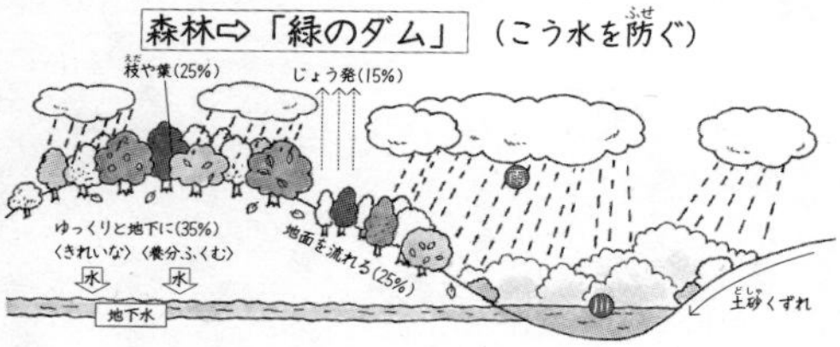

枝や葉(25%)
じょう発(15%)
ゆっくりと地下に(35%)
〈きれいな〉〈養分ふくむ〉
水
水
地下水
地面を流れる(25%)
川
土砂くずれ

(1) 森林にふった雨は、地下と枝や葉にそれぞれ何%たくわえられ　ますか。

① 地下（　35　）%　② 枝や葉（　25　）%

(2) (1)・①は、水をたくわえながら、どんな働きをしていますか。

㋐ 水を（　きれい　）にする。

㋑（　養分　）をふくんだ水にする。

(3) なぜ、森林は、「緑のダム」といわれているのですか。（　）にあてはまる言葉を書きましょう。

森林にふった雨は、ゆっくりと地下にしみこんで（①地下水）となって、少しずつ（②　川　）に流れ出ます。

そのため、川の水がかれたり、（③　こう水　）になったりすることを防いでいるからです。

2 次の絵を見て、森林の働きについて考えましょう。

二酸化炭素をきゅうしゅうする
動物の ④
水をたくわえる
風や雪を防ぐ
土を ①
空気を ② にする
木材を ③
音を防ぐ
きれいな水
⑤ の場

(1) ①～⑤にあてはまる言葉を[　]から選んで書きましょう。

① 土を（ささえる）　② 空気を（　きれい　）にする

③ 木材を（　つくる　）　④ 動物の（　すみか　）

⑤ 人々の（やすらぎ）の場

[すみか　きれい　ささえる　やすらぎ　つくる]

(2) 森林は、災害や公害を防ぐ働きもあります。[　]から選んで書きましょう。

① 災害（　つ波　）（　土しゃくずれ　）

② 公害（　そう音　）（　しん動　）

※①②順不同

[つ波　そう音　土しゃくずれ　しん動]

(3) 次の図は林業の仕事の流れを表しています。（　）にあてはまる言葉を[　]から選んで書きましょう。

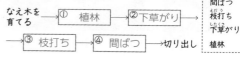

なえ木を育てる →［①　植林］→［②下草がり］→［③　枝打ち］→［④　間ばつ］→切り出し

[間ばつ　枝打ち　下草がり　植林]

公害問題

ポイント 日本で起こったいろいろな公害と四大公害病について病名・場所・原因について理解しましょう。

月　日 名前

1 次の絵やグラフを見て、あとの問いに答えましょう。

〈７公害〉

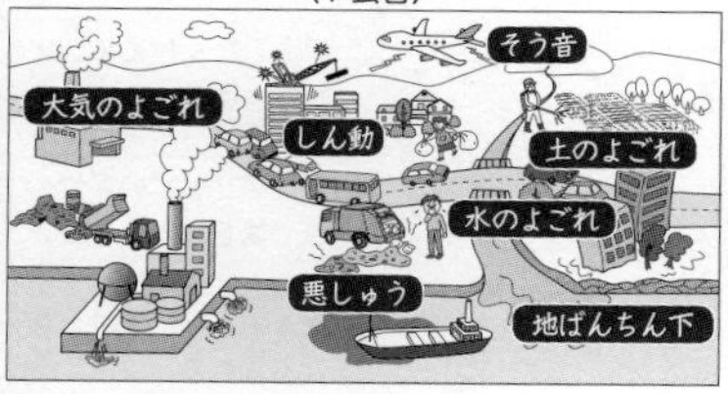

そう音
大気のよごれ
しん動
土のよごれ
水のよごれ
悪しゅう
地ばんちん下

公害に対する苦情のうちわけ

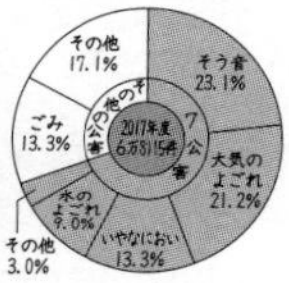

その他 17.1%
そう音 23.1%
ごみ 13.3%
2017年度 6万8115件
大気のよごれ 21.2%
水のよごれ 9.0%
いやなにおい 13.3%
その他 3.0%

（2017年）

(1) ①～⑤にあてはまる公害を書きましょう。

	原　因	公害名
①	工場や家庭などからの排水で、川や海がよごれる。	水のよごれ
②	工場からのけむりや、自動車の排気ガスで、空気がよごれる。	大気のよごれ
③	地下水などのくみすぎなどで、建物がかたむく。	地ばんちん下
④	飛行機や工事などで、音がうるさい。	そう音
⑤	工場や鉱山などからの排水で、土地がよごれる。	土のよごれ

(2) (1)の中から苦情が２割をこえている公害の番号を書きましょう。

（　②　）（　④　）

※順不同

2 次の地図は、四大公害病が起こった場所を表しています。あとの問いに答えましょう。

新潟水俣病
（阿賀野川下流）
イタイイタイ病
（神通川下流）
四日市ぜんそく
（四日市市）
水俣病
（八代海沿岸）

(1) 次の①～③が原因で起こった公害病を書きましょう。

① 鉱山から出たカドミウム（　イタイイタイ病　）

② 石油化学工場から出たけむり（　四日市ぜんそく　）

③ 化学工場が流したメチル水銀（　水俣病　）（　新潟水俣病　）

※③は順不同

(2) (1)の公害病の様子を、㋐～㋒から選んで記号を書きましょう。

①〔　㋑　〕　②〔　㋐　〕　③〔　㋒　〕

㋐ 息が苦しく、のどが痛く、はげしいぜんそくがある。
㋑ 骨がもろく、折れやすく、はげしい痛みで苦しむ。
㋒ 手足がしびれ、目や耳が不自由になり、死ぬこともある。

(3) 公害病が発生したのは、「地域の環境」と「工場の生産を高めること」のどちらが、ゆう先されたからですか。

（　工場の生産を高めること　）

(4) 次の文で、正しいほうに○をつけましょう。

公害をなくすために、地球全体の環境問題までふみこんだ決まりが、（　公害対策基本法・(環境基本法)　）です。

まとめテスト

自然災害・森林の働き・公害問題(1)

月　日　名前
/100点

1 次の自然災害について、あとの問いに答えましょう。

(1) 地図の□にあてはまる言葉を書きましょう。（5点×6）

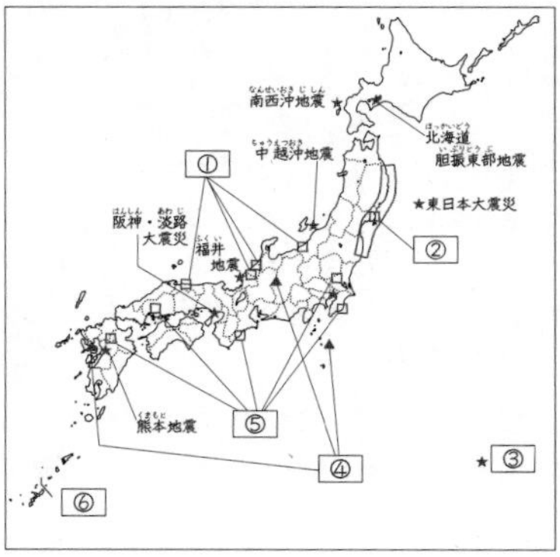

南西沖地震
北海道胆振東部地震
中越沖地震
★東日本大震災
阪神・淡路大震災
福井地震
熊本地震
①
②
③
④
⑤
⑥

①	雪害
②	つ波
③	地しん
④	火山
⑤	風水害
⑥	台風

雪害　つ波　火山　風水害　台風　地しん

(2) 次の写真は、上の①〜⑥の災害を減らすための設備です。関係する番号を書きましょう。（6点×3）

㋐

©国土交通省

〔 ⑤ 〕

㋑

©岩手県

〔 ② 〕

㋒

〔 ① 〕

2 次の図を見て、自然災害や公害を防ぐ働きを図中から選び番号を書きましょう。（4点×5）

① 二酸化炭素をきゅうしゅう
② 動物のすみか
③ 水をたくわえる
④ 風や雪を防ぐ
⑤ 土をささえる
⑥ 木材をつくる
⑦ 音を防ぐ
きれいな水
⑧ やすらぎの場

㋐ 地球温暖化〔 ① 〕　㋒ 雪害〔 ④ 〕

㋑ こう水〔 ③ 〕〔 ⑤ 〕　㋓ そう音〔 ⑦ 〕

※㋑順不同

3 公害の中でも四大公害病があります。発生した場所と原因を書きましょう。（2回使う記号があります）（4点×8）

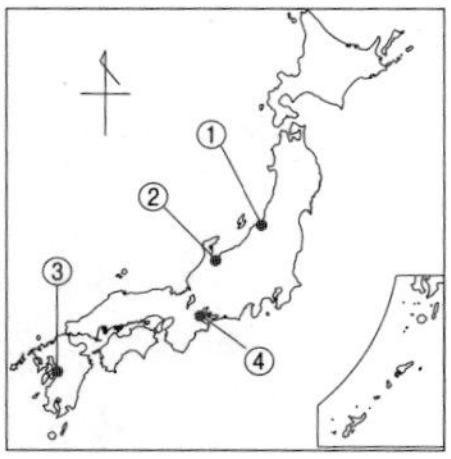

①
②
③
④

公害病名	場所	原因
水俣病	③	㋑
新潟水俣病	①	㋑
イタイイタイ病	②	㋐
四日市ぜんそく	④	㋒

㋐ 鉱山から出たカドミウム
㋑ 化学工場から出たメチル水銀
㋒ 石油化学工場から出たけむり

まとめテスト

自然災害・森林の働き・公害問題(2)

月　日　名前　/100点

1 次の問いに答えましょう。（8点×6）

日本の国土の約（ ① ）は、②森林です。森林は、木材や紙の原料になるだけでなく、③自然災害を減らす働きもあります。

日本の土地利用

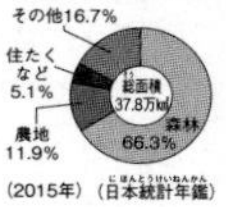

その他16.7%
住たくなど5.1%
農地11.9%
総面積37.8万km²
森林66.3%

(2015年)（日本統計年鑑）

(1) 右のグラフを参考にして、①にあてはまる割合について正しいものに○をつけましょう。

（　）2分の1　（　）3分の1　（ ○ ）3分の2

(2) 下線部②の森林など、世界の自然を守るための条約を何といいますか。

（世界自然遺産条約）

ラムサール条約　世界自然遺産条約　世界文化遺産条約

(3) 最近森林があれてきています。その原因に○をつけましょう。

（国産木材・輸入木材）のほうが、ねだんが安いのと、林業で働く人が（減って・増えて）きたから。

（○：輸入木材、減って）

(4) 人工林の中には下線部③の自然災害から守るために植えられているものがあります。説明文と関係するものを、□から選んで書きましょう。

① 強風から家や田畑などを守るために植えられている。
（ 防風林 ）

② 飛んでくる砂のひ害から田畑を守るために植えられている。
（ 防砂林 ）

防雪林　防風林　防砂林

2 次の森林の働きと関係のあるものを㋐〜㋓と線で結びましょう。（7点×4）

① 動物のすみかとなる。 — ㋑
② 木材を生産する。 — ㋒
③ 「緑のダム」となり、こう水にならない。 — ㋐
④ 人や動物に大切なものをつくり出している。 — ㋓

㋐ 雨水をたくわえて、少しずつ流す。
㋑ ドングリなどの実や、枝や葉をしげらせる。
㋒ 大きく育った木は、切り出される。
㋓ 空気中の二酸化炭素をきゅうしゅうして、酸素を出す。

3 次の①〜③の作業する理由について、あとの㋐〜㋒からそれぞれ記号を書きましょう。（8点×3）

なえを育てる→植林→①下草がり→②枝打ち→③間ばつ→切り出し

㋐ 木と木の間を広げて日当たりをよくするため。
㋑ なえ木の成長をさまたげないようにするため。
㋒ ふしのないまっすぐな木を育てるため。

①	㋑	②	㋒	③	㋐

学年末テスト

国土と地形

月　日　名前　　/100点

[1] 次の地図を見て、あとの問いに答えましょう。〈知識〉

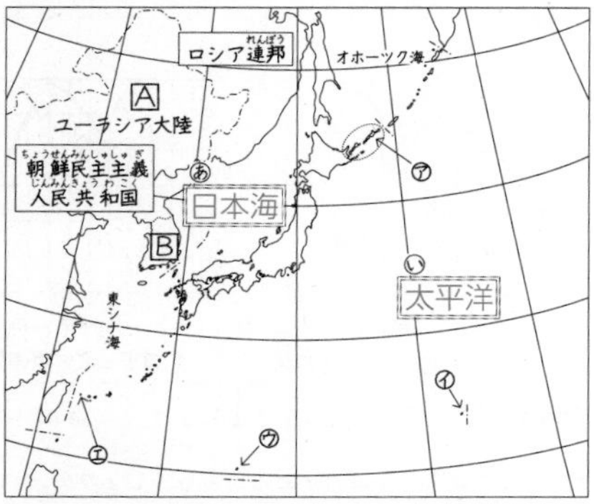

ロシア連邦
オホーツク海
A
ユーラシア大陸
朝鮮民主主義人民共和国
あ
日本海
B
東シナ海
ア
い
太平洋
イ
ウ
エ

(1) 日本の近くにあるAとBの国名を書きましょう。（6点×2）

A〔 中華人民共和国 〕 B〔 大韓民国 〕

(2) 次のはしの島は、地図中のア～エのどこですか。（4点×4）

① 南鳥島〔 イ 〕　② 与那国島〔 エ 〕

③ 択捉島〔 ア 〕　④ 沖ノ鳥島〔 ウ 〕

(3) (2)の中で北方領土として問題になっている島の番号を書き、今、その島を占きょしている国名を書きましょう。（5点×2）

番号〔 ③ 〕　国名（ ロシア連邦 ）

(4) 地図中のあといの海の名前を□に書きましょう。（5点×2）

[2] 次の地形の山地・山脈と川の名前を、地図に書きましょう。〈知識〉（4点×13）

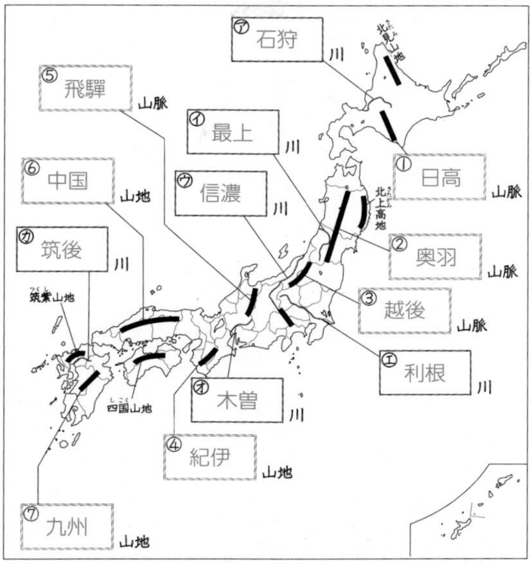

ア 石狩 川
北見山地
5 飛騨 山脈
イ 最上 川
1 日高 山脈
6 中国 山地
ウ 信濃 川
北上高地
カ 筑後 川
2 奥羽 山脈
筑紫山地
3 越後 山脈
エ 利根 川
オ 木曽 川
四国山地
4 紀伊 山地
7 九州 山地

①～⑦　越後　紀伊　日高　飛驒　奥羽　中国　九州

ア～カ　木曽　筑後　石狩　最上　信濃　利根

学年末テスト

日本の気候区分

月　日　名前　　/100点

[1] 地図中のア～カの気候区の名前を書いて、特ちょうに合う雨温図を選びましょう。〈知識・技能〉（気候区分名：4点、グラフ：6点×6）

ア 北にあるので、夏はすずしく、冬は寒さがきびしい。	イ 季節風のえいきょうで、冬に雨や雪が多い。
ウ 季節風のえいきょうで、夏は雨が多く、冬は雨が少ない。	エ 雨が少なく、夏と冬の気温差が大きい。
オ 一年間、雨が少なく、おだやかな気候。	カ 南にあるので、一年を通して気温が高い。

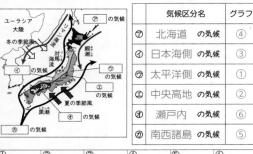

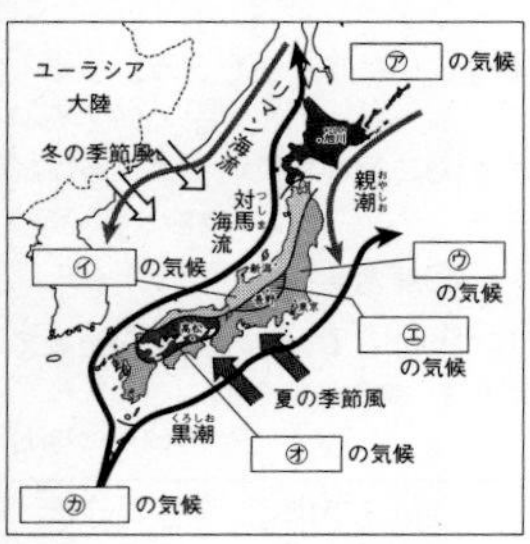

ユーラシア大陸
ア の気候
冬の季節風
対馬海流
親潮
イ の気候
ウ の気候
エ の気候
夏の季節風
黒潮
オ の気候
カ の気候

	気候区分名	グラフ
ア	北海道 の気候	④
イ	日本海側 の気候	③
ウ	太平洋側 の気候	①
エ	中央高地 の気候	②
オ	瀬戸内 の気候	⑥
カ	南西諸島 の気候	⑤

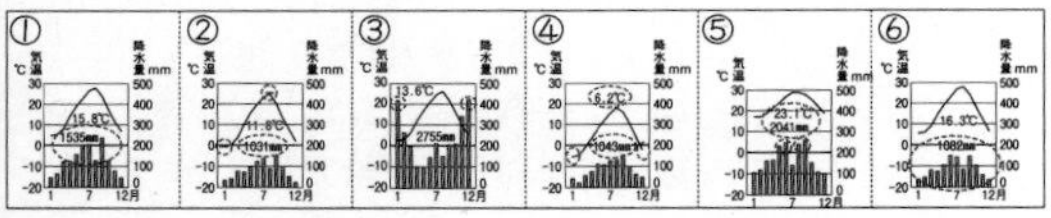

①
②
③
④
⑤
⑥

[2] [1]・イ～オの気候区分の特ちょうに合う図の番号を選んで、なぜそうなるのかを説明しましょう。〈思考〉（図：3点、説明：7点×4）

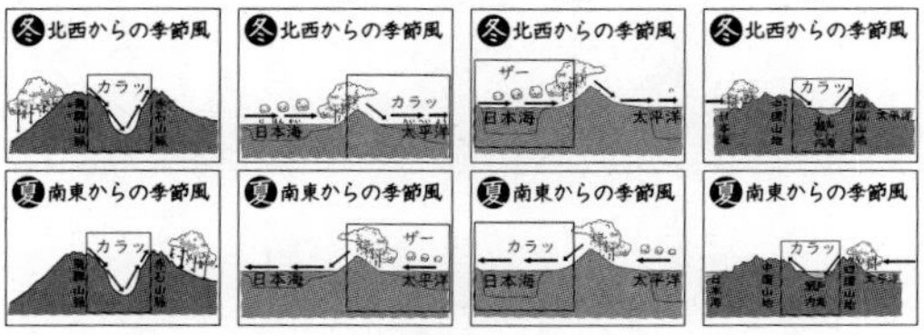

①
②
③
④
冬 北西からの季節風
夏 南東からの季節風
カラッ
ザー
日本海
太平洋

	図	説明
イ	③	（例）冬のしめった季節風がふいてくるので、それが山にあたって、日本海側に雨や雪を多くふらせる。
ウ	②	（例）夏のしめった季節風がふいてくるので、それが山にあたって、太平洋側に雨を多くふらせる。
エ	①	（例）高い山々に囲まれているので、夏と冬の季節風のえいきょうを受けないので、雨が少ない。高地なので夏と冬の気温差も大きい。
オ	④	（例）2つの山地（中国・四国）にはさまれているので、夏と冬の季節風のえいきょうを受けないので、雨が少ない。

学年末テスト

米づくりのさかんな地域

月　日　名前　/100点

□1 次の地図を見て、あとの問いに答えましょう。〈知識〉

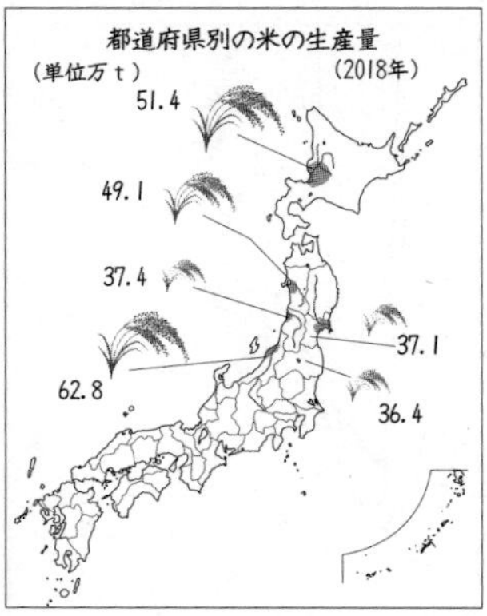

都道府県別の米の生産量
（単位万ｔ）
（2018年）
51.4
49.1
37.4
62.8
37.1
36.4

(1) 米づくりのさかんな道県名を多い順に書きましょう。（5点×5）

1	新潟県
2	北海道
3	秋田県
4	山形県
5	宮城県

(2) (1)の県の平野と川の名前を書きましょう。（5点×10）

1	越後 平野	信濃 川	2	石狩 平野	石狩 川
3	秋田 平野	雄物 川	4	庄内 平野	最上 川
5	仙台 平野	北上 川			

〈平野〉
仙台　越後　石狩　庄内　秋田

〈川〉
信濃　北上　最上　雄物　石狩

□2 次の地図を見て、あとの問いに答えましょう。

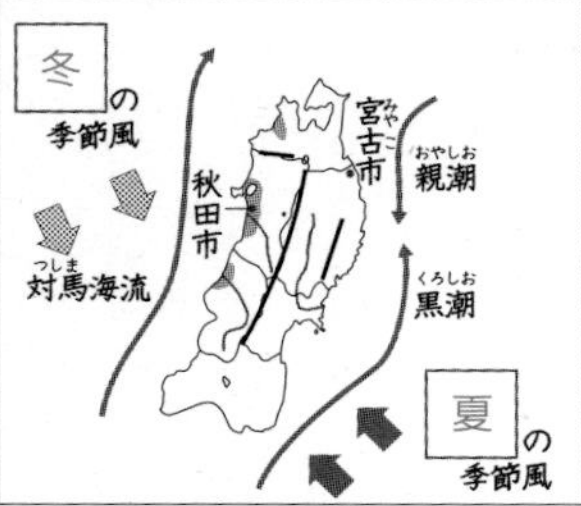

冬 の季節風
対馬海流
宮古市
秋田市
親潮
黒潮
夏 の季節風

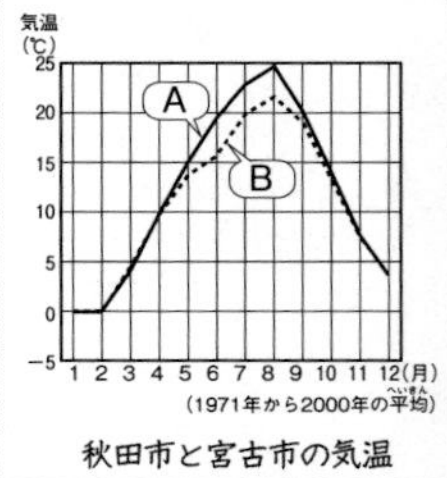

気温（℃）
A
B
（月）
（1971年から2000年の平均）

秋田市と宮古市の気温

(1) 図中の□に夏か冬の季節を書きましょう。〈知識〉（完答5点）

(2) 秋田市の気候グラフは、AとBのどちらでしょうか。〈技能〉（5点）
（ A ）

(3) なぜ、□1・(1)では米づくりがさかんなのでしょうか。米づくりに大切なポイント（①広い平野　②雪どけ水　③夏に気温が上がる）をふまえて書きましょう。〈思考〉（15点）

（例）□1・(1)地域では、冬の季節風のえいきょうで冬に多くの雪をふらせる。それが春に豊かな雪どけ水となって、広い平野を流れていく。さらに夏には、季節風のえいきょうで晴れた日が続き、夏に気温が上がるから。

学年末テスト

農ちく産物

月　日　名前　/100点

□1 次の地図とグラフを見て、あとの問いに答えましょう。〈技能・知識〉

①（ りんご ）
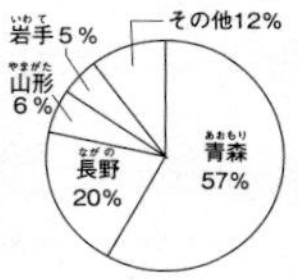

その他12%
岩手5%
山形6%
長野20%
青森57%

②（ みかん ）
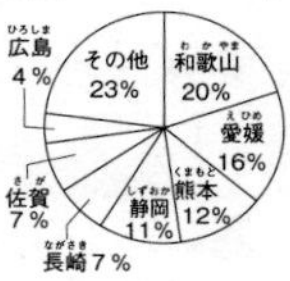

広島4%
その他23%
和歌山20%
愛媛16%
佐賀7%
静岡11%
熊本12%
長崎7%

③（ なす ）
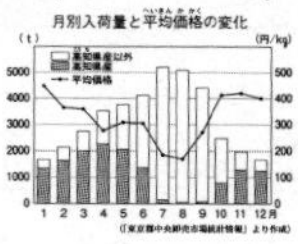

月別入荷量と平均価格の変化

④（ キャベツ ）
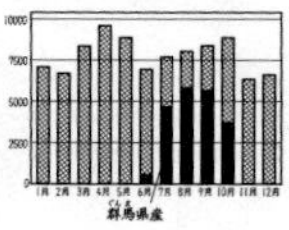

群馬県産

りんご　みかん　キャベツ　なす

(1) グラフが表している農産物を、（ ）に書きましょう。（4点×4）

(2) 地図に①の県は赤色、②の県は黒色でぬりましょう。（10点）

(3) ③と④では出荷時期をずらしています。なぜこのようなさいばい方法をしますか。（6点×3）
（ほかの地域）でさいばいされないときに（ 出荷 ）することで（ 高く ）売れるから。

(4) ①～④の農産物の名前を気候によって分けましょう。（5点×4）
A すずしい気候〔 りんご 〕〔 キャベツ 〕
B あたたかい気候〔 みかん 〕〔 なす 〕
※A、B順不同

□2 次の地図とグラフを見て、あとの問いに答えましょう。

㋐台地
㋑台地

①（ にゅう牛 ）
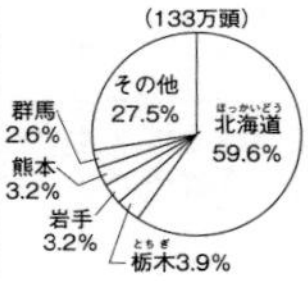

（133万頭）
その他27.5%
北海道59.6%
群馬2.6%
熊本3.2%
岩手3.2%
栃木3.9%

②（ ぶた ）
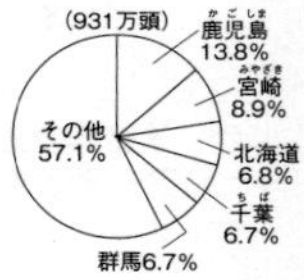

（931万頭）
鹿児島13.8%
宮崎8.9%
その他57.1%
北海道6.8%
千葉6.7%
群馬6.7%

肉牛　にゅう牛　ぶた

(1) グラフが表しているちく産物を（ ）に書きましょう。〈技能〉（4点×2）

(2) 北海道や鹿児島でちく産がさかんに行われているところはどこですか。〈知識〉（5点×2）
㋐北海道（ 根釧 ）台地　㋑鹿児島（ シラス ）台地

(3) (2)㋑で行われているちく産について、【 】の言葉を使って書きましょう。【火山ばい　米づくり　畑作　ちく産】〈思考〉（18点）

（例）(2)㋑の地域は、火山ばいが積もってできたやせた地域で、水もちが悪いので米づくりには適しません。そこでやせた土地でも育つさつまいもなどの畑作が行われ、それをえさとするブタなどのちく産が行われています。

学年末テスト

農業・水産業の問題点

1 次のグラフを見て、あとの問いに答えましょう。〈技能・思考〉

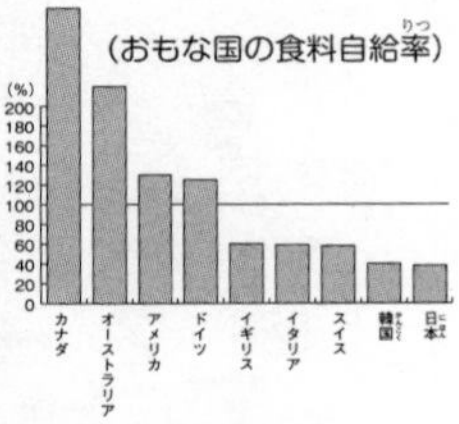
(おもな国の食料自給率)
(%)
カナダ
オーストラリア
アメリカ
ドイツ
イギリス
イタリア
スイス
韓国
日本

日本の食料自給率の移り変わり

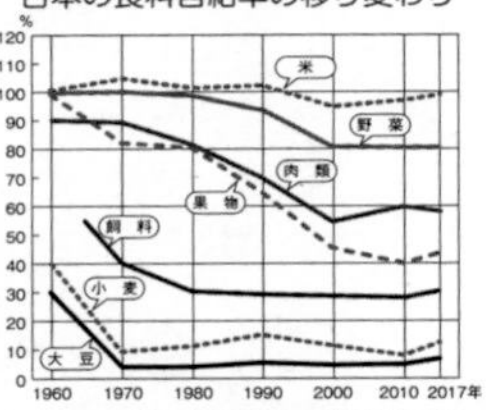
米
野菜
肉類
果物
飼料
小麦
大豆
1960 1970 1980 1990 2000 2010 2017年

(『日本国勢図会』2019/20年版)

(1) 食料自給率が100%以上の国を書きましょう。〈技能〉(5点×4)
(カナダ)(オーストラリア)(アメリカ)(ドイツ)
※順不同

(2) 日本の自給率は、約何%ですか。〈技能〉(6点) 約〔 40 〕%

(3) 日本の自給率が特に低いものを2つ書きましょう。(5点×2)
(小麦)(大豆)〈技能〉
※順不同

(4) 自給率が低いと、外国から輸入しなければなりません。どんな問題が考えられますか。①・②について書きましょう。
〈思考〉(8点×2)

① 安　全…日本で禁止されている農薬が使われているかもしれない。

② 安　定…輸入相手国で作物が不作になったりしたら、日本に輸出してもらえなくなる。

月　日 名前　/100点

2 次のグラフを見て、あとの問いに答えましょう。

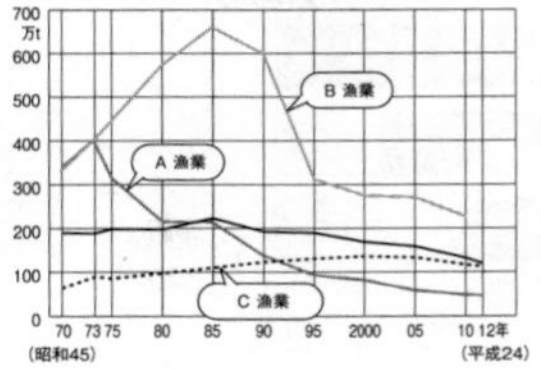
漁業別の漁かく量の変化(農林水産省)
万t
B漁業
A漁業
C漁業
70 73 75 80 85 90 95 2000 05 10 12年
(昭和45)
(平成24)

(1) A〜Cの漁業の名前を書きましょう。〈技能〉(6点×3)

A	遠洋　漁業	B	沖合　漁業	C	養しょく(漁)業

養しょく　沖合　沿岸　遠洋

(2) 次の①・②・③についてわかったことを【 】の言葉を使って書きましょう。【200海里　とり過ぎ　育てる漁業】〈思考〉(10点×3)

(例)
① A漁業…外国の沿岸から200海里の水域では、自由に漁ができなくなり、とれる量が急げきに減った。
② B漁業…A漁業が少なくなった分、それをカバーしようとしてとり過ぎて、魚がいなくなってきた。
③ C漁業…今までのとる漁業から育てる漁業を大事にして、限りある資源を守ろうとしている。

学年末テスト

工業

1 次の表に工業名を書きましょう。〈知識〉(4点×7)

重化学工業
- 機械 工業(自動車・テレビなど)
- 金属 工業(レール・トタン板など)
- 化学 工業(プラスチック・タイヤなど)

軽 工業
- 食料品 工業(パン・ラーメンなど)
- せんい 工業(タオル・くつ下など)
- その他の工業(セメント・テーブル・本など)

2 次の図を見て、あとの問いに答えましょう。

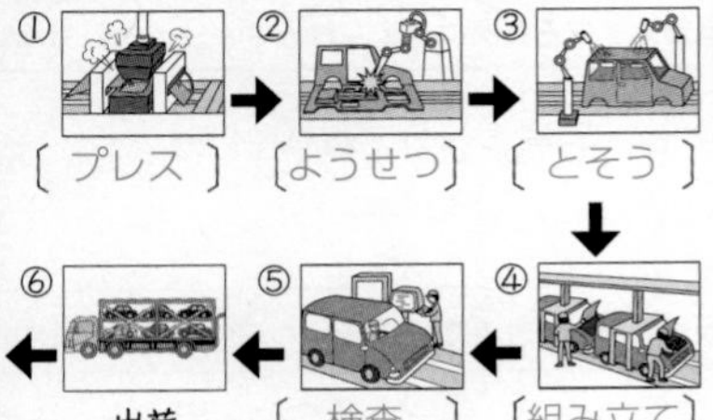

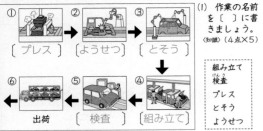

① 〔 プレス 〕→ ② 〔ようせつ〕→ ③ 〔 とそう 〕→ ④ 〔組み立て〕→ ⑤ 〔 検査 〕→ ⑥ 出荷

(1) 作業の名前を〔 〕に書きましょう。〈知識〉(4点×5)

組み立て
検査
プレス
とそう
ようせつ

(2) なぜ、②、③ではロボットを使うのですか。〈思考〉(7点)
((例) 人間がすると危険だから)

月　日 名前　/100点

3 次の図を見て、あとの問いに答えましょう。

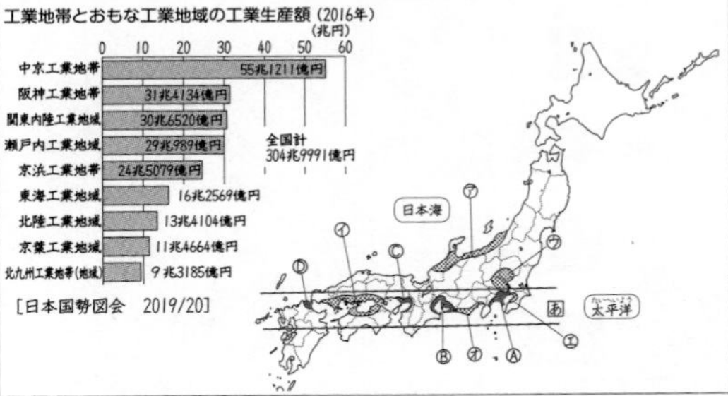
工業地帯とおもな工業地域の工業生産額(2016年)
(兆円)
0 10 20 30 40 50 60
中京工業地帯 55兆1211億円
阪神工業地帯 31兆4134億円
関東内陸工業地域 30兆6520億円
瀬戸内工業地域 29兆989億円
京浜工業地帯 24兆5079億円
東海工業地域 16兆2569億円
北陸工業地域 13兆4104億円
京葉工業地域 11兆4664億円
北九州工業地帯(地域) 9兆3185億円
全国計
304兆9991億円
[日本国勢図会 2019/20]
日本海
太平洋
あ

(1) 地図中の工業地帯と工業地域のうち、工業生産額が多い順にそれぞれ2つ、記号と名前を書きましょう。〈技能〉
(記号:2点×4、名前:3点×4)

	記号	名前	記号	名前
工業地帯	Ⓑ	中京 工業地帯	Ⓒ	阪神 工業地帯
工業地域	㋒	関東内陸 工業地域	㋑	瀬戸内 工業地域

(2) 図中のあを何といいますか。なぜ、あに(1)が集まっているのですか。　あ(太平洋ベルト)〈思考〉(5点×5)

海ぞいにあれば、(原料)やできた(製品)を船で運ぶのに便利。大都市には(人口)が多く、うめたて地など(広い土地)があるから。

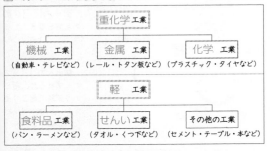

学年末テスト

中小工場・大工場と工業生産

1 次のグラフは、中小工場と大工場を比(くら)べたものです。

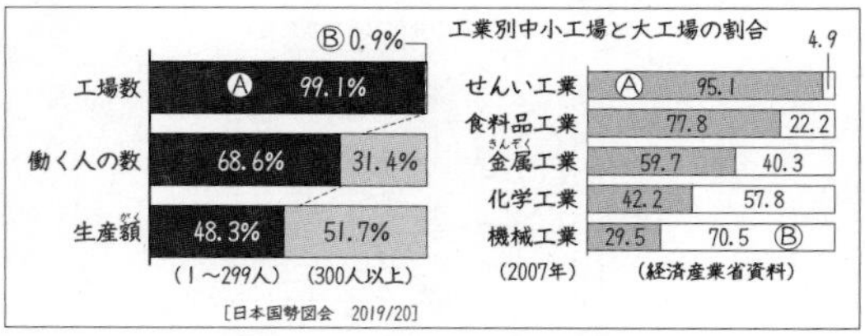
Ⓑ0.9%
工場数
Ⓐ 99.1%
働く人の数
68.6%
31.4%
生産額
48.3%
51.7%
（1～299人）（300人以上）
［日本国勢図会　2019/20］
工業別中小工場と大工場の割合
4.9
せんい工業
Ⓐ 95.1
食料品工業
77.8
22.2
金属工業
59.7
40.3
化学工業
42.2
57.8
機械工業
29.5
70.5 Ⓑ
（2007年）（経済産業省資料）

(1) グラフのⒶとⒷは、中小工場と大工場のどちらですか。〈技能〉

Ⓐ（　中小工場　）　Ⓑ（　大工場　）（5点×2）

(2) 中小工場と大工場で生産額の多い工業を、それぞれ2つ書きましょう。〈技能〉（5点×4）

	工業の種類	
中小工場	せんい　工業	食料品　工業
大工場	機械　工業	化学　工業

※順不同

(3) 働く人1人当たりの生産額は、中小工場と大工場ではどちらが多いですか。（　大工場　）〈技能〉（5点）

(4) なぜ、(3)のようになるのか、【　】の言葉を使って書きましょう。

【機械化　大規(だい き)ぼ　大量】〈思考〉（15点）

（例）大工場は、設備が大規ぼに機械化されているので、大量に生産することができるから。

月　日　名前　/100点

2 次のグラフを見て、あとの問いに答えましょう。

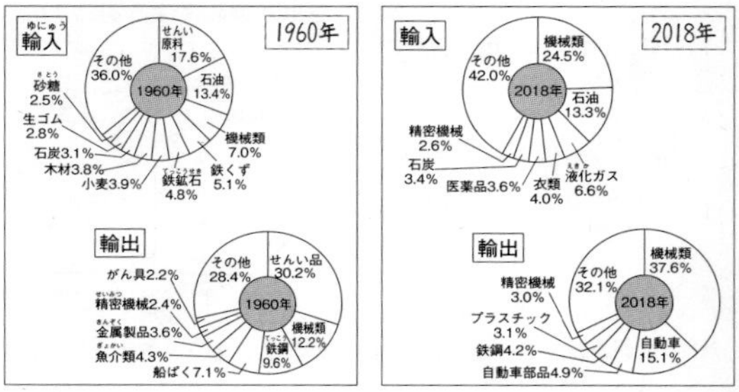
輸入
1960年
せんい原料 17.6%
石油 13.4%
機械類 7.0%
鉄くず 5.1%
鉄鉱石 4.8%
小麦3.9%
木材3.8%
石炭3.1%
生ゴム 2.8%
砂糖 2.5%
その他 36.0%
輸入
2018年
機械類 24.5%
石油 13.3%
液化ガス 6.6%
衣類 4.0%
医薬品3.6%
石炭 3.4%
精密機械 2.6%
その他 42.0%
輸出
せんい品 30.2%
機械類 12.2%
鉄鋼 9.6%
船ぱく7.1%
魚介類4.3%
金属製品3.6%
精密機械2.4%
がん具2.2%
その他 28.4%
輸出
機械類 37.6%
自動車 15.1%
自動車部品4.9%
鉄鋼4.2%
プラスチック 3.1%
精密機械 3.0%
その他 32.1%

(1) 1960年と2018年の輸入品と輸出品の第1位を書きましょう。〈技能〉（5点×4）

	輸入品	輸出品
1960年	せんい原料	せんい品
2017年	機械類	機械類

(2) それぞれの年の特ちょうをまとめましょう。〈思考〉（6点×5）

① 1960年

（　原料　）を輸入し、（　製品　）を輸出する（　加工　）貿易(ぼうえき)。

② 2018年

（　海外　）に移(うつ)した工場でつくった製品を（　輸入　）する。

学年末テスト

貿易(ぼうえき)

1 次のグラフを見て、あとの問いに答えましょう。〈技能〉

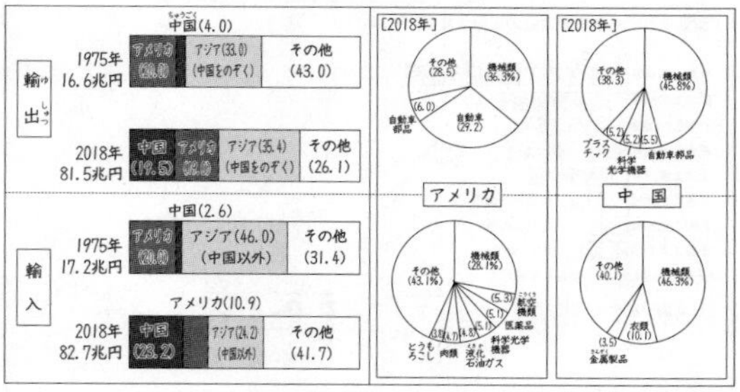
輸出
1975年 16.6兆円
中国(4.0)
アメリカ
アジア(33.0)(中国をのぞく)
その他 (43.0)
2018年 81.5兆円
中国 (19.5)
アメリカ
アジア(35.4)(中国をのぞく)
その他 (26.1)
輸入
1975年 17.2兆円
中国(2.6)
アメリカ
アジア(46.0)(中国以外)
その他 (31.4)
2018年 82.7兆円
アメリカ(10.9)
中国 (23.2)
アジア(24.2)(中国以外)
その他 (41.7)
[2018年]
その他 (28.5)
機械類 (36.3%)
自動車 (29.2)
自動車部品
(6.0)
アメリカ
[2018年]
その他 (38.3)
機械類 (45.8%)
自動車部品
プラスチック
科学光学機器
中国
その他 (43.1%)
機械類 (23.1%)
航空機
医薬品
科学光学機器
液化石油ガス
肉類
とうもろこし
その他 (40.1)
機械類 (46.3%)
衣類 (10.1)
金属製品
(3.5)

(1) 日本と貿易額(ぼうえきがく)が多い地域(ちいき)は、ヨーロッパ・アフリカ・アジアの中のどの地域ですか。（10点）（　アジア　）

(2) 次の年で、一番の貿易相手国を書きましょう。（5点×2）

①1975年	アメリカ	②2018年	中国

(3) (2)の国で、2018年に輸出入ともに第1位になっている品目は何ですか。（10点）（　機械類　）

(4) (2)・①の国と(3)以外に多い輸出品を書きましょう。（10点）

（　自動車　）

(5) (2)・②の国と(3)以外で多い輸入品を書きましょう。（10点）

（　衣類　）

月　日　名前　/100点

2 次の図を見て、あとの問いに答えましょう。

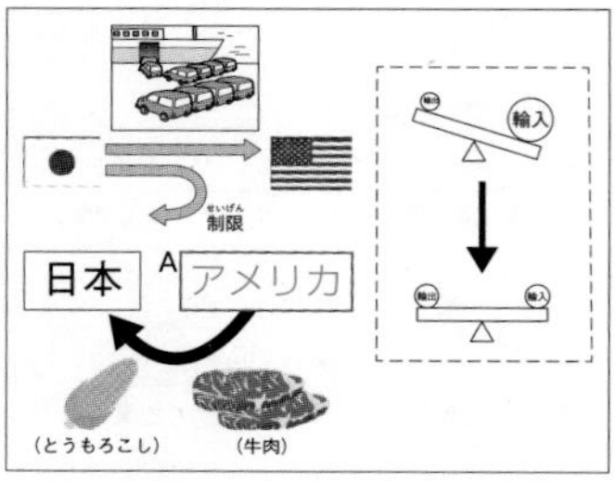
制限
日本
A アメリカ
輸出
輸入
（とうもろこし）
（牛肉）

(1) 図中の□に国の名前を書きましょう。〈知識〉（10点）

(2) 輸出入のバランスがくずれると、何という問題が起こりますか。〈知識〉（10点）

（　貿易まさつ　）

(3) A国では、(2)の問題を解決(かいけつ)するためにどうするでしょうか。図を見て考えましょう。〈思考〉

① A国の自動車を守るために考えられること。（15点）

（例）日本から輸入される自動車に制限をかけて輸入量を減らす。

② 自動車以外で考えられること。（15点）

（例）アメリカからの安い牛肉やとうもろこしを大量に日本に輸出して、バランスをとろうとする。

学年末テスト

情報（じょうほう）

[1] 次のグラフをみて、あとの問いに答えましょう。

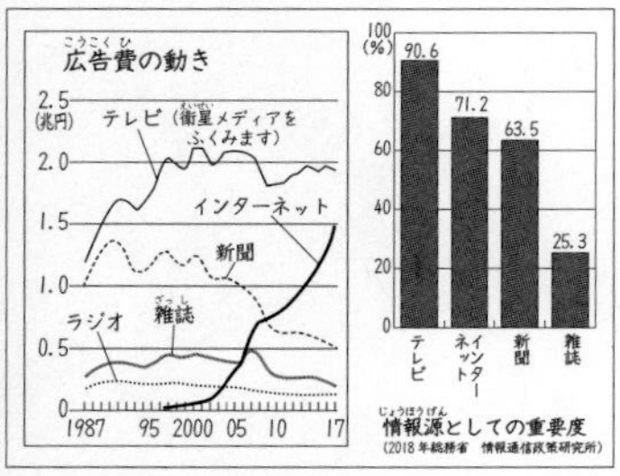
広告費の動き
2.5（兆円）
2.0
1.5
1.0
0.5
0
テレビ（衛星メディアをふくみます）
インターネット
新聞
ラジオ
雑誌
1987 95 2000 05 10 17
100（%）
80
60
40
20
0
90.6
71.2
63.5
25.3
テレビ
インターネット
新聞
雑誌
情報源としての重要度
（2018年総務省　情報通信政策研究所）

(1) 広告費が一番多いメディアは、何ですか。〈技能〉（7点）
（　テレビ　）

(2) 最近、広告費が新聞をぬいたメディアを書きましょう。〈技能〉（7点）
（インターネット）

(3) なぜ、(1)の広告費が一番多いのですか。〈思考〉（12点）

(例) ニュースの情報源でテレビを見る人が90.6%もいるので、たくさんの人に見てもらえるから。

(4) テレビがニュース番組を伝えるときに、気をつけていることを書きましょう。〈思考〉（12点）

(例) 情報を、正確に、だれにでもわかるように
伝えること。

(5) 農作業しながらでも、天気予報などの情報を得ることができるメディアは、何ですか。〈知識〉（8点）（　インターネット　）

月　日　名前　　/100点

[2] 情報ネットワークを使うと、次のようなことができます。関係するものを線で結びましょう。〈知識〉（6点×4）

① POSシステム
② ネットショッピング
③ 図書館ネットワーク
④ 電子マネー

㋐ ICカードやスマートフォンなどで品物の売買ができる。
㋑ 外出できない人などに、本をとどけるサービス。
㋒ お店に行かなくても、パソコンやスマートフォンでいつでも買い物ができる。
㋓ バーコードから売れた商品やねだんなどのデータを読みとり、その集計により在庫管理の調整をしている。

[3] 次の図を見て、情報を流すときに気をつけることを書きましょう。〈思考〉（10点×3）

①
②
③
（悪質）
（個人）
（正確）

① （　悪質　）な書き込みをしない。
② （　個人　）に関わる情報は流さない。
③ （　正確　）で役に立つ情報を流す。

学年末テスト

情報（じょうほう）・災害（さいがい）

[1] 次の図を見て、あとの問いに答えましょう。（7点×6）

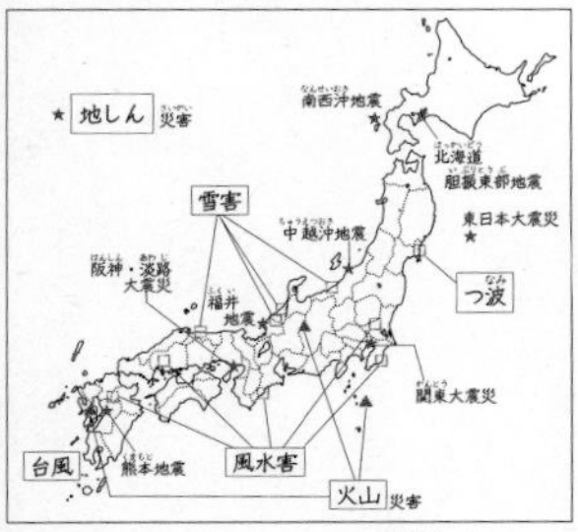
★ 地しん 災害
南西沖地震
北海道胆振東部地震
東日本大震災
雪害
中越沖地震
阪神・淡路大震災
福井地震
つ波
関東大震災
台風
熊本地震
風水害
火山 災害

二酸化炭素をきゅうしゅうする
水をたくわえる
風や雪を防ぐ
土をささえる
木材をつくる
やすらぎの場
動物のすみか
音を防ぐ
きれいな水

(1) 地図の中で、地球温暖化と関係していると思われる災害を2つ書きましょう。〈知識〉（　台風　）（　風水害　）
※順不同

(2) 地球温暖化と、(1)と関係して起きる災害を防ぐ森林の働きを図の中から選んで書きましょう。〈技能〉
① 地球温暖化（二酸化炭素をきゅうしゅうする）
② こう水・集中ごう雨（　水をたくわえる　）
③ 土砂くずれ（　土をささえる　）

(3) (2)・②③から人々を守るために、災害が起きそうな場所やひなん場所がわかるものは、次の中のどれですか。〈知識〉
（ハザードマップ）

放水路　砂防ダム　ハザードマップ

月　日　名前　　/100点

[2] 次の図を見て、あとの問いに答えましょう。

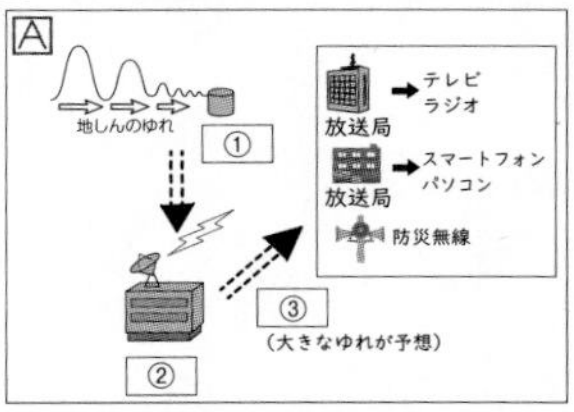
A
地しんのゆれ
①
②
③
（大きなゆれが予想）
放送局
テレビ
ラジオ
放送局
スマートフォン
パソコン
防災無線

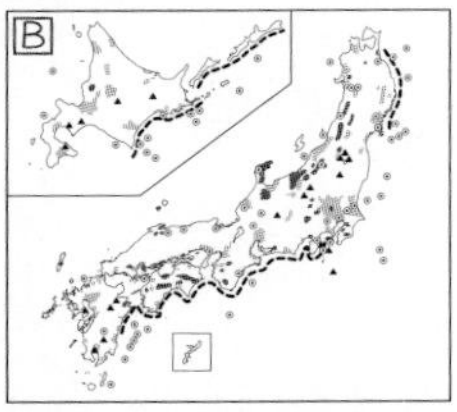
B

(1) 図Aの①～③にあてはまる言葉を書きしょう。〈知識〉（7点×3）

①	地しん計	②	気象庁	③	きん急地しん速報

きん急地しん速報　地しん計　気象庁

(2) (1)・③の情報をすばやく伝えるサービスを何といいますか。
（　防災　）情報ネットワーク　〈知識〉（7点）

(3) (1)・③は、どんなメディアを使って出しますか。図を見て書きましょう。〈技能〉（7点×2）

ラジオ・〔　テレビ　〕・スマートフォン・〔　防災　〕無線

(4) 図Bの━ ━ ━は、地しんのあとにおそってくる自然災害が起きやすい地域を表しています。この災害は何ですか。〈知識〉（8点）
（　つ波　）

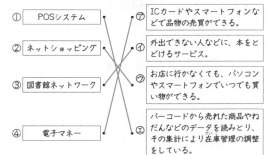

(5) 2011年に大きな(4)を起こした地しんを何といいますか。〈知識〉
（　東日本　）大震災　（8点）